"十四五"职业教育国家规划教材

职业教育国家在线精品课程配套教材

税收筹划

（第四版）

SHUISHOU CHOUHUA

新准则 新税率

主　编　林松池

新形态教材

本书另配：课程标准、教案、教学课件、参考答案

中国教育出版传媒集团

高等教育出版社·北京

内容提要

本书是"十四五"职业教育国家规划教材，是职业教育国家在线精品课程配套教材。

本书结合案例和实际工作过程，将知识传播与价值引领有机融合，根据"做中学"的教学理念编排教学内容。全书共分为七个项目，分别为认识税收筹划、增值税的税收筹划、消费税的税收筹划、企业所得税的税收筹划、个人所得税的税收筹划、其他税种的税收筹划、企业运行过程中的税收筹划，对现行的 14 个税种和企业日常涉税业务的税收筹划作了全面的描述。每个项目都编写有职业能力目标、思政素养目标、典型任务、项目内容结构，知识、技能巩固题等内容，便于读者全面、系统地掌握税收筹划知识和技能。本书配套中国大学慕课、浙江省高等学校在线开放课程共享平台纳税筹划课程，为了利教便学，本书拓展知识以二维码形式提供在相关内容旁，可扫描获取。此外，本书另配有教学课件、课程标准、教案、参考答案等教学资源，供教师教学使用。

本书适合作为高等职业院校、成人高等院校的财政、税务、会计、财务管理等相关专业的教材，也适合作为企业经营管理人员、财务会计人员、税务人员学习和工作的参考用书。

图书在版编目(CIP)数据

税收筹划 / 林松池主编. —4 版. —北京：高等教育出版社，2023.8（2025.7 重印）
ISBN 978-7-04-059291-7

Ⅰ.①税… Ⅱ.①林… Ⅲ.①税收筹划-高等职业教育-教材 Ⅳ.①F810.42

中国版本图书馆 CIP 数据核字(2022)第 213373 号

| 策划编辑 | 毕颖娟 蒋 芬 | 责任编辑 | 蒋 芬 | 封面设计 | 张文豪 | 责任印制 | 高忠富 |

出版发行	高等教育出版社	网　址	http://www.hep.edu.cn
社　址	北京市西城区德外大街4号		http://www.hep.com.cn
邮政编码	100120	网上订购	http://www.hepmall.com.cn
印　刷	上海叶大印务发展有限公司		http://www.hepmall.com
开　本	787mm×1092mm　1/16		http://www.hepmall.cn
印　张	18	版　次	2023 年 8 月第 4 版
字　数	442 千字		2014 年 8 月第 1 版
购书热线	010-58581118	印　次	2025 年 7 月第 8 次印刷
咨询电话	400-810-0598	定　价	42.00 元

本书如有缺页、倒页、脱页等质量问题，请到所购图书销售部门联系调换
版权所有　侵权必究
物　料　号　59291-00

第四版前言

本书是"十四五"职业教育国家规划教材,是职业教育国家在线精品课程配套教材。

随着税收改革的持续推进和信息技术的不断发展,在以数治税新形势下,企业的税务合规势在必行;将税收筹划理论知识传授与思政价值引领有机融合,培养学生的诚信纳税意识、风险意识,树立正确的"三观",尤为重要。党的二十大报告作出"中国式现代化是全体人民共同富裕的现代化"的重要论断,并对实现共同富裕作出战略部署。税收是国家收入的主要来源,也是实现共同富裕的重要途径。在共同富裕理念下,纳税人应不断提高税收遵从意识,加强税务管理,降低税务风险,合理规划涉税业务。基于此,本书对第三版教材进行了修订。与第三版相比,本次修订主要体现以下特点:

1. 立德树人,德技并修

本书全面融入思政元素,根据诚实守信、不做假账等职业道德要求,在书中设计了显性与隐性相结合的全方位、多渠道的德育点,每个项目都提炼出了思政素养目标,使知识和技能的获得与思想品德的形成相得益彰、互相促进。

2. 与时俱进,全面修订

本书根据截至2023年2月最新的税收政策,对全书进行了系统的梳理,对增值税税收筹划、企业所得税税收筹划、个人所得税税收筹划、印花税税收筹划等内容进行了较大篇幅的修订扩充,对全书过时的法规、案例,不当的数据进行了全面的修改。

3. 岗课赛证,对接融通

本书基于"岗位—项目—任务",以完成税收筹划岗位工作任务为导向设计教材内容,安排授课任务。涵盖的知识和技能点完全对接会计技能比赛和业财税融合大数据应用比赛标准体系,紧密结合"1+X"证书制度,体现教材内容与职业岗位标准的有效对接,书证相互衔接融通。

4. 资源丰富,利教便学

为了利教便学,本书拓展知识以二维码形式提供在相关内容旁,可扫描获取。此外,本书另配有教学课件、课程标准、教案、参考答案等教学资源,供教师教学使用。

本书由林松池任主编,本次的修订,由林松池独立完成。本书在撰写过程中,参考、借鉴了大量相关著作、教材与论文,在此向其作者表示衷心的感谢。自出版以来,本书被众多院校及财税读者选用,对此,也向读者的厚爱表示最诚挚的谢意!

由于编者水平所限,时间紧迫,加之税收政策变更频繁,本书定会存在不当之处,竭诚欢迎广大读者批评指正。

编 者
2023 年 8 月

第一版前言

随着我国新的财税法律、法规不断涌现,企业的涉税业务也愈加复杂,各个企业都将税收筹划纳入日常财务管理中,培养税收筹划方面的专业人才已成为经济发展的现实需要。为此,在借鉴他人税收筹划成果的基础上,结合编者对税收筹划的理解,编写了本书。

本书具有以下特点:

(1) 内容新颖。本书根据2013年8月1日起在全国铺开的"营改增"政策及其他截至2014年8月最新财税法律、法规、政策进行编写,力求法律条文和案例的时效性和新颖性。

(2) 理论与实践紧密结合。学习税收筹划需要精通法律条文,同时还必须运用鲜活的案例来阐述刻板的法规。本书在介绍税收筹划理论的基础上,更加注重税收筹划的实践性,在每个任务中设计了大量的税收筹划案例,让读者能迅速地把握税收筹划的精髓。

(3) 编排体例清晰。全书共八个项目。项目一为税收筹划基础,介绍了税收筹划的基本理论和方法;项目二至项目七以我国现行税制中的主要税种为研究对象,分别介绍了增值税、消费税、营业税、企业所得税、个人所得税、其他税种的税收筹划;项目八对企业运行中的税收筹划作了一个全面的描述,包括企业投资活动、筹资活动、经营活动、产权重组的税收筹划。八个项目各由若干个任务组成,在每个任务中,沿着"引例""知识准备与业务操作""引例解析""任务设计""做中学"等部分来依次展开,有利于读者全面、系统地掌握税收筹划知识和技能。

(4) 每个项目都配有大量的知识、技能巩固题。题型有单项选择题、多项选择题、判断题和典型案例分析,让读者通过练习来更好地理解、掌握知识和技能。

本书由温州职业技术学院林松池老师担任主编,并编写了项目一、项目三、项目六、项目八;浙江东方职业技术学院杨洪老师编写了项目二、项目五;浙江经济职业技术学院朱丹老师编写了项目四;温州职业技术学院陈玮、陈依灵老师编写了项目七。

在本书编写过程中,我们参考、借鉴了大量相关著作、教材与论文,在此向相关作者表示衷心的感谢。

由于编者水平所限,本书难免存在不当之处,恳请广大读者批评指正。

为方便教师教学,本书另配有教学课件,索取方式见本书末页。

编 者
2014年8月

目 录

- 001 **项目一 认识税收筹划**
- 001 职业能力目标
- 001 思政素养目标
- 001 典型任务
- 001 任务一 税收筹划概览
- 010 任务二 税收筹划的基本原理和方法
- 015 任务三 税收筹划的风险及防范
- 021 项目内容结构
- 021 知识、技能巩固题

- 024 **项目二 增值税的税收筹划**
- 024 职业能力目标
- 024 思政素养目标
- 024 典型任务
- 024 任务一 纳税人身份选择的税收筹划
- 029 任务二 销项税额的税收筹划
- 040 任务三 进项税额的税收筹划
- 049 任务四 增值税的其他筹划
- 065 任务五 增值税税收优惠政策的解读及筹划
- 076 项目内容结构
- 077 知识、技能巩固题

- 080 **项目三 消费税的税收筹划**
- 080 职业能力目标
- 080 思政素养目标
- 080 典型任务
- 080 任务一 消费税纳税人的税收筹划

085	任务二 消费税计税依据的税收筹划
093	任务三 连续生产应税消费品的税收筹划
100	项目内容结构
100	知识、技能巩固题

103　项目四　企业所得税的税收筹划

103	职业能力目标
103	思政素养目标
103	典型任务
103	任务一 收入的税收筹划
106	任务二 准予扣除项目的税收筹划
127	任务三 应纳所得税税额的税收筹划
132	任务四 利用税收优惠政策的税收筹划
139	项目内容结构
139	知识、技能巩固题

143　项目五　个人所得税的税收筹划

143	职业能力目标
143	思政素养目标
143	典型任务
143	任务一 综合所得的税收筹划
156	任务二 资本投资利得的税收筹划
161	任务三 财产处置所得的税收筹划
170	任务四 经营所得的税收筹划
176	项目内容结构
177	知识、技能巩固题

181　项目六　其他税种的税收筹划

181	职业能力目标
181	思政素养目标
181	典型任务
181	任务一 关税的税收筹划
184	任务二 印花税的税收筹划
188	任务三 资源税的税收筹划

- 191 任务四 环境保护税的税收筹划
- 194 任务五 土地增值税的税收筹划
- 202 任务六 房产税的税收筹划
- 207 任务七 契税的税收筹划
- 213 任务八 城镇土地使用税的税收筹划
- 219 任务九 车船税的税收筹划
- 223 任务十 车辆购置税的税收筹划
- 227 项目内容结构
- 228 知识、技能巩固题

231 项目七 企业运行过程中的税收筹划

- 231 职业能力目标
- 231 思政素养目标
- 231 典型任务
- 231 任务一 企业投资活动中的税收筹划
- 240 任务二 企业筹资活动中的税收筹划
- 248 任务三 企业经营活动中的税收筹划
- 260 任务四 企业产权重组中的税收筹划
- 269 项目内容结构
- 270 知识、技能巩固题

272 主要参考文献

资源导航

002	视频点播：税收筹划的特征
004	逃避追缴欠税法律责任
004	逃税法律责任
006	税负转嫁举例
008	涉税零风险
018	如何理解税收筹划中的财务风险
025	一般纳税人与小规模纳税人的划分依据
025	小规模纳税人适用5％征收率的情形
028	小规模纳税人税收优惠政策
033	加量不加价如何开具发票
037	收取包装物押金和租金的会计处理
037	视频点播：不同销售结算方式的税收筹划
039	5％减按1.5％征收率
040	能作为进项税额抵扣的合法凭证
046	进项税额不得抵扣的实质
048	农产品增值税的相关规定
050	混合销售和兼营的比较
061	来料加工和进料加工的区别
063	出口加工区
063	保税物流园区
080	消费税和增值税的异同点
085	高档化妆品、超豪华小汽车的征税标准
089	自产自用消费税复合计税组成计税价格
094	委托加工方式中消费税复合计税组成计税价格
094	视频点播：已纳消费税的扣除
104	增值税纳税义务时间及企业所得税收入确认时间
104	托收承付、委托收款结算方式下的会计处理

105	视频点播：权益性投资收益的税收筹划
105	从被投资企业分回的红利、股息都能免税吗
109	加速折旧的适用条件
110	税法规定的固定资产最低折旧年限
119	公益性捐赠所得税税前全额扣除的规定
124	可以在税前全额扣除的职工培训费用
129	在中国设立机构、场所且取得的所得与机构、场所有实际联系的非居民企业适用25%企业所得税税率举例
131	高新技术企业要求的研究开发费用总额占同期销售收入总额的比例
136	无形资产的资本化条件
148	误餐补助
148	浙江省通信费补贴
150	针对个人的不同收入，"劳务报酬所得"与"工资、薪金所得"的辨析
151	劳务报酬、稿酬、特许权使用费所得应纳税额预扣预缴的规定
157	资本公积转增资本征收个人所得税的逻辑
161	租金个人所得税应税收入含不含增值税
161	10%税率的适用情况
164	视频点播：个人转让住房的税收筹划
168	中奖所得的个人所得税起征点
171	经营所得适用税目总结
184	设立保税制度的意义
188	运杂费用解读
194	土地增值税的增值额
196	视频点播：土地增值税的税收筹划
233	分公司如何缴纳增值税
233	视频点播：设立分支机构的税收筹划
236	工业产权的解释
243	企业债券平价发行时不同付息方式的会计处理
244	借款费用的资本化条件

项目一　认识税收筹划

◇ **职业能力目标**
1. 能了解税收筹划的目标。
2. 能理解税收筹划的理念。
3. 能了解税收筹划的方法。
4. 能合理规避税收筹划的相关风险。

◇ **思政素养目标**
1. 遵从税法，树立正确的守法观。
2. 团队合作，树立正确的劳动观。
3. 合理节税，树立正确的理财观。

◇ **典型任务**
1. 解读税收筹划的内涵，界定税收筹划的相关概念。
2. 衡量税收筹划的成本与收益，明确税收筹划的目标。
3. 掌握税收筹划的基本原理，合理运用税收筹划的技术方法。
4. 熟悉税收筹划的风险类型，有效防范和化解风险隐患。

任务一　税收筹划概览

引　例

安徽某动力股份有限公司通过使用水性漆等新型环保原材料、升级内燃机标准、试机间墙壁使用吸音材质、利用活性炭吸附废气、新建循环水供给系统、催化燃烧收集废气等方式，持续减少各类污染物的排放量。该公司12月煅烧废气2#排放口排放的氮氧化物大幅下降，根据规定，可享受减按75%征收环境保护税的优惠政策。

请问：税收政策如何激发企业减排动力？

【知识准备与业务操作】

任何一个企业和个人都不可避免地涉及纳税事务,纳税事务是企业和个人时时刻刻都不能掉以轻心的事情。随着市场经济的发展及人们收入水平的提高,涉税事项越来越多,人们日益关注如何通过税收筹划以获得最大收益的问题,税收筹划也逐渐为人们所重视。

一、税收筹划的内涵

(一) 税收筹划的定义

税收筹划是由英文词组"tax planning"翻译过来的,又被称为纳税筹划或税务筹划,本书统一选用"税收筹划"一词。在多数西方国家,纳税人对税收筹划很熟悉,在我国,伴随着社会经济的发展,人们对它的认识也日益深入。由于对税收筹划概念的描述非常之多,不尽相同,下面选取几种有代表性的观点:

荷兰国际财政文献局(International Bureau of Fiscal Documentation,IBFD)在《IBFD国际税收辞汇》中是这样定义的:"税收筹划是指纳税人通过经营活动或个人事务活动的安排,实现缴纳最低的税收。"

美国南加州 W. B. 美格斯博士等合著的《会计学》中认为:"人们合理而又合法地安排自己的经营活动,使之缴纳尽可能低的税收,他们使用的方法可称之为税收筹划,少缴税和递延缴税是税收筹划的目标之所在。"

国内著名的税务专家唐腾翔在他的《税收筹划》一书中讲道:"税收筹划是指在法律许可的范围内,通过经营、投资、理财等活动进行事先筹划和安排,尽可能取得节税的税收利益。"

由于学者们对税收筹划含义的界定不同,就有了广义与狭义之分:广义上,税收筹划是指纳税人在国家法律规定内通过合法手段减少或不缴一定税款从而获得税收利益的经济行为;狭义上,税收筹划为在国家法律许可范围内,根据税收政策导向,合理合法地减轻纳税人税收以获取正当税收利益的经济行为。狭义的税收筹划的范围较广义上的小,它要求必须符合国家的税收政策导向,不能钻政策缺陷的空子,应采用节税的手段而不是避税等手段。

综上所述,我们可以将税收筹划的概念大致总结为:税收筹划是指纳税人在税收法律制度支持和税务机关认可下,运用科学合理的技术手段,通过对经营、投资、理财等事项的安排和策划,对多种纳税方案进行优化选择,从而实现企业价值最大化或股东权益最大化的一种财务管理活动。

(二) 税收筹划的特征

税收筹划具有以下特征:

1. 非违法性

非违法性是指税收筹划不能违反法律规定,这主要是针对广义的税收筹划来说的。非违法性是税收筹划最基本的特点,不违反法律规定是税收筹划的前提条件,税收筹划运用的手段必须是合法的,是与逃税、抗税、骗税有本质区别的。

2. 事先性

事先性是指纳税人在进行经营或投资活动之前,应该将税收作为影响自身最终经营成果的一个非常重要的因素进行设计和安排。一方面,纳税义务本身是纳税人在交易行为发生之后才有的义务,具有滞后性的特征,这就决定了纳税人可以对自身应税经营行为进行事前的筹划安排;另一方面,税收筹划在应税行为发生之前进行,一旦业务已经发生,事实已经存在,纳税义务就已经形成,此时再筹划也无济于事了。

3. 政策导向性

政策导向性是指纳税人进行税收筹划必须符合国家税收相关政策的规定,国家采取一些税收优惠政策,从而引导纳税人采取符合政策导向的行为,来服从国家对经济的宏观调控。

4. 目的性

纳税人进行税收筹划有明确的目的,即追求纳税人价值最大化,税收筹划手段的选择和安排都是围绕着纳税人这一目的来进行的。也就是说,税收筹划本身就是一种理财活动和策划活动,它以减轻税负为初级目的,其最终目的是实现纳税人价值最大化。当然,一般情况下,如果初级目的与最终目的发生矛盾,则纳税人应当选择的税收筹划方案是能实现纳税人价值最大化的方案。

5. 专业性

税收筹划本身是一种筹划活动,需要纳税人及相关人员对税法了如指掌,能灵活运用,是一项非常专业、技术性很强的策划活动。一方面,税收筹划要求筹划者了解税收学、管理学、会计学、财学、法学等各学科知识,需要跨学科的专门人才来从事这项工作;另一方面,凭借某一个人自己的努力就想短时间内设计一项相对复杂的税收筹划方案是越来越难的。这主要是因为经济飞速发展,世界市场逐渐扩大,各国税制日益复杂化,而且各国的税收法律法规也在不断更新和变化,这些都使税收筹划人员需要时刻清楚在既定的纳税环境下如何制订筹划方案,才能达到纳税人财务管理目标,这不仅促使纳税人开始建立从事税收筹划的部门,而且也促进了第三产业中税务代理行业的发展。因此,这将要求纳税人在税收筹划方面越来越专业。

6. 适时调整性

随着时间的推移,国家的法律会发生一些变化;而且随着纳税人向国际化发展,从一个国家到另一个国家,面临的具体法律及其确定的法律关系是不同的,纳税人税收筹划的行为性质也会发生变化。所以,税收筹划的方案不能一成不变,而要有针对性和时效性,应能根据所处纳税环境的不同及时作出调整,避免妨碍纳税人财务管理目标实现的情况出现,保护纳税人的权益。

7. 经济性

经济性是指税收筹划在减轻纳税人税收负担时必须符合成本效益的原则,进而实现纳税人税后利润最大化。这是在严格遵守国家税收法规的前提下,最大限度地实现纳税人的综合经济利益。制订税收筹划的方案时,必然要求纳税人为其方案的实施付出额外的费用,这样会导致纳税人相关成本的增加,纳税人会损失因放弃其他方案而带来的机会成本。由此可见,税收筹划必须遵循成本效益原则,保持与纳税人的其他管理决策一致。

8. 全面协作性

由于税收筹划涉及的内容关系到纳税人的生产、经营、投资、理财、营销等所有活动,这就要求纳税人应当全面、总体地加以把握,用发展的眼光看问题。它需要着眼于各种税种的筹划,考虑纳税人长远的发展目标,让财务部门和其他部门密切配合、充分协作,使税收筹划工作顺利进行。

9. 风险性

由于税收法律、法规的不断调整和变化,纳税人受外部环境因素、内部员工因素以及其他因素的影响,使得税收筹划的结果存在着不确定性。而且,有的税收筹划立足于长期规划,这会增加很多不确定性,蕴含更大的风险,加之税收筹划的预期收益通常也只是一个估算值,因此,进行税收筹划具有显著的风险性。

二、税收筹划与逃税、避税等相关概念的界定及比较

古今中外,每个纳税人都会试图尽量少纳税。而少纳税的手段、方式与渠道有很多,如前面的税收筹划,还有避税、逃税等。由于一些纳税人对税收筹划与避税等概念的理解模糊,界限掌握不清楚,致使其在进行所谓的税收筹划时筹划不当而构成逃税、避税行为,导致被税务机关按规定调整其应纳税额。逃税、避税等行为不仅不能达到节税的目的,而且可能会被要求缴纳滞纳金,甚至会受到行政处罚,情节严重者还将被追究刑事责任。因此,我们很有必要熟悉与税收筹划相关的概念,减少错误的节税方式给纳税人带来的风险。

(一) 相关概念的界定

1. 逃避追缴欠税

逃避追缴欠税是指纳税人在税务机关限定的相关追缴期内,为不按规定缴纳所欠的税款,采取隐匿和转移资产、资金、财产或私自暗地变卖大宗资产等手段,逃避税务机关追缴期内所欠税款的行为。这是一种违反税法的行为。逃避追缴欠税虽可以实现晚纳税或少纳税,甚至不纳税,给纳税人带来一定的收益,但其行为属于主观故意违法。

【做中学 1-1-1】

某纳税人在年终结算之前,将计划明年开展的 40 万元维修活动,策划在今年提前发生,使今年利润减少 40 万元,那么应税所得额也随之减少 40 万元,减少了今年的所得税 10 万元(40×25%),这样今年的所得税税负转移到明年发生,实现了递延纳税 10 万元的税收筹划效果。

但是,倘若纳税人并未进行以上筹划,而是当期直接少缴 10 万元税款,并长期不按税务机关的规定限期补缴,最后又将纳税人的资产全部转移到不同的地方或者干脆全变卖掉,从而使税务机关难以追缴该纳税人所欠的 10 万元应纳税款及滞纳金,这就构成了逃避追缴欠税。因此,逃避追缴欠税与税收筹划有本质的区别。

2. 逃税

逃税是指纳税人为了不缴或者少缴税款,采取各种不公开的手段,隐瞒自身的真实情况,欺骗税务机关逃避缴纳税款的行为。逃税与税收筹划有明显的差别,逃税是采取伪造、隐匿、变造、擅自销毁记账凭证、账簿,在账簿上增加支出或减少收入,或税务机关要求申报而拒不申报或者虚假申报的行为,导致可以不缴或少缴应纳税款。逃税是一种违法犯罪行为。

【做中学 1-1-2】

　　2018年6月初，群众举报范冰冰"阴阳合同"涉税问题，后经江苏等地税务机关依法调查核实，范冰冰在电影《大轰炸》剧组拍摄过程中实际取得片酬3 000万元，其中1 000万元已经申报纳税，其余2 000万元以拆分合同方式偷逃个人所得税618万元，少缴税金及附加112万元，合计730万元。此外，还查出范冰冰及其担任法定代表人的企业少缴税款2.48亿元，其中偷逃税款1.34亿元。对于上述违法行为，依据《中华人民共和国税收征收管理法》的相关规定，对范冰冰及其担任法定代表人的企业追缴税款2.55亿元，加收滞纳金0.33亿元；对范冰冰采取拆分合同手段隐瞒真实收入偷逃税款处4倍罚款计2.4亿元，对其利用工作室账户隐匿个人报酬的真实性质偷逃税款处3倍罚款计2.39亿元；对其担任法定代表人的企业少计收入偷逃税款处1倍罚款计94.6万元；对其担任法定代表人的两户企业未代扣代缴个人所得税和非法提供便利协助少缴税款各处0.5倍罚款，分别计0.51亿元、0.65亿元[①]。

【拓展阅读】 税法面前从没有侥幸可言，依法诚信纳税才是正道，逃税会受到严厉的处罚。并且随着我国纳税信用体系建设的不断推进，纳税信用的社会价值和社会影响力日益增强，逐渐成为纳税人参与市场竞争的重要依据。依法纳税，既不违法又能提升信誉，是每位公民应尽的义务。

3. 避税

　　避税，即为"税收规避"（tax avoidable），是指纳税人利用我国税法制度规定的疏漏，以及不同国家、地区的税收制度差异等，通过对自身的经营、投资等活动进行刻意安排，以达到纳税义务最小化的一种经济行为。因此，避税有"投机取巧"的特征。由此可见，避税行为利用法律的缺陷或漏洞进行的税负减轻和少纳税，是在遵守税法、拥护税法前提下的一种经济实践活动。尽管这种避税是出自纳税人的主观意图，但表面上它是遵守税法的，并不违反税法的相关规定，具有不违法性，因而它一般受到各国政府的默许，国家和政府对这种行为采取的措施，只能是不断修改和完善税法，填补和堵塞可能被纳税人所利用的漏洞。在我国学者中，对于避税是不是一种税收筹划手段有不同的看法。本质上，税收筹划是纳税人在尚未发生一系列实际纳税义务之前对纳税税种地位的选择，而避税则是纳税人已经处在有实际纳税义务时，对纳税税种地位的选择。在我国存在避税这种选择，是由于税法结构或法律上有缺陷和漏洞所造成的；在国际上，还由于各国的税收原则不一致、所立的税法有差别、存在一些避税地等因素。

【做中学 1-1-3】

　　王总是一家设计公司股东，为了规避股利分红缴纳的个人所得税，王总每年年初都是以借款名义从公司拿走分红，到年末再归还。因为根据税法规定，纳税年度内个人投

---

① 资料来源：国家税务总局新闻宣传办。

资者从其投资的企业(个人独资企业、合伙企业除外)借款,在该纳税年度终了后既不归还,又未用于企业生产经营的,其未归还的借款可视为企业对个人投资者的红利分配,依照"利息、股息、红利所得"项目计征个人所得税。王某充分利用了税法的这项规定,采用年初借款、年末归还的做法,几乎常年占用企业资金,而不用缴纳个人所得税。这种行为看起来是不违法的,但却不是税法所支持的。

4. 节税与税负转嫁

节税与税负转嫁是税收筹划的两种形式。

节税是指纳税人在不违背税法立法精神的前提下,在存在多种纳税方案的选择时,通过充分利用税法中固有的起征点、减免税等一系列优惠政策,通过对纳税人投资、筹资等经营活动安排,选择使税收负担最低的方式来处理财务、经营、交易事项,以达到减少税负或不缴税的目的。节税是在合法的条件下进行的,需要纳税人进行策划的,对政府制定的税法进行比较分析后进行的最优化选择。这是税法在纳税人的经济活动中起到引导作用的体现。

税负转嫁是指纳税人为了减轻税负,在商品交换过程中,通过调整销售价格的方法,将税负转嫁给购买者或供应者来承担的一种经济行为。由于它是通过价格的变动来实现的,因此,不会影响税收的总体收入,没有涉及法律问题和法律责任。它大致具有三个特征:❶ 与价格升降紧密联系,通过价格调整来实现;❷ 是税收负担的再分配,通过对各经济主体之间税负的再分配,也就是在经济利益上是一种再分配,导致纳税人与负税人不一致,其经济实质是每个人所占有的国民收入的再分配;❸ 是一种客观的经济活动过程,是纳税人的主动行为。

(二) 相关概念的比较

逃避追缴欠税、逃税、避税、税收筹划的比较如表 1-1 所示。

表 1-1　　　逃避追缴欠税、逃税、避税和税收筹划的比较

对比点	逃避追缴欠税	逃税	避税	税收筹划 节税	税收筹划 税负转嫁
性 质	违法	违法	不违法	合法	一种经济活动
手 段	转移或隐匿财产	虚假纳税申报或不申报	主要是利用税法的漏洞	主要是利用税法上的税收优惠政策等	主要通过调整产品的价格来减少税负
风险程度	风险高	风险高	风险较高	风险低	

由表 1-1 可知:逃税、逃避追缴欠税是违法的,都是纳税人在纳税义务已经发生的情况下,采取隐匿财产、伪造或者在账簿上多记支出、不记或少记收入等不合法、不正当的手段减少税款的行为,具有故意性和欺诈性。避税虽不违法,但利用税法漏洞少交税的操作并不值得提倡,风险亦较高。节税、税负转嫁都属于税收筹划的范畴,它们是紧密相连的,但也有所区别。节税符合税法的规定,而税负转嫁是一种经济活动,只要不违反税法,纳税人都愿意实施,以减轻税负。

三、税收筹划的成本与收益

(一) 税收筹划的成本

税收筹划的成本是指筹划方案的制订、选择、实施所付出的成本,主要包括为整个税收筹划过程所花费或失去的人力、物力和财力。例如,由于税收筹划需要专业性的人才,那么就需要支付专家相应的费用,这一部分就属于税收筹划的成本。税收筹划的成本主要包括以下几个方面:

1. 货币成本

货币成本,是指纳税人为进行税收筹划而发生的一系列货币支出。在税收筹划中货币成本是必不可少的,一系列的活动都需要货币。货币成本主要包括对税务顾问的报酬支付或约见、拜访税务顾问所发生的交通费用等。由于我国企业的财务会计人员的能力与水平有限,很少有企业有能力对自身进行税收筹划,大多数企业想要进行税收筹划,都需要求助诸如税务师和注册会计师等专业机构的专业人员。由此可见,货币成本的高低一般与税收筹划的复杂程度呈正比,税收筹划项目越复杂,纳税人进行税收筹划就越需要聘请知名税务顾问,那么,随之带来的货币成本也会增高。

2. 机会成本

机会成本,是指纳税人由于采用选定的税收筹划方案而不得不放弃的其他潜在利益。而且这一部分成本是隐性的。税收筹划本身就是一个综合决策过程,需要在众多的方案中选择一个最优方案,选定一个方案的同时就会放弃其他方案。在实务工作中,税收筹划的机会成本常常会被纳税人所忽略,给纳税人造成一定的损失。

3. 心理成本

心理成本,是指纳税人由于担心筹划失败而在心里产生的焦虑等不良情绪。心理成本很难测量,很少有人对此进行深入研究,但这并不意味着心理成本就不存在或不重要。很多人在处理税收筹划相关事项时会因担心筹划不当而产生焦虑,这样将会影响他们的工作效率;同时,对于心理承受能力弱的纳税人而言,甚至会影响他们的身体健康,这将使他们付出更大的心理成本作为代价。一般来说,心理成本的高低取决于纳税人的心理承受力、税收筹划的复杂程度、税务机关对此的态度、政府对纳税违法行为施以处罚的严厉程度等。

4. 风险成本

风险成本,是指纳税人由于税收筹划存在风险使纳税人价值减少,或是需要对该风险进行管理而付出的代价。因此,税收筹划风险成本包括税收筹划过程中选择方案失误造成的风险带来的损失,以及纳税人针对税收筹划风险进行管理的过程中发生的耗费。而这些风险成本都是不易量化和不易被察觉的。因此,必须树立税收筹划的风险意识,正视该风险的存在,在纳税人生产经营过程和涉税事务中始终保持对筹划风险的警惕性,才能尽量降低风险成本。

5. 实施成本

实施成本,是指选择税收筹划方案后,方案的实现过程需要一定的支出。它主要有以下两类:❶ 固定税收负担,是指纳税人在选择了最优税收筹划方案后需要向国家缴纳的税款数额;❷ 所选择方案的实现如果是对已经在生产经营过程中的纳税人进行税收筹划,那么该方案会对现有经营模式、财务管理造成影响甚至改变,这时需要一定的成本。

以上对税收筹划成本的分类并不是非常严格。有的成本可能会涵盖另一个或几个其他成本。例如,在实施成本中,可能涉及货币的支付,那就是货币成本;还有纳税人本身所作的税收筹划被认定为逃税等违法行为时需要缴纳的罚款和滞纳金,既属于新增的一种货币成本,又属于纳税人税收筹划带来的风险成本。

(二) 税收筹划的收益

税收筹划的收益是指纳税人由于进行税收筹划而获得的各种收益,这种收益是专门针对税收筹划付出的所有成本而言。该收益主要包括以下内容:

1. 由于税收筹划而新增的收益

这里所说的新增的收益是指由于税收筹划直接或间接从中获取的收益。当然,该项收益不包括纳税人当年新增的与税收筹划无关的收益。它主要等于税收筹划后的收入减去税收筹划前的收入的部分。与新增的收入相对应,还有因税收筹划而减少的成本。税收筹划成本的减少额大致包括税收筹划方案较原方案带来的税负的减少额、办税费用的节约额以及行政处罚的减少额等。一般情况下,税负的减少额是主要部分,是原纳税方案全部税负高于实施税收筹划方案的全部税负的差额。

2. 涉税零风险带来的收益

涉税零风险筹划一般不能为纳税人带来直接经济利益的增加,但能够为纳税人创造出一定的间接经济利益。纳税人依法纳税既能减少各种罚款类支出,又能够树立良好的纳税人形象,为纳税人形成良好的纳税信誉,从而给纳税人带来经营上的优势,并由此创造其他收益。在当今市场经济高度发达的环境下,消费者的品牌意识越来越强,而且,在消费者的心中,好的品牌便意味着好的经济效益和社会地位,这样就可以为税务机关留下好印象,可能享受一些税收优惠政策的宽松待遇等。这些都是为纳税人带来的收益。

3. 纳税人整体管理水平和核算水平的提高带来的收益

纳税人要进行税收筹划,必须聘用或培养高素质、高技术的财税人才,这种高水平的策划,需要他们规范自己的财务会计处理,这样就有利于促进纳税人提高自身的管理水平和核算水平,为自身带来收益。

税收筹划收益的分类并不是非常严格,跟上述的成本类似,一类收益可能包括另一类或其他多类收益。

(三) 税收筹划的成本收益分析

纳税人进行税收筹划是为了实现股东财富最大化或企业价值最大化。税收筹划可以降低成本,增加收益,从而实现纳税人的最终目的,但是,不是所有的税收筹划方案都可以达到此目的,需要辩证地看待税收筹划带来的成本与收益。在进行投资决策过程中,当收益大于成本时,该方案可取;当收益小于成本时,该方案不可取;倘若有多个备选方案的收益大于成本,那么就选择收益高于成本的差额最大的那个方案,这就体现了成本收益原则。

【做中学 1-1-4】

某增值税小规模纳税人欲出售一套旧的固定资产,其原始成本为 1 000 万元,并已计提折旧和减值准备 100 万元,现有甲、乙两家纳税人愿意分别以 1 010 万元和 1 030 万元购买该固定资产,现在需要进行决策来确定买主。

根据上述资料,分析如下:

若卖给甲纳税人:应纳增值税税额 = [1 010 ÷ (1 + 3%)] × 2% = 19.61(万元)

收益额 = 1 010 − 19.61 = 990.39(万元)

若卖给乙纳税人：应纳增值税税额＝[1 030÷(1＋3%)]×2%＝20(万元)
收益额＝1 030－20＝1 010(万元)

根据计算结果,该纳税人应选择卖给乙纳税人,虽然需要多交税,但是利用成本收益法分析售价减去相应的增值税后,其收益高于甲纳税人。在后面的内容中,将有更实际具体的案例来详细分析该筹划方法。

总之,税收筹划和纳税人的其他管理决策一样,最基本的要求是遵循成本收益原则,只有当方案的收益大于支出时,该方案才可能是成功的税收筹划方案。对税收筹划的成本与收益进行分析也是为了体现税收筹划的目标,以实现税收筹划的预期目的和纳税人的最终目的。

四、税收筹划的目标

进行税收筹划必须要有明确的目标,这个目标既是进行税收筹划的前提,也是税收筹划结果的体现。税收筹划的目标主要包括实现风险最小化和实现纳税人财富最大化两个目标。

(一) 实现风险最小化

税收筹划不仅仅局限于财务指标,它是全局性的,是具有长远影响力的经济行为。纳税人进行税收筹划是想节约税负成本,虽然有时不能直接体现在减少税负上,但可以表现在降低纳税人风险上,使得纳税人进行税收筹划时不至于遭受税务机关的罚款,尽量避免不必要的经济损失；而且可以避免纳税人发生不必要的名誉损失,保证纳税人的产品品牌,有利于纳税人进行正常合理的生产经营活动。

(二) 实现纳税人财富最大化

税收筹划是纳税人进行财务管理的一个重要环节,因此,应与纳税人财务管理的目标一致,实现纳税人财富的最大化。而纳税人的财富应该是纳税人未来可以创造的净现金流量。将纳税人财富最大与风险最小相对应,应综合考虑税收筹划的成本收益及其风险因素,这也是纳税人财务管理中价值理念的体现。但是由于税收筹划是在经济行为发生前进行的策划与选择,而创造的未来现金流的贴现率在现在的财务管理决策分析中常选择当前的贴现率,这自然造成很多的不确定性,也就是风险。这也是当今财务会计领域中很难处理的课题,也是追求纳税人财富最大化的实现方法在实践中选择与运用的因素。

在实践中,税收筹划的目标根据不同的税收筹划项目各有不同,但可以明确的是,纳税人想要长期发展,财富最大化的目标是不可改变的,这是考虑纳税人长期发展必须关注的目标。税收筹划的方案可能还会存在其他目标或者联合多个目标,但是,风险最小化是最基础的目标。纳税人财富最大化的长期目标在实际运用中很难计量,因此,常常会体现为其他目标,如会考虑风险最小化目标。

引例解析

我国绿色税收制度体系已经基本建立,从环境保护税、企业所得税、增值税等多个角度给予企业正向激励和反向约束作用。打造绿水青山,党和政府决心很大。对于企业来说,既需要在节能减排的创新行动上更加积极,也需要在涉税事项的管理上更加细致、更具有前瞻性。

任务二　税收筹划的基本原理和方法

引 例

早在20世纪80年代初，日本就兴建了许多海上流动工厂车间，这些工厂车间全部设置在船上，可以流动作业。这些流动工厂曾先后到亚洲、非洲、南美洲等地公海进行流动作业。"海上工厂"每到一地，就就地收购原材料、就地加工、就地出售。2023年年初，日本一家公司为避免成为中国居民企业，购买了一艘油轮，在大连港停靠，油轮里有加工设备，该公司收购东北三省区域内的花生在油轮里加工，并把产品销售给中国大陆。

请问：日本这家企业在我国是否需要缴纳企业所得税？

【知识准备与业务操作】

一、税收筹划的基本原理

税收筹划最重要的原理是节税原理。节税原理又可细分为绝对节税原理、相对节税原理和风险节税原理三个主要部分。

（一）绝对节税原理

绝对节税是指直接使纳税绝对总额减少，即在多个可供选择的纳税方案中，选择缴纳税款额最少的方案。这种节税可以是直接减少纳税人当期的纳税总额，也可以是直接减少其在一定时期内的纳税总额。一般情况下，企业可采用减少税基、适用较低税率的方式来减少纳税总额。

【做中学 1-2-1】

A公司将旗下一商务宾馆、旁边的露天停车场和一处空地一并对外出租，合同约定年租金为300万元。A公司有以下两种纳税方案可供选择：

方案1：在签订租赁合同时，不将露天停车场及空地的租金分别列明，而是统一以300万的价格签订租赁合同。

方案2：在签订租赁合同时，分别列明商务宾馆、露天停车场和空地的租金，如商务宾馆的租金为200万元，露天停车场和空地的租金分别为50万元。

根据上述资料，分析如下：

方案1：

$$应纳房产税 = 300 \times 12\% = 36(万元)$$

方案2：

A公司仅需对商务宾馆的租金收入缴纳房产税：

$$应纳房产税 = 200 \times 12\% = 24(万元)$$

因此，A公司应选择方案2进行纳税，绝对节税额 = 36 - 24 = 12（万元）。

(二) 相对节税原理

相对节税是指一定时期内的纳税总额并没有减少,但由于考虑货币的时间价值因素,推迟税款的缴纳,实际上相当于获得了一笔无息贷款,从而使纳税总额相对减少,或者说是使纳税款的价值减少。例如,企业可以充分利用税收制度中规定的纳税期限,或者是根据《中华人民共和国企业所得税法》(以下简称《企业所得税法》)的规定:企业的固定资产由于技术进步等原因,确需加速折旧的,可以缩短折旧年限或者采取加速折旧的方法在前期多计提折旧,延迟缴纳企业所得税,获取税款的货币时间价值。

【做中学 1-2-2】

某机械制造厂购进一台大型机器设备,原值为 400 000 元,预计净残值率为 3%,该设备的折旧年限为 5 年。适用的企业所得税税率为 25%。请比较各种不同折旧方法下第一年折旧额对企业所得税的影响。

根据上述资料,分析如下:

(1) 直线法。

$$年折旧率 = (1-3\%) \div 5 = 19.4\%$$
$$第 1 年年折旧额 = 400\,000 \times 19.4\% = 77\,600(元)$$
$$折旧抵税 = 77\,600 \times 25\% = 19\,400(元)$$

(2) 双倍余额递减法。

$$第 1 年折旧率 = 2 \div 5 \times 100\% = 40\%$$
$$第 1 年年折旧额 = 400\,000 \times 40\% = 160\,000(元)$$
$$折旧抵税 = 160\,000 \times 25\% = 40\,000(元)$$

(3) 年数总和法。

$$第 1 年年折旧额 = 5 \div 15 \times 400\,000 \times (1-3\%) = 129\,333(元)$$
$$折旧抵税 = 129\,333 \times 25\% = 32\,333.25(元)$$

通过比较,在第 1 年,采用双倍余额递减法计提的折旧额最大,使得当年的应纳企业所得税税额最少,所获得的税收利益最大。

但纵观 5 年,在双倍余额递减法下,以后年度计提的折旧额会逐渐减小,对应的应纳企业所得税税额会逐渐增大;三种方法下,虽然 5 年的纳税总额是一样的,但考虑货币的时间价值,应采用双倍余额递减法计提折旧。

(三) 风险节税原理

风险节税是指在一定条件下,把风险降低到最低水平从而获得的超过一般节税所减少的税额。其主要考虑了节税的风险价值,一般情况下,风险越大,风险价值就越大。也就是说,在进行税收筹划时,既要考虑货币的时间价值,又要考虑风险因素,从而客观地选择税收成本最低的方案,达到少缴或不缴税款的目的。

【做中学 1-2-3】

在同时考虑货币时间价值和风险因素的情况下,A 企业现有两种节税方案可供选择:

方案1：

第1年要缴纳企业所得税100万元的概率为30%，缴纳企业所得税120万元的概率为50%，缴纳企业所得税150万元的概率为20%；第2年要缴纳企业所得税120万元的概率为20%，缴纳企业所得税150万元的概率为40%，缴纳企业所得税180万元的概率为40%；第3年要缴纳企业所得税150万元的概率为20%，缴纳企业所得税180万元的概率为60%，缴纳企业所得税200万元的概率为20%。

方案2：

第1年要缴纳企业所得税60万元的概率为40%，缴纳企业所得税80万元的概率为40%，缴纳企业所得税100万元的概率为20%；第2年要缴纳企业所得税80万元的概率为20%，缴纳企业所得税100万元的概率为50%，缴纳企业所得税120万元的概率为30%；第3年要缴纳企业所得税180万元的概率为30%，缴纳企业所得税200万元的概率为60%，缴纳企业所得税220万元的概率为10%。

假设A企业的年目标投资收益率为10%，纳税人采用不同方案在一定时期所取得的税前所得相同。

A企业最佳节税方案的分析如下：

(1) 计算采用节税方案后3年的税收期望值。

方案1：

第1年的税收期望值=$100 \times 30\% + 120 \times 50\% + 150 \times 20\% = 120$(万元)

第2年的税收期望值=$120 \times 20\% + 150 \times 40\% + 180 \times 40\% = 156$(万元)

第3年的税收期望值=$150 \times 20\% + 180 \times 60\% + 200 \times 20\% = 178$(万元)

方案2：

第1年的税收期望值=$60 \times 40\% + 80 \times 40\% + 100 \times 20\% = 76$(万元)

第2年的税收期望值=$80 \times 20\% + 100 \times 50\% + 120 \times 30\% = 102$(万元)

第3年的税收期望值=$180 \times 30\% + 200 \times 60\% + 220 \times 10\% = 196$(万元)

(2) 折算税收期望值的现值。

方案1的期望税收现值=$[120 \div (1+10\%)] + [156 \div (1+10\%)^2] + [178 \div (1+10\%)^3] = 371.75$(万元)

方案2的期望税收现值=$[76 \div (1+10\%)] + [102 \div (1+10\%)^2] + [196 \div (1+10\%)^3] = 300.65$(万元)

(3) 方案2比方案1多节减的税额现值=$371.75 - 300.65 = 71.1$(万元)。

此例中，我们应该选择方案2，因为它比方案1节省更多的应交所得税。

二、税收筹划的技术方法

企业进行税收筹划时不论是什么样的项目，都离不开一些技术手段来作筹划支持。税收筹划基本的技术可以分为三类：节税筹划技术、避税筹划技术、转嫁筹划技术。本书选择节税筹划技术作为选择策略的评判方法，并将节税筹划技术分为以下几大类：

(一)减免技术

减免技术包括两种最常用的节税筹划技术:免税技术和减税技术。

1. 免税技术

免税技术是指在法律允许的范围内,使纳税人成为免税人,或使征税对象成为免税对象从而免于纳税的技术。免税一般可以分为法定免税、特定免税和临时免税三种。法定免税是指在税法中列举的免税条款。特定免税是指根据政治、经济情况的变化和贯彻税收政策的需要,对个别及特殊的情况专案规定的免税条款。临时免税是对个别纳税人因遭受特殊困难而无力履行纳税义务,或因特殊原因要求减除纳税义务的,对其应履行的纳税义务给予豁免的特殊规定。在三类免税规定中,法定免税是主要方式,特定免税和临时免税是辅助方式,是对法定免税的补充。为了保证国家各项改革措施和方针政策的贯彻落实,在现有法定免税政策的基础上,及时调整和补充大量特定免税和临时免税条款,不仅是不可避免的,也是十分必要的。如《财政部 税务总局关于对增值税小规模纳税人免征增值税的公告》(财政部 税务总局公告 2022 年第 15 号)规定:自 2022 年 4 月 1 日至 2022 年 12 月 31 日,增值税小规模纳税人适用 3% 征收率的应税销售收入,免征增值税;适用 3% 预征率的预缴增值税项目,暂停预缴增值税。

在免税技术的运用过程中,应尽量注意做到以下两点:

(1) 尽量使免税期最长化。在合理合法的情况下,免税期越长,节减的税就越多。

(2) 尽量争取更多的免税待遇。在合法合理的情况下,免税越多,节减的税额也就越多,企业可以支配的税后利润也就越多。

2. 减税技术

减税是在合理、合法的情况下,对某些企业进行扶持、照顾或鼓励,减除纳税人一部分应纳税款,减轻税收负担。它与免税一样,也是有机结合税收灵活性与严肃性的运用。例如,《财政部 税务总局关于支持个体工商户复工复业增值税政策的公告》(财政部 税务总局公告 2020 年第 13 号)规定:自 2020 年 3 月 1 日至 5 月 31 日,除湖北省外,其他省、自治区、直辖市的增值税小规模纳税人,适用 3% 征收率的应税销售收入,减按 1% 征收率征收增值税;适用 3% 预征率的预缴增值税项目,减按 1% 预征率预缴增值税。后来再次发文,将规定的税收优惠政策实施期限延长到 2021 年 12 月 31 日。

在减税技术的运用过程中,应尽量注意做到以下两点:

(1) 尽量使减税期最长化。因为减税时间越长,节减的税务越多,企业的税后利润也就越多。

(2) 尽量使减税项目最多化。因为减税项目越多,企业的收益越大。

(二)差别技术

差别技术主要包括差别税率技术和分离技术。

1. 差别税率技术

差别税率技术,是指在合法、合理的情况下,利用税率的差异而直接节减税款的筹划技术。只要是出于真正的商业理由,而不是避税目的,在现代开放的经济条件下,一个企业可以利用税率的差异来最大化节减税款。例如,甲国、乙国、丙国的企业所得税税率分别为 25%、40%、36%,则在其他条件基本相似的情况下,企业会选择到税收负担最小的甲国开办公司。

运用差别税率技术时要注意以下两点：
(1) 尽可能寻找税率最低的地区与产业，使其适用税率最低化。
(2) 尽量寻求税率差别的稳定性和长期性，使企业税率差别的时间最长化和稳定化。

2. 分离技术

分离技术，又称分割技术，是指企业所得和财产在两个或更多的纳税人之间分离以使税款节减额最大的一种税收筹划技术。所得税和财产税的部分税目适用税率为累进税率，也就是说，计税基础越大，适用的边际税率越高。因此，根据这一差距，如果合理地分离两个或更多的纳税人，可能会减少各个纳税人的纳税基础，从而降低最高边际适用税率，并节减税款。纳税人可以遵循成本收益的原则根据税率的不同将企业分为两个或多个纳税主体，从而获得纳税优惠。

《关于进一步支持小微企业和个体工商户发展有关税费政策的公告》（财政部 税务总局公告 2023 年第 12 号）规定：自 2023 年 1 月 1 日至 2027 年 12 月 31 日，对个体工商户年应纳税所得额不超过 200 万元的部分，减半征收个人所得税。自 2023 年 1 月 1 日至 2027 年 12 月 31 日，对增值税小规模纳税人、小型微利企业和个体工商户减半征收资源税（不含水资源税）、城市维护建设税、房产税、城镇土地使用税、印花税（不含证券交易印花税）、耕地占用税和教育费附加、地方教育附加。对小型微利企业减按 25% 计算应纳税所得额，按 20% 的税率缴纳企业所得税政策，延续执行至 2027 年 12 月 31 日。

例如：假设 AB 公司应纳税所得额为 400 万元，则应交企业所得税为 100 万元。如将其分拆为两家独立的小微企业 A 公司和 B 公司，应纳税所得额都是 200 万元，则应交企业所得税为 20 万元（200×25%×20%×2），节税 80 万元（100−20）。

(三) 可抵免技术和可扣除技术

1. 可抵免技术

可抵免技术，是指在合法、合理的情况下，使税收抵免额增加而绝对节税的税收筹划技术。

例如，《企业所得税法》规定：企业购置并实际使用《环境保护专用设备企业所得税优惠目录》《节能节水专用设备企业所得税优惠目录》和《安全生产专用设备企业所得税优惠目录》规定的环境保护、节能节水、安全生产等专用设备的，该专用设备的投资额的 10% 可以从企业当年的应纳税额中抵免；当年不足抵免的，可以在以后 5 个纳税年度结转抵免。

税收抵免额越大，冲抵应纳税额的数额就越大，应纳税额则越小，从而节税额就越大。因此，应尽量使可以抵免的税额最大化。

2. 可扣除技术

可扣除技术，是指在合法、合理的情况下，使扣除额增加而直接节税，或调整各个计税期的扣除额而相对节税的税收筹划技术。

在收入同样多的情况下，如果各项扣除额、减免额等越大，其计税基础就越小，应纳税额也就越小，那么所节减的税款额就越大。例如，根据相关规定：关于纳税人来源于境外的所得，由于已在境外缴纳了所得税，在国内汇总纳税时，允许从中扣除所缴税额。

在运用可扣除技术时一般应注意以下三点：
(1) 扣除金额最大化。在税法允许的条件下，应用足用活扣除政策，使扣除金额最多。
(2) 扣除最早化。应尽可能使各种允许的扣除项目尽早扣除，从而相对节减更多的税额。
(3) 扣除项目最多化。在合法和合理的情况下，应尽量使更多的项目能够得到扣除。

(四)缓税技术和退税技术

1. 缓税技术

缓税技术,是指在合法、合理的情况下,使纳税人延期缴纳税收而相对节税的税收筹划技术。因此,该技术又被称为延期纳税技术。许多国家为了照顾某些资金缺乏或者因特殊原因造成缴纳税款困难的企业,制定了有关延期纳税的条款。例如,《中华人民共和国税收征收管理法》(以下简称"《税收征管法》")规定,纳税人因有特殊困难,经省级以上的税务机关批准,可以延期缴纳税款,但是按规定最长时间不能超过3个月。

2. 退税技术

退税技术,是指在合法、合理的情况下,尽量使可退的税款最大化,争取退税优惠待遇。毫无疑问的是,退税就是退还本已向税务机关缴纳的税款,从而节减了税款。例如,一些改造进口软件或销售自行开发软件的企业对外销售产品要按13%的税率征收增值税,它的增值税实际税负超过3%的部分按即征即退的政策实行,这就体现了国家积极鼓励软件开发企业发展。

> **引例解析**
>
> 该日本企业需要在中国缴纳企业所得税。《企业所得税法》把企业所得税纳税人分为居民企业和非居民企业。如果企业在我国境内注册成立,或者其实际管理机构在我国境内,则为居民企业纳税人,按照25%的税率缴纳企业所得税;如果是注册地不在我国,且未在我国设立机构、场所的非居民企业,仅就其来源于我国的所得,按照10%的税率征收企业所得税。该公司的注册地、实际管理中心都不在中国境内。也就是说,居民企业纳税人的两个标准都不适用,所以只能按照该企业的销售收入乘以10%征收企业所得税。

任务三　税收筹划的风险及防范

> **引例**
>
> 某化妆品生产企业属于增值税一般纳税人,具有良好的纳税记录。今年年初,该企业因涉嫌虚开增值税专用发票,涉及逃税85万元,被当地税务部门以"取得虚开增值税专用发票"的逃税行为,处以补缴税款85万元、罚款170万元的处罚决定。经查,该企业取得虚开增值税专用发票的经过如下:去年年底,该公司从某化学公司购进一批价值总计500万元的原材料,双方按照合同约定,如期发货并交付全部货款。化妆品生产企业派遣一位新业务员向对方索取发票,所取得的发票为对方开具的虚假增值税专用发票,由于业务员经验不足,未能鉴别发票真假,同时由于年终业务繁忙,财务部门入账时未认真辨别发票真伪,直接根据虚假发票入账,从而导致了"取得虚开增值税专用发票"行为的发生。
>
> 请问:应如何规避这种风险?

【知识准备与业务操作】

一、税收筹划风险的类型

税收筹划风险是指纳税人在进行税收筹划时,因各种不确定因素的存在使筹划收益偏离纳税人预期结果的可能性。企业税收筹划的风险主要表现在以下几个方面:

(一)法律风险

税收筹划业务在我国还不成熟,它经常在税收法律规定的边缘操作。税收筹划方案的合法性必须经过税务部门的确认,有时企业对税法的理解与税务部门的具体执法会存在差异,这种差异的存在加大了企业税收筹划的风险。另外,企业在税收筹划过程中可能发生对法律理解的偏差,使税收筹划转变成逃税行为,进而导致税收筹划的违法风险。也就是说,即使是合法的税收筹划行为,有可能因为税收政策理解偏差导致税收筹划方案在实际执行过程中根本行不通,从而使税收筹划方案成一纸空文,或者被税务机关认定为逃税、逃避追缴欠税行为而对企业加以查处。这样不但得不到税收利益,反而会加重企业的税收成本。

【做中学 1-3-1】

某房地产公司成立于 2016 年 2 月,股东由某投资有限公司、某集团公司构成,随后购得 327 亩土地的使用权,进行房地产项目的开发,开发的楼盘有 A、B、C、D 4 栋高层楼房。

某税务稽查局于 2017 年 3 月对该房地产公司进行稽查,按照惯例,稽查人员先是检查该公司的"预收账款"账户,从账面看,2016 年至 2017 年该公司预售商品房收取的预收款有 1 亿元,基本都按照房地产企业缴纳增值税的期限缴纳了增值税等税金,仅有少数预收售房款以及将"他项权利登记费""抵押手续费"等代收款项列入"其他应付款"科目而少缴了 20 余万元的税金及附加,另外还少缴了城镇土地使用税和部分印花税。该房地产公司"其他应付款"科目中反映从某机电设备销售公司借款 4 320 万元,没有按借款合同税目缴纳印花税,该公司财务人员解释是因公司开发资金不足,就找老板朋友开的某机电设备销售公司分几次借了这 4 320 万元。

为了彻底查清借款 4 320 万元的情况,稽查局对该机电设备销售公司与该房地产公司的资金往来情况等进行检查。通过检查发现,该公司的确分几次将累计 4 320 万元资金"借"给了该房地产公司,但奇怪的是,该机电设备销售公司几年来居然没有一分钱的销售收入,那么,其借出去的几千万元资金又是怎么来的呢?再对"其他应付款"科目进行检查,发现其资金是来自几十个自然人。随后在对公司的注册情况进行检查时又发现,这家机电设备销售公司的大股东与该房地产公司的大股东都是某矿业集团公司。

经过几番周折终于查明,这家机电设备销售公司与该房地产公司都是某集团公司的下属控股公司,在该房地产公司开发的楼盘中有一部分是定向销售给某集团公司的职工,其购房款先由机电设备销售公司出面向职工收取并开具收款收据,2016 年至 2017 年共收取售房款 4 320 万元,再由该机电设备销售公司以往来借款的名义汇给该房地产公司。该房地产公司在收到上述 4 320 万元售房款后也列在往来款中,而没有作为预收售房款申报纳税,少缴增值税等税款 240 余万元。

稽查局根据查证的情况经过研究和集体审理认定,该房地产公司采取将收取的售房款挂列往来款、进行虚假纳税申报的手段,少缴税款,已构成逃税,决定责令其限期补缴少缴的增值税等税款并加收滞纳金,同时依照《税收征管法》第六十三条的规定,对其逃税行为处以少缴税款一倍的罚款。

在接到稽查局的处理、处罚决定书后,该房地产公司按期缴纳了税款、滞纳金和罚款,随后,负责人道出了事情的原委:当初他们曾就此事咨询了某税务师事务所的工作人员,为了少付咨询代理费就没有与该事务所签订正式代理合同,在支付了几千元劳务费后,事务所以私人帮忙的形式帮助公司就向集团内部职工出售房屋的纳税事项进行了筹划,公司根据这个筹划方案进行了如上操作,本以为占了大便宜,没想到因此违反了税法规定,不但要补缴税款、加收滞纳金,还被处以了罚款,真的是"偷鸡不成蚀把米",山寨版的税务筹划造成公司"被逃税"了。

(二) 政策风险

目前,我国现有的税收规定中法律法规少,规章以及其他税收规范性文件多,从而造成税收法令政策的透明度明显偏低。随着法制建设的不断深入,许多政策会相应地发生变动,政府的税收政策总是具有不定期或相对较短的时效性,这些都容易导致税收筹划的失败。对同一企业而言,在不同的阶段,往往会由于主、客观条件的变化,使其所选择的筹划方案失去原有的效用,甚至与法律相抵触。

【做中学 1-3-2】

2015年8月,福建省国税局稽查局根据上级工作安排,部署漳州市国税局稽查局对港口码头业"营改增"企业DF公司实施税收检查。经查,该公司存在违规未计提增值税销项税额417万元,非增值税应税项目多抵进项税额等多项问题,共少缴增值税542万元。检查组发现,由于DF公司财务人员对"营改增"税收政策理解不到位,导致企业在涉税业务处理时,出现了不少问题。

1. 未按规定计提销项税额并申报纳税

经检查,该公司提供装卸、堆存、港务管理等服务后,取得预结收入,并已取得索取销售款项凭据。该项业务企业在会计处理上已确认收入,但由于尚未开具增值税发票,企业未计提增值税销项税额并申报纳税。

检查人员认为,根据纳税人业务类型,税法对增值税纳税义务发生时间有不同规定,开票时间并非唯一判定标准。《中华人民共和国增值税暂行条例》(以下简称《增值税暂行条例》)第十九条明确:"销售货物或者应税劳务,为收讫销售款项或者取得索取销售款项凭据的当天;先开具发票的,为开具发票的当天。"该公司财务人员在会计处理上已确认收入,但错误认为取得的装卸、堆存、港务管理等业务的预结收入尚未开具增值税发票,无需申报纳税,导致未按规定计提增值税销项税额,少缴增值税417万元。

2. 价外费用未申报纳税

《增值税暂行条例》第六条规定:"销售额为纳税人销售货物或者应税劳务向购买方收取的全部价款和价外费用。"

经查,该公司在提供应税劳务的同时向客户收取改单费、水费等价外费用后,并未将其并入销售额计提增值税销项税额,共少缴纳增值税5万元。

3. 非抵扣项目抵扣销项税额

按照税法规定,企业用于非增值税应税项目、免征增值税项目、集体福利或者个人消费的购进货物或者应税劳务,其进项税额不得从销项税额中抵扣。该公司将外购用于集体福利的职工食堂厨具,电力以及以建筑物、构筑物为载体的高杆灯、道闸等项目进项税额全部在销项税额中予以抵扣,导致多抵扣进项税额107万元,应补缴增值税107万元。

4. 未严格区分"营改增"前后进项抵扣业务

福建省自2012年11月1日起正式纳入"营改增"试点改革范围。在检查所属期间的工作时,检查人员发现,DF公司还存在将"营改增"试点开始前补付某公司2012年10月劳务费、支付2012年度审计费等进项税额13万元抵扣销项税额问题,应作进项税额转出处理,并补缴增值税13万元。

降低风险,吃透政策是关键。"营改增"后,试点企业面对以往不甚了解的增值税,要实现准确纳税,降低涉税风险,认真学习掌握政策细节,正确运用法规就显得十分重要。财税〔2016〕36号文件作为"营改增"试点中重要的、具有指导性意义的文件,其中很多类似增值税纳税义务发生时间、进项税额抵扣等政策细节需要企业加以学习和关注。

(三) 财务风险

现在很多企业对资金的需求很大,若某一个环节的资金出现问题,将引起整个项目的瘫痪。因此,企业必须保证资金供应的充足。企业大部分资金都是通过举债获得的,而借入的资本额越大,税收筹划的空间就越大,获取可能的税收筹划利益的机会也越大,但由此带来的财务风险也相应增大。

二、税收筹划风险产生的原因

税收筹划的预先筹划性与项目执行过程存在不确定性之间的矛盾是税收筹划风险产生的主要原因。具体可追溯到以下几个方面:

(一) 因税收立法、执法所导致的风险

在我国的税收法律中,税务部门与企业之间的权责关系并不完全对等,企业处于一种相对劣势的地位。税务部门相对于企业而言容易掌握更多的税法信息,企业对于新的法律的了解或获得也滞后于税务部门。由于税收征纳双方关系权利责任的不对称性及在法律中赋予税务部门过多的自由裁量权,因此对于同一事件有不同的理解,当出现分歧时,税务部门认为自己的理解是正确的,那税收筹划人员的理解便是非法的了。税收筹划人员即使具有较为充分的理由,税务部门也可以利用"税法解释权归税务机关"而轻易加以否定,从而使企业的税收筹划风险大大增加。

(二) 注重"税负最低",忽视企业整体利益

有的企业认为追求"税负最低",是税收筹划的目的,这是一种不完全正确的认识,是混

淆和颠倒了税收筹划目标和最终目的的关系。例如，误以为用借入资金投资比用自有资金投资划算（少缴税），但很多事例表明，借入资金的利息可在所得税前扣除，但未必增加企业的净利润，相反却可能减少了企业的净利润，另外还有可能引发巨大的财务风险。事实上，税负最低只是税收筹划的阶段性目标，而实现企业价值最大化才是税收筹划的最终目的。

(三) 片面夸大企业税收筹划的作用

很多企业认为税收筹划无所不能，事实上税收筹划只是企业理财活动的一部分，其作用是有限的，并受一定的条件制约。税收筹划往往需要与相关的生产经营决策配合使用才能相得益彰，产生较大的总体效益。另外，税收筹划的开展与企业的涉税税种、应纳税额以及财务核算水平等情况息息相关。

(四) 因税收筹划人员自身素质所导致的风险

自身专业素质主要反映在税收筹划人员对于税法的全面理解与运用方面，由于税收法规的庞杂和税收政策的频繁变更，税收筹划人员受自身业务素质的限制，可能对有关税收法规的精神把握不准，虽然主观上没有偷逃税的意愿，但事实上由于筹划不利，违反了税法，产生了税收筹划风险。

三、税收筹划风险的防范

税收筹划风险防范的目标是通过采取合理的措施对风险加以控制，规避和降低风险损失。针对风险的类型和产生原因，可以采取以下的风险防范方法：

(一) 树立依法纳税意识，完善会计核算工作

企业经营决策层必须树立依法纳税的理念，这是成功开展税收筹划的前提。税收筹划可以在一定程度上提高企业的经营利润，但它只是全面提高企业财务管理水平的一个环节，不能将企业利润的提高过多地寄希望于税收筹划。依法设立完整规范的财务核算资料和正确进行会计核算是企业进行税收筹划的基本前提。税收筹划是否合法，首先必须通过税务检查，而检查的依据就是企业的财务核算资料。因此，企业应依法取得和保全会计核算资料，规范会计基础工作，为提高税收筹划效果提供可靠的依据。

(二) 准确把握税法政策，密切注视税法变动

税法是处理国家与企业税收分配关系的主要法律规范，税收筹划方案主要来自税法政策中对计税依据、税率等的不同规定，对相关税收规定的全面了解，就成为税收筹划的基础环节。有了这种全面了解，才能预测出不同的纳税方案，并进行比较、优化选择，进而作出对企业最有利的税收决策。反之，如果对有关政策、法规不了解，就无法筹划多种纳税方案，税收筹划活动就无法进行。税法常常随经济情况变化或为配合政策的需要而不断修正和完善。因此，企业在进行税收筹划时，必须密切关注并适时调整自己的筹划方案，以使自己的行为符合法律规范。

(三) 增强风险意识，提升自身素质

防范企业税收筹划风险是一项具有高度科学性、综合性、技术性的经济活动，因此对具体操作人员有着较高的要求，税收筹划人员不仅要精通税收法律法规、财务会计和企业管理

等方面的知识,而且还应具备经济前景预测能力、项目统筹谋划能力以及与各部门合作配合的协作能力等,为企业提供防范税收筹划风险的方案或建议。税收筹划人员素质的提高一方面依赖于个人的发展,另一方面也依赖于整个行业素质的提高。只有整个行业素质提高了,才能充分进行企业税收筹划。

(四) 加强与税务部门联系,处理好税企关系

企业要想进行税收筹划,必须取得当地税务机关的支持,以确保合法性。进行税收筹划时,由于许多活动是在法律的边界运作,税收筹划人员很难准确把握其确切的界限,有些问题在概念的界定上本来就很模糊,如税收筹划与避税的区别等,况且各地具体的税收征管方式有所不同,税收执法部门拥有较大的自由裁量权。这就要求税收筹划者在正确理解税收的政策、正确应用财务知识的同时,随时关注当地税务机关税收征管的特点和具体方法。经常与税务机关保持友好联系,使税收筹划活动适应主管税务机关的管理特点,或者使企业税收筹划方案得到当地主管税务部门的认可,可以避免税收筹划风险,取得应有的收益。

(五) 顾全企业整体利益,注重税收筹划方案综合性

从根本上讲,税收筹划归结于企业财务管理的范畴。它的目标是由企业财务管理的目标——企业价值最大化所决定的。税收筹划必须围绕这一总体目标进行综合策划,将其纳入企业的整体投资和经营战略,不能局限于个别税种,也不能仅仅着眼于节税。单纯地看,税收筹划是分税种进行的,是对每个具体的税种进行的筹划,但企业税收筹划是一项系统性工程,企业的经济活动要涉及多种税,即便一项具体业务也可能要涉及若干税,例如,一笔销售收入是否确认、何时确认,可能会影响增值税、所得税、城市维护建设税、教育费附加等。针对众多的征税对象、税率、减免税等,税收筹划不能仅盯住个别税种的税负高低,而要着眼于整体税负的轻重。另外,如果单纯追求最大的扣除项目、最小的计税收入,会掩盖企业真实的经营成果和获利能力,影响企业的筹资和投资能力,进而影响企业财务目标的实现。所以,不能以税负轻重作为选择筹划方案的唯一标准,而应确保企业财务目标实现下的税收筹划方案要具有可操作性。

随着税收筹划活动在企业经营活动中价值的体现,企业税收筹划风险也该受到更多的关注,由于税收筹划主要侧重于事前的筹划,因此不可能完全消除税收筹划的风险,但尽量降低或分散涉税风险是企业税收筹划的重要内容。成功的税收筹划方案应该是风险最小、收益最大的方案。

引例解析

发票是企业在购销商品、提供或接受服务以及从事其他经营活动中,开具、收取的收付款凭证。它是纳税人经济活动的重要商事凭证,也是税收部门进行财务税收检查的重要依据。在企业中发票分为两部分:从外部取得的发票和公司开出的发票。

税务部门非常重视对发票的监管。因此,企业应该从税务监管的高度来加强发票管理。特别是对从外部取得的发票,尤其应该注意审查发票的真实性,建立取得和开出发票的规范审核程序,避免案例中类似问题的发生。

项目内容结构

认识税收筹划内容结构如图1-1所示。

图1-1 认识税收筹划内容结构图

知识、技能巩固题

一、单项选择题

1. 税收筹划的主体是( )。
   A. 纳税人　　　B. 征税对象　　　C. 计税依据　　　D. 税务机关

2. 税收筹划与逃税、抗税、骗税等行为的根本区别是税收筹划具有( )。
   A. 违法性　　　B. 可行性　　　C. 非违法性　　　D. 合法性

3. 避税最大的特点是( )。
   A. 违法性　　　B. 可行性　　　C. 非违法性　　　D. 合法性

4. 纳税人利用税法漏洞或者缺陷,通过对经营及财务活动的精心安排,以期达到纳税负担最小的经济行为是( )。
   A. 逃税　　　B. 欠税　　　C. 骗税　　　D. 避税

5. 按( )进行分类,税收筹划可以分为绝对节税、相对节税和风险节税。
   A. 不同税种　　　B. 节税原理　　　C. 不同性质企业　　　D. 不同纳税主体

6. 相对节税主要考虑的是( )。
   A. 费用绝对值　　　B. 利润总额
   C. 货币时间价值　　　D. 税率

7. 税收筹划最重要的原则是( )。

A. 守法原则 B. 财务利益最大化原则
C. 时效性原则 D. 风险规避原则

8. 在经济行为已经发生,纳税项目、计税依据和税率已成定局后,再实施少缴税款的措施,无论是否合法,都不能认为是税收筹划。该观点体现了税收筹划的(　　)原则。
A. 事先筹划　　B. 守法性　　C. 实效性　　D. 保护性

9. 税负转嫁的筹划通常需要借助(　　)来实现。
A. 价格　　B. 税率　　C. 纳税人　　D. 计税依据

10. 关于税收筹划的目标表述中,不正确的是(　　)。
A. 税收筹划应立足于企业的整体利益
B. 目标是实现纳税人整体利益的最大化
C. 纳税人应进行成本-收益分析,综合考虑并制订出最佳的筹划方案
D. 筹划时要着重考虑单个税种的税负变化,忽略不同税种的综合税负影响

二、多项选择题

1. 税率的基本形式有(　　)。
A. 名义税率　　B. 比例税率　　C. 定额税率　　D. 复合税率

2. 税收筹划的特点包括(　　)。
A. 不违法性　　B. 事先性　　C. 专业性　　D. 全面协作性

3. 税收筹划产生的原因有(　　)。
A. 企业纳税人追求经济利益最大化　　B. 税收制度的复杂化、差异性
C. 税收管理体制日益完善　　D. 纳税人的纳税意识日益加强

4. 税收筹划的合法性特点是与(　　)的根本区别。
A. 逃税　　B. 欠税　　C. 骗税　　D. 避税

5. 税收筹划风险主要包括(　　)。
A. 法律风险　　B. 经营性风险　　C. 政策性风险　　D. 操作性风险

三、判断题

1. 税收筹划的最本质特征是非违法性。(　　)
2. 进行税收筹划是没有风险的。(　　)
3. 节税越多的方案往往也是风险越小的方案。(　　)
4. 税收筹划是纳税人应有的权利。(　　)
5. 税收筹划的主体是税务机关。(　　)
6. 税收筹划是纳税人的一系列综合谋划活动。(　　)
7. 在税率一定的情况下,应纳税额的大小与计税依据的大小呈正比。(　　)
8. 起征点和免征额都是税收优惠的形式。(　　)
9. 纳税人和负税人是不一致的。(　　)
10. 财务利益最大化是税收筹划首先应遵循的最基本的原则。(　　)

四、典型案例分析

甲、乙两公司拟合资成立一家M公司,其中甲方以现金出资3 000万元,乙方用房产出

资,协议价格7 000万元。M公司在办理产权过户时须缴纳契税。那么,采取何种方式可免除契税负担?

被质疑的税收筹划方案:

第一步:甲、乙签署借款协议,甲公司借给乙公司现金3 000万元。

第二步:乙公司以房屋和现金出资成立全资子公司M公司,并向当地税务局申请免交契税。

第三步:甲公司受让乙公司持有的M公司30%的股权。

该方案的风险点分析:

(1)是否属于改制重组?何谓改制重组?谁来认定改制重组?

(2)是否属于无偿划转?如何认定?独立法人之间如何才能无偿划转?关联企业之间是否按独立纳税人交易价格操作?

改制重组契税优惠的现行政策依据是《财政部 国家税务总局关于企业改制重组若干契税政策的通知》(财税〔2008〕175号),该文件规定,企业改制重组过程中,同一投资主体内部所属企业之间土地、房屋权属的无偿划转,包括母公司与其全资子公司之间,同一公司所属全资子公司之间,同一自然人与其设立的个人独资企业、一人有限公司之间土地、房屋权属的无偿划转,不征收契税。

但是,值得注意的是,财税〔2008〕175号文件免征契税的前提是"企业改制重组过程中"和"无偿划转"。

契税属于地方税种,直接关系到地方的财政收入。如地方政府和税务机关设定企业改制重组认定程序,此方案可能存在风险。

该筹划方案还存在的一个风险是,一人公司是否可以变更为两人以上有限公司,在法律上的争议很多。是否能够变更成功,还要看当地工商部门的规定。即使变更成功了,税务机关也可以依据《中华人民共和国契税法》的规定"纳税人因改变土地、房屋用途应当补缴已经减征、免征契税的,其纳税义务发生时间为改变有关土地、房屋用途的当天"来认定你改变用途,补征契税。因此,以规避纳税义务为目的的筹划方案,只要税务机关依法行政,总会有应对办法。

项目二　增值税的税收筹划

◇ **职业能力目标**

1. 能正确进行纳税人身份选择的税收筹划。
2. 能正确进行销项税额的税收筹划。
3. 能正确进行进项税额的税收筹划。
4. 能正确进行混合销售、兼营、免税、销售服务、出口退税等项目的税收筹划。
5. 能正确解读增值税税收优惠政策。

◇ **思政素养目标**

1. 遵守增值税法律法规,增强守法意识和责任意识。
2. 享受增值税减税红利,增强经世济民和义利并举意识。
3. 传承工匠精神,增强增值税税收筹划意识。

◇ **典型任务**

1. 利用增值率判定法合理筹划纳税人身份,并创造条件改变或保持纳税人身份。
2. 通过销售额、销售方式、结算方式、税率的合理筹划,减少当期销项税额。
3. 通过购货来源、低纳高抵、加计抵减等的合理筹划,增加当期进项税额。
4. 通过混合销售行为、兼营行为、放弃免税权、销售服务、出口退税等合理筹划,减轻增值税税负。
5. 通过对优惠政策的解读,进行增值税的税收筹划。

任务一　纳税人身份选择的税收筹划

引　例

甲公司是一个年销售额在 400 万元左右(不含税)的生产企业,公司每年购进的可按 13% 税率进行抵扣的物品价值在 180 万元左右(不含税)。如果是一般纳税人,公司产品的增值税适用税率为 13%;如果是小规模纳税人,则适用 3% 的征收率。若甲公司满足一般纳税人的认定条件。

请问:甲公司适宜成为何种纳税人?

【知识准备与业务操作】

增值税是对在我国境内销售货物、服务、无形资产、不动产或者提供加工、修理修配劳务,以及进口货物的单位和个人,就其增值额为课税对象征收的一种流转税。增值税纳税人按其规模大小以及会计核算是否健全,可分为一般纳税人和小规模纳税人。两类纳税人在征管要求、适用税率和计税方法上的不同,给企业的税收筹划工作创造了条件。我们可以根据企业的实际情况,通过税负比较,在一般纳税人和小规模纳税人之间作出选择,即通过纳税人身份的选择进行税收筹划,从而降低企业税负,以期获得更大的节税效益。

一、两类纳税人的主要区别

两类纳税人的主要区别体现在以下两个方面:

(一)适用税率不同

一般纳税人销售货物、提供有形动产租赁服务的增值税适用税率为13%,部分货物适用9%的低税率;提供交通运输、邮政、基础电信、建筑、不动产租赁服务,销售不动产,转让土地使用权,适用9%的税率;其他应税服务适用6%的税率。小规模纳税人适用3%或5%的征收率。

(二)计税方法不同

一般纳税人实行税款抵扣制,允许抵扣进项税额,即应纳增值税税额=当期销项税额-当期进项税额;小规模纳税人实行简易征收办法,不得抵扣进项税额,即应纳增值税税额=不含税销售额×征收率。

两类纳税人的主要区别如表2-1所示。

表2-1 两类纳税人的主要区别

差别点	一般纳税人	小规模纳税人
税率(或征收率)	13%、9%、6%(税率)	5%、3%(征收率)
征收方法	购进扣税法	简易征收法,不得抵扣进项税额

二、增值率与纳税人身份选择

根据两类纳税人的计税原理,一般纳税人增值税的计算以增值额为计税基础,小规模纳税人增值税的计算以销售额为计税基础。增值率是增值额与销售额的比率。在增值率达到某一数值时,两类纳税人的税负会相等,这一数值称为税负平衡点。我们只要确定这一税负平衡点,即可利用它来判断选择合适的纳税人身份。其具体计算如下:

假设 A 为不含增值税的销售额,B 为不含税购货额,当一般纳税人与小规模纳税人的增值税实际税负相等时,有:

$$(A-B) \times 13\% = A \times 3\%$$

等式两端同时除以"$A \times 13\%$",得到:

$$\frac{A-B}{A} = \frac{3}{13}$$

左边 $\dfrac{A-B}{A}$ 是纳税人的增值率,即:增值率 = $\dfrac{\text{不含税销售额} - \text{不含税购货额}}{\text{不含税销售额}}$,此例中,增值率为 23.08%,或者当企业的购货额占企业销售额的 $\dfrac{10}{13}$ 时,两种纳税人身份下的增值税税负无差别。通过类似计算,我们还可以得出两类纳税人在不同情况下的增值率税负平衡点,如表 2-2 所示。

表 2-2　　两类纳税人在不同情况下的增值率税负平衡点

| 一般纳税人 ||小规模纳税人征收率|增值率税负平衡点|
销货税率	进货税率		
13%	13%		23.08%
13%	9%		−11.11%
13%	6%		−66.67%
9%	13%		53.85%
9%	9%	3%	33.33%
9%	6%		0
6%	13%		76.92%
6%	9%		66.67%
6%	6%		50%

在实际增值率低于税负平衡点的情况下,由于可以抵扣进项税额,选择成为一般纳税人比小规模纳税人更有优势;而随着增值率上升,一般纳税人的优势越来越小,当实际增值率高于税负平衡点时,选择小规模纳税人身份税负较轻。

需要注意的是,这里论述的销售额和购货额都是不含税的。如果实务中销售额和购货额是含税的,采用类似的方法,也可以计算出含税的税负平衡点,结论和不含税是一致的。即:增值率越高,一般纳税人税负越重,选择成为小规模纳税人身份更为有利;反之,选择成为一般纳税人身份更为有利。

【做中学 2-1-1】

某服装批发企业,全年预计不含税销售额为 600 万元,会计核算制度比较健全,符合一般纳税人的登记条件,适用的增值税税率 13%。可抵扣购进货物的不含税金额为 400 万元,增值税税率均为 13%。企业管理层估计,在未来的一段时间,企业规模不会有太大增长,经营业务项目也不会有大的改变。则该企业选择哪种增值税纳税人身份税负更轻?应该如何进行税收筹划?

根据上述资料,分析如下:

该企业如果选择一般纳税人身份,则销售和购货适用的增值税税率均为 13%,两类纳税人增值率的税负平衡点为 23.08%。由于实际增值率 = [(600−400)÷600×100%] = 33.33%,大于 23.08%,因此,选择成为一般纳税人的增值税税负会重于小规模纳税人。其具体情况如下:

一般纳税人：应纳增值税税额$=600\times13\%-400\times13\%=26$(万元)。

小规模纳税人：应纳增值税税额$=600\times3\%=18$(万元)。

若选择小规模纳税人身份，增值税税负将减少8万元(26-18)。

现行税法规定，纳税人在年应税销售额超过规定标准后，未在规定期限内申请一般纳税人登记的，主管税务机关应当在规定期限结束后5日内制作"税务事项通知书"，告知纳税人应当在5日内向主管税务机关办理相关手续；逾期仍不办理的，次月起按销售额依照增值税税率计算应纳税额，不得抵扣进项税额，直至纳税人办理相关手续为止。

因此，为了维持小规模纳税人的身份，企业可以通过分拆机构、注销原企业设立新企业等方式降低销售额。如果该企业分设为两个独立核算的批发企业，销售额分别为250万元和350万元，就符合小规模纳税人条件，可适用3%的征收率。如果分立以后企业规模扩大，达到一般纳税人的标准，或者一些业务增值率高于税负平衡点，其他业务增值率低于税负平衡点，则可以将两个企业之间的业务分类重新安排。增值率高于税负平衡点的业务由小规模纳税人经营，增值率低于税负平衡点的业务由一般纳税人经营。

需要注意的是，这里所考虑的仅仅是企业增值税的税收负担，没有考虑其他因素。由于经营内外部环境的复杂性，企业在一般纳税人和小规模纳税人之间作选择时，不能仅仅以税负平衡点为标准，还应综合考虑各方面因素。另外，两类纳税人的税负平衡点除了可以按增值率计算外，还可以按抵扣率、成本利润率等计算。

三、创造条件改变纳税人身份

(一) 改变纳税人身份需考虑的因素

1. 增值率

对于一般纳税人而言，增值率越高，可抵扣的进项税额相对越少，税收负担越重；增值率越低，则可抵扣的进项税额相对较多，税收负担较轻。而对于小规模纳税人而言，增值率越高，税收负担越轻，原因是较低的征收率优势逐步胜过不可抵扣进项税额的劣势。

2. 增值税的纳税成本

一般情况下，可以选择作为小规模纳税人的企业通常销售额并不大，且申请认定为一般纳税人，可能需要增加会计人员和税控设备的开支，需要健全会计核算制度，与小规模纳税人相比，成本会大大增加。因此，如果企业选择成为一般纳税人，就需要对增值税的纳税工作进行管理和筹划，降低纳税成本，如果增加的纳税成本大于小规模纳税人转化成一般纳税人带来的好处，反而对企业不利。

3. 购货方增值税的转嫁

如果企业的产品主要销售给一般纳税人，对方会由于只取得3%征收率的增值税专用发票，少抵扣进项税额，而要求企业在价格上给予折扣，否则会影响企业产品的销售。在这种情况下，企业可能选择成为一般纳税人更有利。如果企业产品主要销售给出口企业，若购货方从小规模纳税人处取得征税率为3%的增值税专用发票，退税率也为3%，购货方不产生自负税款。而从一般纳税人处进货，部分商品的退税率小于征税率，从而产生自负税款,增加成本。此时,企业选择成为小规模纳税人会更有利于销售。

企业应综合考虑各种因素,以企业整体的收益最大化为目标进行增值税纳税人身份认定的筹划,不能简单地以税负轻重为标准。

(二) 改变纳税人身份的方法

1. 小规模纳税人向一般纳税人身份转化

如前所述,当企业实际增值率低于税负平衡点时,小规模纳税人应积极争取成为一般纳税人。对于会计核算不健全的企业,可以通过增设会计账簿、聘请会计人员等方式来健全会计核算体系,同时将成为一般纳税人所带来的节税收益与健全会计核算制度所增加的成本进行比较,积极办理一般纳税人登记。

【做中学 2-1-2】

现有甲、乙两个生产型企业,年不含税销售额分别为 360 万元和 400 万元。两个企业购进货物均可取得增值税专用发票,可抵扣的购进金额分别为 300 万元和 340 万元,但会计核算不健全。由于不符合一般纳税人条件,两个企业均按小规模纳税人申报纳税。请问甲、乙两个企业应该如何进行增值税的税收筹划?

根据上述资料,分析如下:

(1) 筹划前:

甲企业应纳增值税税额 = 360 × 3% = 10.8(万元)

乙企业应纳增值税税额 = 400 × 3% = 12(万元)

(2) 筹划分析:

首先,计算甲、乙两个企业的实际增值率:

甲企业增值率 = (360 − 300) ÷ 360 × 100% = 16.67%

乙企业增值率 = (400 − 340) ÷ 400 × 100% = 15%

通过查表 2-2 可知,两个企业的实际增值率均小于 23.08%(销货、购货适用税率均为 13% 情况下的增值率税负平衡点),所以选择成为一般纳税人税负较轻。

此时,甲、乙两个企业应加强内部管理,健全会计核算,使之符合一般纳税人的登记资格。

(3) 筹划后:

甲企业应纳增值税税额 = 360 × 13% − 300 × 13% = 7.8(万元)

乙企业应纳增值税税额 = 400 × 13% − 340 × 13% = 7.8(万元)

与筹划前相比较,甲、乙两个企业一共可以取得节税收益 7.2 万元 [10.8 + 12 − (7.8 + 7.8)]。

2. 一般纳税人向小规模纳税人身份转化

按现行税法规定,除国家税务总局另有规定外,纳税人一经登记为一般纳税人,不得再转为小规模纳税人。因此,企业只能通过注销原企业、设立新企业或通过分立等方式使年应税销售额下降,达到小规模纳税人的标准,从而享受小规模纳税人的税收待遇,降低增值税税负。

引例解析

甲公司的实际增值率为55%[(400−180)÷400×100%],大于23.08%的增值率税负平衡点,选择成为一般纳税人比成为小规模纳税人税负更重。一般纳税人应纳增值税税额为28.6万元,小规模纳税人应纳增值税税额为12万元。因此,建议甲公司保持其小规模纳税人的身份更为适宜。

任务二　销项税额的税收筹划

引　例

金泰商场是一家大型百货公司,商品销售的平均毛利率为30%。该商场打算在春节期间开展一次促销活动,经测算,如果将商品以八折让利销售,商场可以维持计划利润水平。在促销活动的酝酿阶段,销售部与财务部在具体方案的选择上产生了分歧:销售部主管认为,采用返还现金方式能够吸引更多的顾客;而财务部主管则认为,以现金返还的形式,商场不仅没有利润,还会出现较大的亏损。由于两个部门的意见难以统一,公司董事长决定向税务咨询公司求助。最后,税务咨询公司就促销活动以10 000元销售额为一个单元,提出了三个方案:❶ 让利20%销售;❷ 赠送20%的商品;❸ 返还20%的现金。

三种方案均是目前商场中常用的促销方法,请从增值税税收筹划的角度判断分析哪种方法对企业更为有利?

【知识准备与业务操作】

销项税额是一般纳税人在发生应税销售行为时,按照不含税销售额和适用税率计算并向购买方收取的增值税税额。销项税额的税收筹划主要从缩小计税销售额和降低税率两个方面进行。前者可以通过分解销售额,对不同销售方式、结算方式的选择来实现,对于后者而言,由于增值税税率档次较少且比较固定,可供企业筹划的余地不大。

一、分解销售额的增值税筹划

销售额是指纳税人因发生应税销售行为向购买方收取的全部价款和价外费用。特别需要强调的是,尽管销项税额也是销售方向购买方收取的,但是增值税采用价外计税方式,用不含税价作为计税依据,因而销售额中不包括向购买方收取的销项税额。

价外费用,包括价外向购买方收取的手续费、补贴、基金、集资费、返还利润、奖励费、违约金、滞纳金、延期付款利息、赔偿金、代收款项、代垫款项、包装费、包装物租金、储备费、优质费、运输装卸费以及其他各种性质的价外收费。但下列项目不包括在内:

(1) 受托加工应征消费税的消费品所代收代缴的消费税。

（2）同时符合以下条件的代垫运输费用：❶ 承运部门的运输费用发票开具给购买方的；❷ 纳税人将该项发票转交给购买方的。

（3）同时符合以下条件代为收取的政府性基金或者行政事业性收费：❶ 由国务院或者财政部批准设立的政府性基金，由国务院或者省级人民政府及其财政、价格主管部门批准设立的行政事业性收费；❷ 收取时开具省级以上财政部门印制的财政票据；❸ 所收款项全额上缴财政。

（4）发生应税销售行为的同时代办保险等而向购买方收取的保险费，以及向购买方收取的代购买方缴纳的车辆购置税、车辆牌照费。

凡随同应税销售行为向购买方收取的价外费用，无论其会计制度规定如何核算，均应并入销售额计算应纳税额。

（一）分解计税销售额的基数

纳税人销售货物、加工修理修配劳务、服务、无形资产或者不动产适用不同税率或者征收率的，应当分别核算适用不同税率或者征收率的销售额，未分别核算销售额的，从高适用税率。因此，纳税人在发生应税销售行为时，应尽量分解计税销售额的基数，以便其中部分金额能够适用低税率。

【做中学 2-2-1】

浙江 A 房地产公司开发居民住宅楼一幢，预计房款收入为 40 000 万元，同时，需要代收天然气、水电初装费用以及公共设施维修基金共计 8 000 万元。这些代收款增加了计税销售额，应纳增值税销项税额 $= (40\,000 + 8\,000) \times 9\% = 4\,320$（万元）。

根据上述资料，分析如下：

如果 A 房地产公司将其代收款项改由其子公司，即一家独立核算的物业公司收取，纳税情况将会发生变化。此时，房地产公司增值税销项税额 $= 40\,000 \times 9\% = 3\,600$（万元），物业公司增值税销项税额 $= 8\,000 \times 6\% = 480$（万元），合计为 4 080 万元。少交增值税 240 万元（4 320 − 4 080）。

应注意的是，如果是单纯的水费收取，则根据《国家税务总局关于物业管理服务中收取的自来水水费增值税问题的公告》的规定：提供物业管理服务的纳税人，向服务接受方收取的自来水水费，以扣除其对外支付的自来水水费后的余额为销售额，按照简易计税办法依 3% 的征收率计算缴纳增值税。

【做中学 2-2-2】（2022 年智能财税国赛题）

北京海日电器公司为增值税一般纳税人，主要生产销售空调并负责安装已售空调。预计 2022 年北京海日电器公司取得不含税收入 8 000 万元，其中安装费约占总收入的 20%，预计 2022 年度进项税额为 500 万元。

公司常年将上述空调销售及安装服务统一核算，一并开具销售货物的增值税专用发票。2022 年北京海日电器公司预设立 100% 控股子公司（增值税一般纳税人），专门负责空调的安装服务。

公司拟设立以下3个方案,请从"增值税、城市维护建设税、教育费附加及地方教育附加"的角度出发选择最优方案。

方案1:若公司不将相应的服务分离出去,维持现状。

方案2:若公司将相应的安装服务分离出去,成立独立的安装公司。

方案3:若公司不成立独立的安装公司,分别核算销售空调和安装服务的销售额。(安装服务应纳增值税选择简易计税)

说明:

(1) 公司适用的城市维护建设税税率为7%;教育费附加征收率为3%;地方教育附加征收率为2%;

(2) 假设公司的进项税额都是因生产空调而产生。

根据上述资料,分析如下:

对公司经营活动进行税务优化应考虑的因素有:公司既生产销售空调并提供安装服务的销售行为属于兼营行为还是混合销售行为;销售空调适用税率;安装服务适用的税率;销售空调和提供服务未分别核算时的适用税率;单独设立子公司提供安装服务与原统一核算、一并纳税的区别。

方案1(不分立,维持现状):

(1) 应纳增值税税额 = 8 000×13% − 500 = 540(万元)

(2) 城市维护建设税及教育费附加 = 540×12% = 64.8(万元)

(3) 税费合计 = 540 + 64.8 = 604.8(万元)

方案2(成立独立的安装公司,分立安装服务业务):

(1) 应纳增值税税额:

空调增值税 = 8 000×80%×13% − 500 = 332(万元)

安装业务增值税 = 8 000×20%×9% = 144(万元)

(2) 城市维护建设税及教育费附加:

空调:332×12% = 39.84(万元)

安装业务:144×12% = 17.28(万元)

(3) 税费合计 = 332 + 144 + 39.84 + 17.28 = 533.12(万元)

方案3(不成立独立的安装公司,分别核算):

(1) 应纳增值税税额:

空调增值税 = 8 000×80%×13% − 500 = 332(万元)

安装业务增值税 = 8 000×20%×3% = 48(万元)(按甲供工程简易计税)

(2) 城市维护建设税及教育费附加:

(332 + 48)×12% = 45.6(万元)

(3) 税费合计 = 332 + 48 + 45.6 = 425.6(万元)

综上可知,从税负的角度判断,公司应选择方案3。

(二) 分离销售业务附带的费用

企业在销售过程中往往还需要为附加服务发生运输费、装卸费、拆解费等费用,如果可以委托第三方提供相应附加服务并以购买方的名义向第三方支付,就可以将这一部分费用从销售额中剔除,从而减少应纳税额。

【做中学 2-2-3】

A 公司(增值税一般纳税人)清理出 5 年前购入的已提足折旧的不需用固定资产 5 件,共计资产残值 200 万元。A 公司拟对这部分资产进行处理,经市场调查,财务部制订了两种方案:第一种方案是将固定资产拆解后再销售,预计可取得销售收入 200 万元,但公司需另外支付拆解费 20 万元;第二种方案是将拆解后的固定资产按拆解后的售价与买家签订销售合同,同时补签一个委托拆解劳务合同,约定由 A 公司承担相应税负。请问:A 公司采用哪种方案可以节税?

根据上述资料,分析如下:

方案 1:A 公司销售旧固定资产应缴纳增值税 = 200÷(1+13%)×13% = 23.01(万元)。按此方案,可净得利 = 200-20-23.01 = 156.99(万元)。

方案 2:A 公司与需要拆解固定资产的客户按拆解后的售价即 180 万元签订固定资产销售合同,同时再与其补签一个 20 万元的委托拆解劳务合同。在补充合同中,双方约定拆解劳务应缴纳的税金由 A 公司承担。这样,A 公司应就 180 万元的销售收入,缴纳增值税 = 180÷(1+13%)×13% = 20.71(万元),20 万元的劳务服务应缴纳增值税 = 20÷(1+6%)×6% = 1.13(万元)。按此方案,可净得利 = 180-20.71-1.13 = 158.16(万元),相比第一种方案多获利 158.16-156.99 = 1.17(万元)。

二、不同销售方式的税收筹划

在激烈的市场竞争下,企业为了维持或扩大其市场份额,往往采取多种多样的销售方式,以达到促销的目的。而不同的销售方式所适用的税收政策也是不同的,企业可以根据不同的销售方式,进行税收筹划。不同销售方式的计税规定如表 2-3 所示。

表 2-3　　　　　　　　　　不同销售方式的计税规定

具体销售方式		计 税 规 定
折扣和折让	折扣销售(商业折扣)	折扣额在同一张发票:按折扣后的余额计税 折扣额不在同一张发票:不得扣除折扣额,按全额计税
	实物折扣	按视同销售计税
	销售折扣(现金折扣)	不得扣除折扣额,按全额计税
	销售折让	按扣除折让后余额计税
以旧换新		不得扣除旧货价,按新货同期价格全额计税
还本销售		不得扣除还本支出,按全额计税
以物易物		双方各按购销处理

(一)让利促销

让利促销是企业在销售环节常用的销售策略。常见的让利方式包括打折销售、购买商品赠送实物、购买商品赠送现金等。按照税法规定,价格折扣只要与销售额开在同一张发票上,就可以按打折以后的价格计算销项税额。实物折扣实质上是一种赠送行为,税法上要视同销售计算销项税额。因此,如果将附赠的商品包含在所售商品中一起销售,另再给予相当于所赠商品价格的折扣,就可以将实物折扣转化为价格折扣,避免了赠送行为的税收。返现属于还本销售,返还的现金在计税时是不得从销售额中扣除的。因此,企业在进行营销策划时,应综合分析和权衡各种促销方式所带来的收益及税收负担。

【做中学 2-2-4】

某大型商场为增值税一般纳税人,决定在国庆期间进行商品促销。现有以下三种促销方案可供选择:

方案1:将商品以九折销售。

方案2:凡购物满100元,赠送价值10元的商品(所赠送商品的购入价为6元)。

方案3:凡购物满100元,返还10元的现金。

假定该商场商品毛利率为40%,销售额为100元的商品,其购入价为60元,消费者同样购买100元的商品,商场选择哪种方案最有利?

根据上述资料,分析如下:

方案1:

(1) 将折扣额和销售额开在同一张发票上:

应纳增值税税额 $= 100 \times 90\% \div (1+13\%) \times 13\% - 60 \div (1+13\%) \times 13\%$
$= 3.45(元)$

(2) 折扣额和销售额未开在同一张发票上:

应纳增值税税额 $= 100 \div (1+13\%) \times 13\% - 60 \div (1+13\%) \times 13\%$
$= 4.60(元)$

方案2:

(1) 直接赠送:

应纳增值税税额 $= (100+10) \div (1+13\%) \times 13\% - (60+6) \div (1+13\%) \times 13\%$
$= 5.06(元)$

(2) 加量不加价,即将附赠的商品包含在所售商品中一起销售,另给相当于所赠商品价格的折扣,且在同一张发票上注明:

应纳增值税税额 $= 100 \div (1+13\%) \times 13\% - (60+6) \div (1+13\%) \times 13\%$
$= 3.91(元)$

方案3:

应纳增值税税额 $= 100 \div (1+13\%) \times 13\% - 60 \div (1+13\%) \times 13\%$
$= 4.60(元)$

从以上分析可以看出,三种方案中方案 1 将折扣额与销售额开在同一张发票上最优,如果折扣额与销售额未开在同一张发票上则会增加税负。需要注意的是,以上仅从增值税税负的角度进行了比较,最终还需综合考虑其他税负及盈利状况。

思考:(1)试从净利润或现金流量的角度分析三种方案的优劣,并思考第一种方案是否还是最优?

(2)你还能设计出其他促销方案吗?请说明原理。

【做中学 2-2-5】

某家电公司为增值税一般纳税人,本月拟处理一批积压库存家电,具体促销方式如下:

(1)采取"以旧换新"方式销售电冰箱:销售新冰箱 100 台,每台零售价为 3 000 元,旧冰箱每台收购价为 200 元。

(2)采用现金折扣方式销售彩电:合同销售金额为 300 000 元,合同约定若在 10 天内付款,将给予 2%的折扣;在 30 天内付款则不给予折扣(若消费者选择在 10 天内付款)。

(3)将 100 台旧型号电视机销售给某宾馆,每台售价为 1 130 元。售出后购买方发现有瑕疵但没有提出退货,而是要求给予一定的价格折让。经协商,该公司给予 20%的价格折让,取得销售额共计 90 400 元。

未筹划前各促销方式的增值税销项税额:

(1)采取"以旧换新"方式销售货物,按照新货物的同期销售价格确定销售额,不得扣减旧货物的收购价格。

$$增值税销项税额 = 3\ 000 \times 100 \div (1+13\%) \times 13\% = 34\ 513.27(元)$$

(2)企业销售商品涉及现金折扣的,应当按照扣除现金折扣前的金额确定销售商品收入金额,现金折扣在实际发生时计入财务费用。此题中,消费者选择在 10 天内付款,则企业的现金收入为 294 000 元(300 000×98%),现金折扣 6 000 元(300 000×2%)计入财务费用,增值税销项税额按折扣前的销售金额计算。

$$增值税销项税额 = 300\ 000 \div (1+13\%) \times 13\% = 34\ 513.27(元)$$

(3)因销售折让、中止或者退回而退还给购买方的增值税额,应当从当期的销项税额中扣减。此题中,可按价格折让后的金额计算增值税销项税额。

$$增值税销项税额 = 90\ 400 \div (1+13\%) \times 13\% = 10\ 400(元)$$

筹划分析:

针对上述业务(1)中的"以旧换新"销售,可将其转换为价格折扣销售的形式进行筹划。公司规定顾客凭每台旧冰箱,可以给予购买新冰箱的价格折扣 200 元。则:

$$增值税销项税额 = (3\ 000 - 200) \times 100 \div (1+13\%) \times 13\% = 32\ 212.39(元)$$

$$节税金额 = 34\ 513.27 - 32\ 212.39 = 2\ 300.88(元)$$

针对业务(2),可将现金折扣转换为价格折扣。该公司可以主动压低价格,将合同金额降低为 294 000 元,相当于给予对方 2% 折扣之后的金额。同时在合同中约定,如果对方超过 10 天付款,则加收 6 000 元的延期付款违约金,这样企业的收入并没有受到实质影响。如果对方在 10 天之内付款,公司收入为 294 000 元,则按照 294 000 元的价款开具发票,并以此计算增值税销项税额。

筹划结论：

现金折扣、实物折扣、"以旧换新"等业务都可以转换为价格折扣销售方式进行筹划。

(二) 还本销售

还本销售,是指纳税人在销售货物后,在一定期限内由销售方一次或分次退还给购货方全部或部分价款的销售方式。这种方式的实际目的是筹集资金,是一种以货物换取资金的使用价值,到期还本不付息的方法。税法规定,还本销售的销售额就是货物的销售价格,不得从销售额中减除还本支出。

【做中学 2-2-6】

A 企业以还本销售的方式销售货物,价格为 300 万元(含税),规定五年内每年还本 60 万元,该货物的市场价格为 100 万元(含税)。请对其进行税收筹划。

由于还本销售的销售额就是货物的销售价格,不得从销售额中减除还本支出。在这种情况下,还本销售的销售额是比较高的,所以,其税负也比较高。我们可以考虑变换一下形式,即将还本销售分解为两项业务:一是以正常价格销售货物,二是由销货方向购货方借款。这样可以少缴纳增值税。

根据上述资料,分析如下：

方案 1：采用还本销售的方式。由于还本销售的销售额就是货物的销售价格,不得从销售额中减除还本支出。则增值税销项税额 = $300 \div (1+13\%) \times 13\%$ = 34.51(万元)。

方案 2：A 企业以市场价格销售给购货方货物,价格为 100 万元(含税),同时向购货方借款 200 万元,利息率为 10%,规定一次还本,分期付息,则五年内每年付息 20 万元($200 \times 10\%$),本息合计共还 300 万元($200+20 \times 5$),此时,增值税销项税额 = $100 \div (1+13\%) \times 13\%$ = 11.50(万元)。

由此可见,方案 2 比方案 1 节税 34.51 - 11.50 = 23.01(万元)。

(三) 以物易物

以物易物是一种较为特殊的购销活动,是指购销双方不是以货币结算,而是以同等价款的货物相互结算,以实现货物购销的一种方式。在实务中,有的纳税人以为以物易物不是购销行为,销货方收到购货方抵顶货款的货物,认为自己不是购货;购货方发出抵顶货款的货物,认为自己不是销货。这两种认识都是错误的。正确的处理方法应当是,以物易物双方都应作购销处理,以各自发出的货物核算销售额并计算销项税额,以各自收到的货物按规定核算购货额并计算进项税额。应注意的是,在以物易物活动中,应分别开具合法的票据,如收到的货物不能取得相应的增值税专用发票或其他合法票据的,则不能抵扣进项税额。

【做中学 2-2-7】

南湖工贸有限责任公司是一家主要从事面粉生产与加工业务的工业企业(增值税一般纳税人)。该公司10月份推出了一项"用小麦直接兑换面粉"的业务,将小麦按市场价格每千克1.79元计算,面粉和麸皮分别按销售价格每千克1.9元(含税)和1.35元(含税)计算,1千克小麦兑换0.8千克面粉和0.2千克麸皮,另外对每千克小麦收取0.1元的加工费。该公司10月份共以640 000千克面粉、160 000千克麸皮兑换小麦800 000千克(在整个兑换业务过程中,都按规定填开了农产品收购专用发票),入账金额分别为1 216 000元(640 000×1.9)、216 000元(160 000×1.35)和1 432 000元(800 000×1.79);财务会计认为该项以物易物业务,仅仅是库存产成品减少、原材料增加,并且小麦和面粉都属于农产品范围,所适用的税率相同,在金额相等的情况下,销项税额与进项税额相抵后,无应纳税额。为了简化核算手续,直接借记"原材料"账户和贷记"库存商品"账户,将另外收取的加工费70 796.46元[800 000×0.1÷(1+13%)](折算后的金额),记入"其他业务收入"账户,计提销项税额9 203.54元(70 796.46×13%)。请问:上述业务的处理是否正确?

根据上述资料,分析如下:

以物易物应按照正常的销售和购进活动进行账务处理,会计人员的上述处理方法是错误的。如果税务机关进行检查,将对未分别核算的应税货物、免税货物一并补缴增值税118 238.53元[(1 216 000+216 000)÷(1+9%)×9%]。

正确的账务处理方法是:将销售的面粉1 216 000元,记入"主营业务收入"账户,计提增值税销项税额100 403.67元[1 216 000÷(1+9%)×9%],由于麸皮属于免税货物,应单独记账,分别核算销售收入;另外,根据规定,凡价外费用,无论其会计制度如何核算,均应并入销售额计算应纳税额。收取的加工费70 796.46元[800 000×0.1÷(1+13%)]属于价外费用,应全额记入"其他业务收入"账户,同时根据农产品收购专用发票上填开的兑换小麦金额1 432 000元,计提增值税进项税额128 880元(1 432 000×9%),并相应冲减"原材料"金额;根据免税货物(麸皮)销售收入占全部销售收入的比例转出进项税额19 440元{[216 000÷(1+9%)]÷[(1 216 000+216 000)÷(1+9%)]×128 880};因此,上述业务中南湖工贸有限责任公司应纳税167.21元[(100 403.67+9 203.54)-(128 880-19 440)]。

通过上述调整,可避免127 274.86元(118 238.53+9 203.54-167.21)的税收负担(这里暂不计算所得税、城市维护建设税等其他税种),而且还是在不考虑可能被处以罚款和加收滞纳金的情况下。

(四)变收取"包装物租金"为"包装物押金"的筹划

根据税法的相关规定,包装物租金属于价外费用,凡随同产品销售而向购买方收取的价外费用,无论其会计上如何核算,均应并入销售额计算应纳税额。另外,对增值税一般纳税人向购买方收取的价外费用,均应视为含增值税收入,在征税时要换算为不含税收入再并入销售额征税。然而,包装物押金则不并入销售额征税:纳税人为销售货物而出租出借包装物收取的押金,单独计价核算的,不并入销售额征税。但对因逾期未收回包装物不再退还的押金,则需要按所包装货物的适用税率计算应纳税额。因此,企业在将产品连同包装物一起销售时,选择用包装物押金替代包装物租金的处理方式,也能够起到节税的作用。

【做中学 2-2-8】

某企业 20×× 年 10 月销售产品 10 000 件,每件价格为 500 元(不含税价),另外收取包装物租金为每件 113 元。则该企业的销项税额为多少?应该怎样处理才能够达到延缓纳税的目的?

根据上述资料,分析如下:

方案 1:采用收取包装物租金的方式。

企业当期应缴纳增值税的销项税额 = 10 000 × 500 × 13% + 10 000 × 113 ÷ (1 + 13%) × 13% = 780 000(元)。

方案 2:采用收取包装物押金的方式。

显然此项押金不用并入销售额中征税,那么企业当期应缴纳的增值税销项税额 = 10 000 × 500 × 13% = 650 000(元)。

较之方案 1,方案 2 节约增值税税额支出 = 780 000 - 650 000 = 130 000(元)。

从该案例可以看出,企业在条件允许的情况下,不应采用收取包装物租金的方式,而是应该采用收取包装物押金的方式,这样才能够达到税后利润最大化的目的。

注意:包装物押金退回后,会导致企业收入减少,筹划得不偿失,故销售合同应严苛,以便押金难以退回。

三、不同销售结算方式的税收筹划

销售结算方式有很多种,包括直接收款、委托收款、托收承付、赊销或分期收款、预收款、委托代销等。销售结算方式是企业营销策划的重要内容。选择不同的销售结算方式,不仅会影响企业商品的销量,而且在增值税既定的情况下,可以通过改变结算方式来推迟销项税额的确定,从而获得资金的时间价值。虽然我国税法按照销售结算方式的不同,对增值税纳税义务发生时间加以了限定,但企业还是可以通过税收筹划,在税法允许的范围内,尽量采取有利于企业的结算方式,推迟纳税时间,获得纳税期的递延。纳税人销售货物、劳务、服务、无形资产、不动产,其纳税义务发生时间为收讫销售款项或者取得索取销售款项凭据的当天;先开具发票的,为开具发票的当天。不同销售结算方式下纳税义务发生时间的规定如表 2-4 所示。

表 2-4 不同销售结算方式下纳税义务发生时间的规定

具体销售结算方式	纳税义务发生时间的规定
直接收款	收到销售款或取得索取销售款凭据的当天
托收承付和委托收款	发出货物并办妥托收手续的当天

续表

具体销售结算方式	纳税义务发生时间的规定
赊销和分期收款	合同约定收款日期的当天,无合同或无约定的为货物发出的当天
预收货款	货物发出的当天
委托代销	收到代销清单或货款的当天或发出货物满180天
提供应税劳务	提供劳务同时收讫销售款或取得索取销售款凭据的当天
视同销售货物、劳务、服务、无形资产、不动产	货物移送的当天,劳务、服务、无形资产转让完成的当天或者不动产权属变更的当天
提供租赁服务采取预收款方式	收到预收款的当天
从事金融商品转让	金融商品所有权转移的当天

纳税人可以充分利用上述规定,通过适当调整销售结算方式进行税收筹划,总体筹划思路是没有收到货款即先不开发票,以达到延期纳税的目的。例如,对发货后一时难以回笼的货款,作为委托代销商品处理,待收到货款时出具发票纳税;尽量避免采用托收承付和委托收款结算方式销售货物,防止垫付税款;尽可能采用支票、银行本票和汇兑等结算方式销售货物;在不能及时收到货款的情况下,采用赊销或分期收款结算方式,以避免垫付税款。

在实务中,往往会有一些业务是在月底产生或得到确认的,对于这种业务,财务人员可以与客户沟通推迟几天确认业务,这样能够在不影响销售额在各月间的平衡状况的情况下,得到延期缴纳增值税的好处。

【做中学 2-2-9】

某公司主要从事大型机械的生产和销售,为扩大销售,主要采用赊销模式,销售产品的同时全额开具增值税专用发票。但由于收款周期过长,或者购货方面临资金压力,货款经常无法在当月一次性收回。20××年7月,该公司销售额为150万元(不含税),当月无法收回销售款,估计每月可抵扣的进项税额为3.5万元。则该公司应选择何种结算方式更有利?

根据上述资料,分析如下:

如果采用直接收款方式,该公司既不能及时收回资金,又必须在销售实现当月承担此销售业务的销项税额19.5万元(150×13%),显然会影响到公司的资金周转速度。

如果该公司与购货方达成分期收款协议,在协议中注明分5个月收回货款,每月月末之前由购货方支付货款30万元,则公司每月因该项业务而产生的销项税额为3.9万元(30×13%)。这样,公司每个月不仅有30万元的资金入账,加速了资金周转,而且延迟了销项税额的确定,一举两得。

对于该公司来讲,可以按照此模式,合理安排每月的采购金额和收款金额,使得按收款金额计算的销项税额与可抵扣的进项税额接近,从而将增值税税额降到最低。

筹划结论:

采用适当的分期收款方式,不仅可以获得税收和资金周转方面的好处,而且能够使一些潜在的、因资金紧张而无法进行交易的业务得以实现,从而增加公司的业务。因此,公司可以在不产生过多坏账的情况下,积极采用这种方式。

四、增值税税率的税收筹划

增值税的适用税率有13%、9%、6%和零税率四档;增值税的法定征收率是5%和3%,一些特殊项目适用3%减按2%、3%减按0.5%和5%减按1.5%征收率。纳税人发生应税销售行为应分别核算不同税率或征收率的货物、劳务、服务等。

【做中学 2-2-10】

浙江 A 农机集团主要从事农机生产、销售、售后服务等业务,增值税税负明显高于机械行业平均水平。经过分析,可以采用以下方法降低税负。

1. 设立农机销售公司

《财政部 国家税务总局关于农业生产资料免征增值税政策的通知》(财税〔2001〕113号)规定,批发和零售的种子、种苗、化肥、农药、农机免征增值税。因此,农机只能在批发和零售环节免征增值税,而生产环节不能享受免税。该集团成立了专门的农机销售公司,将价值链进行分割,由农机生产厂将农机卖给农机销售公司,销售公司对外销售给农机经销商或客户,这样从生产环节到批发环节的增值额免税,直接降低了整个集团的增值税税负。

农机生产公司与农机销售公司之间的产品定价对增值税税负有明显的影响,但并不是农机销售公司的增值额越大,企业增值税税负越低。合理定价需要考虑以下两个因素:一是不能恶意转移定价,因为税务机关有权核定销售额,恶意的转移定价行为会导致罚款,从而增加企业的税收负担。二是根据《增值税暂行条例》的规定,纳税人销售或者进口饲料、化肥、农药、农机、农膜等货物,税率为9%。也就是说,销售农机适用9%的税率。《国家税务总局关于印发〈增值税部分货物征税范围注释〉的通知》(国税发〔1993〕151号)第十六条规定,农机零部件不属于本货物的征收范围。农机配件不属于农机范围,不适用9%的税率,因而农机生产企业购进农机配件的税率为13%。只有当农机产品中取得增值税进项抵扣发票的物耗率(比)≤69.23%(1×9%÷13%)时,农机生产企业才会出现应交增值税的情形。

2. 就第三产业业务单独成立子公司

浙江 A 农机集团可以分解计税销售额,将集团本部单位(非独立子公司)提供的一些服务(如计量、鉴定、技术服务和信息服务等)独立出来,单独设立子公司,适用6%税率缴纳增值税,这种做法有助于将业务向市场化、精细化发展,从而提高辅助服务的竞争力,提高企业集团整体经济效益。

> 5%减按1.5%征收率

引例解析

要判断哪种方案对金泰商场更为有利,如果仅考虑增值税税额的话,可以比较三个方案下应纳增值税税额的大小:

方案①的应纳增值税税额 = (8 000 - 7 000) ÷ 1.13 × 13% = 115.04(元)

方案②的应纳增值税税额 = (10 000 - 7 000) ÷ 1.13 × 13% + (2 000 - 1 400) ÷ 1.13 × 13% = 414.16(元)

方案③的应纳增值税税额 = (10 000 - 7 000) ÷ 1.13 × 13% = 345.13(元)

从计算结果可以看出,从增值税税负的角度来看,方案①最优,方案③次之,方案②最次。

任务三　进项税额的税收筹划

引例

五湖公司是一家生产企业,为增值税一般纳税人,适用的增值税税率为13%,主要耗用某材料加工产品,现有A、B、C三个企业提供该种材料,其中A企业为生产该种材料的一般纳税人,能够出具增值税专用发票,适用的税率为13%;B企业为生产该种材料的小规模纳税人,能够试点开具增值税专用发票,适用的征收率为3%;C为个体工商户,只能提供普通发票。A、B、C三家企业提供的材料质量相同,含税价格相同,均为133元。

请问:五湖公司应选择与哪家企业签订供货合同?

【知识准备与业务操作】

进项税额是一般纳税人购进货物、劳务、服务、无形资产、不动产时所支付或者负担的增值税税额,它与销售方收取的销项税额相对应。由于当期进项税额是应交增值税的抵减项目,因此,进项税额越高,应交增值税越少。进项税额筹划的基本思路是获得合法的抵扣凭证,尽可能扩大允许抵扣的范围,以获得节税利益。

(1) 对每一笔可产生进项税额的支出,应争取取得增值税专用发票。作为增值税一般纳税人,用以抵扣增值税销项税额的进项税额,其抵扣条件规定很严格,例如,《增值税暂行条例实施细则》规定一般纳税人用以抵扣增值税销项税额的进项税额,必须是取得的专用发票上注明的增值税税额。这要求财务人员在日常审核外来原始凭证的过程中,对于可作为抵扣项的成本项支出,要格外注意是否取得了增值税专用发票,以保证每一笔可作为抵扣项的成本都可以产生有效的进项税额。在日常运营中,企业在采购物资选择合作供应商时,应注重该类合作供应商是否有增值税一般纳税人的资质。一般情况下,具有增值税一般纳税人资质的企业,不但可以提供增值税专用发票,而且多数经营管理都较正规,所供应的商品质量都有保障。

(2) 购进货物、劳务、服务、无形资产、不动产时,应尽早取得增值税专用发票。如果企业在月底发生了采购业务,财务人员应尽可能在本月取得增值税专用发票,增加当月可抵扣的进项税额,这样能达到延期纳税的目的。

一、购货来源的税收筹划

企业在购买材料物资时,可以选择不同的供货商,购货来源不同,税收负担也会不同。对于一般纳税人企业而言,如果从一般纳税人处购入材料物资,取得增值税专用发票,可以按13%、10%(购入农产品,用于生产销售或委托受托加工税率为13%的货物)、9%、6%抵扣进项税;如果从小规模纳税人处购入材料物资,则不能抵扣进项税额,即便试点开具增值税专用发票,也只能按3%抵扣进项税额。为了弥补这一损失,提高竞争力,小规模纳税人的货价往往比一般纳税人的更便宜。因此,企业在进货时要及时掌握各类商品价格与税收政策的变化,科学地进行筹划与选择,既要减轻税收负担,又要降低进货成本。对于购货方来说,如果从一般纳税人处和小规模纳税人处购货后的净利润(或现金净流量)都相等,那么选择哪一方作为购货来源方都可以;如果两方竞价基础带给购货方纳税人的净利润(或现金净流量)不同,则应该选择给购货方带来净利润

(现金净流量)较大的供货方作为购物来源方。

【做中学 2-3-1】

A 公司为增值税一般纳税人,适用的增值税税率为 13%。购买原材料时,A 公司有以下几种方案可供选择:

方案 1:从一般纳税人甲公司购入,每吨不含税价为 1 500 元,可取得税率为 13% 的增值税专用发票。

方案 2:从小规模纳税人乙公司购入,可取得试点开具的征收率为 3% 的增值税专用发票,每吨含税价为 1 400 元。

方案 3:从小规模纳税人丙公司购入,只能取得普通发票,每吨含税价为 1 200 元。

假定甲、乙、丙三家公司所提供的原材料质量均相同。A 公司用此原材料生产的产品每吨不含税销售额为 2 000 元。假设 A 公司所在地适用的城市维护建设税税率为 7%,教育费附加税率为 3%。从现金净流量的角度考虑,A 公司应该选择哪种购货方案?

根据上述资料,分析如下:

方案 1,从甲公司购入:

应纳增值税税额 $= (2\,000 - 1\,500) \times 13\% = 65$(元)

应纳城市维护建设税及教育费附加 $= 65 \times (7\% + 3\%) = 6.5$(元)

现金净流量 $= 2\,000 \times (1 + 13\%) - 1\,500 \times (1 + 13\%) - 65 - 6.5 = 493.5$(元)

方案 2,从乙公司购入:

应纳增值税税额 $= 2\,000 \times 13\% - 1\,400 \div (1 + 3\%) \times 3\% = 219.22$(元)

应纳城市维护建设税及教育费附加 $= 219.22 \times (7\% + 3\%) = 21.92$(元)

现金净流量 $= 2\,000 \times (1 + 13\%) - 1\,400 - 219.22 - 21.92 = 618.86$(元)

方案 3,从丙公司购入:

应纳增值税税额 $= 2\,000 \times 13\% = 260$(元)

应纳城市维护建设税及教育费附加 $= 260 \times (7\% + 3\%) = 26$(元)

现金净流量 $= 2\,000 \times (1 + 13\%) - 1\,200 - 260 - 26 = 774$(元)

筹划结论:

通过以上分析比较可以看出,虽然从丙公司进货得不到抵扣进项税额的好处,税收负担最重,但由于其价格低廉,使得 A 公司现金净流量最大,因此,A 公司应该选择方案 3。

【做中学 2-3-2】

假设 B 企业为增值税一般纳税人,增值税税率为 13%,购进价值为 100 元的货物。请比较销售方开具增值税普通发票和专用发票对 B 企业税收负担的影响。

根据上述资料,分析如下:

若是收到销售方开具的普通发票100元,则该100元应全部计入成本,无法抵扣增值税。

若是收到销售方开具的增值税专用发票100元,则增值税的进项税额为:

$$100 \div (1 + 13\%) \times 13\% = 11.50(元)$$

则B企业可以抵销11.50元的应纳税额,也相应减少应纳增值税的附加税(包含城市维护建设税7%,教育费附加3%,地方教育费附加2%,共计12%)为:

$$11.50 \times 12\% = 1.38(元)$$

因增值税附加税可在企业所得税前扣除,因此B企业在减少增值税附加税的同时会增加的企业所得税为:

$$1.38 \times 25\% = 0.35(元)$$

由于B企业的进项税额增加了11.50元,进入成本的费用就相应减少了11.50元,这样会导致利润增加11.50元,增加企业所得税税额为:

$$11.50 \times 25\% = 2.88(元)$$

因此,与普通发票相比,专用发票可以减少的税费为:

$$11.50 + 1.38 - 0.35 - 2.88 = 9.65(元)$$

同样地,我们可依据上述的探讨思路和方法,分别算出9%、6%增值税税率下,每购进或接受100元的货物、服务,专用发票比普通发票减少的税费成本。

纳税人在作购货来源选择时,除须考虑进价外,还务必要考虑增值税进项税额抵扣的问题。同样的进价,取得专用发票和取得普通发票相比,能减少增值税、城市维护建设税和教育费附加,最终对净利润产生直接影响。实务中,采购过程中还会涉及运费、运输装卸费、包装费、包装物押金、途中保险费等多种费用,进行采购决策的基本思路是比较不同进货渠道进货的总成本。

【做中学 2-3-3】(2021年智能财税国赛题)

国华电器股份有限公司为迎接寒冬取暖电器的销售热潮,拟于2020年11月购进一批适合家庭浴室、卧室及办公室场所使用的小型电暖风机500台,采购部根据采购要求进行招标后,筛选出两家比较符合条件的供应商,华达电器公司(一般纳税人)和元丰小型家电公司(小规模纳税人)。现有以下两种购买方案可供选择:

方案1:选择华达电器公司购买小型电暖风机,其销售价格为158元/个。

方案2:选择元丰小型家电公司购买小型电暖风机,其销售价格为136元/个。

公司总经理让财务部门对两个方案进行测算,从而作出最优选择。

说明:

(1)这两家公司均提供同类型的电暖风机,且产品质量和市场口碑相同,选取任何一家产品均不会影响到市场销售情况。预计11月销售暖风机收入可达到80万元。

(2) 除购置电暖风机的成本外,不考虑其他成本的影响因素。

(3) 以上数据均含税,华达电器公司可自行开具增值税专用发票,元丰小型家电公司由税务机关代开3%征收率的增值税专用发票。

(4) 净利润的影响额为正数表示影响净利润增加,负数表示影响净利润减少。

根据上述资料,分析如下:

方案1:

成本 $= 158 \times 500 \div (1+13\%) = 69\,911.50$(元)

电暖风机进项税额 $= 69\,911.50 \times 13\% = 9\,088.50$(元)

城市维护建设税抵减额 $= 9\,088.50 \times 7\% = 636.20$(元)

教育费附加抵减额 $= 9\,088.50 \times 3\% = 272.66$(元)

地方教育费附加抵减额 $= 9\,088.50 \times 2\% = 181.77$(元)

应纳税额所得额抵减额 $= 69\,911.50 - 636.20 - 272.66 - 181.77 = 68\,820.87$(元)

所得税抵减额 $= 68\,820.87 \times 25\% = 17\,205.22$(元)

净利润的影响额 $= -(68\,820.87 - 17\,205.22) = -51\,615.65$(元)

方案2:

成本 $= 136 \times 500 \div (1+3\%) = 66\,019.42$(元)

电暖风机进项税额 $= 66\,019.42 \times 3\% = 1\,980.58$(元)

城市维护建设税抵减额 $= 1\,980.58 \times 7\% = 138.64$(元)

教育费附加抵减额 $= 1\,980.58 \times 3\% = 59.42$(元)

地方教育费附加抵减额 $= 1\,980.58 \times 2\% = 39.61$(元)

应纳税额所得额抵减额 $= 66\,019.42 - 138.64 - 59.42 - 39.61 = 65\,781.75$(元)

所得税抵减额 $= 65\,781.75 \times 25\% = 16\,445.44$(元)

净利润的影响额 $= -(65\,781.75 - 16\,445.44) = -49\,336.31$(元)

综上可知,按照净利润最大化的原则,公司应选择的最优方案是方案2。

二、"低纳高抵"的税收筹划

(一)"低纳高抵"原理

"低纳高抵"是指用较低税率的纳税额抵减较高税率的纳税额,或用上一环节的低税负抵减下一个环节的高税负,从而达到整体减轻税负的目的。

"低纳高抵"是普遍存在于我国税收政策中的一种现象,例如建筑行业适用9%的税率,但其取得13%的进项税额,政策上允许抵扣;再例如生活服务业适用6%的税率,但其取得13%、9%的进项税额,政策上也允许抵扣。这些都属于"低纳高抵"现象,只是很多人对此没有明确的认识,进而也无偏向性的行为。

需要强调的是,"低纳高抵"现象是由我国现行税收制度本身造成的。只要有税率之差,就可能存在"低纳高抵"的空间,企业要善加利用这些政策空间,从而减轻自己的税负。

(二)"低纳高抵"案例分析

1. 建筑业"低纳高抵"案例分析

建筑业取得的销售额按9%计算销项税额,但其购进材料等建筑用品,可按13%抵扣进项税额,其间存在4%的"低纳高抵"空间。

【做中学2-3-4】

某建筑企业取得不含税销售额1 000 000元,产生销项税额90 000元;若该企业购进建材1 000 000元,会取得进项税额130 000元。这之间,进项税额大于销项税额40 000元(130 000−90 000)。若该企业的进项税额与销项税额相等,为90 000元,则该企业应购进建材692 307.69元(90 000÷13%),也就是说,取得1 000 000元销售额的销项税额,用692 307.69元支出带来的进项税额,就可以抵平了。

对建筑企业来说,若只考虑13%的增值税进项税额,13%的购进支出要占收入的69.23%(692 307.69÷1 000 000×100%),就可以用进项税额完全抵销销项税额。

2. 生活服务业"低纳高抵"案例分析

生活服务业执行6%的增值税税率,与13%和9%两档高税率相比,存在"低纳高抵"空间,善加利用的范围更广。

(1)与13%税率存在的"低纳高抵"空间。

生活服务业取得的销售额按6%计算销项税额,但其购进材料,通常可按13%抵扣进项税额,这就存在7%的"低纳高抵"空间。

【做中学2-3-5】

某生活服务企业取得不含税销售额1 000 000元,产生销项税额60 000元;若该企业购进原材料1 000 000元,会取得进项税额130 000元。这之间,进项税额大于销项税额70 000元(130 000−60 000)。若该企业的进项税额与销项税额相等,为60 000元,则该企业应购进原材料461 538.46元(60 000÷13%),也就是说,取得1 000 000元销售额的销项税额,用461 538.46元支出带来的进项税额就能抵平了。

对生活服务业来说,若只考虑13%的增值税进项税额,13%的购进支出若占收入的46.15%(461 538.46÷1 000 000×100%),就可以用进项税额抵销销项税额。

(2)与9%税率存在的"低纳高抵"空间。

生活服务业与9%的税率相比,存在3%的"低纳高抵"空间。

【做中学2-3-6】

某生活服务企业发生50 000元交通运输费用,取得进项税额4 500元(50 000×9%),可抵扣75 000元(4 500÷6%)收入带来的销项税额4 500元(75 000×6%)。即用50 000元支出取得的进项税额,就能抵平75 000元收入带来的销项税额。

对生活服务业来说,若只考虑9%的增值税进项税额,9%的购进支出要占收入的66.67%(50 000÷75 000×100%),才可以用进项税额抵销销项税额。

若企业存在多税率的"低纳高抵",例如餐饮企业,有13%的工业品原材料进项税额,也有9%的农产品、房租进项税额,则企业可以根据各项支出的比例及其适用税率,算出一个综合的税负平衡点。

三、进项税额加计抵减的税收筹划

(一)进项税额加计抵减政策

根据规定,自2023年1月1日至2023年12月31日,允许生产性服务业纳税人按照当期可抵扣进项税额加计5%,抵减应纳税额。允许生活性服务业纳税人按照当期可抵扣进项税额加计10%,抵减应纳税额。增值税加计抵减政策中所称的生产性、生活性服务业纳税人,是指提供邮政服务、电信服务、现代服务、生活服务取得的销售额占全部销售额的比重超过50%的纳税人。

1. 计算增值税加计抵减额

增值税加计抵减额的计算公式如下:

当期计提加计抵减额=当期可抵扣进项税额×5%(或10%)

当期可抵减加计抵减额=上期末加计抵减额余额+当期计提加计抵减额－当期调减加计抵减额

2. 计提加计抵减额应注意的问题

(1)只有当期可抵扣进项税额才能计提加计抵减额。

(2)按照现行规定不得从销项税额中抵扣的进项税额,不能计提加计抵减额。

(3)已计提加计抵减额的进项税额,如果发生了进项税额转出,则纳税人应在进项税额转出当期,相应调减加计抵减额。

(4)增值税一般纳税人有简易计税方法的应纳税额,不能从加计抵减额中抵减。加计抵减额只可以抵减一般计税方法下的应纳税额。

【做中学 2-3-7】

某生产性服务业为增值税一般纳税人,适用加计抵减政策。20××年6月,该企业一般计税项目的销项税额为120万元,进项税额为100万元,上期留抵税额10万元,上期结转的加计抵减额余额5万元;简易计税项目的销售额为100万元(不含税价),征收率为3%,此外无其他涉税事项。请问:该纳税人当期应如何计算缴纳增值税?

根据上述资料,分析如下:

一般计税项目抵减前的应纳税额=120－100－10=10(万元)

当期可抵减加计抵减额=100×5%+5=10(万元)

抵减后的应纳税额=10－10=0(万元)

加计抵减额余额=15－10=5(万元)

简易计税项目应纳税额=100×3%=3(万元)

应纳税额合计=一般计税项目应纳税额+简易计税项目应纳税额=0+3=3(万元)

（二）进项税额加计抵减筹划案例

【做中学 2-3-8】

某生活性服务公司预计 20××年销项税额为 350 万元，进项税额为 100 万元，全部属于允许抵扣的进项税额。公司预计提供的生活性服务取得的销售额占全部销售额的比重为 49%。则公司应交增值税为 250 万元(350-100)。

根据上述资料，分析如下：

公司可将生活性服务销售额占全部销售额的比重提高至 50% 以上，则增值税的加计抵减额为：

$$100 \times 10\% = 10(万元)$$

应交增值税为：

$$350 - (100 + 10) = 240(万元)$$

四、存货非正常损失的会计处理筹划

《增值税暂行条例》规定，以下几项非正常损失不得抵扣进项税额：

❶ 非正常损失的购进货物，以及相关的劳务和交通运输服务。

❷ 非正常损失的在产品、产成品所耗用的购进货物(不包括固定资产)、劳务和交通运输服务。

❸ 非正常损失的不动产，以及该不动产所耗用的购进货物、设计服务和建筑服务。

❹ 非正常损失的不动产在建工程所耗用的购进货物、设计服务和建筑服务。

非正常损失，是指因管理不善造成被盗、丢失、霉烂变质的损失，以及因违反法律法规造成货物或不动产被依法没收、毁损、拆除的情形。

【做中学 2-3-9】

甲公司属于增值税一般纳税人，销售货物适用 13% 的增值税税率。20××年甲公司购入一批生产用原材料，该批原材料不含税价格为 100 万元，取得的增值税专用发票注明的增值税税额为 13 万元。后来该批原材料由于管理不善导致变质，从而无法使用，甲企业对其进行清理后折价出售，取得变价收入 10 万元(含税)，假设甲企业的会计处理方法如下：

1. 第一种会计处理方法

（1）转入清理时：

借：待处理财产损溢——待处理流动资产损溢	1 130 000
贷：原材料	1 000 000
应交税费——应交增值税(进项税额转出)	130 000

（2）取得变价收入时：

借：银行存款	100 000
贷：待处理财产损溢——待处理流动资产损溢	88 495.58
应交税费——应交增值税(销项税额)	11 504.42

(3) 结转清理损益:
借: 营业外支出 1 041 504.42
  贷: 待处理财产损溢——待处理流动资产损溢 1 041 504.42

分析: 按照上述会计处理方法,甲企业在进行账务处理时将该批原材料全部转入清理,这就意味着该批原材料全部发生损失,因此,与该批原材料有关的进项税额也应全部转出,不得抵扣。同时企业在将原材料清理出售时取得的变价收入还应按13%的税率计算应缴纳的增值税。

然而事实上,企业在将原材料变价时取得收入10万元,我们可以认为该批原材料并不是全部发生损失。由此可以看出,不得抵扣的进项税额应该是发生非正常损失部分的进项税额,应该将这部分非正常损失对应的进项税额转出,而对于取得的清理收入部分则可以认为未发生损失,税法上对此也未作明确的规定,只要企业在进行账务处理时不将其作为非正常损失处理,就无须将该部分的进项税额转出。

2. 第二种会计处理方法
(1) 转入清理时:

企业实际发生的存货非正常损失金额 = 1 000 000 − 100 000 ÷ (1 + 13%)
  = 911 504.42(元)

存货非正常损失应转出的进项税额 = 911 504.42 × 13% = 118 495.58(元)

企业实际发生损失时,按扣除取得的变价收入后的金额转入待处理财产损溢。
借: 待处理财产损溢——待处理流动资产损溢 1 030 000
  贷: 原材料 911 504.42
    应交税费——应交增值税(进项税额转出) 118 495.58

(2) 取得变价收入时,将取得的变价收入确认为其他业务收入,同时结转该部分原材料的成本,并记入"其他业务成本"账户。
借: 银行存款 100 000
  贷: 其他业务收入 88 495.58
    应交税费——应交增值税(销项税额) 11 504.42
借: 其他业务成本 88 495.58
  贷: 原材料 88 495.58

(假设本例中原材料按成本价出售)
分析: 第二种会计处理方法相比第一种会计处理方法,少缴增值税11 504.42元。

引例解析

一般来说,在销项税额一定的情况下,进项税额抵扣越多,应纳增值税税额越小。因此,可以通过比较进项税额大小的方式来选择供货企业。从A企业购入材料可以抵扣进项税额15.30元(133÷1.13×13%),从B企业购入材料可以抵扣进项税额3.87元(133÷1.03×3%),从C企业购入材料不得抵扣进项税额。因此,五湖公司从A公司购入材料最有利。

【任务设计——农产品增值税税收筹划】

某食品厂为增值税一般纳税人，适用13%的增值税税率。根据市场需求，该食品厂开发种植猕猴桃，并将猕猴桃加工成果脯、饮料等（以下简称"加工品"）对外销售。5月，该食品厂共销售猕猴桃加工品100万元（不含增值税价格），产生13万元的销项税额。但经核算发现与该项业务有关的进项税额数量很少，只有化肥等项目产生了1万元的进项税额。因此，该食品厂需要就该项业务缴纳12万元的增值税。为了降低增值税税负，该企业在购进可抵扣项目时，十分注重取得合格的增值税专用发票，但收效不大。请为该食品厂提出增值税税收筹划建议。

【操作步骤】

第一步：明确我国与农产品有关的增值税税收规定，寻找税收筹划空间。

我国增值税相关法律规定：直接从事植物的种植、收割和动物的饲养、捕捞的单位和个人销售的自产农业产品，免征增值税；同时，一般纳税人向农业生产者购买的免税农产品，或者向小规模纳税人购买的农产品，用于生产13%税率的商品，对应的农产品货物准予按照购买价格和10%的扣除率计算进项税额，从当期销项税额中扣除。因此，可以考虑将猕猴桃的开发种植业务分离出来，再通过购进将其加工成商品销售。这样操作，一方面开发种植销售猕猴桃可以免征增值税，另一方面又可以按照"购买价格×10%"计算进项税额。即在原有销项税额不变的前提下，大大增加了进项税额。

第二步：设计筹划方案。

食品厂将猕猴桃的种植业务分立出去，成立一个独立的企业，并使其具有独立的法人资格，实行独立核算，也就是使之成为一个独立的纳税人。

按此方案，食品厂分立后的税收负担及有关变化体现在以下几个方面：

(1) 分立后的食品厂，销项税额不变，仍为13万元。

(2) 分立后的食品厂增加了进项税额。假设按照市场正常的交易价格，该食品厂5月用于生产猕猴桃加工品的原料价值为60万元，那么分立后的食品厂就可以按照60万元的买价和10%的扣除率计算进项税额，即6万元（如果企业进行转移定价操作，还可以计算更多的进项税额）。

(3) 种植企业享受增值税免税优惠，但同时有关的增值税进项税额也不能够再抵扣。根据上述资料介绍，购买化肥等项目的进项税额为1万元且不得抵扣。

第三步：计算筹划后应纳增值税税额。

筹划后应纳增值税税额＝13－6＝7（万元）

与筹划前相比，增值税税负降低了5万元（12－7），相当于新增加的进项税额与企业原有的进项税额之差。

任务四　增值税的其他筹划

引　例

杭州某文化传播有限公司属于增值税一般纳税人，20××年7月份销售各类文化用品取得含税收入150万元，销售各类图书、杂志取得含税收入3.51万元（图书、杂志适用的增值税税率为9%），同时又给读者提供咖啡，取得经营收入10万元，当期可抵扣的进项税额为16万元。

请问：该公司应如何进行税收筹划？

【知识准备与业务操作】

一、混合销售行为的税收筹划

一项销售行为如果既涉及服务又涉及货物，则为混合销售。从事货物的生产、批发或者零售的单位和个体工商户的混合销售行为，按照销售货物缴纳增值税；其他单位和个体工商户的混合销售行为，按照销售服务缴纳增值税。

这里所称从事货物的生产、批发或者零售的单位和个体工商户，包括以从事货物的生产、批发或者零售为主，并兼营销售服务的单位和个体工商户。

【做中学 2-4-1】

甲公司从事电脑批发零售业务，也从事软件开发业务。甲公司经与乙公司协商决定向乙公司销售一批专用电脑设备，价款为100万元，甲公司另外要向乙公司提供与该批电脑设备有关的软件开发服务，价款也是100万元。甲公司销售电脑设备，适用的增值税税率为13%；提供软件开发服务，适用的增值税税率为6%。

如果甲公司与乙公司签订一份合同，既约定电脑设备销售事宜，又约定软件开发服务事宜，那么甲公司应如何计算缴纳增值税？是分别计税，还是必须将两个应税项目合并成一项交易，按混合销售计税，统一适用13%的税率？

如果甲公司与乙公司签订两份合同，一份合同约定电脑设备销售事项，另一份合同约定软件开发服务，甲公司又该如何计算缴纳增值税？

根据上述资料，分析如下：

如果允许分别计税，甲公司的销项税额是19万元（100×13%+100×6%）。如果按混合销售缴纳增值税，甲公司的销项税额是26万元（200×13%）。后者比前者多出7万元。

按照政策，在所举案例中，如果甲、乙两公司签订一份合同，鉴于甲公司的营业范围属于货物的批发与零售，双方签订的这份合同应认定为混合销售行为，统一适用13%的税率计算缴纳增值税。但如果这两家公司签订两份合同，税务机关能否按混合销售行为作出征税处理？如果税务机关对这种情况要求按混合销售行为征税，纳税人主张其行为不是一项销售行为，而是两项销售行为，即电脑设备销售行为和软件开发服务行为，税务机关又应当如何处理？

对于上述情况的处理方法,目前还未有明确的法律依据,根据《营业税改征增值税试点实施办法》第四十条的规定,关于混合销售的定义仍比较简单,并未揭示出混合销售行为的本质属性。

二、兼营行为的税收筹划

兼营行为是指纳税人在生产经营活动中既存在属于增值税征收范围,也存在不属于增值税征收范围的销售货物或非应税劳务的行为。其具体包括两种情况:一是兼营增值税不同税率的货物或服务;二是兼营增值税的免税、减税项目。

(一)兼营增值税不同税率的货物或服务

纳税人销售货物、加工修理修配劳务、服务、无形资产或者不动产适用不同税率或者征收率的,应当分别核算适用不同税率或者征收率的销售额,未分别核算销售额的,按照以下方法适用税率或者征收率:

(1)兼有不同税率的销售货物、加工修理修配劳务、服务、无形资产或者不动产,从高适用税率。

(2)兼有不同征收率的销售货物、加工修理修配劳务、服务、无形资产或者不动产,从高适用征收率。

(3)兼有不同税率和征收率的销售货物、加工修理修配劳务、服务、无形资产或者不动产,从高适用税率。

因此,纳税人兼营不同增值税税率的货物、加工修理修配劳务、服务、无形资产或者不动产的应分开核算更有利于节税。

1. 兼营不同税率的销售货物

【做中学 2-4-2】

某企业属于增值税一般纳税人,20××年3月份的经营收入为机电产品销售额200万元,其中农机销售额60万元(销售额均不含增值税)。企业当月可抵扣的进项税额为24万元。

根据上述资料,分析如下:

(1)未分别核算时:

应纳增值税税额 = 200 × 13% − 24 = 2(万元)

(2)分别核算时:

应纳增值税税额 = (200 − 60) × 13% + 60 × 9% − 24 = −0.4(万元)

筹划结论:

分别核算可以为该企业降低增值税税负2.4万元[2−(−0.4)]。

2. 兼营不同税率的交通运输服务

交通运输服务,是指利用运输工具将货物或者旅客送达目的地,使其空间位置得到转移的业务活动,包括陆路运输服务、水路运输服务、航空运输服务和管道运输服务。

有兼营不同税率业务的企业,应分项核算兼营的业务。 有些交通运输企业因车队庞大,为有效管理车队,会同时开设车辆维修厂。《增值税暂行条例》规定:"纳税人兼营不同税率的货物或应税劳务,应当分别核算不同税率货物或应税劳务的销售额;未分别核算销售额的,从高适用税率。"交通运输业务适用9%的税率,而车辆维修业务属于"提供加工、修理修配劳务",适用13%的增值税税率。如果企业不将该两项业务分别核算,两种业务的销售额都会按13%的税率计算销项税额。因此,有类似情况的企业应该分别清晰地核算不同税率的业务。

【做中学2-4-3】

广州天天物流有限公司为增值税一般纳税人,提供装卸搬运服务的同时,还为一家化妆品公司提供一部分交通运输服务。20××年取得交通运输收入为1 000万元(不含税),装卸搬运服务收入为500万(不含税)。交通运输业适用的增值税税率为9%,装卸搬运服务适用的增值税税率为6%,城市维护建设税税率为7%,教育费附加税率为3%,假设不考虑其他税种,请比较两种方法的增值税销项税额。

方案1:如果天天物流公司不分别核算这两项收入,则该物流公司应纳增值税销项税额=(1 000+500)×9%=135(万元),应纳城市维护建设税及教育附加费=135×10%=13.5(万元)。

方案2:如果天天物流公司分别核算这两笔收入,则该物流公司应纳增值税销项税额为:交通运输业应纳增值税=1 000×9%=90(万元),装卸搬运服务应纳增值税=500×6%=30(万元),销项税额总额=90+30=120(万元);应纳城市维护建设税及教育附加费:120×10%=12(万元)。

比较上述两种方案,方案2比方案1少缴增值税及附加税金额=(135-120)+(13.5-12)=16.5(万元)。

3. 兼营不同税率的邮政服务

邮政服务,是指中国邮政集团公司及其所属邮政企业提供邮件寄递、邮政汇兑和机要通信等邮政基本服务的业务活动,包括邮政普遍服务、邮政特殊服务和其他邮政服务。

邮政企业目前存在较多的兼营经营,如集邮中的邮品设计制作与销售、函件中的函件广告设计制作与销售等,如果不能分开核算,则一律按13%的增值税税率征收增值税。兼营销售未分开核算,从高适用税率在较大程度上增加了企业税负,要彻底把此类业务分离出来,独立经营、单独核算,消除不必要的负担。因此,邮政企业应当全面梳理增值税制下的业务流程和属性,避免兼营销售适用不同税率的服务项目因未分别列示,被从高适用税率,加重企业税收负担。对于兼营销售的业务,可先到当地主管税务机关备案,把涉及的兼营销售项目表述清楚,在会计上再对取得两种税率的收入分别开票与核算,避免从高适用税率的风险。

(二)兼营增值税的免税、减税项目

税法规定,纳税人兼营增值税免税、减税项目的,应当分别核算免税、减税项目的销售额;未分别核算销售额的,不得享受免税、减税优惠。因此,纳税人兼营增值税免税、减税项目的必须分开核算以达到节税的目的。

【做中学 2-4-4】

佳元农业技术发展有限公司为增值税一般纳税人,生产增值税免税农产品和适用13%税率的应税加工食品。该公司20××年每月的农产品含税销售额预计约为60万元,加工食品含税销售额预计约为40万元;用于生产免税农产品的进项税额预计约3万元,用于加工食品的进项税额预计约2万元。请问:该公司对兼营项目应如何进行税收筹划?

根据上述资料,分析如下:

(1) 未分别核算时:

应纳增值税税额 = (60+40)÷1.13×13% − (3+2) = 6.50(万元)

(2) 分别核算时:

应纳增值税税额 = 40÷1.13×13% − 2 = 2.60(万元)

分别核算时,每月可以节减增值税 3.90 万元(6.50−2.60)。

筹划结论:

佳元农业技术发展有限公司兼营免税、减税项目,应当单独核算免税、减税项目的销售额,通过单独核算不同项目的销售额可以节减税收。

三、放弃免税权的税收筹划

税法规定:纳税人发生增值税应税交易适用免税规定的,可以选择放弃免税,但放弃免税后,36个月内不得再申请免税。这一条款为纳税人对免税项目的选择提供了空间。根据增值税的征收原理及其规定,纳税人享受免税,其销售额不再计算缴纳销项税额,相应的进项税额也不得再抵扣,也不能向购货方开具增值税专用发票。由于购买方不能取得增值税发票,进项税额不得抵扣,因此会增加购买方的税收负担,也会影响销售方的销售情况。纳税人是选择免税还是纳税,应根据企业的实际情况判断,测算免税与纳税的税负差。通常当应税项目适应较低的税率,而外购货物适应较高的税率时,可能出现免税产品进项税额转出金额远大于销项税额的情况,此时,选择放弃免税权可能更加有利。

【做中学 2-4-5】

某粮油生产加工企业为增值税一般纳税人,主要生产销售菜籽油、色拉油、花生油等产品,同时加工过程中剩余的菜粕、花生粕等可作为免税的饲料类产品。企业有专门向农民收购农产品的机构,凭税务机关认可的收购凭证,可按收购发票的金额抵扣9%的进项税额。20××年5月份,油类产品销售收入为900万元,免税饲料销售收入为100万元,当期进项税额为500万元,且所有进项税额无法准确划分免税与应税项目。请对该企业免税项目进行税收筹划。

根据上述资料,分析如下:

按照现行税制规定,一般纳税人兼营免税项目而无法准确划分其进项税额的,要按免税项目销售额占全部销售额的比例计算不得抵扣的进项税额,即:

当期进项税额转出＝500×100÷(900＋100)＝50(万元)

免交的增值税税额＝100×9%＝9(万元)

筹划结论：

如果企业选择行使免税权，虽然可以免除9万元的销项税额，但同时会产生50万元的进项税额不得抵扣，反而增加了企业的税收负担，因此放弃免税权更为合算。

企业在利用这一制度时，需要注意的是：必须履行法定程序，要以书面形式申请并到税务机关备案，税务机关接受备案从形式上表明已认可纳税人的声明，从时间上已确认放弃免税权的起始时间；同时，应考虑到近三年内企业生产经营情况将会发生的变化，因为申请放弃免税权后36个月内不得再申请免税。

四、销售服务的税收筹划

由于交通运输服务、邮政服务的税收筹划已在前面讨论过，这里所说的销售服务只包括电信服务、建筑服务、金融服务、现代服务、生活服务。

(一) 电信服务

电信服务，是指利用有线、无线的电磁系统或者光电系统等各种通信网络资源，提供语音通话服务，传送、发射、接收或者应用图像、短信等电子数据和信息的业务活动，包括基础电信服务和增值电信服务。

【做中学 2-4-6】

用户于某营业厅参加"预存话费送手机"合约计划，用户在网24个月，选择286套餐，预存总计5 899元，其中话费4 000元分月返还，购机款1 899元，即以优惠价格1 899元购得原价5 288元的手机一部，该手机成本为4 960元，假设用户协议期内无溢出通话部分，每月另外收取电信营业款119.33元。假设每月使用套餐时，基础电信服务与增值电信服务占比为3∶7，购机时暂按成本作销售额计税，合约期间每期以公允价来分摊电信服务收入。请分析该合约计划的增值税涉税情况。

购机时增值税进项税额为570.62元[4 960÷(1＋13%)×13%]；入网时销项税额为570.62元；合约期间每期基础电信销项税额为3.93元[(939÷24＋119.33)×30%÷(1＋9%)×9%]；增值部分的电信销项税额为6.28元[(939÷24＋119.33)×70%÷(1＋6%)×6%]；销项税额合计为10.21元，24个月的项目总税额为245.04元。同时，在购机同时开具税率为13%的增值税专用发票，开具收据为939元，价税合计为4 960元；合约期间每期开具9%税率的增值税专用发票，其价税合计为47.54元，6%税率的增值税专用发票价税合计为110.92元，总之共开具增值税专用发票价税合计为8 763.04元。

(二) 建筑服务

建筑服务，是指各类建筑物、构筑物及其附属设施的建造、修缮、装饰，线路、管道、设备、设施等的安装以及其他工程作业的业务活动，包括工程服务、安装服务、修缮服务、装饰服务

和其他建筑服务。建筑服务业的税收筹划应做好以下五点:

1. 尽量选择一般纳税人作为供应商

建筑业应当尽可能选择与一般纳税人进行合作。因为,一般纳税人在交易过程中会开具增值税专用发票,可以抵扣进项税额。此外,在劳务公司的选择上也要尽量与一般纳税人进行合作。在这种情况下,即使劳务公司为了规避自身税负的加重而抬高劳务费用,建筑业所缴纳的增值税也会相应较低。因为建筑业可以从劳务公司处获得增值税专用发票,从而抵扣进项税额。例如,在施工企业需要购买施工材料时,就要对供应商进行比较。假设该批施工材料为226元,如果供应商为一般纳税人,在开具增值税专用发票的情况下,施工企业对该材料实际负担的成本为200元[226÷(1+0.13)];若为普通发票,由于没有办法进行进项税额抵扣,其实际成本为226元;若为小规模纳税人,则其实际成本为219.42元[226÷(1+0.03)]元。通过该实例的比较,我们会发现,只有在同一般纳税人进行合作,并且开具增值税专用发票的情况下是最节约成本的。

2. 建立材料自给供应链

企业如果能够自己进行材料的供给将会大大减少税收的负担。因为,企业在建立原材料自给供应链之后,不用考虑供应商的选择,在材料采购环节所获得的发票全部为增值税专用发票,可以抵扣进项税额。实际上,这与选择一般规模纳税人作为供应商是一样的效果。这样不仅可以减轻建筑业的税收负担,而且可以使得建筑业有更加长远的发展。

3. 做好一般计税和简易计税的选择

(1) 一般纳税人以清包工方式提供的建筑服务,可以选择适用简易计税方法计税。以清包工方式提供建筑服务,是指施工方不采购建筑工程所需的材料或只采购辅助材料,并收取人工费、管理费或者其他费用的建筑服务。

(2) 一般纳税人为甲供工程提供的建筑服务,可以选择适用简易计税方法计税。甲供工程,是指全部或部分设备、材料、动力由工程发包方自行采购的建筑工程。

【做中学 2-4-7】

甲建筑公司为增值税一般纳税人,20××年5月1日以清包工方式承接A工程项目,5月30日发包方按工程进度支付工程价款(不含税)200万元,该项目当月发生工程成本为100万元,其中甲建筑公司购买材料等取得增值税专用发票上注明的金额为50万元。

根据上述资料,分析如下:

对A工程项目,甲建筑公司可选用简易计税方法计算应纳增值税税额=200×3%=6(万元)。

也可选用一般计税方法计算应纳增值税税额=200×9%−50×13%=11.5(万元)。

此例中,采用简易计税方法比选用一般计税方法节税=11.5−6=5.5(万元)。

(3) 一般纳税人为建筑工程老项目提供的建筑服务,可以选择适用简易计税方法计税,以取得的全部价款和价外费用扣除支付的分包款后的余额为销售额。

建筑工程老项目是指《建筑工程施工许可证》注明的合同开工日期在2016年4月30日前的建筑工程项目;未取得《建筑工程施工许可证》的,为建筑工程承包合同注明的开工日期在 2016 年 4 月 30 日前的建筑工程项目。

【做中学 2-4-8】

20××年6月,丙公司完成一项建设服务工程(老项目),取得工程款(不含税)100万元,支付分包工程 20 万元,购进材料取得增值税专用发票,进项税额为 6 万元。

根据上述资料,分析如下:

该项目采用简易计税,需交增值税=(100-20)×3%=2.4(万元)。

4. 合同的选择

(1) 包工同时,尽量订立包料合同。施工单位在接受工程的同时,要尽量与对方签订包料合同。签订包料合同意味着企业可以自行选择供应商或者材料自给,企业可以尽可能地取得增值税专用发票,进行进项税额抵扣。相反,如果企业签订以"甲方供料"方式的合同,施工企业就很难取得增值税专用发票,一些费用无法进行进项税额抵扣,会导致企业税负增加。

(2) 尽量选择与劳务公司的工人签订劳动合同。人工成本在建筑业的成本中所占据的比例并不算少,建筑企业在对工人进行选择时要尽量选择与劳务公司推荐的工人签订劳动合同。一方面,由于长时间合作经验,可以保证工程施工的质量;另一方面,支付给这类工人的劳务费用可以得到增值税专用发票,进行进项税额抵扣,降低税负。

【做中学 2-4-9】

A 建筑企业 20××年 1 月与 C 企业签订 TY 工程承包合同,其中人工费用预计为 546.34 万元。对 A 建筑企业而言,企业的人工成本一共有 3 种来源:一是企业正式聘用的员工,二是企业雇佣的劳务外包,三是利用劳务派遣外聘的工人。试分析 A 建筑企业人工的来源。

根据上述资料,分析如下:

方案 1:正式聘用员工,无法取得进项税额

则:可抵扣的进项税额为 0

方案 2:选择按工程劳务外包给一般纳税人

则:可抵扣的进项税额=546.34÷(1+9%)×9%=45.11(万元)

方案 3:选择一般纳税人劳务派遣

则:可抵扣的进项税额=546.34÷(1+6%)×6%=30.92(万元)

方案 4:选择小规模纳税人劳务派遣且取得增值税专用发票

则:可抵扣的进项税额=546.34÷(1+3%)×3%=15.91(万元)

由此分析可知,在报价相同的情况下,A 建筑企业应尽量选择劳务外包,这样可以取得更多的进项税额,以便降低税负;当报价不同时,则要算出实际负担成本,从而选出最优劳务方。

5. 严格区分建筑企业对外提供业务种类

此点是基于控制销售额,进而控制销项税额的基础上来考虑的。由于增值税对兼营不同税率的应税货物或者应税服务的规定如下:分别核算不同税率货物或者应税服务的销售

额,分别计算应纳税额;没有分别核算销售额的,从高使用税率征收。此外,还对混合销售行为以及兼营非应税服务作出了特别规定。所以,建筑业一定要对自己向外界提供的业务种类按照税收种类进行严格分类,避免因为在混合销售行为或者兼营行为中不区分销售收入而从高税率征收增值税。

【做中学 2-4-10】

A建筑企业20××年1月与C企业签订TY工程承包合同,A建筑企业负责项目的设计、采购、施工等方面工作,直到工程的完工验收。A建筑企业和发包商进行合同签署时,商定工程的总额(包括增值税)为2 486.26万元,其中包含设计服务188.12万元、材料设备价款1 548.13万元、工程价款750.01万元。现对未分别核算与分别核算下的税负情况进行对比:

未分别核算时:

A建筑企业需要上缴的销项税额 = $2486.26 \div (1+13\%) \times 13\% = 286.03$(万元)

分别核算时:

在签订工程时,A建筑企业与甲方分别签订了设计、施工以及设备材料采购合同,且分别按照6%,9%,13%的税率计算缴纳增值税。则:

A建筑企业需要上缴的销项税额 = $188.12 \div (1+6\%) \times 6\% + 1548.13 \div (1+13\%) \times 13\% + 750.01 \div (1+9\%) \times 9\% = 250.68$(万元)

由上述分析可知,如果A建筑企业没有对工程合同进行拆分,增值税将高达286.03万元,比拆分后高35.35万元(286.03−250.68),由此可见混合经营业务分别核算对降低A建筑企业的增值税税负是很有必要的。

总承包合同中不同类别的项目拆分核算后,企业也能够利用不同类别项目的税率差异,来进行合理的资金成本分配,就是总承包方确定好不同项目下的价款时,可以将总承包价款在这三种项目中进行合法、合理转移和划分,增加低税率设计服务的对应金额,减少高税率采购活动所对应的金额,以促使整个工程实现更少的增值税税负。

(三) 金融服务

金融服务,是指经营金融保险的业务活动,包括贷款服务、直接收费金融服务、保险服务和金融商品转让。金融服务业的税收筹划应做好以下两点:

1. 完善经营合规,加强发票管理,降低法律风险

由于增值税是按环节流转征税,因此上下游环节均须做到合法合规,管理有序,企业才能合理地进行进项抵税,最大限度地减少本环节征税。如果收取的进项发票本身有问题或随意进行进项税额抵扣,则容易被认定为逃税,还可能承担虚开增值税发票的法律责任。因此金融服务行业应充分重视增值税发票管理,合理控制税务风险,降低自身税务成本。

2. 合理安排业务流程外包

在金融服务行业的费用支出中,人力成本的占比很大,但因其无法获取可抵扣的专用凭证,所以不能进行进项税额的抵扣。如何通过人力成本的合理筹划来实现税负减轻,成为金融服务行业税收筹划的重要任务。比较可行的操作方法是将内部的业务模块外包,对于非核心的金融业务,如银行卡催收、现金清点、软件外包、保险销售、税务咨询、法律诉讼、信贷尽职调查等业务,可以考虑采取业务外包的方式。这样不但可以节约一定的人工成本支出,而且可以通过购进服务的方式取得增值税专用发票获取进项税额抵扣,从而有利于金融服务行业集中精力做大做强主业,提高核心竞争力,体现税收筹划的价值利益。

【做中学 2-4-11】

某金融企业为增值税一般纳税人,经营范围是贷款业务、直接收费金融服务、保险服务和金融商品转让等。该企业20××年7月至9月发生如下经营业务:

(1) 取得贷款利息收入(含税)6 360万元,支付存款利息支出3 000万元。

(2) 取得金融服务手续费(含税)1 272万元。

(3) 7月2日购买债券支付价款2 650万元,9月28日转让所购买的债券取得收入(含税)4 240万元。

根据上述资料,计算销项税额和应纳税额如下:

(1) 存款利息不得从销售额中扣除,销项税额 = 6 360 ÷ (1+6%) × 6% = 360(万元)

(2) 销项税额 = 1 272 ÷ (1+6%) × 6% = 72(万元)

(3) 债券转让应纳税额 = (4 240 - 2 650) ÷ (1+6%) × 6% = 90(万元)

(四) 现代服务

现代服务,是指围绕制造业、文化产业、现代物流产业等提供技术性、知识性服务的业务活动,包括研发和技术服务、信息技术服务、文化创意服务、物流辅助服务、租赁服务、鉴证咨询服务、广播影视服务、商务辅助服务和其他现代服务。

【做中学 2-4-12】

20××年7月,S集团公司下属的管理咨询服务有限公司H企业(由于该企业会计核算制度不健全,被认定为小规模纳税人)接到一工程勘察项目的咨询业务,双方协议收费50万元。(本案例所涉金额均不含增值税)

(1) 税法依据。在现代服务业中,增值税小规模纳税人按销售额3%的征收率缴纳增值税,但不能抵扣进项税额;一般纳税人适用6%的增值税税率,取得的进项税额可以抵扣销项税额。

(2) 方案设计。具体如下:

方案1:依靠自身财力、物力完成此业务,将发生相关人力成本10万元,相关设备租赁成本20万元。在该种情况下,H企业应当缴纳的增值税为1.5万元(50×3%)。

方案2:将此业务转移给兼有工程勘察咨询业务的A公司(A公司为S集团的子公司,为增值税一般纳税人),自身作为业务代理,收取中介服务费用15万元,公司将发生相同的咨询成本。在将服务外包的情况下,集团公司应该缴纳的增值税既包括H企业提供中介服务的增值税,也包括A公司提供劳务产生的增值税,应当缴纳的增值税税额为-0.05万元[15×3%+(35×6%-20×13%)]。

综合以上分析,方案2优于方案1。

企业集团采取适当的方式将应税现代服务外包可以从一定程度上减轻企业的税收负担。造成上述方案2优于方案1的根本原因在于,在S集团中身为增值税小规模纳税人的H企业通过和关联方A公司之间应税服务的巧妙转移,使得自身无法扣除的进项税额在一般纳税人A公司得到了合法扣除,最终降低了企业税负。

(五) 生活服务

生活服务,是指为满足城乡居民日常生活需求提供的各类服务活动。包括文化体育服务、教育医疗服务、旅游娱乐服务、餐饮住宿服务、居民日常服务和其他生活服务。

【做中学 2 - 4 - 13】

浙江A演艺有限公司,既从事演出活动又兼营销售音像制品。20××年2月,该公司共发生境内外演出收入500万元,其中境内演出收入为300万元、境外演出收入为200万元;销售音像制品收入为100万元,其中境内销售收入为40万元、境外销售收入为60万元。假设不考虑城市维护建设税和教育费附加,并无其他纳税调整事项。(本案例所涉金额均不含增值税)根据上述资料,分析如下:

若境内、境外收入不分开核算,则该演艺有限公司20××年2月发生的演出收入的增值税销项税额为500×6%=30(万元)。

销售音像制品收入应缴纳增值税销项税额为100×9%=9(万元)。

若境内、境外收入分开核算,该文化企业在境外演出并从境外取得的收入将免征增值税、向境外销售音像制品享受增值税出口退税政策,即只针对国内的演出缴纳增值税,应缴纳的增值税销项税额为300×6%=18(万元)。

同样的,该演艺有限公司只需对国内销售音像制品缴纳增值税,即缴纳增值税销项税=40×9%=3.6(万元)。

通过分开核算,该有限公司比筹划前节省增值税销项税额17.4万元[30+9-(18+3.6)]。

五、销售无形资产、不动产的税收筹划

(一) 销售无形资产

1. 征税范围

根据《销售服务、无形资产、不动产注释》规定,销售无形资产,是指转让无形资产所有权或者使用权的业务活动。无形资产,是指不具实物形态,但能带来经济利益的资产,包括技术、商标、著作权、商誉、自然资源使用权和其他权益性无形资产。

技术,包括专利技术和非专利技术。

自然资源使用权,包括土地使用权、海域使用权、探矿权、采矿权、取水权和其他自然资源使用权。

其他权益性无形资产,包括基础设施资产经营权、公共事业特许权、配额、经营权(包括

特许经营权、连锁经营权、其他经营权)、经销权、分销权、代理权、会员权、席位权、网络游戏虚拟道具、域名、名称权、肖像权、冠名权、转会费等。

2. 可以享受免征增值税优惠的项目

(1) 个人转让著作权。

(2) 纳税人提供技术转让、技术开发和与之相关的技术咨询、技术服务。

(3) 将土地使用权转让给农业生产者用于农业生产。

(4) 土地所有者出让土地使用权和土地使用者将土地使用权归还给土地所有者。

(5) 县级以上地方人民政府或自然资源行政主管部门出让、转让或收回自然资源使用权(不含土地使用权)。

【做中学 2-4-14】

某技术开发咨询公司为增值税一般纳税人,20××年 2 月向我国境内乙公司转让一项专利权,取得技术转让收入 240 万元,技术咨询收入 60 万元;同时转让与专利技术配套使用的设备一台,开具增值税专用发票,注明金额 50 万元。试分析该公司所涉业务的增值税。(本案例所涉及金额均不含增值税)

根据上述资料,分析如下:

技术转让收入、技术咨询收入属于增值税免税收入。

应确认的增值税销项税额=50×13%=6.5(万元)。

(二) 销售不动产

销售不动产,是指转让不动产所有权的业务活动。不动产,是指不能移动或者移动后会引起性质、形状改变的财产,包括建筑物、构筑物等。

建筑物,包括住宅、商业营业用房、办公楼等可供居住、工作或者进行其他活动的建造物。

构筑物,包括道路、桥梁、隧道、水坝等建造物。

转让建筑物有限产权或者永久使用权的,转让在建的建筑物或者构筑物所有权的,以及在转让建筑物或者构筑物时一并转让其所占土地的使用权的,按照销售不动产缴纳增值税。

1. 一般计税方法和简易计税方法的选择

根据《财政部 国家税务总局关于全面推开营业税改征增值税试点的通知》(财税〔2016〕36 号)规定,房地产开发企业中的一般纳税人销售其 2016 年 4 月 30 日前开工建设的房地产老项目,可以选择适用简易计税方法按照 5% 的征收率计税。因此对于老项目,是选择一般计税方法还是选择简易计税方法成了房地产企业的当务之急。

【做中学 2-4-15】

某房地产开发企业 2016 年 4 月准备开工建设美丽城小区一期开发项目,预计开发收入 10 亿元,建筑工程投资 2.3 亿元,其他可抵扣成本 0.7 亿元,土地成本 4 亿元,销售对象为居民个人,那么是采用简易计税方法还是一般计税方法更为有利?

根据上述资料,分析如下:

首先找到两种方式的税负平衡点:

设可以抵减的土地成本为 X,开发收入为 Y,假设建筑工程及其他可抵扣成本占收入的比例为 30%。

则:$Y \div (1+5\%) \times 5\% = (Y-X) \div (1+9\%) \times 9\% - 30\% Y \div (1+9\%) \times 9\%$。

解:$X = 0.1233Y, X \div Y = 12.33\%$。

即土地成本占到开发收入的 12.33% 时两种方式税负相同,超过这个比例适用一般计税方法对房地产企业有利。

案例中 $40\,000 \div 100\,000 = 40\%$,采用简易计税方法应缴纳增值税 0.4762 亿元,采用一般计税方法应缴纳增值税 0.2477 亿元。

采用一般计税方法对房地产企业来说,税收成本低。

2. 甲供材和乙供材的选择

根据财税〔2016〕36 号文件规定,一般纳税人为甲供工程提供的建筑服务,可以选择适用简易计税方法计税。那么,房地产企业与建筑企业签订建筑合同时,是采用甲供材(即由甲方提供的材料)还是乙供材更为有利?

【做中学 2-4-16】

某房地产开发企业 2016 年 8 月开工美丽城小区一期开发项目,建筑工程投资预算 30 000 万元,其中含工程材料钢筋水泥等 18 500 万元,则工程招标时是采用一般计税方式还是甲供材税收成本更低?

根据上述资料,分析如下:

首先找到两种方式的税负衡点:

设可以抵扣 13% 进项税的甲供材为 X,建筑工程造价为 Y。

则:$Y \div (1+9\%) \times 9\% = X \div (1+13\%) \times 13\% + (Y-X) \div (1+3\%) \times 3\%$。

解:$X = 0.6220Y, X \div Y = 62.20\%$。

即甲供材占到建筑工程造价的 62.20% 时两种方式税负相同,超过这个比例甲供材对房地产企业有利。

案例中 $18\,500 \div 30\,000 = 61.67\%$,乙供材方式下房地产企业取得进项税 0.2477 亿元,甲供材方式下房地产企业取得进项税 0.2463 亿元。

采用乙供材对房地产企业来说,建筑工程取得的进项税大于甲供材方式,对房地产企业有利。

上述两个案例只是根据现行税收政策进行理论上的分析,提供一个筹划思路,具体到实务中,还要具体情况、具体分析,从而设计出最优筹划方案。例如甲供材的税收筹划,还需要考虑建筑施工企业税负情况,如果建筑方取得抵扣发票的可能性很小,当然其也愿意采用简易征收;反之,如果甲供材使建筑企业税负增加,也无法顺利实施。

六、生产企业出口退增值税的税收筹划

(一) 不同贸易方式下生产企业出口退税的税收筹划

1. 一般贸易方式与加工贸易方式的选择

一般贸易货物主要是从境内采购原辅材料、零部件、元器件等料件,是来自本国的要素资源;而加工贸易的货物主要是从境外进口料件,是来自国外的要素资源,只是在我国进行了加工和装配。随着国内材料比重的减少,进口材料的增加,进出口差额在缩小,总税负也在减少。因此,进料加工贸易方式下企业承担的总税负要低于一般贸易方式,企业选择进料加工方式为佳。

根据财税〔2005〕25号的规定,自2005年1月1日起,经国家税务局正式审核批准的当期免抵的增值税税额应纳入城市维护建设税和教育费附加的计征范围,分别按规定的税(费)率征收城市维护建设税和教育费附加。由于进料加工贸易方式下税负较轻,也就是说,一般贸易方式下要承担比进料加工方式下更多的城市维护建设税和教育费附加,因此,企业选择进料加工方式为佳。

2. 进料加工和来料加工方式的选择

来料加工和进料加工是加工贸易最基本的两种方式,企业可以通过加工贸易方式的选择,达到降低税收负担的效果。两种贸易方式下的出口税收可以从以下三个方面进行比较。

(1) 征税率与退税率的大小。

一般情况下,增值税的征税率比退税率高,征退税差额要计入出口货物成本。在进料加工贸易方式下,征税率和退税率的差异越大,不予免征的税额就越大,也就是说,要计入成本的数额就越大。

【做中学 2-4-17】

某有进出口经营权的出口企业为国外加工一批货物,进口保税料件价格为2 000万元,加工后出口价格为3 500万元,为加工产品所耗用的国内原材料等费用的进项税额为50万元,增值税适用税率为13%,出口退税率为11%,货物全部出口。

若企业采用来料加工贸易方式,则进口和出口货物都是免税的,企业不用缴纳增值税。

若企业采用进料加工贸易方式,其税额计算如下:

当期免抵退税不予免征和抵扣税额 $=(3\,500-2\,000)\times(13\%-11\%)$
$=30$(万元)

当期应纳税额 $=30-50=-20$(万元)

也就是说,在上面的假设条件下,如果采用进料加工贸易方式,企业能得到20万元的增值税退税。但是,如果将出口退税率改为9%,那么:

当期免抵退税不予免征和抵扣税额 $=(3\,500-2\,000)\times(13\%-9\%)$
$=60$(万元)

当期应纳税额 $=60-50=10$(万元)

可以看出,征税率与退税率的差越大,当期免抵退税不予免征和抵扣税额就越大,也就是说,出口货物计入成本的数额就越大。

(2) 耗用国产料件的数量。

在来料加工方式下,国产料件的进项税额可以进行抵减,这在很大程度上能够决定企业能否退税,从而左右着加工贸易方式的选择。

沿用【做中学2-4-17】的相关数据,如果将国内原材料等费用的进项税额改为10万元,则情况又有所改变:

当期免抵退税不予免征和抵扣税额=(3 500－2 000)×(13%－11%)=30(万元)
当期应纳税额=30－10=20(万元)

当国内采购料件少,也就是进项税额低时,若采用进料加工贸易方式,可抵减的进项税额根本不足以抵减销项税额,因此要缴纳税额。相反,如果进项税额高,在进料加工贸易方式下,抵减额可以办理出口退税,其业务成本就会等于或者小于来料加工贸易方式的成本。在来料加工贸易方式下,进项税额越大,因为不能办理退税,就会存在出口成本随着国产料件的增加而提高的现象。

(3) 企业利润水平的高低。

企业利润水平的高低也会对税负有影响。在进料加工贸易方式下,利润越大,当期免抵退税不得免征和抵扣的税额就会越大,那么,当期应退税额就会变少。如果利润少的话,当期免抵退税不得免征和抵扣的税额也会变少,退税金额会变多。

沿用【做中学2-4-17】的相关数据,如果出口货物价格改为5 000万元,利润增大,应纳税额发生改变:

当期免抵退税不予免征和抵扣税额=(5 000－2 000)×(13%－11%)
=60(万元)

当期应纳税额=60－50=10(万元)

也就是说,在上面的假设条件下,如果采用进料加工贸易方式,企业要缴纳10万元的增值税,而采用来料加工则可以省下10万元增值税。企业应根据实际业务的需要,综合考虑上面的三种因素,找出一个最佳的经营方式,使税收负担降到最低。

(二) 不同出口方式下生产企业出口退税的税收筹划

货物的出口方式影响着企业的增值税负担。在当前的政策环境下,无论是生产企业还是外贸企业,是自营出口还是委托出口自己生产的货物或采购的货物,抑或是将货物销售给外贸企业出口,对企业的税负都会产生不同的影响,需要根据具体情况作具体分析:

(1) 当征税率等于退税率时,自营(或委托)出口与通过外贸企业出口,企业所负担的增值税税负相同。

(2) 当征税率大于退税率时,自营(或委托)出口与通过外贸企业出口,企业所负担的增值税税负存在差异。如果生产企业当期投入料件全部来自国内采购,当产品出口价格大于外贸企业的收购价格,企业通过外贸企业出口产品有利于减轻增值税税负。并且,在产品出口价格确定的情况下,如果外贸企业与生产企业是关联方,利用外贸出口可为生产企业提供更为广阔的筹划空间,因为生产企业可以利用转让定价进行税收筹划。

【做中学 2-4-18】

某中外合资企业 A 公司以农产品为原材料生产工业品出口。20××年6月,A 公司内销货物不含税销售额为 600 万元,自营出口销售额折合人民币为 400 万元,可抵扣的进项税额为 200 万元,征税率为 13%,退税率为 11%。

根据上述资料,分析如下:

(1) 当期不得免征和抵扣税额=当期出口货物离岸价×(出口货物适用税率-出口货物退税率)=400×(13%-11%)=80(万元)

(2) 当期应纳税额=当期销项税额-(当期进项税额-当期不得免征和抵扣税额)=600×13%-(200-80)=-42(万元)

(3) 当期"免、抵、退"税额=当期出口货物离岸价×出口货物退税率=400×11%=44(万元)

(4) 当期应退税额=42(万元)

筹划分析:

假设 A 公司的关联外贸公司为 B 公司,A 公司把拟外销的产品先以 350 万元的价格销售给 B 公司,B 公司再以 400 万元的价格销售到境外。则 A 公司应纳增值税税额=950×13%-200=-76.5 万元(选择留抵或申请退税),B 公司可得退税金额=350×11%=38.5 万元。

通过筹划,A 公司和 B 公司可以多获得退税或留抵 73 万元(76.5+38.5-42)。显然,在此例中,通过外贸出口对 A 公司和 B 公司更加划算。

(三) 不同销售区域下生产企业出口退税的税收筹划

1. 出口加工区的税收筹划

(1) 分离出口业务、在出口加工区建立关联企业,包括子公司等。对于既有出口加工业务,又有内销业务的企业,最明智的做法是将出口加工部分从本企业分离出去,将出口加工业务迁到出口加工区去。这样,企业用来生产出口加工业务的机器、设备、办公用品都能够视同出口,享受退税的好处。

(2) 购买国内的机器与原材料。按照以前的规定,来料加工企业采用国内原材料不享受退税,如今,在出口加工区就可以享受退税。因此,区内的企业应该根据本公司的具体情况,尽量购买国内的设备与原材料,这样可以充分享受优惠。

2. 保税物流园区的税收筹划

(1) 货物可以"境内退税"。对国内外投资者来说,在保税物流园区除获得保税区的所有传统免税优惠外,还可获得通常只有自由贸易区才能享受的出口退税政策。货物一旦从国内到园区,出口商即有权申请退税,改变了现行的"离境退税"方式,这是园区最吸引加工贸易的政策。保税物流园区外货物进入区内视同出口,海关按照对出口货物的有关规定办理报关手续,并在货物办理入区报关环节签发出口退税报关单,区外企业凭报关单出口退税联及有关凭证即可向税务部门办理出口退(免)税手续。

(2) 充分利用优势功能。保税物流园区具备四项功能:国际中转功能,对进入区的境外、国内货物进行分拆、集拼后转运至境内外其他目的港;国际配送功能,对入区货物进行分拣、分配或进行简单的商业性加工后向国内外配送;国际采购功能,对采购的国内货物和境外货物进行综合处理和简单的商业性加工后向国外销售;转口贸易功能,构建集交易、展示、出样、订货于一体的转口贸易服务体系,有利于区内企业开展转口贸易。在保税物流园区的投资者可以充分利用这些优势,使企业的整体发展更为方便快捷,节省更多的人力、物力、财力,从而可以更好地提高企业的综合实力。

引例解析

该公司销售货物(文化用品的税率为13%,图书杂志的税率为9%)和提供餐饮服务(税率为6%)属于兼营行为,如果三项收入未分开核算,销售货物从高适用税率,则统一按13%的税率缴纳增值税。很明显,分开核算对企业更有利。

最好的做法是将三项收入分开核算,分别计算缴纳增值税。

应纳增值税 = 150 ÷ (1 + 13%) × 13% + 3.51 ÷ (1 + 9%)
× 9% + 10 ÷ (1 + 6%) × 6% − 16
= 2.12(万元)

【任务设计——不动产租赁服务】

迅捷货运有限公司(以下简称"迅捷公司")用于出租的库房(2016年4月30日前取得)三栋,其房产原值为3 000万元,年租金(不含增值税)收入为580万元,企业所得税税率为25%。公司聘请税收筹划咨询机构设计最优的税收筹划方案。假设:该公司只取得少量的进项税额,在此可忽略不计。税收筹划咨询机构设计的三种方案如下:

【操作步骤】

第一步:明确"营改增"后不动产租赁服务的计税办法。

根据规定,不动产租赁服务可以采用一般征收率为9%和简易征收税率为5%计税。根据《中华人民共和国房产税暂行条例》及有关政策法规规定:房产自用的,其房产税依照房产余值的1.2%计算缴纳,即:

应纳税额 = 房产原值 × (1 − 30%) × 1.2%;

注:房产原值的扣除比例各省、市、自治区可能略有不同。

房产用于租赁的,其房产税依照租金收入的12%计算缴纳。

【方案一】

迅捷公司的不动产租赁服务,采用一般征收方式,税率为9%。

该公司不动产租赁服务收入应交税金明细如下:

应纳增值税 = 580 × 9% = 52.2(万元);

应纳房产税 = 580 × 12% = 69.6(万元);

应纳城市维护建设税、教育费附加 = 52.2 × (7% + 3%) = 5.22(万元);

由于房产税、城市维护建设税、教育费附加具有抵减企业所得税的作用,即抵减企业所得税 = (69.6 + 5.22) × 25% = 18.705(万元);

实际应纳税额 = 52.2 + 69.6 + 5.22 − 18.705 = 108.315(万元)。

【方案二】

迅捷公司不动产租赁服务,采用简易征收方式,税率为5%。

该公司不动产租赁服务收入应交税金明细如下:

应纳增值税 = 580×5% = 29(万元);

应纳房产税 = 580×12% = 69.6(万元);

应纳城市维护建设税、教育费附加 = 29×(7%+3%) = 2.9(万元);

由于房产税、城市维护建设税、教育费附加具有抵减企业所得税的作用,即抵减企业所得税 = (69.6+2.9)×25% = 18.13(万元);

实际应纳税额 = 29+69.6+2.9-18.13 = 83.37(万元)。

第二步:业务流程再造,改变企业的纳税模式,由租赁服务改为仓储保管服务。

公司与客户进行友好协商,继续利用库房为客户存放商品,但将租赁服务改为仓储保管服务,增加服务内容,配备保管人员等。假设提供仓储服务的收入仍为580万元,即收入不变。

筹划后,仓储保管服务应交税金明细如下:

应纳增值税 = 580×6% = 34.8(万元);

应纳房产税 = 3 000×(1-30%)×1.2% = 25.2(万元);

应纳城市维护建设税、教育费附加 = 34.8×(7%+3%) = 3.48(万元);

房产税、城市维护建设税、教育费附加抵减企业所得税 = (25.2+3.48)×25% = 7.17(万元);

实际应纳税额 = 34.8+25.2+3.48-7.17 = 56.31(万元)。

第三步:分析总结。

企业改变业务流程后,库房仓储比房屋租赁能够更好地发挥节税的效果。库房由出租变为仓储后,须增加保管人员,需要支付一定费用,如保管人员工资、办公等费用。这其实也是税收筹划的实施成本,但远低于每年节省的税收。在选择最优方案时,需结合公司可以抵扣进项税额的金额进行综合考虑。

任务五　增值税税收优惠政策的解读及筹划

引　例

A企业为小规模纳税人,按季度申报纳税,1季度已实现收入28.5万元,3月30日采取预收款方式销售一批货物,收入2万元。

请问:A企业的发货时间应定为3月31日还是4月1日?

一、《增值税暂行条例》及其他相关文件规定的免税项目

(1) 农业生产者销售的自产农产品。

(2) 避孕药品和用具。

(3) 古旧图书。

(4) 直接用于科学研究、科学试验和教学的进口仪器、设备。

(5) 外国政府、国际组织无偿援助的进口物资和设备。
　　(6) 由残疾人组织直接进口供残疾人专用的物品。
　　(7) 残疾人个人提供的加工、修理修配劳务。
　　(8) 其他个人销售的自己使用过的物品。
　　(9) 承担粮食收储任务的国有粮食购销企业销售粮食。
　　(10) 饲料产品(除豆粕外)免征增值税,但宠物饲料不属于免征增值税的饲料。
　　(11) 从事蔬菜批发、零售的纳税人销售的蔬菜。
　　(12) 自2021年1月1日至2027年供暖期结束,供热企业向居民个人供热而取得的采暖费收入。

二、"营改增"试点过渡免征增值税项目

(一) 托儿所、幼儿园提供的保育和教育服务

　　托儿所、幼儿园,是指经县级以上教育部门审批成立、取得办园许可证的实施0~6岁学前教育的机构,包括公办和民办的托儿所、幼儿园、学前班、幼儿班、保育院、幼儿院。

　　公办托儿所、幼儿园免征增值税的收入是指,在省级财政部门和价格主管部门审核报省级人民政府批准的收费标准以内收取的教育费、保育费。

　　民办托儿所、幼儿园免征增值税的收入是指,在报经当地有关部门备案并公示的收费标准范围内收取的教育费、保育费。

　　超过规定收费标准的收费,以开办实验班、特色班和兴趣班等为由另外收取的费用以及与幼儿入园挂钩的赞助费、支教费等超过规定范围的收入,不属于免征增值税的收入。

(二) 养老机构提供的养老服务

　　养老机构,是指依法办理登记的为老年人提供集中居住和照料服务的各类养老机构;养老服务,是指上述养老机构按照相关规定,为收住的老年人提供的生活照料、康复护理、精神慰藉、文化娱乐等服务。

(三) 残疾人福利机构提供的育养服务

(四) 婚姻介绍服务

(五) 殡葬服务

　　殡葬服务,是指收费标准由各地价格主管部门会同有关部门核定,或者实行政府指导价管理的遗体接运(含抬尸、消毒)、遗体整容、遗体防腐、存放(含冷藏)、火化、骨灰寄存、吊唁设施设备租赁、墓穴租赁及管理等服务。

(六) 残疾人员本人为社会提供的服务

【做中学 2-5-1】
　　王先生为残疾人员,由于掌握了一门特殊手艺,其提供的服务很受社会欢迎。王先生计划创办一家公司提供生活服务,预计年含税销售额为200万元,可以抵扣的进项税额为2万元,请问此项业务免税吗?若不免税,则需缴纳多少增值税?应该如何进行税收筹划?
　　根据上述资料,分析如下:

王先生虽然是残疾人,但其创办的公司不能享受免征增值税的优惠。实际缴纳增值税＝200÷(1+3%)×3%＝5.83(万元)。

王先生应当注销公司,由王先生本人为社会提供服务,假设其年销售额不发生变化,则每年可以少缴纳增值税5.83万元。

(七) 医疗机构提供的医疗服务

医疗机构,是指依据《医疗机构管理条例》及《医疗机构管理条例实施细则》的规定,经登记取得《医疗机构执业许可证》的机构,以及军队、武警部队各级各类医疗机构。具体包括:各级各类医院、门诊部(所)、社区卫生服务中心(站)、急救中心(站)、城乡卫生院、护理院(所)、疗养院、临床检验中心,各级政府及有关部门举办的卫生防疫站(疾病控制中心)、各种专科疾病防治站(所),各级政府举办的妇幼保健所(站)、母婴保健机构、儿童保健机构,各级政府举办的血站(血液中心)等医疗机构。

本项所称的医疗服务,是指医疗机构按照不高于地(市)级以上价格主管部门会同同级卫生主管部门及其他相关部门制定的医疗服务指导价格(包括政府指导价和按照规定由供需双方协商确定的价格等)为就医者提供《全国医疗服务价格项目规范》所列的各项服务,以及医疗机构向社会提供卫生防疫、卫生检疫的服务。

(八) 从事学历教育的学校提供的教育服务

(1) 学历教育,是指受教育者经过国家教育考试或者国家规定的其他入学方式,进入国家有关部门批准的学校或者其他教育机构学习,获得国家承认的学历证书的教育形式。具体包括:

❶ 初等教育:普通小学、成人小学。

❷ 初级中等教育:普通初中、职业初中、成人初中。

❸ 高级中等教育:普通高中、成人高中和中等职业学校(包括普通中专、成人中专、职业高中、技工学校)。

❹ 高等教育:普通本专科、成人本专科、网络本专科、研究生(博士、硕士)、高等教育自学考试、高等教育学历文凭考试。

(2) 从事学历教育的学校,是指:

❶ 普通学校。

❷ 经地(市)级以上人民政府或者同级政府的教育行政部门批准成立、国家承认其学员学历的各类学校。

❸ 经省级及以上人力资源社会保障行政部门批准成立的技工学校、高级技工学校。

❹ 经省级人民政府批准成立的技师学院。

上述学校均包括符合规定的从事学历教育的民办学校,但不包括职业培训机构等国家不承认学历的教育机构。

(3) 提供教育服务免征增值税的收入,是指对列入规定招生计划的在籍学生提供学历教育服务取得的收入,具体包括:经有关部门审核批准并按规定标准收取的学费、住宿费、课本费、作业本费、考试报名费收入,以及学校食堂提供餐饮服务取得的伙食费收入。除此之外的收入,包括学校以各种名义收取的赞助费、择校费等,不属于免征增值税的范围。

学校食堂是指依照《学校食堂与学生集体用餐卫生管理规定》管理的学校食堂。

(九) 学生勤工俭学提供的服务

【做中学 2-5-2】
甲教育公司从各高校聘请了大量学生提供教育服务,原经营模式为由甲公司与客户签订合同,甲公司收取费用后向其聘请的学生发放劳务报酬。甲公司年含税销售额为1000万元,可以抵扣的进项税额为2万元,已知发放给学生的劳务费为700万元,请为甲教育公司进行税收筹划。

根据上述资料,分析如下:

筹划前:实际缴纳增值税=1000÷(1+6%)×6%-2=54.60(万元)。

筹划分析:甲公司将上述由本公司提供教育服务的经营模式改为中介服务模式,即由其聘请的学生以勤工俭学的形式直接与客户签订合同,提供教育劳务,原由甲公司向学生发放的劳务报酬变为由客户直接支付给学生,甲公司以中介服务的身份收取一定的服务费。假设经营效益不发生变化,则甲公司可以取得含税服务费300万元,实际缴纳增值税=300÷(1+6%)×6%-2=14.98(万元)。

筹划效果:通过税收筹划,少纳增值税=54.60-14.98=39.62(万元)。

如果甲公司年销售额一直保持在500万元以下,也可以考虑以小规模纳税人的身份缴纳增值税,这样实际缴纳增值税=300÷(1+3%)×3%=8.74(万元),税负更轻。

(十) 农业机耕、排灌、病虫害防治、植物保护、农牧保险以及相关技术培训业务,家禽、牲畜、水生动物的配种和疾病防治

农业机耕,是指在农业、林业、牧业中使用农业机械进行耕作(包括耕耘、种植、收割、脱粒、植物保护等)的业务;排灌,是指对农田进行灌溉或者排涝的业务;病虫害防治,是指从事农业、林业、牧业、渔业的病虫害测报和防治的业务;农牧保险,是指为种植业、养殖业、牧业种植和饲养的动植物提供保险的业务;相关技术培训,是指与农业机耕、排灌、病虫害防治、植物保护业务相关以及为使农民获得农牧保险知识的技术培训业务;家禽、牲畜、水生动物的配种和疾病防治业务的免税范围,包括与该项服务有关的提供药品和医疗用具的业务。

(十一) 纪念馆、博物馆、文化馆、文物保护单位管理机构、美术馆、展览馆、书画院、图书馆在自己的场所提供文化体育服务取得的第一道门票收入

(十二) 寺院、宫观、清真寺和教堂举办文化、宗教活动的门票收入

(十三) 行政单位之外的其他单位收取的符合规定条件的政府性基金和行政事业性收费

(十四) 个人转让著作权

(十五) 个人销售自建自用住房

(十六) 台湾地区航运公司、航空公司从事海峡两岸海上直航、空中直航业务在大陆取得的运输收入

台湾地区航运公司,是指取得交通运输部颁发的"台湾海峡两岸间水路运输许可证"且

该许可证上注明的公司登记地址在台湾地区的航运公司。

台湾地区航空公司,是指取得中国民用航空局颁发的"经营许可"或者依据《海峡两岸空运协议》和《海峡两岸空运补充协议》规定,批准经营两岸旅客、货物和邮件不定期(包机)运输业务,且公司登记地址在台湾地区的航空公司。

(十七)纳税人提供的直接或者间接国际货物运输代理服务

(1)纳税人提供直接或者间接国际货物运输代理服务,向委托方收取的全部国际货物运输代理服务收入,以及向国际运输承运人支付的国际运输费用,必须通过金融机构进行结算。

(2)纳税人为大陆与香港、澳门、台湾地区之间的货物运输提供的货物运输代理服务参照国际货物运输代理服务有关规定执行。

(3)委托方索取发票的,纳税人应当就国际货物运输代理服务收入向委托方全额开具增值税普通发票。

(十八)利息收入

(1)2021年1月1日至2027年12月31日,金融机构小微企业贷款利息收入免征增值税。

(2)国家助学贷款。

(3)国债、地方政府债。

(4)中国人民银行对金融机构的贷款。

(5)住房公积金管理中心用住房公积金在指定的委托银行发放的个人住房贷款。

(6)外汇管理部门在从事国家外汇储备经营过程中,委托金融机构发放的外汇贷款。

(7)统借统还业务中,企业集团或企业集团中的核心企业以及集团所属财务公司按不高于支付给金融机构的借款利率水平或者支付的债券票面利率水平,向企业集团或者集团内下属单位收取的利息。

统借方向资金使用单位收取的利息,高于支付给金融机构借款利率水平或者支付的债券票面利率水平的,应全额缴纳增值税。

统借统还业务,是指:

❶ 企业集团或者企业集团中的核心企业向金融机构借款或对外发行债券取得资金后,将所借资金分拨给下属单位(包括独立核算单位和非独立核算单位,下同),并向下属单位收取用于归还金融机构或债券购买方本息的业务。

❷ 企业集团向金融机构借款或对外发行债券取得资金后,由集团所属财务公司与企业集团或者集团内下属单位签订统借统还贷款合同并分拨资金,并向企业集团或者集团内下属单位收取本息,再转付企业集团,由企业集团统一归还金融机构或债券购买方的业务。

(十九)被撤销金融机构以货物、不动产、无形资产、有价证券、票据等财产清偿债务

被撤销金融机构,是指经中国人民银行依法决定撤销的金融机构及其分设于各地的分支机构,包括被依法撤销的商业银行、信托投资公司、财务公司、金融租赁公司、城市信用社和农村信用社。除另有规定外,被撤销金融机构所属、附属企业,不享受被撤销金融机构的增值税免税政策。

(二十)保险公司开办的一年期以上人身保险产品取得的保费收入

一年期以上人身保险,是指保险期间为一年期及以上返还本利的人寿保险、养老年金保

险，以及保险期间为一年期及以上的健康保险。

人寿保险，是指以人的寿命为保险标的的人身保险。

养老年金保险，是指以养老保障为目的，以被保险人生存为给付保险金条件，并按约定的时间间隔分期给付生存保险金的人身保险。养老年金保险应当同时符合下列条件：

（1）保险合同约定给付被保险人生存保险金的年龄不得小于国家规定的退休年龄。

（2）相邻两次给付的时间间隔不得超过一年。

健康保险，是指以因健康原因导致损失为给付保险金条件的人身保险。

上述免税政策实行备案管理，具体备案管理办法按照《国家税务总局关于一年期以上返还性人身保险产品免征营业税审批事项取消后有关管理问题的公告》（国家税务总局公告2015年第65号）规定执行。

（二十一）下列金融商品转让收入

（1）合格境外投资者（QFII）委托境内公司在我国从事证券买卖业务。

（2）香港市场投资者（包括单位和个人）通过沪港通买卖上海证券交易所上市A股。

（3）对香港市场投资者（包括单位和个人）通过基金互认买卖内地基金份额。

（4）证券投资基金（封闭式证券投资基金、开放式证券投资基金）管理人运用基金买卖股票、债券。

（5）个人从事金融商品转让业务。

（二十二）金融同业往来利息收入

（1）金融机构与中国人民银行所发生的资金往来业务。包括中国人民银行对一般金融机构贷款，以及人民银行对商业银行的再贴现等。

（2）银行联行往来业务。同一银行系统内部不同行、处之间所发生的资金账务往来业务。

（3）金融机构间的资金往来业务。是指经中国人民银行批准，进入全国银行间同业拆借市场的金融机构之间通过全国统一的同业拆借网络进行的短期（一年以下含一年）无担保资金融通行为。

（4）金融机构之间开展的转贴现业务。

金融机构是指：❶ 银行：包括中国人民银行、商业银行、政策性银行。❷ 信用合作社。❸ 证券公司。❹ 金融租赁公司、证券基金管理公司、财务公司、信托投资公司、证券投资基金。❺ 保险公司。❻ 其他经中国人民银行、中国证券监督管理委员会、国家金融监督管理总局批准成立且经营金融保险业务的机构等。

（二十三）同时符合条件的担保机构从事中小企业信用担保或者再担保业务取得的收入（不含信用评级、咨询、培训等收入）3年内免征增值税

（1）已取得监管部门颁发的融资性担保机构经营许可证，依法登记注册为企（事）业法人，实收资本超过2 000万元。

（2）平均年担保费率不超过银行同期贷款基准利率的50%。平均年担保费率＝本期担保费收入÷（期初担保余额＋本期增加担保金额）×100%。

（3）连续合规经营2年以上，资金主要用于担保业务，具备健全的内部管理制度和为中小企业提供担保的能力，经营业绩突出，对受保项目具有完善的事前评估、事中监控、事后追偿与处置机制。

（4）为中小企业提供的累计担保贷款额占其两年累计担保业务总额的80%以上，单笔

800万元以下的累计担保贷款额占其累计担保业务总额的50%以上。

（5）对单个受保企业提供的担保余额不超过担保机构实收资本总额的10%，且平均单笔担保责任金额最多不超过3 000万元人民币。

（6）担保责任余额不低于其净资产的3倍，且代偿率不超过2%。

担保机构免征增值税政策采取备案管理方式。符合条件的担保机构应到所在地县（市）主管税务机关和同级中小企业管理部门履行规定的备案手续，自完成备案手续之日起，享受3年免征增值税政策。3年免税期满后，符合条件的担保机构可按规定程序办理备案手续后继续享受该项政策。

具体备案管理办法按照《国家税务总局关于中小企业信用担保机构免征营业税审批事项取消后有关管理问题的公告》（国家税务总局公告2015年第69号）规定执行，其中税务机关的备案管理部门统一调整为县（市）级国家税务局。

（二十四）国家商品储备管理单位及其直属企业承担商品储备任务，从中央或者地方财政取得的利息补贴收入和价差补贴收入

国家商品储备管理单位及其直属企业，是指接受中央、省、市、县四级政府有关部门（或者政府指定管理单位）委托，承担粮（含大豆）、食用油、棉、糖、肉、盐（限于中央储备）等6种商品储备任务，并按有关政策收储、销售上述6种储备商品，取得财政储备经费或者补贴的商品储备企业。利息补贴收入，是指国家商品储备管理单位及其直属企业因承担上述商品储备任务而从金融机构贷款，并从中央或者地方财政取得的用于偿还贷款利息的贴息收入。价差补贴收入包括销售价差补贴收入和轮换价差补贴收入。销售价差补贴收入，是指按照中央或者地方政府指令销售上述储备商品时，由于销售收入小于库存成本而从中央或者地方财政获得的全额价差补贴收入。轮换价差补贴收入，是指根据要求定期组织政策性储备商品轮换而从中央或者地方财政取得的商品新陈品质价差补贴收入。

（二十五）纳税人提供技术转让、技术开发和与之相关的技术咨询、技术服务

（1）技术转让、技术开发，是指《销售服务、无形资产、不动产注释》中"转让技术""研发服务"范围内的业务活动。技术咨询，是指就特定技术项目提供可行性论证、技术预测、专题技术调查、分析评价报告等业务活动。

与技术转让、技术开发相关的技术咨询、技术服务，是指转让方（或者受托方）根据技术转让或者开发合同的规定，为帮助受让方（或者委托方）掌握所转让（或者委托开发）的技术，而提供的技术咨询、技术服务业务，且这部分技术咨询、技术服务的价款与技术转让或者技术开发的价款应当在同一张发票上开具。

（2）备案程序。试点纳税人申请免征增值税时，须持技术转让、开发的书面合同，到纳税人所在地省级科技主管部门进行认定，并持有关的书面合同和科技主管部门审核意见证明文件报主管税务机关备查。

（二十六）同时符合下列条件的合同能源管理服务

（1）节能服务公司实施合同能源管理项目相关技术，应当符合国家质量监督检验检疫总局和国家标准化管理委员会发布的《合同能源管理技术通则》（GB/T24915—2010）规定的技术要求。

（2）节能服务公司与用能企业签订节能效益分享型合同，其合同格式和内容，符合《中华人民共和国合同法》和《合同能源管理技术通则》（GB/T24915—2010）等规定。

(二十七) 2027 年 12 月 31 日前,科普单位的门票收入,以及县级及以上党政部门和科协开展科普活动的门票收入

科普单位,是指科技馆、自然博物馆、对公众开放的天文馆(站、台)、气象台(站)、地震台(站),以及高等院校、科研机构对公众开放的科普基地。

科普活动,是指利用各种传媒以浅显的、让公众易于理解、接受和参与的方式,向普通大众介绍自然科学和社会科学知识,推广科学技术的应用,倡导科学方法,传播科学思想,弘扬科学精神的活动。

(二十八) 政府举办的从事学历教育的高等、中等和初等学校(不含下属单位),举办进修班、培训班取得的全部归该学校所有的收入

全部归该学校所有,是指举办进修班、培训班取得的全部收入进入该学校统一账户,并纳入预算全额上缴财政专户管理,同时由该学校对有关票据进行统一管理和开具。

举办进修班、培训班取得的收入进入该学校下属部门自行开设账户的,不予免征增值税。

(二十九) 政府举办的职业学校设立的主要为在校学生提供实习场所、并由学校出资自办、由学校负责经营管理、经营收入归学校所有的企业,从事《销售服务、无形资产或者不动产注释》中"现代服务"(不含融资租赁服务、广告服务和其他现代服务)、"生活服务"(不含文化体育服务、其他生活服务和桑拿、氧吧)业务活动取得的收入

(三十) 家政服务企业由员工制家政服务员提供家政服务取得的收入

家政服务企业,是指在企业营业执照的规定经营范围中包括家政服务内容的企业。

员工制家政服务员,是指同时符合下列 3 个条件的家政服务员:

(1) 依法与家政服务企业签订半年及半年以上的劳动合同或者服务协议,且在该企业实际上岗工作。

(2) 家政服务企业为其按月足额缴纳了企业所在地人民政府根据国家政策规定的基本养老保险、基本医疗保险、工伤保险、失业保险等社会保险。对已享受新型农村养老保险和新型农村合作医疗等社会保险或者下岗职工原单位继续为其缴纳社会保险的家政服务员,如果本人书面提出不再缴纳企业所在地人民政府根据国家政策规定的相应的社会保险,并出具其所在乡镇或者原单位开具的已缴纳相关保险的证明,可视同家政服务企业已为其按月足额缴纳了相应的社会保险。

(3) 家政服务企业通过金融机构向其实际支付不低于企业所在地适用的经省级人民政府批准的最低工资标准的工资。

(三十一) 福利彩票、体育彩票的发行收入

(三十二) 军队空余房产租赁收入

(三十三) 为了配合国家住房制度改革,企业、行政事业单位按房改成本价、标准价出售住房取得的收入

(三十四) 将土地使用权转让给农业生产者用于农业生产

(三十五) 涉及家庭财产分割的个人无偿转让不动产、土地使用权

家庭财产分割,包括下列情形:离婚财产分割;无偿赠与配偶、父母、子女、祖父母、外祖父母、孙子女、外孙子女、兄弟姐妹;无偿赠与对其承担直接抚养或者赡养义务的抚养人或者赡养人；房屋产权所有人死亡，法定继承人、遗嘱继承人或者受遗赠人依法取得房屋产权。

（三十六）土地所有者出让土地使用权和土地使用者将土地使用权归还给土地所有者

（三十七）县级以上地方人民政府或自然资源行政主管部门出让、转让或收回自然资源使用权（不含土地使用权）

（三十八）随军家属就业

（1）为安置随军家属就业而新开办的企业，自领取税务登记证之日起，其提供的应税服务3年内免征增值税。

享受税收优惠政策的企业，随军家属必须占企业总人数的60%（含）以上，并有军（含）以上政治和后勤机关出具的证明。

（2）从事个体经营的随军家属，自办理税务登记事项之日起，其提供的应税服务3年内免征增值税。

随军家属必须有师以上政治机关出具的可以表明其身份的证明。

按照上述规定，每一名随军家属可以享受一次免税政策。

（三十九）军队转业干部就业

（1）从事个体经营的军队转业干部，自领取税务登记证之日起，其提供的应税服务3年内免征增值税。

（2）为安置自主择业的军队转业干部就业而新开办的企业，凡安置自主择业的军队转业干部占企业总人数60%（含）以上的，自领取税务登记证之日起，其提供的应税服务3年内免征增值税。

享受上述优惠政策的自主择业的军队转业干部必须持有师以上部队颁发的转业证件。

三、增值税即征即退

（1）一般纳税人提供管道运输服务，对其增值税实际税负超过3%的部分实行增值税即征即退政策。

（2）经中国人民银行、国家金融监督管理总局或者商务部批准从事融资租赁业务的试点纳税人中的一般纳税人，提供有形动产融资租赁服务和有形动产融资性售后回租服务，对其增值税实际税负超过3%的部分实行增值税即征即退政策。商务部授权的省级商务主管部门和国家经济技术开发区批准的从事融资租赁业务和融资性售后回租业务的试点纳税人中的一般纳税人，2016年5月1日后实收资本达到1.7亿元的，从达到标准的当月起按照上述规定执行；2016年5月1日后实收资本未达到1.7亿元但注册资本达到1.7亿元的，在2016年7月31日前仍可按照上述规定执行，2016年8月1日后开展的有形动产融资租赁业务和有形动产融资性售后回租业务不得按照上述规定执行。

（3）增值税一般纳税人销售其自行开发生产的软件产品，或将进口软件产品进行本地化改造后对外销售，按13%税率征收增值税后，对其增值税实际税负超过3%的部分实行即征即退政策。

（4）所称增值税实际税负，是指纳税人当期提供应税服务实际缴纳的增值税额占纳税人当期提供应税服务取得的全部价款和价外费用的比例。

（5）对安置残疾人的单位和个体工商户，实行由税务机关按纳税人安置残疾人的人数，限额即征即退增值税。安置的每位残疾人每月可退还的增值税具体限额，由县级以上税务机关根据纳税人所在区县（含县级市、旗）适用的经省（含自治区、直辖市、计划单列市）人民政府批准的月最低工资标准的4倍确定。

四、扣减增值税的规定

（一）退役士兵创业就业

（1）对自主就业退役士兵从事个体经营的，自办理个体工商户登记当月起，在3年内按每户每年12 000元为限额依次扣减其当年实际应缴纳的增值税、城市维护建设税、教育费附加、地方教育附加和个人所得税。限额标准最高可上浮20%，各省、自治区、直辖市人民政府可根据本地区实际情况在此幅度内确定具体限额标准。

（2）对企业新招用自主就业退役士兵，与其签订1年以上期限劳动合同并依法缴纳社会保险费的，自签订劳动合同并缴纳社会保险当月起，在3年内按实际招用人数予以定额依次扣减增值税、城市维护建设税、教育费附加、地方教育附加和企业所得税优惠。定额标准为每人每年6 000元，最高可上浮50%。

（二）重点群体创业就业

重点群体是指登记失业半年以上的人员，零就业家庭、享受城市居民最低生活保障家庭劳动年龄内的登记失业人员，高校毕业生，农村建档立卡贫困人口。

（1）对重点群体人员从事个体经营的，在3年内按每户每年12 000元为限额依次扣减其当年实际应缴纳的增值税、城市维护建设税、教育费附加、地方教育附加和个人所得税。限额标准最高可上浮20%，各省、自治区、直辖市人民政府可根据本地区实际情况在此幅度内确定具体限额标准。

（2）对企业招用重点群体人员的，与其签订1年以上期限劳动合同并依法缴纳社会保险费的，在3年内按实际招用人数予以定额依次扣减增值税、城市维护建设税、教育费附加、地方教育附加和企业所得税优惠。定额标准为每人每年6 000元，最高可上浮30%。

【拓展阅读】 2021年政府工作报告中提出：就业是最大的民生，保市场主体也是为稳就业保民生。各地加大稳岗扩岗激励力度，企业和员工共同克服困难。多渠道做好重点群体就业工作，支持大众创业万众创新带动就业。新增市场主体恢复快速增长，创造了大量就业岗位。城镇新增就业1 186万人，年末全国城镇调查失业率降到5.2%。作为最大发展中国家，在巨大冲击下能够保持就业大局稳定，尤为难能可贵。

五、金融企业逾期贷款利息收入

金融企业发放贷款后，自结息日起90天内发生的应收未收利息按现行规定缴纳增值税，自结息日起90天后发生的应收未收利息暂不缴纳增值税，待实际收到利息时按规定缴纳增值税。

上述所称金融企业，是指银行(包括国有、集体、股份制、合资、外资银行以及其他所有制形式的银行)、城市信用社、农村信用社、信托投资公司、财务公司。

六、个人购买住房

个人将购买不足 2 年的住房对外销售的，按照 5% 的征收率全额缴纳增值税；个人将购买 2 年以上(含 2 年)的住房对外销售的，免征增值税。上述政策适用于北京市、上海市、广州市和深圳市之外的地区。

个人将购买不足 2 年的住房对外销售的，按照 5% 的征收率全额缴纳增值税；个人将购买 2 年以上(含 2 年)的非普通住房对外销售的，以销售收入减去购买住房价款后的差额按照 5% 的征收率缴纳增值税；个人将购买 2 年以上(含 2 年)的普通住房对外销售的，免征增值税。上述政策仅适用于北京市、上海市、广州市和深圳市。

办理免税的具体程序、购买房屋的时间、开具发票、非购买形式取得住房行为及其他相关税收管理规定，按照《国务院办公厅转发建设部等部门关于做好稳定住房价格工作意见的通知》(国办发〔2005〕26 号)、《国家税务总局 财政部 建设部关于加强房地产税收管理的通知》(国税发〔2005〕89 号)和《国家税务总局关于房地产税收政策执行中几个具体问题的通知》(国税发〔2005〕172 号)的有关规定执行。

【拓展阅读】 2016 年 12 月中旬，中央经济工作会议提出，要坚持"房子是用来住的，不是用来炒的"的定位，要求回归住房居住属性。

七、增值税起征点的规定

增值税起征点的规定实际也涉及征税范围的大小问题，即未达到起征点的不列入增值税的征税范围，故在此节列明。增值税起征点的适用范围限于个人，不包括认定为一般纳税人的个体工商户。增值税起征点的幅度规定如下：

(1) 按期纳税的，为月销售额 5 000～20 000 元；

(2) 按次纳税的，为每次(日)销售额 300～500 元。

起征点的调整由财政部和国家税务总局规定。省、自治区、直辖市财政厅(局)和国家税务局应当在规定的幅度内，根据实际情况确定本地区适用的起征点，并报财政部和国家税务总局备案。纳税人销售额未达到国务院财政、税务主管部门规定的增值税起征点的，免征增值税；达到起征点的，依照本条例规定全额计算缴纳增值税。

为支持小微企业发展，自 2023 年 1 月 1 日起，增值税小规模纳税人发生增值税应税销售行为，合计月销售额未超过 10 万元(以 1 个季度为 1 个纳税期的，季度销售额未超过 30 万元)的，免征增值税。

小规模纳税人发生增值税应税销售行为，合计月销售额超过 10 万元，但扣除本期发生的销售不动产的销售额后未超过10万元的,其销售货物、劳务、服务、无形资产取得的销售额免征增值税。

其他个人,采取一次性收取租金形式出租不动产取得的租金收入,可在对应的租赁期内平均分摊,分摊后的月租金收入未超过10万元的,免征增值税。

引例解析

若3月31日发货:根据税法规定,采取预收货款方式销售,纳税义务发生时间为发出货物的当天。当季收入为30.5万元,超过起征点30万元,需要全额纳税。

应纳增值税及城市维护建设税和教育费附加 $= 30.5 \times 3\% \times (1+7\%+3\%+2\%) = 1.02$ 万元。

若4月1日发货:当季收入为28.5万元,未超过起征点,不需要纳税;应纳增值税及城市维护建设税和教育费附加为0。

综上可知,A企业的发货时间应定为4月1日。

项目内容结构

增值税的税收筹划内容结构如图2-1所示。

```
增值税的税收筹划
├── 纳税人身份选择的税收筹划
│   ├── 两类纳税人的主要区别
│   ├── 增值率与纳税人身份选择
│   └── 创造条件改变纳税人身份
├── 销项税额的税收筹划
│   ├── 分解销售额的增值税筹划
│   ├── 不同销售方式的税收筹划
│   ├── 不同销售结算方式的税收筹划
│   └── 增值税税率的税收筹划
├── 进项税额的税收筹划
│   ├── 购货来源的税收筹划
│   ├── "低纳高抵"的税收筹划
│   ├── 进项税额加计抵减的税收筹划
│   └── 存货非正常损失的会计处理筹划
└── 增值税的其他筹划
    ├── 混合销售行为的税收筹划
    ├── 兼营行为的税收筹划
    ├── 放弃免税权的税收筹划
    ├── 销售服务的税收筹划
    ├── 销售无形资产、不动产的税收筹划
    └── 生产企业出口退增值税的税收筹划
```

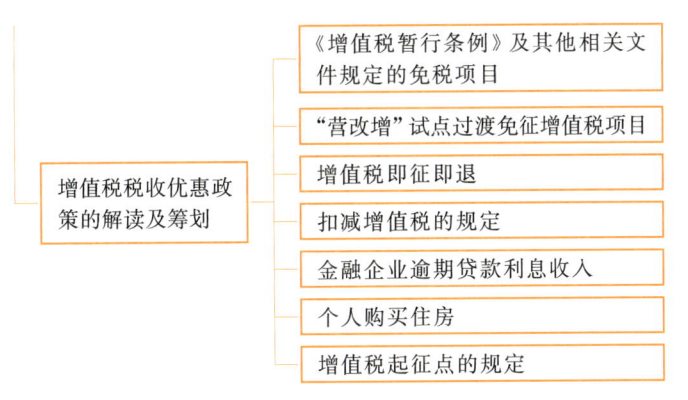

```
                          ┌─《增值税暂行条例》及其他相关文
                          │  件规定的免税项目
                          ├─"营改增"试点过渡免征增值税项目
          增值税税收优惠政 ├─增值税即征即退
          策的解读及筹划   ├─扣减增值税的规定
                          ├─金融企业逾期贷款利息收入
                          ├─个人购买住房
                          └─增值税起征点的规定
```

图 2-1 增值税的税收筹划内容结构图

知识、技能巩固题

一、单项选择题

1. 判断增值税一般纳税人和小规模纳税人的税负高低时,( )是关键因素。
   A. 增值率   B. 纳税人身份
   C. 适用税率   D. 可抵扣的进项税额

2. 小规模纳税人的增值税征收率为( )。
   A. 3%   B. 10%   C. 6%   D. 4%

3. 现行政策规定购进免税农产品的扣税率为( )。
   A. 17%   B. 9%   C. 6%   D. 7%

4. 某商场采用"以旧换新"方式销售商品,取得现金收入 5 800 元;取得旧货物若干件,收购金额为 2 320 元。该货物适用的增值税税率为 13%。此项业务应申报的销项税税额是( )元。
   A. 7 185.84   B. 934.16   C. 800   D. 510

5. 下列业务中适用于 13% 增值税税率的是( )。
   A. 房屋装修业务   B. 汽车修理业务
   C. 导游服务业务   D. 饮食服务业务

6. 下列经营行为中,属于视同销售行为应征收增值税的是( )。
   A. 外购药品用于职工医疗   B. 购买餐具给职工食堂使用
   C. 购买建筑材料用于在建工程   D. 将委托加工收回的货物用于馈赠

7. 下列项目中,免征增值税的是( )。
   A. 农业生产者出售的初级农产品   B. 邮局销售报纸、杂志
   C. 企业转让商标取得的收入   D. 企业将自产钢材用于对外投资

8. 某商场 2 月份以"买一赠一"方式销售货物。当月销售电磁炉 200 台,每台销售价格(含税)226 元,同时赠送平底锅 200 件(平底锅不含税价格为 60 元/件)。电磁炉和平底锅适用的增值税税率均为 13%。该商场当月"买一赠一"业务应申报的销项税额是( )元。
   A. 6 800   B. 6 760   C. 10 000   D. 10 200

9. 某物资公司属于增值税一般纳税人,1 月销售钢材 900 万元,增值税税率为 13%;同

时有经营农机收入 100 万元,增值税税率为 9%。该公司原来未分别核算,现在通过进行分别核算的税收筹划可以减轻(　　)万元的税收负担。

　　A. 3.03　　　　　　B. 4　　　　　　C. 5.43　　　　　　D. 0

10. 某机床厂生产销售精密机床,同时经营一家非独立核算的饭店,它属于(　　)。

　　A. 混合销售行为　　　　　　　　　B. 一般销售行为
　　C. 兼营非应税劳务行为　　　　　　D. 视同销售行为

二、多项选择题

1. 下列不属于增值税纳税人销售中价外费用的有(　　)。
　　A. 代收款项和代垫款项
　　B. 包装费和包装物租金
　　C. 向购买方收取的销项税额
　　D. 受托加工应征消费税的消费品所代收代缴的消费税

2. 企业在产品销售过程中,在应收款暂时无法收回或部分无法收回的情况下,选择(　　)结算方式会垫付税款。
　　A. 赊销　　　　B. 托收承付　　　　C. 分期付款　　　　D. 委托收款

3. 一般纳税人的税收筹划途径有(　　)。
　　A. 增值税税率的筹划　　　　　　　B. 销售额的筹划
　　C. 当期进项税额的筹划　　　　　　D. 纳税人身份认定的筹划

4. 一般纳税人购进货物产生的进项税额进行抵扣时可以采用的筹划方法有(　　)。
　　A. 适当地选择购进时间　　　　　　B. 选择购进的商品种类
　　C. 计划购进的商品金额大小　　　　D. 选择供货商

5. 下列货物适用 9% 低税率的有(　　)。
　　A. 粮食和食用植物油　　　　　　　B. 图书、报纸、杂志
　　C. 食用盐　　　　　　　　　　　　D. 电子出版物

三、判断题

1. 提供建筑服务的单位和个人是增值税的纳税义务人。(　　)
2. 从事货物批发或零售的纳税人,年应税销售额在 500 万元(含 500 万元)以下的,为小规模纳税人。(　　)
3. 一般纳税人和小规模纳税人身份可以视经营情况随时申请变更。(　　)
4. 向购买方收取的销项税额不属于计算增值税的销售额。(　　)
5. 增值税起征点的适用范围限于个体工商户和个人独资企业。(　　)
6. 折扣销售是指销货方在发生应税销售行为后,为了鼓励购货方及早偿还货款而协议许诺给予购货方的一种折扣优惠,会计上也称现金折扣。(　　)
7. 对于消费者而言,其他条件相同时,流转环节越多,增值税税负就越重。(　　)
8. 对于当期和未来一段时间销售规模不大,而购进规模较大的企业,可以推迟索取增值税专用发票的时间以减轻税负。(　　)
9. 兼营税种相同、税率不同的货物或应税服务的纳税人,可以分别核算也可以不分别核算,两者对税负的影响是相同的。(　　)

10. 选择不同的销售结算方式,只会影响企业的销售量,而给企业带来的税负则是相同的。（　　）

四、典型案例分析

1. 某食品零售企业年不含税销售额为150万元,会计核算制度比较健全,符合增值税一般纳税人条件,适用13%的增值税税率。该企业年购货金额为80万元(不含税),可取得增值税专用发票。

请问：该企业应如何进行增值税纳税人身份的筹划？

2. 甲、乙两个企业均为工业企业小规模纳税人,加工生产机械配件。甲企业年不含税销售额为400万元,年可抵扣购进货物金额350万元;乙企业年不含税销售额为430万元,年可抵扣购进货物金额375万元。进项税额可取得增值税专用发票。由于两个企业年销售额均无法达到一般纳税人标准,税务机关对两个企业均按小规模纳税人简易方法征税,征收率为3%。

要求：根据无差别平衡点增值率分析计算两个企业应如何对纳税人身份进行筹划。

3. 某大型商场为增值税一般纳税人,购货均能取得增值税专用发票,为促销欲采用三种方式：一是商品七折销售；二是购物满200元赠送价值60元的商品(成本40元,均为含税价)；三是购物满200元返还60元的现金。假定该商场销售利润率为40%,销售额为200元的商品成本为120元。

请问：消费者同样购买200元的商品,在仅考虑增值税负担时,对于该商场应选择哪种方式最为有利？

4. 红枫纸业集团为增值税一般纳税人,20××年8月发生销售业务4笔,共计4 000万元(含税),货物已全部发出。其中,两笔业务共计2 400万元,货款两清；一笔业务600万元,两年后一次结清；另一笔一年后支付500万元,一年半后支付300万元,余款200万元两年后结清。

要求：请结合直接收款、赊销和分期收款结算方式的具体规定,对该集团的增值税业务进行筹划分析。

5. 某厂为增值税一般纳税人,计划外购一批货物。假设用该批货物生产的产品当月全部销售,不含税售价为180 000元。现有两种购货方案可供选择：

方案A：从一般纳税人处购入,该货物的不含税价为100 000元,进项税额为13 000元。

方案B：从小规模纳税人处购入,按3%的征收率试点开具增值税专用发票,不含税价为95 000元,进项税额为2 850元。

请问：该厂应作何选择？

项目三　消费税的税收筹划

◇ **职业能力目标**
1. 能正确进行消费税纳税人的税收筹划。
2. 能正确进行消费税计税依据的税收筹划。
3. 能正确进行消费税税额抵扣的税收筹划。

◇ **思政素养目标**
1. 遵守消费税法律法规,增强守法意识和责任意识。
2. 传承勤俭节约、劳动致富的传统美德,树立正确的消费意识。
3. 传承工匠精神,增强消费税税收筹划意识。

◇ **典型任务**
1. 利用消费税选择性的征收特点,对消费税纳税人身份及相关事项进行筹划。
2. 通过消费品的不同销售方式,对消费税计税依据进行筹划。
3. 通过已纳消费税的扣除、不同加工方式、不同采购渠道的选择,对连续生产应税消费品进行筹划。

任务一　消费税纳税人的税收筹划

引　例

某手表生产企业为增值税一般纳税人,生产销售某款手表每只不含增值税的定价为 1 万元。

请问:这个定价合适吗?

【知识准备与业务操作】

消费税是对我国境内从事生产、委托加工和进口应税消费品的单位和个人征收的一种税。确切地说,消费税是对特定消费品和消费行为征收的一种流转税。现行消费税的纳税

范围包括五类消费品：

（1）过度消费会对人体健康、社会秩序等造成危害的特殊消费品，如烟、酒、鞭炮、焰火。

（2）奢侈品、非生活必需品，如高档化妆品、贵重首饰及高档手表。

（3）高能耗及高档消费品，如小汽车、游艇。

（4）不可再生和替代的石油类消费品，如汽油、柴油。

（5）为保护生态环境、促进节能环保等而纳入征税范围的木制一次性筷子、电池、涂料等。

由于消费税是针对特定的纳税人，即仅仅对生产者、委托加工者和进口者征税，因此，可以通过纳税人企业的合并、分立以递延纳税时间，甚至减少纳税金额。

一、消费税纳税人身份与非消费税纳税人身份的选择

消费税的征收范围比较窄，仅仅局限在五大类 15 个税目商品中，这 15 个税目应税消费品分别是：烟、酒、高档化妆品、贵重首饰及珠宝玉石、鞭炮及焰火、高尔夫球及球具、高档手表、游艇、木制一次性筷子、实木地板、成品油、摩托车、小汽车、电池、涂料。**如果企业希望从源头上节税，不妨在投资决策的时候，就避开上述消费品，**而选择其他符合国家产业政策、在流转税及所得税方面有优惠措施的产品进行投资。今后，更多的高档消费品、奢侈品、高污染、高能耗商品都有可能要纳入消费税的征收范围。所以，企业在选择投资方向时，要考虑国家对消费税的改革方向及发展趋势。

【做中学 3-1-1】

某公司现有 1 000 万元的空闲资金，经过市场调研，拟投产粮食白酒或者果汁饮料，两种产品的总投资额为 1 000 万元，年销售额为 200 万元；从节税的角度出发，该公司应当投产哪种产品？（假设该公司为增值税一般纳税人，以上销售额均为不含增值税销售额，不考虑增值税的进项税额、白酒的从量消费税）

根据上述资料，分析如下：

如果选择投产粮食白酒，根据现行消费税政策，粮食白酒的消费税为销售额的 20%。在该方案下，该公司的纳税情况如下：

年销售额＝200（万元）

应纳增值税税额＝200×13%＝26（万元）

应纳消费税税额＝200×20%＝40（万元）

应纳增值税、消费税、城市维护建设税及教育附加费总额＝(26+40)×(1+7%+3%)＝72.6（万元）

如果选择投产果汁饮料，根据现行消费税政策，果汁饮料不需要缴纳消费税。在该方案下，该公司的纳税情况如下：

年销售额＝200（万元）

应纳增值税税额＝200×13%＝26（万元）

应纳增值税、城市维护建设税及教育附加费总额＝26×(1+7%+3%)

＝28.6（万元）

选择投产果汁饮料比选择投产粮食白酒的方案的节税额＝72.6－28.6＝44(万元)

因此,该公司应当选择投产果汁饮料。因为生产不需要缴纳消费税的产品可以达到节税的效果。

【拓展阅读】 生产是消费的先导,企业作为绿色产品或服务的提供者,是推动绿色消费的关键力量。企业应激发绿色创造力,为市场提供多样、快捷、体系化的绿色消费服务,引导消费市场的需要。对个人而言,应建立绿色消费观,践行绿色低碳的健康生活方式。

二、合并消费税纳税人

消费税纳税人的合并在一些情况下也可以产生节税的效果,具体分列如下:

(1) 根据消费税法的相关规定,纳税人自产自用的应税消费品,用于连续生产应税消费品的,不纳税。合并会使原来企业间的购销环节转变为企业内部的原材料继续加工环节,从而递延部分消费税税款。如果两个合并企业之间存在着原材料供应的关系,则在合并前,这笔原材料的转让关系为购销关系,应该按照正常的购销价格缴纳消费税税款。而在合并后,企业之间的原材料供应关系转变为企业内部的原材料继续加工关系,因此,这一环节不用缴纳消费税,而是递延到销售环节再缴纳。

(2) 如果后一环节的消费税税率较前一环节的低,则可直接减轻企业的消费税税负。这是因为前一环节应该缴纳的税款延迟到后一环节再缴纳,由于后一环节税率较低,则合并前企业间的销售额,在合并后因适用了较低的税率,从而减轻税负。

【做中学 3-1-2】

四川某地有两家大型酒厂 A 和 B,它们都是独立核算的法人企业。A 企业主要经营粮食类白酒,以当地生产的玉米为原料进行酿造,粮食白酒的税率为 20%,定额税率为 0.5 元/500 克。B 企业以 A 企业生产的粮食白酒为原料,生产系列药酒,假定药酒的销售额为 2.5 亿元,适用 10% 的税率。A 企业每年要向 B 企业提供价值 1.5 亿元、总计 5 000 万千克的粮食白酒。经营过程中,B 企业由于缺乏资金和技术,无法经营下去,准备破产。此时 B 企业欠 A 企业货款 5 000 万元。经评估,B 企业的资产恰好为 5 000 万元。请问:A、B 企业合并能否减轻税收负担?可以少缴纳的税款是多少?

根据上述资料,分析如下:

(1) 合并前 A、B 企业应纳消费税税额:

A 企业应纳消费税税额＝15 000×20%＋5 000×2×0.5＝8 000(万元)

B 企业应纳消费税税额＝25 000×10%＝2 500(万元)

合计应纳消费税税额＝8 000＋2 500＝10 500(万元)

(2) A企业领导人经过研究,决定对B企业进行并购,其决策的主要依据如下:

一是两家企业之间的行为属于产权交易行为,按税法规定,不用缴纳增值税。

二是并购可以递延部分税款。并购前,A企业向B企业提供的粮食白酒,每年应缴纳消费税税额和增值税销项税税额如下:

每年应缴纳消费税税额 = 15 000 × 20% + 5 000 × 2 × 0.5 = 8 000(万元)
每年应缴纳增值税销项税税额 = 15 000 × 13% = 1 950(万元)

并购后,这笔税款可以递延到药酒的销售环节缴纳,获得递延纳税的好处。

三是B企业生产的药酒市场前景很好,企业合并后可以将经营的主要方向转向药酒生产,这样做就能减少粮食白酒这一中间纳税环节,并且药酒的消费税税率低于粮食白酒,企业应缴纳的消费税税款将减少。假定药酒的销售额为2.5亿元,销售数量为5 000万千克,则:

合并后应缴纳消费税税额 = 25 000 × 10% = 2 500(万元)
合并后少缴纳消费税税额 = 10 500 − 2 500 = 8 000(万元)

实际上,A、B企业合并后少缴纳的消费税税款,即为A企业所生产的粮食白酒应缴纳的消费税税款。

三、利用关联企业规避

(一) 分设独立核算的销售公司

根据规定,消费税的征税环节为生产销售环节(包括生产、委托加工和进口环节),而在以后的批发、零售环节是不征消费税的(卷烟、超豪华小汽车、金银首饰、钻石等除外)。从2009年8月1日起,白酒生产企业的消费税计税价格低于销售单位对外销售价格70%以下的,消费税最低计税价格由税务机关根据生产规模、白酒品牌、利润水平等情况在销售单位对外销售价格50%至70%范围内自行核定。其中,生产规模较大、利润水平较高的企业生产的需要核定消费税最低计税价格的白酒,税务机关核价幅度原则上应选择在销售单位对外销售价格60%至70%范围内。

纳税人往往成立独立核算的经营部或者销售公司,生产企业以较低但不违反公平交易原则的销售价格将应税消费品销售给经营部或者销售公司,然后经营部或销售公司再对外进行销售,这样就可以降低消费税的计税依据,以达到少缴消费税的目的。而独立核算的经营部或者销售公司,在销售环节只缴纳增值税,不缴纳消费税,可使集团的整体消费税税负下降。

【做中学3-1-3】

某酒厂主要生产白酒,产品主要销售给各地的批发商。20××年1月,酒厂销售白酒50吨,批发单价为每吨3.5万元(不含税价),零售单价为每吨5万元(不含税价)。白酒的比例税率为20%,定额税率为0.5元/500克。

根据上述资料,分析如下:

方案1:直接销售给消费者。

应纳消费税税额 $= 50 \times 2000 \times 0.00005 + 50 \times 5 \times 20\% = 5 + 50 = 55$(万元)

方案2:先将白酒以每吨3.5万元的价格出售给独立核算的销售公司,然后销售公司再以每吨5万元的价格销售给消费者。

由于该白酒生产企业的消费税计税价格不低于销售单位对外销售价格的70%,所以无须核定计税价格。

应纳消费税税额 $= 50 \times 2000 \times 0.00005 + 50 \times 3.5 \times 20\% = 5 + 35 = 40$(万元)

因此,企业在设立独立核算的销售公司后,可少缴消费税15万元(55-40)。但企业销售给销售公司的价格不应当低于销售单位对外销售价格的70%,如果销售价格"明显偏低",主管税务机关将会对价格重新进行调整。

(二)利用关联企业转让定价进行税收筹划

转让定价是指在经济活动中,有经济联系的企业各方为均摊利润或转移利润而在产品交换或买卖过程中,不依照市场买卖规则和市场价格进行交易,而是根据他们之间的共同利益或为了最大限度地维护他们之间的收入而进行的产品或非产品转让。

转让定价是企业进行税收筹划的基本方法之一,在产品转让过程中,根据双方的意愿,产品的转让价格可高于或低于市场上由供求关系决定的价格,以达到少纳税或不纳税的目的。

【做中学3-1-4】

浙江某体育文化公司主要生产高尔夫球,产品销往全国各地。该公司在各地省会城市都有设立独立核算的经销部,该公司按照销售给其他批发商的产品价格(每箱400元)与经销部结算,共计100箱。该高尔夫球的市场售价为每箱500元,以上价格均不含增值税。高尔夫球适用的消费税税率为10%。

根据上述资料,分析如下:

该公司转让定价前,应纳消费税税额为:

$100 \times 500 \times 10\% = 5000$(元)

该公司转让定价后,应纳消费税税额为:

$100 \times 400 \times 10\% = 4000$(元)

因此,通过转让定价可节税1000元。

税法规定,纳税人通过自设非独立核算门市部销售的自产应税消费品,应当按照门市部对外销售额或者销售数量计算征收消费税。税法对独立核算的门市部则没有限制。消费税的纳税行为发生在生产领域(包括生产、委托加工和进口环节),而非批发、零售环节(金银首饰、钻石及钻石饰品除外)。因而,关联企业中生产(委托加工、进口)应税消费品的企业,在零售等特殊情况下,如果以较低但不违反公平交易的销售价格将应税消费品销售给其独立核算的销售部门,则可以降低销售额,从而减少应纳消费税税额。而独立核算的销售部门,由于处在销售环节,只缴纳增值税,不缴纳消费税,可使集团整体的消费税税负下降,但增值税税负不变。

需要注意的是,对于存在关联关系的企业之间的价格确定,按照《税收征管法》第二十四条的规定:"企业或者外国企业在中国境内设立的从事生产、经营的机构、场所与其关联企业之间的业务往来,应当按照独立企业之间的业务往来收取或者支付价款、费用;不按照独立企业之间的业务往来收取或者支付价款、费用,而减少其应纳税收入或者所得额的,税务机关有权进行合理调整。"因此,企业销售给下属经销部的价格应当参照销售给其他商家当期的平均价格确定,如果销售价格"明显偏低",主管税务机关将会对价格重新进行调整。

本例中,如果经销部为非独立核算单位,则起不到节税的效果。

引例解析

该厂的定价是不合适的。该手表正好为高档手表。销售每只手表共向购买方收取:$10\,000+10\,000\times13\%=11\,300$(元)。应纳增值税税额为:$10\,000\times13\%=1\,300$(元)(未考虑增值税进项抵扣),应纳消费税税额为:$10\,000\times20\%=2\,000$(元),共计纳税 3 300 元。税后收益为:$11\,300-3\,300=8\,000$(元)。

注:高档化妆品、超豪华小汽车等的定价都存在同样的问题。

高档化妆品、超豪华小汽车的征税标准

任务二　消费税计税依据的税收筹划

引　例

某实木地板厂属于增值税一般纳税人,某月销售实木地板 5 000 平方米,每平方米售价 500 元(不含增值税),这批实木地板耗用包装盒 500 个,每只包装盒售价 20 元,实木地板的消费税税率为 5%。

请问:应如何进行筹划能降低该地板厂的税负?

【知识准备与业务操作】

我国现行的消费税计税方法分为从价计征、从量计征和复合计征三种类型。不同的计税方法有不同的计税依据。采用不同的计税依据,可以给消费税的筹划留下空间。

一、兼营行为的税收筹划

根据《中华人民共和国消费税暂行条例》(以下简称"《消费税暂行条例》")第三条的规定:纳税人兼营不同税率的应税消费品,应当分别核算不同税率应税消费品的销售额、销售数量;未分别核算销售额、销售数量,或者将不同税率的应税消费品组成成套消费品销售的,从高适用税率。税法的上述规定要求纳税人必须注意分别核算不同税率的应税消费品,这一税收筹划方法看似简单,但如果纳税人不了解税法的这一规定,而没有分别核算的话,就会多缴纳消费税。

【做中学 3-2-1】

某公司既生产经营粮食白酒,又生产经营药酒,粮食白酒的消费税税率为 20% 加 0.5 元/500 克,药酒的消费税税率为 10%。20×1 年度,粮食白酒的销售额为 200 万元,销售量为 5 万千克,药酒的销售额为 300 万元,销售量为 4 万千克,但该公司没有分别核算。20×2 年度,该公司的生产经营状况与 20×1 年度基本相同,现有以下两种方案可供选择:

方案 1:统一核算粮食白酒和药酒的销售额。

方案 2:分别核算粮食白酒和药酒的销售额。

从节税的角度出发,应当选择哪种方案?

根据上述资料,分析如下:

方案 1,企业生产经营适用两种税率的应税消费品应当分别核算,未分别核算的,适用较高税率。在该方案下,该公司的纳税情况如下:

酒类应纳消费税税额=(200+300)×20%+(5+4)×(0.5×2)=109(万元)

酒类应纳城市维护建设税和教育费附加=109×(7%+3%)=10.9(万元)

合计应纳税税额=109+10.9=119.9(万元)

方案 2,企业生产经营适用两种税率的应税消费品应当分别核算,分别核算后可以适用各自的税率。在该方案下,该公司的纳税情况如下:

粮食白酒应纳消费税税额=200×20%+5×2×0.5=45(万元)

粮食白酒应纳城市维护建设税和教育费附加=45×(7%+3%)=4.5(万元)

药酒应纳消费税税额=300×10%=30(万元)

药酒应纳城市维护建设税和教育费附加=30×(7%+3%)=3(万元)

合计应纳税税额=45+4.5+30+3=82.5(万元)

方案 2 比方案 1 节税额=119.9-82.5=37.4(万元)

因此,该公司应当选择方案 2。方案 2 由于充分利用了分别核算可以适用不同税率的政策,从而达到了节税的效果。

二、包装物的税收筹划

根据《中华人民共和国消费税暂行条例实施细则》(以下简称"《消费税暂行条例实施细则》")第十三条的规定:应税消费品连同包装物销售的,无论包装物是否单独计价以及在会计上如何核算,均应并入应税消费品的销售额中缴纳消费税。如果包装物不作价随同产品销售,而是收取押金,此项押金则不应并入应税消费品的销售额中征税。但对因逾期未收回的包装物不再退还的或者已收取的时间超过 12 个月的押金,应并入应税消费品的销售额,按照应税消费品的适用税率缴纳消费税。对既作价随同应税消费品销售,又另外收取的包装物押金,凡纳税人在规定期限内没有退还的,均应并入应税消费品的销售额,按照应税消费品的适用税率缴纳消费税。因此,企业如果想在包装物上节省消费税,关键是包装物不能作价随同产品出售,而应采取收取"押金"的形式,这样就不并入应税消费品的销售额计算消费税税额。即使在经过1年以后,需要将押金并入应税消费品销售额,按照应税消费品的适用税率征收消费税,也使企业获得了该笔消费税的1年免费使用权。这种税收筹划在会计上的处理方法是:随同产品出售但单独计价的包装物,按规定应缴纳的消费税,借记"税金及附加"账户,贷记"应交税费——应交消费税"账户。企业逾期未退还的包装物押金,按规定应缴纳的消费税,借记"其他业务成本""其他应付款"等账户,贷记"应交税费——应交消费税"账户。

【做中学 3-2-2】

某鞭炮厂生产一批鞭炮共 10 000 箱,每箱价值 200 元,其中包含包装物价值 15 元,鞭炮的消费税税率为 15%。该厂有以下两套销售方案可供选择:

方案 1:按照每箱 200 元的价格销售。

方案 2:按照每箱 185 元的价格销售,收取 15 元押金。

从节税角度出发,该企业应当选择哪套方案?

根据上述资料,分析如下:

在方案 1 下,企业应当按照销售额缴纳消费税。该厂的纳税情况如下:

应税销售额 = 200×10 000 = 2 000 000(元)

应纳消费税税额 = 2 000 000×15% = 300 000(元)

在方案 2 下,企业收取的包装物押金不计入销售额。该厂的纳税情况如下:

应税销售额 = 185×10 000 = 1 850 000(元)

应纳消费税 = 1 850 000×15% = 277 500(元)

方案 2 比方案 1 节税额 = 300 000 − 277 500 = 22 500(元)

根据现行消费税政策,如果 1 年后该押金仍未退还,则该厂应当补缴消费税。假设市场年利率为 10%。该厂的纳税情况如下:

应税销售额 = 15×10 000 = 150 000(元)

应纳消费税税额 = 150 000×15% = 22 500(元)

因延迟纳税,方案 2 比方案 1 相对节税(获得货币时间价值)= 22 500×10% = 2 250(元)。

因此,该厂应当选择方案 2。

三、包装方式的税收筹划

根据《消费税暂行条例》第三条的规定:纳税人兼营不同税率的应税消费品,应当分别核算不同税率应税消费品的销售额、销售数量;未分别核算销售额、销售数量,或者将不同税率应税消费品组成套装进行销售的,从高适用税率。如果纳税人需要将不同税率的商品组成套装进行销售时应当尽量采取"先销售后包装"的方式进行核算,而不要采取"先包装后销售"的方式进行核算。

【做中学 3-2-3】

某酒厂生产各种类型的酒,以适应不同消费者的需求。春节来临,大部分消费者都以酒作为馈赠亲朋好友的礼品,针对这种市场情况,公司于一月初推出"组合装礼品酒"的促销活动,将白酒、白兰地酒和葡萄酒各一瓶组成价值 115 元的成套礼品酒进行销售,三种酒的出厂价分别为 50 元/瓶、40 元/瓶、25 元/瓶,白酒的消费税税率为 0.5 元/500 克加上出厂价的 20%,白兰地酒和葡萄酒的消费税税率为销售额的 10%。假设这三种酒每瓶均为 0.5 千克装,该月共销售 1 万套礼品酒。该企业有以下两种促销方案可供选择:

方案 1:先包装后销售。

方案 2:先销售后包装。

请问:从节税角度出发,该企业应当采取哪种促销方案?

根据上述资料,分析如下:

方案 1,由于该企业采取先包装后销售的方式促销,属于不同税率产品的兼营行为,应当按照较高的税率计算消费税税额。在该方案下,该企业的纳税情况如下:

应税销售额=(50+40+25)×10 000=1 150 000(元)

应税销售量=3×10 000×0.5=15 000(千克)

应纳消费税税额=15 000×2×0.5+1 150 000×20%=245 000(元)

方案 2,由于该企业采取先销售后包装的方式促销,各种酒类产品应该分别计算应纳消费税税额。在该方案下,该企业的纳税情况如下:

白酒应纳消费税税额=10 000×(1×0.5+50×20%)=105 000(元)

白兰地酒应纳消费税税额=40×10 000×10%=40 000(元)

葡萄酒应纳消费税税额=25×10 000×10%=25 000(元)

累计应纳消费税税额=105 000+40 000+25 000=170 000(元)

方案 2 比方案 1 节税额=245 000-170 000=75 000(元)

因此,该企业应当选择方案 2。方案 2 由于分别适用应税消费品各自税率从而达到了节税效果。

【做中学 3-2-4】

某日用化妆品厂将生产的高档化妆品、护肤护发品、小工艺品等组成成套消费品销售。每套消费品由下列产品组成:高档化妆品包括一瓶香水 500 元、一瓶指甲油 200 元、一支口红 300 元;护肤护发品包括两瓶沐浴液 100 元、一瓶护发素 50 元;化妆工具及小工艺品 40 元、塑料包装盒 10 元。高档化妆品的消费税税率为 15%,上述价格均不含税。从税收筹划角度,分析企业采用成套销售是否有利。

根据上述资料,分析如下:

成套销售应纳消费税税额=(500+200+300+100+50+40+10)×15%=180(元)

如果改成"先销售后包装"方式,护肤护发品不需要缴纳消费税,这样可以大大降低消费税税负,"先销售后包装"方式应纳消费税税额=(500+200+300)×15%=150(元)。

可见,如果改成"先销售后包装"方式,每套化妆品消费税税负降低30元(180−150),而且增值税税负仍然保持不变。

因此,企业从事消费税的兼营业务时,能单独核算的,最好单独核算,没有必要成套销售的,最好单独销售,以尽量减轻企业的税收负担。

四、自产自用应税消费品的税收筹划

根据规定,纳税人自产自用的应税消费品,凡是用于其他方面应当纳税的,按照纳税人生产的同类应税消费品的销售价格计算纳税。这里的"用于其他方面",是指纳税人用于生活福利设施、专项工程、基本建设和其他非生产机构,用于销售产品或者提供事务,以及用于馈赠、赞助、集资、职工福利、奖励等方面的应税消费品。

所谓同类消费品的销售价格,是指纳税人当月销售的同类消费品的销售价格。如果当月同类消费品各期销售价格高低不同,则应按销售数量加权平均计算。但销售的应税消费品有下列两种情况之一的,不得列入加权平均计算:

(1) 销售价格明显偏低又无正当理由的;

(2) 无销售价格的,如果当月无销售或者当月未完结,应按照同类消费品上月或最近月份的销售价格计算纳税。

没有同类消费品销售价格的,按照组成计税价格计算纳税。组成计税价格的计算公式如下:

$$组成计税价格 =(成本 + 利润)÷(1 - 消费税税率)$$

式中,"成本"是指应税消费品的产品生产成本,"利润"是指根据应税消费品的全国平均成本利润率计算的利润。其中,成本是计算组成计税价格的重要因素,成本的高低直接影响组成计税价格的高低,进而影响税额的高低。而产品成本又是通过企业自身的会计核算计算出来的。

从税收筹划的角度看,若无同类消费品销售价格,减少成本就有利于节税。只要将自用产品应负担的间接费用少留一部分,而将更多的费用分配给其他产品,就会降低用来计算组成计税价格的成本,从而使计算出来的组成计税价格变低,使自用产品应负担的消费税相应地减少。

【做中学3-2-5】

某摩托车生产企业按统一的原材料、费用分配标准,计算企业自制自用摩托车(10辆)的单位产品成本为3 000元,该产品的利润率为20%,消费税税率为10%,若市场上无同类产品生产销售。

根据上述资料,分析如下:

(1) 未降低成本的情况下,其组成计税价格和应纳消费税税额的计算如下:

组成计税价格 = 3 000 × 10 × (1 + 20%) ÷ (1 − 10%) = 40 000(元)

应纳消费税税额 = 40 000 × 10% = 4 000(元)

(2) 降低成本的情况下,如果企业采用降低自制自用产品成本的办法,将单位成本降为 2 250 元时,其组成计税价格和应纳消费税税额的计算如下:

组成计税价格 = (2 250 × 10) × (1 + 20%) ÷ (1 − 10%) = 30 000(元)

应纳消费税税额 = 30 000 × 10% = 3 000(元)

由此可以看出,企业若采用降低自制自用产品成本的办法,可以少缴纳消费税税额 1 000 元(4 000 − 3 000)。

五、非货币性资产交换中的税收筹划

《消费税暂行条例》规定,纳税人自产的应纳消费税的消费品用于换取生产资料和消费资料、投资入股或抵偿债务等方面,应当按照纳税人同类应税消费品的最高销售价格作为计税依据。

在实际操作中,当纳税人先销售应税消费品,再换取货物或投资入股时,一般是按照双方的协议价或评估价确定,而协议价往往是市场平均价。纳税人可采用先销售后换取货物或入股的方式,避免按照同类应税消费品的最高销售价格作为计税依据,以达到减轻税负的目的。

【做中学 3 - 2 - 6】

嘉美实木地板生产企业当月对外销售了 3 批次同种实木地板,单价 80 元的地板销售 1 000 平方米,单价 85 元的地板销售 800 平方米,单价 90 元的地板销售 200 平方米。当月拟以 500 平方米同种实木地板与 B 木材加工厂换取原材料,实木地板的消费税税率为 5%。

请问:嘉美实木地板生产企业应如何进行筹划才能节税?

根据上述资料,分析如下:

若双方直接用产品交换原材料,则需按最高价 90 元/平方米的标准计算后纳税额,嘉美实木地板生产企业应纳消费税税额 = 90 × 500 × 5% = 2 250(元)。若嘉美实木地板生产企业采用先销售再购买的方式,可避免按照同类应税消费品的最高销售价格作为计税依据,按当月的加权平均销售价格确定。经过筹划,将这 500 平方米的实木地板按照当月的加权平均价销售后,再购买材料,则应纳消费税税额 = (80 × 1 000 + 85 × 800 + 90 × 200) ÷ (1 000 + 800 + 200) × 500 × 5% = 2 075(元)。这样,企业可减轻税负 175 元 (2 250 − 2 075)。

思考:筹划时,能否按 80 元/平方米作为计税依据?

六、出口应税消费品的税收筹划

根据《消费税暂行条例》第十一条的规定,对纳税人的出口应税消费品,免征消费税,国务院另有规定的除外。已经缴纳消费税的商品出口时,在出口环节可以享受退税的待遇。从税收筹划的角度出发,纳税人开拓国际市场,也是一种重要的税收筹划方式。

根据《消费税暂行条例实施细则》第二十二条的规定,出口的应税消费品办理退税后发生退关,或者国外退货进口时已予以免税的,报关出口者必须及时向其机构所在地或者居住地主管税务机关申报补缴已退的消费税税款。纳税人直接出口的应税消费品办理免税后,发生退关或者国外退货,进口时已予以免税的,经机构所在地或者居住地主管税务机关批准,可暂不办理补税,待其转为国内销售时,再申报补缴消费税。因此,在发生出口货物退关或者退货时,适当调节办理补税的时间,可以在一定时期内"占用"消费税税款,相当于获得了一笔无息贷款。

【做中学 3-2-7】

20××年1月某公司一批出口自产应税消费品办理免税手续后发生退货,该批货物的总价值为500万元,消费税税率为20%,2个月的市场利率为3%。该企业有以下两种方案可供选择:

方案1:20××年1月退货时申报补缴消费税。

方案2:20××年3月转为国内销售时补缴消费税。

请问:从节税的角度出发,该企业应当选择哪种方案?

根据上述资料,分析如下:

方案1,该公司的纳税情况如下:

应纳消费税税额=500×20%=100(万元)

应纳城市维护建设税及教育费附加=100×(7%+3%)=10(万元)

累计应纳税额=100+10=110(万元)

方案2,该公司的纳税情况如下:

应纳消费税税额=500×20%=100(万元)

应纳城市维护建设税及教育费附加=100×(7%+3%)=10(万元)

累计应纳税额=100+10=110(万元)

方案2比方案1节税额=110×3%=3.3(万元)

因此,该公司应当选择方案2。

七、以外汇结算应税消费品的税收筹划

根据《消费税暂行条例》第五条的规定,纳税人销售的应税消费品,应以人民币计算销售额,纳税人以人民币以外的货币结算销售额的应当折合人民币计算。根据《消费税暂行条例实施细则》第十一条的规定,纳税人销售的应税消费品,以人民币以外的货币结算销售额的,其销售额的人民币折合率可以选择销售额发生的当天或者当月1日的人民币汇率中间价。纳税人应当事先确定采用何种折合率,确定后一年内不得变更。从税收筹划的角度看,人民币折合率既可以采用销售额发生当天的国家外汇牌价,也可以用当月初的外汇牌价。一般来说,外汇市场波动越大,通过选择折合率进行税收筹划的必要性越大,越应以较低的人民币汇率计算应纳税额。

需要指出的是,由于汇率的折算方法一经确定,一年内不得随意变动。因此,在选择汇率折算方法时,纳税人需要对未来的经济形势及汇率走势作出恰当的判断。同时,这一限制

也对这一税收筹划方法的效果产生很大影响。当然,税收筹划应当体现在点点滴滴的税负减轻之中,税收筹划更应体现为一种意识,虽然可能在某一方面的节税效果不是很明显,但是对于一个涉及众多税种的大型企业来讲,税收筹划的效果不能小视。

【做中学 3-2-8】

某企业某年 4 月 15 日取得 100 万美元销售额,4 月 1 日的国家外汇牌价为 1 美元＝6.3 元人民币,4 月 15 日的外汇牌价为 1 美元＝6.1 元人民币。预计未来较长一段时间,美元将持续贬值。该企业有以下两种方案可供选择:

方案 1:按照每月 1 日的外汇牌价来计算销售额。

方案 2:按照结算当日的外汇牌价来计算销售额。

请问:从节税的角度出发,该企业应当选择哪种方案?

根据上述资料,分析如下:

方案 1,该企业的纳税情况如下:美元销售额为 100 万美元;外汇牌价为 1 美元＝6.3 元人民币;人民币销售额为 100×6.3＝630(万元)。

方案 2,该企业的纳税情况如下:美元销售额为 100 万美元;外汇牌价为 1 美元＝6.1 元人民币;人民币销售额为 100×6.1＝610(万元)。

方案 2 较方案 1 少计销售额为 20 万元(630－610)人民币。

因此,该企业应当选择方案 2。方案 2 由于充分利用了汇率变动的趋势以及税法允许的换算方法,从而达到了节税的效果。

【任务设计——纳税临界点筹划】

某卷烟厂每标准条卷烟的成本为 34 元,对外调拨价为 68 元,由于产品供不应求,厂家决定将每标准条卷烟价格提高至 76 元。企业所得税税率为 25%,城市维护建设税和教育费附加忽略不计。甲类卷烟,即每标准条(200 支)对外调拨价在 70 元(含 70 元,不含增值税)以上的,比例税率为 56%;乙类卷烟,即每标准条(200 支)对外调拨价在 70 元(不含增值税)以下的,比例税率为 36%(不考虑定额税率)。请问:这个调价决策是否合适?

【操作步骤】

第一步:明确价格临界点附近的税负变化。

在价格与税率同时变化时,在临界点附近的纳税负担变化比较大,会出现纳税负担的增加大于计税依据增加的情况。

第二步:分别计算不同价格下,各自的应纳税额。

(1) 当对外调拨价为 68 元时:

企业应缴纳的消费税税额＝68×36%＝24.48(元)

企业税后利润＝(68－34－24.48)×(1－25%)＝7.14(元)

(2) 当对外调拨价为 76 元时:

企业应缴纳的消费税税额＝76×56%＝42.56(元)

企业税后利润＝(76－34－42.56)＝－0.56(元)

在此例中,每标准条卷烟的价格从68元提高至76元后,从表面上看销售收入每标准条增加了8元(76-68),但由于提升后的价格超过了临界点(70元),计算消费税时的税率也随着计税依据的提高而相应地提高,使得卷烟整体税后利润不仅没有上升,反而下降,以致达到了负值。

第三步:设置独立销售部门。

企业以每标准条卷烟68元的价格出售给该企业依法设立的独立销售机构,然后销售机构再以每标准条76元的价格出售,这样即可降低税负。

由以上可知,纳税临界点问题只出现在价格与税率同时变化时。如果价格变动后税率不变,就不需要考虑纳税临界点的问题了。

引例解析

如果地板厂将包装盒作价连同实木地板一同销售,包装盒应并入实木地板售价当中一并征收消费税,企业应纳消费税税额为:[5 000×500+20×500÷(1+13%)]×5%=125 442.48(元)。

如果地板厂不将包装盒作价销售,而是每只包装盒收取20元的押金,则此项押金不必并入应税消费品的销售额计征消费税。此时,企业应纳消费税税额为:5 000×500×5%=125 000(元)。

如果押金在规定期满(一般为一年)未退回,则应将此项押金作为销售额纳税。由于收取的押金作为价外费用,应属含税的款项,应将押金换算为不含税收入计征税款,企业应纳消费税为:20×500÷(1+13%)×5%=442.48(元)。

可见,实木地板厂只有对包装盒收取押金,且在规定期满未将押金退回的情况下,才可达到最大限度延迟纳税的目的。

任务三 连续生产应税消费品的税收筹划

引例

A卷烟厂接到C客户要求购买甲类卷烟的一笔订单,订单金额为700万元(不含增值税)。这批卷烟,A卷烟厂可以自行生产,也可委托B厂进行加工。烟叶成本为100万元,将烟叶加工成卷烟,需要经过两个步骤,B厂规定,将烟叶加工成烟丝(半成品)需收取加工费75万元,而如果直接加工成卷烟(成品)需收取加工费170万元。烟丝的消费税税率为30%,卷烟的消费税税率为56%(不考虑定额税)

请问:在加工费和自行生产成本相同的情形下,A卷烟厂应当自行生产,还是委托B厂加工?如果采用委托加工,是加工成烟丝(半成品),还是加工成卷烟(成品)?

【知识准备与业务操作】

一、连续生产应税消费品已纳消费税的扣除

为避免重复征税,外购应税消费品和委托加工收回的应税消费品继续生产应税消费品销售的,可以将外购应税消费品和委托加工收回应税消费品已缴纳的消费税给予抵扣。

(1)准予抵扣的情形主要包括以下几种。

❶ 以外购或委托加工收回的已税烟丝生产的卷烟。
❷ 以外购或委托加工收回的已税高档化妆品为原料生产的高档化妆品。
❸ 以外购或委托加工收回的已税珠宝玉石为原料生产的贵重首饰及珠宝玉石。

需要注意的是:纳税人用外购或者委托加工收回的已税珠宝玉石为原料生产的改在零售环节征收消费税的金银首饰(镶嵌首饰),在计税时一律不得扣除外购或者委托加工收回的珠宝玉石已纳的消费税税款。

外购或委托加工收回的玛瑙:如果用于生产镶嵌玛瑙的黄金吊坠,生产销售该吊坠不需要缴纳消费税,但零售时需要缴纳消费税,并且所耗用的玛瑙原料已纳的消费税税额不得扣除;如果用于生产玛瑙珠手串,生产销售该玛瑙珠手串时应计算缴纳消费税,且玛瑙原料已纳消费税可以扣除。

❹ 以外购或委托加工收回的已税鞭炮、焰火为原料生产的鞭炮、焰火。
❺ 以外购或委托加工收回的已税杆头、杆身和握把为原料生产的高尔夫球杆。
❻ 以外购或委托加工收回的已税木制一次性筷子为原料生产的木制一次性筷子。
❼ 以外购或委托加工收回的已税实木地板为原料生产的实木地板。
❽ 以外购或委托加工收回的已税石脑油、润滑油、燃料油为原料生产的成品油。
❾ 以外购或委托加工收回的已税汽油、柴油为原料生产的汽油、柴油。

需要注意的是:允许抵扣税额的税目不包括酒(葡萄酒除外)、摩托车、小汽车、高档手表、游艇、电池、涂料。自2015年5月1日起,从葡萄酒生产企业购进、进口葡萄酒连续生产应税葡萄酒的,准予从葡萄酒消费税应纳税额中扣除所耗用应税葡萄酒已纳消费税税款。

允许扣税的只涉及同一税目中应税消费品的连续加工,不能跨税目抵扣。

(2)当期准予扣除外购或委托加工收回的应税消费品的已纳消费税税款,应按当期生产领用数量计算。

当期准予扣除的外购、委托加工收回应税消费品已纳消费税税额=当期准予扣除的外购、委托加工收回应税消费品买价×外购、委托加工收回应税消费品适用税率

当期准予扣除的外购、委托加工收回应税消费品买价=期初库存的外购、委托加工收回应税消费品的买价+当期外购、委托加工收回应税消费品买价-期末库存的外购、委托加工收回应税消费品买价

【做中学 3-3-1】

某公司为增值税一般纳税人,外购高档香水精生产高档香水,11月生产销售高档香水取得不含税销售额100万元。该公司11月初库存高档香水精价值10万元,11月购进高档香水精价值100万元,11月底库存高档香水精价值20万元。已知高档化妆品适用的消费税税率为15%。请计算该公司当月应缴纳的消费税。

根据上述资料，分析如下：

该公司当月应缴纳消费税税额＝100×15％－(10+100－20)×15％＝1.5(万元)

二、不同加工方式的消费税税收筹划

(一) 可以扣除已税消费品的税收筹划

企业生产应税消费品，可以选择自行加工，也可以选择委托加工。

自行加工应税消费品由生产企业按照销售额和规定的税率计算缴纳消费税。委托加工时，受托方代收代缴税额，计税依据为受托方同类产品的销售价格或组成计税价格。纳税人连续生产自产自用的应税消费品的，不用缴纳消费税；用外购的或委托加工收回的已税消费品连续生产应税消费品时，可以扣除已纳的消费税税款。

需要注意的是，委托方将收回的应税消费品，以不高于受托方的计税价格出售的，为直接出售，不再缴纳消费税；委托方以高于受托方的计税价格出售的，不属于直接出售，需按照规定申报缴纳消费税，在计税时准予扣除受托方已代收代缴的消费税。

引例解析

方案1：自行加工，成本为170万元。

A厂应纳消费税税额＝700×56％＝392(万元)

税后利润＝(700－100－170－392)×(1－25％)＝38×75％＝28.5(万元)

方案2：委托B厂加工成烟丝(半成品)，收回后，在本厂继续加工成卷烟销售，还需发生成本为95万元。

在这种情况下：

(1) A厂向B厂支付加工费的同时，向受托方支付其代收代缴的消费税：

消费税组成计税价格＝(100+75)÷(1－30％)＝250(万元)

应纳消费税税额＝250×30％＝75(万元)

(2) A厂销售卷烟后，应纳消费税税额：

700×56％－75＝317(万元)

(3) A厂的税后利润：

(700－100－75－75－95－317)×(1－25％)＝28.5(万元)

方案3：直接加工成卷烟，收回后直接对外销售。

如果A厂委托B厂将烟叶加工成甲类卷烟，烟叶成本不变，加工费用为170万元。加工完毕，运回A厂后，A厂的对外售价仍为700万元。

(1) A厂向B厂支付加工费的同时，向其支付代收代缴的消费税税额：

(100+170)÷(1－56％)×56％＝613.64×56％＝343.64(万元)

(2) 由于出售价格700万元大于受托方的计税价格613.64万元，A厂在销售时，需补缴消费税48.36万元(700－613.64)×56％。其税后利润：

$(700-100-170-343.64-48.36)\times(1-25\%)=28.5(万元)$

比较几种方案，只要最终消费品的售价相同，在加工费和自行生产成本相同的情形下，三者没有区别，不存在筹划空间。

(二) 不得扣除已税消费品的税收筹划

用已税消费品连续生产应税消费品，由于不得抵扣已纳消费税，这部分消费税应转为原材料成本，会减少企业利润。因此，对于不得扣除外购或委托加工已纳消费税的应税消费品（如酒类产品），应该采用自产和完全委托加工方式连续生产应税消费品，以消除重复课税的弊端，增加企业利润。

【做中学 3-3-2】

甲白酒生产企业接到一笔销售量为 500 吨、销售额为 1 000 万元（不含税）的白酒销售订单。为完成此合同的生产任务，公司拟定了以下四种生产方案可供选择（不考虑城市维护建设税和教育费附加），请分析甲白酒生产企业应该采用哪种方案。

方案 1：甲白酒生产企业先委托乙企业加工成酒精，收回后由本企业继续生产成白酒销售。即该白酒生产企业提供价值为 250 万元的原料，委托乙企业加工成酒精，支付加工费 150 万元，加工完成的酒精运回本企业后，再由本企业加工成 500 吨本品牌的白酒销售，本企业发生的相关加工成本为 70 万元。

方案 2：甲白酒生产企业先委托乙企业加工成高纯度白酒，收回后由本企业继续生产成白酒销售。即本企业提供价值为 250 万元的原材料，委托乙企业加工成高纯度白酒，支付加工费 180 万元，加工完成的 400 吨高纯度白酒运回本企业后，再由本企业加工成 500 吨本品牌的白酒销售，本企业发生的相关加工成本为 40 万元。

方案 3：甲白酒生产企业直接委托乙企业加工成最终产品，收回后直接对外销售（全部委托加工方式）。即该企业给乙企业提供价值为 250 万元的原材料后，由乙企业完成白酒的生产制作，即甲白酒生产企业从乙企业收回的产品就是合同约定的该品牌白酒，协议加工费为 220 万元。产品运回后仍以原价直接销售。

方案 4：甲白酒生产企业自己生产制作该品牌白酒，即由企业自己生产该酒，其发生的相关生产成本恰好等于委托乙企业的加工费，为 220 万元。

根据上述资料，分析如下：

方案 1：在委托加工环节，酒精不征收消费税，因此受托方乙企业不需要代收代缴消费税。而当甲白酒生产企业销售白酒时，需要缴纳生产环节的消费税，则：

应纳消费税税额 $= 1\,000 \times 20\% + 500 \times 1\,000 \times 2 \times 0.5 \div 10\,000 = 250(万元)$

甲白酒生产企业的税后利润 $=(1\,000-250-150-70-250)\times(1-25\%)=210(万元)$

方案 2：在委托加工环节，受托方乙企业应在向委托方交货时代收代缴消费税，则：

消费税组成计税价格 $=(250+180+400\times1\,000\times2\times0.5\div10\,000)\div(1-20\%)=587.5(万元)$

应代收代缴的消费税 $=587.5\times20\%+400\times1\,000\times2\times0.5\div10\,000=157.5(万元)$

当A白酒生产企业销售白酒时,需要缴纳生产环节的消费税,则:

应纳消费税税额=1 000×20%+500×1 000×2×0.5÷10 000=250(万元)

合计应缴纳消费税=157.5+250=407.5(万元)

甲白酒生产企业的税后利润=(1 000-250-180-40-157.5-250)×(1-25%)=91.88(万元)

方案3:在委托加工环节,受托方乙企业应在向委托方交货时代收代缴消费税。

消费税组成计税价格=(250+220+500×1 000×2×0.5÷10 000)÷(1-20%)=650(万元)

应代收代缴的消费税=650×20%+500×1 000×2×0.5÷10 000=180(万元)

由于最终销售价格1 000元>650元,因此不属于直接出售,需要按照税法规定申报缴纳消费税,并且在计税时准予扣除受托方已代收代缴的消费税。

应纳消费税=1 000×20%+500×1 000×2×0.5÷10 000-180=70(万元)

合计缴纳消费税=180+70=250(万元)

甲白酒生产企业的税后利润=(1 000-250-220-250)×(1-25%)=210(万元)

方案4:

由于该企业自己生产该酒,则:

应纳消费税=1 000×20%+500×1 000×2×0.5÷10 000=250(万元)

甲企业的税后利润=(1 000-250-220-250)×(1-25%)=210(万元)

通过对比四个方案,可得出两家企业的消费税税负合计如下:方案1、方案3和方案4的税负合计都为250万元,方案2的税负为407.5万元,方案2的消费税税负最重。四种方案下甲白酒生产企业的税后利润如下:方案1、方案3和方案4的税后利润都为210万元,方案2的利润为91.88万元,方案2的税后利润最少。

通过上述分析可知:对酒类生产企业来说,应当尽量避免采用委托加工成半成品,收回后继续加工的方式进行生产(即方案2的生产方式),如果必须采取该种方式,可以考虑合并上一环节企业的方式来降低消费税。

三、不同采购渠道的选择

根据《消费税暂行条例》的规定,用外购已纳消费税的消费品继续加工生产应税消费品的,在计算征收消费税时,准予按当期生产领用数量扣除外购应税消费品已缴纳的消费税税款。相对应地,委托加工应税消费品收回后,用于连续生产应税消费品的,其已纳税款准予从生产的应税消费品应纳消费税税额中扣除。在这种情况下,还需注意国家对扣除范围的具体界定,如外购或委托加工收回卷烟、白酒、小汽车等的已纳税额不在扣除范围之内。

纳税人决定将外购应税消费品用于连续生产时,应尽量选择生产厂家,而不是商家。一方面,因为允许扣除已纳消费税的外购消费品限于直接从生产企业购进的应税消费品,从商品流通企业购进的应税消费品需要满足相应的条件方可扣除已缴纳的消费税税额;另一方面,同品种的消费品,在相同时期,商家的价格往往高于生产厂家。由此可见,生产厂家是纳税人外购应税消费品的首选渠道,除非厂家的价格扣除已纳消费税税款后的余额比商家的价格还高。

【做中学 3-3-3】

A 化妆品厂计划购进一批高档化妆品 M_1,继续生产高档化妆品 M_2 后再对外销售。A 化妆品厂可以选择的供货途径是:从 C 化妆品厂或 B 批发公司处购进,M_1 的售价都是 200 000 元,M_1 的成本为 130 000 元,加工后的 M_2 高档化妆品售价为 400 000 元。请针对该情况提出税收筹划方案。(假设以上金额均不含增值税)

根据上述资料,分析如下:

方案 1:从 B 批发公司购进。

A 化妆品厂应纳消费税税额为 60 000 元(400 000×15%)。假设不考虑其他因素,A 化妆品厂的利润为 140 000 元(400 000 − 60 000 − 200 000),B 批发公司的利润为 70 000 元(200 000 − 130 000)。

方案 2:从 C 化妆品厂购进。

A 化妆品厂应纳消费税税额为 30 000 元(400 000×15% − 200 000×15%)。假设不考虑其他因素,A 化妆品厂的利润为 170 000 元(400 000 − 30 000 − 200 000),C 化妆品厂的利润为 40 000 元(200 000 − 130 000 − 200 000×15%)。

需要注意的是,消费税为价内税,只在应税消费品的生产、委托加工和进口环节缴纳,税款最终由消费者承担。也正因为消费税的纳税环节是在生产和进口环节,所以生产企业购进原料,要选择采购对象。当纳税人决定外购应税消费品用于连续生产时,应选择生产厂家,而不应是商家,除非生产企业的价格扣除已纳税款后的余额比商家的价格还要高。

【任务设计——不同加工方式下应税消费品的税收筹划】

连续生产应税消费品主要是指以消费税产品为原材料,继续生产加工应税消费品的业务,如用烟丝继续生产加工成卷烟,烟丝是卷烟的直接材料并最终构成卷烟的实体,这里的烟丝和卷烟都是应税消费品。而烟丝作为生产卷烟的原材料,其来源涉及三种不同情况:一种是自行加工,一种是委托加工收回,一种是外购。在三种不同的原材料来源下,应如何做好税收筹划呢?

【操作步骤】

第一步:明确不同的生产方式,选择不同的消费税处理方法。

(1) 纳税人自行加工的应税消费品,用于连续生产应税消费品的,不纳税,只就最终生产出的消费品征收消费税。

(2) 按照条例的规定,委托加工的应税消费品,由受托方在向委托方交货时代收代缴税款。委托加工收回的应税消费品,如果委托企业收回后,以不高于受托方的计税价格出售的,为直接出售,不再缴纳消费税;如果用于连续生产应税消费品,则允许扣除当期投入生产的应税消费品的已纳消费税税额。

(3) 如果企业自己不能生产或委托加工同类应税消费品,那就只能选择外购。由于消费税是价内税,即消费税税额包含在应税消费品的价格之内,因此,企业在外购原材料的同时,也就支付了消费税税款。对于用外购的应税消费品为原料继续生产应税消费品的,允许按当期生产领用数量计算准予扣除外购的应税消费品已纳的消费税税款。

第二步:分别列举三种不同生产方式下消费税应纳税税额的计算。

(1) 纳税人自行加工的应税消费品。某卷烟厂在某年购入一批价值为 150 万元的烟叶,先由 A 车间自行加工成烟丝,加工费合计 120 万元。再由 B 车间加工成甲类卷烟,加工费用合计 100 万元,该批卷烟最终实现销售额 1 000 万元(假定甲类卷烟的消费税税率为 50%,不考虑定额税,下同),则:

应纳消费税税额 $= 1\,000 \times 50\% = 500$(万元)

税后利润 $= (1\,000 - 150 - 120 - 100 - 500) \times (1 - 25\%) = 97.5$(万元)

(2) 委托加工的应税消费品。某卷烟厂在某年购入一批价值为 150 万元的烟叶,并委托其他卷烟厂将烟叶加工成烟丝,协议规定加工费为 120 万元。如果该卷烟厂将收回的烟丝继续加工成甲类卷烟,加工成本费用共计 100 万元,该批卷烟最终实现销售额 1 000 万元,则:

受托方代收代缴消费税税额 $= (150 + 120) \div (1 - 30\%) \times 30\%$
$= 115.71$(万元)

该厂销售卷烟后,应纳消费税税额 $= 1\,000 \times 50\% - 115.71 = 384.29$(万元)

税后利润 $= (1\,000 - 150 - 120 - 100 - 115.71 - 384.29) \times (1 - 25\%) = 97.5$(万元)

(3) 外购的应税消费品。某卷烟厂在某年购入一批价值为 385.71 万元(150 + 120 + 115.71)的已税烟丝,投入生产后,加工成本费用共计 100 万元,全部生产出甲类卷烟,该批卷烟最终销售额为 1 000 万元。则:

该卷烟厂应纳消费税税款 $= 1\,000 \times 50\% - 385.71 \times 30\% = 384.29$(万元)

税后利润 $= (1\,000 - 384.29 - 385.71 - 100) \times (1 - 25\%) = 97.5$(万元)

第三步:得出结论。

从以上分析可以看出,在各相关因素相同的条件下,计缴消费税相同,税后利润也相同。

在实务中,不同加工方式下,成本会略有不同,企业应充分考虑成本因素对消费税、税后利润的影响。

项目内容结构

消费税的税收筹划内容结构如图3-1所示。

```
                                    ┌─ 消费税纳税人身份与非消费税纳税人身份的选择
                    消费税纳税人的税收筹划 ─┼─ 合并消费税纳税人
                                    └─ 利用关联企业规避

                                    ┌─ 兼营行为的税收筹划
                                    ├─ 包装物的税收筹划
                                    ├─ 包装方式的税收筹划
消费税的税收筹划 ─── 消费税计税依据的税收筹划 ─┼─ 自产自用应税消费品的税收筹划
                                    ├─ 非货币性资产交换中的税收筹划
                                    ├─ 出口应税消费品的税收筹划
                                    └─ 以外汇结算应税消费品的税收筹划

                                    ┌─ 连续生产应税消费品已纳消费税的扣除
                    连续生产应税消费品的税收筹划 ─┼─ 不同加工方式的消费税税收筹划
                                    └─ 不同采购渠道的选择
```

图3-1 消费税的税收筹划内容结构图

知识、技能巩固题

一、单项选择题

1. 金银首饰、钻石及钻石饰品的消费税在（　　）征收。
   A. 批发环节　　　B. 零售环节　　　C. 委托加工环节　　　D. 生产环节

2. 下列各项中符合消费税纳税义务发生时间规定的是（　　）。
   A. 进口的应税消费品为取得进口货物的当天
   B. 自产自用的应税消费品为移送使用的当天
   C. 委托加工的应税消费品为支付加工费的当天
   D. 采取预收货款结算方式的为收取货款的当天

3. 对外销售的应税消费品，其销售额为对方收取的（　　）。
   A. 全部价款和价外费用，不包括增值税　　B. 全部价款和增值税，扣除价外费用
   C. 全部价款和价外费用，包括增值税　　　D. 全部价款

4. 适用消费税复合税率的税目是（　　）。
   A. 卷烟　　　　B. 烟丝　　　　C. 黄酒　　　　D. 啤酒

5. 依据消费税的有关规定，下列行为中，应缴纳消费税的是（　　）。

A. 进口卷烟　　　　B. 批发服装　　　　C. 零售化妆品　　　D. 零售白酒

6. 随同应税消费品出售的包装物,应该(　　　)。
   A. 单独计价的,不计入应税销售额;不单独计价的,计入应税销售额
   B. 都不计入应税销售额
   C. 可计入应税销售额,也可不计入
   D. 都计入应税销售额

7. 下列不并入销售额征收消费税的是(　　　)。
   A. 包装物销售　　　　　　　　B. 包装物租金
   C. 包装物押金　　　　　　　　D. 逾期未收回的包装物押金

8. 适用消费税比例税率的税目是(　　　)。
   A. 卷烟　　　　　B. 烟丝　　　　C. 黄酒　　　　D. 白酒

9. 委托加工的应税消费品在(　　　)征收消费税。
   A. 加工环节　　　B. 销售环节　　C. 交付原材料时　D. 完工提货时

10. 纳税人生产的应税消费品,在(　　　)时缴纳消费税。
    A. 生产　　　　　B. 完工入库　　C. 销售　　　　D. 售出并收款

二、多项选择题

1. 下列各项中,属于消费税特点的有(　　　)。
   A. 征收范围具有选择性　　　　B. 征税具有普遍性
   C. 征收方法具有灵活性　　　　D. 税负具有转嫁性

2. 下列各项中符合委托加工应税消费品消费税处理规定的有(　　　)。
   A. 受托方未代收代缴的,由委托方补缴
   B. 受托方无同类消费品销售价格的,应按(材料成本＋加工费)÷(1－消费税税率)计算
   C. 委托方收回后直接出售的应税消费品,受托方在交货时已代收代缴消费税的,不再征收消费税
   D. 委托方收回后直接出售的应税消费品,受托方在交货时已代收代缴消费税的,应征收消费税

3. 下列各项中,符合应税消费品销售数量规定的有(　　　)。
   A. 生产销售应税消费品的,为应税消费品的销售数量
   B. 自产自用应税消费品的,为应税消费品的生产数量
   C. 委托加工应税消费品的,为纳税人收回的应税消费品数量
   D. 进口应税消费品的,为海关核定的应税消费品进口征税数量

4. 消费税的税率分为(　　　)。
   A. 比例税率　　　　　　　　B. 定额税率
   C. 复合税率　　　　　　　　D. 累进税率

5. 下列消费品,适用于从量定额法缴纳消费税的有(　　　)。
   A. 高档化妆品　　B. 卷烟　　　　C. 啤酒　　　　D. 成品油

三、判断题

1. 委托加工以委托方为纳税人,一般由受托方代收代缴消费税。但是,委托个体经营者

加工应税消费品的除外。   (   )

2. 纳税人用于换取生产资料和消费资料、投资入股和抵偿债务等方面的应税消费品,应当以纳税人同类应税消费品的最高销售价格作为计税依据计算消费税。   (   )

3. 以委托加工收回的已税珠宝玉石为原料生产的金银首饰,其已纳的税款准予按照规定从连续生产的应税消费品应纳消费税税额中抵扣。   (   )

4. 委托加工应税消费品以委托人为消费税的纳税义务人。   (   )

5. 消费税税率采取比例税率、定额税率和累进税率形式。   (   )

6. 自行加工消费品比委托加工消费品要承担的消费税负担小。   (   )

7. 包装物押金单独记账核算的不并入销售额计算缴纳消费税。   (   )

8. 纳税人采取预收货款结算方式销售消费品的,其纳税义务发生时间为收取货款的当天。   (   )

9. 消费税采取"一目一率"的方法。   (   )

10. 我国现行消费税设置 15 个税目。   (   )

四、典型案例分析

1. 某市 A 实木地板厂(以下简称"A 厂")现有一批木材原料需加工成实木地板销售,有以下三种加工方式可供选择:

(1) 部分委托加工方式(委托方对委托加工的应税消费品收回后,继续加工成另一种应税消费品)。A 厂委托 B 厂将一批价值 300 万元的木材原料加工成素板,协议规定加工费 185 万元(假设 B 厂没有同类消费品)。A 厂将加工后的素板收回后继续加工成实木地板,加工成本、费用共计 145.5 万元,该批实木地板售价(不含增值税)为 1 000 万元(实木地板的消费税税率为 5%)。

(2) 完全委托加工方式(委托加工的应税消费品收回后直接对外销售)。假设本案例的条件变为:A 厂委托 B 厂将木材原料加工成实木地板成品,木材原料价格不变,仍为 300 万元,支付 B 厂加工费 330.5 万元;A 厂收回后直接对外销售,售价仍为 1 000 万元。

(3) A 厂自行加工应税消费品。A 实木地板厂将购入的价值 300 万元的木材原料自行加工成实木地板,加工费共计 330.5 万元,售价仍为 1 000 万元。

请分析哪种加工方式税负最低,利润最大?

2. 某卷烟厂生产的卷烟每条调拨价格为 75 元,当月销售 6 000 条。这批卷烟的生产成本为 29.5 元/条,当月分摊在这批卷烟上的期间费用为 8 000 元。

[注:我国现行税法规定,对卷烟在首先征收一道从量税的基础上,再按价格不同征收不同的比例税率。对于每条调拨价格在 70 元以上(含 70 元)的卷烟,比例税率为 56%;对于每条调拨价格在 70 元以下(不含 70 元)的卷烟,比例税率为 36%。]

请计算分析该卷烟厂应如何进行筹划以减轻消费税税负(在不考虑其他税种的情况下)。

3. 某化妆品公司生产并销售系列高档化妆品和护肤护发产品,公司新研制出一款面霜,为推销该新产品,公司把几种销路比较好的产品和该款面霜组套销售,其中包括:售价 40 元的洗面奶、售价 90 元的眼影、售价 80 元的粉饼以及该款售价 120 元的新面霜,包装盒费用为 20 元,组套销售定价为 350 元(以上均为不含税价款,根据现行消费税税法规定,高档化妆品的税率为 15%,护肤护发品免征消费税)。

请计算分析该公司应如何进行消费税的筹划。

项目四　企业所得税的税收筹划

◇ **职业能力目标**
1. 能正确进行收入项目的税收筹划。
2. 能正确进行准予扣除项目的税收筹划。
3. 能正确进行应纳所得税税额的税收筹划。
4. 能正确进行企业所得税税收优惠的税收筹划。

◇ **思政素养目标**
1. 遵守企业所得税法律法规,增强守法意识和责任意识。
2. 培养慈善之心,增强社会责任意识。
3. 传承工匠精神,增强企业所得税税收筹划意识。

◇ **典型任务**
1. 通过业务收入、投资收益的合理筹划,压缩收入总额。
2. 通过对成本、费用、税金、损失等项目的合理筹划,扩大税前扣除项目的金额。
3. 通过对亏损弥补、税率的合理筹划,减少应纳所得税税额。
4. 通过投资国家重点扶持项目、设备购置抵免、加计扣除等税收优惠的合理筹划,减轻企业所得税税负。

任务一　收入的税收筹划

引　例

某企业目前有1 000万元的闲置资金,打算近期进行投资。其面临两种选择:一种选择是投资国债,已知国债年利率为4%;另一种选择是投资金融债券,金融债券年利率为5%。已知企业所得税税率为25%。

请问:从税收筹划的角度来看,哪种投资方式更为合适?

【知识准备与业务操作】

企业所得税的计税依据是应纳税所得额。即应纳税所得额越小,所缴纳的企业所得税就越少。按照《中华人民共和国企业所得税法》(以下简称"《企业所得税法》")的规定,企业应纳税所得额的计算公式如下:

企业应纳税所得额＝收入总额－不征税收入－免税收入－各项准予扣除项目
－允许弥补的以前年度亏损

从以上公式可以看出,收入总额是构成应纳税所得额最为基础的内容,减少企业的应税收入总额将可以直接减少应纳税所得额,实现少缴甚至不缴企业所得税的目的。因此,对纳税人来说,有效开展收入筹划的基本思路是:在不违反税法规定的前提下,尽一切可能压缩应税收入总额,推迟应税收入的确认时间,扩大和增加不征税收入以及免税收入的范围。

一、收入确认时间的税收筹划

依据税法规定,计算所得税的收入包括:销售货物收入,提供劳务收入,转让财产收入,股息、红利等权益性投资收益,利息收入,租金收入,特许权使用费收入,接受捐赠收入,其他收入。对业务收入的税收筹划主要是通过选择合理的销售结算方式、控制收入确认的时间、合理归属所得年度,以达到减税或延缓纳税的目的。我国现行税法对不同结算方式下的企业收入确认时间作出了明确规定,如企业采用分期收款方式进行结算的收入实现时间为合同中约定的收款日期;企业采用支付手续费的方式委托其他企业代销产品的收入实现时间为取得代销清单的日期;企业采用收取预收款结算方式的收入实现时间为发出销售货物的日期等。在企业对销售方式具有选择性的现实情况下,通过对销售方式选择的筹划在一定程度上可以给企业带来节税收益。在选择销售方式上除需要考虑其对收入实现时间的影响外,还应考虑以下两个方面的问题:

(一) 尽量避免采用托收承付、委托收款的方式进行销售

在托收承付和委托收款销售方式下,企业在办妥相关手续及发出货物时就必须确认收入的实现。也就是说,在实际经营活动中,当纳税义务发生时,企业还未收到货款,相当于企业提前垫付了税款。

(二) 在会计年度末,企业可考虑以赊销或者分期收款的方式递延确认收入

在会计年度末,在自身经营和财务条件允许的情况下,企业可考虑与客户签订赊销合同或者是分期收款合同,将收入推迟到下一年实现确认,以获得递延纳税的好处。当然,企业还应该权衡在赊销和分期收款方式下货款不能回收的风险。若不能如期收回货款的风险比较大,则企业应考虑放弃通过赊销或者分期收款的方式递延确认收入的方案。

【做中学 4-1-1】

某居民企业对外转让其拥有的一项专利技术,同时还为对方提供咨询、培训、维护等后续服务,双方签订了2年协议,共一次性收取款项 2 000 万元。相关成本为 1 000 万元。该企业适用的所得税税率为 25%。请问:对此项收入该如何进行税收筹划?

根据上述资料,分析如下:

根据税法规定,在一个纳税年度内,居民企业转让技术所有权所得不超过500万元的部分,免征企业所得税;超过500万元的部分,减半征收企业所得税。

如果企业采用直接收款方式,则当年需确认收入2 000万元,成本1 000万元,则:

应纳所得税税额=(2 000-1 000-500)×25%÷2=62.5(万元)

如果企业采用分期收款方式,分两年收取款项,每年确认收入为1 000万元,成本为500万元,则企业每年可以充分享受免征企业所得税的税收优惠。

企业可以通过合理选择销售结算方式进行税收筹划,控制收入的实现时间,以充分利用国家的税收优惠政策,取得最好的节税效果。

二、投资收益的税收筹划

(一)债权性投资收益的税收筹划

购买债券是企业最常用的投资方式之一。根据《企业所得税法》的规定,企业因购买国债所取得的利息收入可以免征企业所得税。因此,企业如有闲置资金准备投资于债券时,可以对选择的债券种类进行合理筹划,在收益大致相当的情况下,应尽可能选择购买国债,因为相较于其他债券,国债的风险较小。

引例解析

该企业若投资国债,则投资收益=1 000×4%=40(万元),根据税法规定,国债利息免交企业所得税,所以税后收益为40万元。

该企业若投资金融债券,则投资收益=1 000×5%=50(万元),税后收益=50×(1-25%)=37.5(万元)。

投资国债比投资金融债券的税后收益多2.5万元(40-37.5),所以,站在税务角度选择投资国债更有利。

从以上分析可以看出,由于购买国债的利息收入免交企业所得税,使得较高利率的金融债券最终收益低于较低利率的国债,该公司应选择投资国债。这里需注意的是,如果应税债券与免税债券的利息差超过了应税债券利息应缴纳的企业所得税税额,则可以不选择购买国债。

(二)权益性投资收益的税收筹划

企业进行股权投资所获得的收益一般包括两类:股息、红利收益和股权转让收益。根据《企业所得税法》的规定,符合条件的居民企业之间的股息、红利等权益性投资收益,在中国境内设立机构、场所的非居民企业从居民企业取得与该机构场所有实际联系的股息、红利等权益性投资收益,免征企业所得税。而投资企业的股权转让收益,则需缴纳企业所得税。如果投资企业在转让被投资企业股权之前要求发放股息红利,则该部分投资收益不需要缴纳企业所得税,投资企业只需要对股权转让收益承担企业所得税纳税义务;而如果投资企业直接以转让股权的方式取得投资收益,则会导致原本可免征企业所得税的股息红利投资收益转化成股权转让收益,从而缴纳企业所得税。因此,企业可以通过合理安排股权投资收益的获得方式和时间,来达到减轻税负的目的。

【做中学 4-1-2】

20×1 年年初，A 公司以银行存款 3 000 万元投资于甲公司，取得甲公司 60% 的股权。当年甲公司获得税后利润 1 000 万元。由于公司未来发展需要大量资金，甲公司董事会考虑当年不进行利润分配。20×2 年 3 月，由于甲公司发展前景良好，B 公司向 A 公司提出购买甲公司 20% 的股权。经双方协商，确定股权转让价格为 1 500 万元，转让过程中发生的相关税费为 2 万元。请问：A 公司该如何进行筹划来减轻所得税税负？

根据上述资料，分析如下：

由于股权转让收益要交企业所得税，而符合条件的股息、红利收益是可以免征企业所得税的，A 公司可以凭借其第一大股东的身份，改变甲公司的利润分配政策，先分配股利，然后再将其所持有的 20% 股权转让给 B 公司，这样可以取得节税效益。

筹划前：

应纳所得税税额 = (1 500 - 3 000 ÷ 60% × 20% - 2) × 25% = 124.5（万元）

筹划后：

假定甲公司改变利润分配政策，当年分配利润 300 万元。由于利润分配使甲公司股东权益减少 300 万元，B 公司应支付的股权转让价格也相应减少到 1 440 万元（1 500 - 300 × 20%）。

应纳所得税税额 = (1 440 - 3 000 ÷ 60% × 20% - 2) × 25% = 109.5（万元）

筹划结论：

A 公司筹划前取得的投资收益为 498 万元（1 500 - 3 000 ÷ 60% × 20% - 2）；筹划后取得的投资收益为 618 万元（300 × 60% + 1 440 - 3 000 ÷ 60% × 20% - 2）。投资收益虽然增加了，但由于红利收入免税，反而使企业所得税减少了 15 万元（124.5 - 109.5）。虽然改变利润分配方案可以节约 A 公司的税负，但很可能导致甲公司资金紧张，给生产经营带来不利影响。此时 A 公司可以采取措施，如将获得的红利以借款的方式重新投入甲公司来实现双赢。

任务二　准予扣除项目的税收筹划

引 例

通达商业集团 20×1 年度实现的会计利润总额为 4 000 万元，企业所得税税率为 25%。企业为了提高其知名度及美誉度，决定向社会捐赠 600 万元。假设无其他纳税调整项目。在捐赠总额不变时，有下列几种捐赠方案可供选择：

方案 1：将 600 万元直接捐赠给本地新录取的 600 名家庭贫困的大学生。

方案 2：将 600 万元通过市教育局转赠给某大学，用于赞助贫困大学生的学费支出。

方案 3：将 600 万元在 20×1 年和 20×2 年平均分两次，通过市教育局转赠给某大学，用于赞助贫困大学生的学费支出。

请问：通达商业集团应选择哪一方案更节税？

【知识准备与业务操作】

《企业所得税法》规定,企业实际发生的与取得收入有关的、合理的支出,包括成本、费用、税金、损失和其他支出,准予在计算应纳税所得额时扣除。利用《企业所得税法》中对准予扣除的项目进行筹划,是企业所得税税收筹划的重点,其筹划的空间非常大。由于企业成本、费用的高低受到资产计价与会计核算方法的影响,而且许多扣除项目在税法中均规定了相应条件,因此,准予扣除项目的税收筹划主要包括资产计价与会计核算方法的税收筹划、限定条件扣除的税收筹划两部分。

一、资产计价与会计核算方法的税收筹划

(一)存货计价的税收筹划

根据《企业所得税法》的规定,企业适用或者销售的存货的成本计算方法,可以在先进先出法、加权平均法和个别计价法中选用一种。存货计价方法一经选用,不得随意变更。采用不同的存货计价方法,当期结转的销售成本会有所不同,进而影响到当期应纳税所得额的计算。期末存货账面价值与销货成本呈反方向变动,即如果期末存货账面价值变大,那么销货成本就会变小,销货毛利会变大,应纳税所得额也会随之增加;反之,如果期末存货账面价值变小,销货成本变大,销货毛利会变小,应纳税所得额也会随之减少。因此,从税收筹划的角度看,纳税人可以通过采用不同的存货计价方法对发出存货成本进行筹划,进而选择对自身有利的方法。一般来说,存货计价方法的选择应该考虑以下几个因素:

1. 价格变动因素

在预测购进货物价格下降的情况下,应当采用先进先出法;在预测价格较稳定或者难以预测的情况下,应当采用加权平均法;在价格变化不定且单位价格较大的情况下,应当采用个别计价法。

2. 税率变动因素

在预测未来适用税率上升的情况下,应当采用先进先出法。这里所说的税率变动,既包括国家调整所得税税率,也包括企业适用的实际所得税税率发生变化。例如,企业适用的所得税税率为25%,但是现在处于免税期间,则其适用的实际所得税税率为0,免税期后适用的实际所得税税率为25%,在免税期内选择存货计价方法时要考虑到免税期过后所得税税率上升的因素。

【做中学 4-2-1】

某企业20××年1月某存货的购销情况如表4-1所示。

表4-1　　某企业20××年1月某存货的购销情况

购货			销货		
日期	数量/件	单价/元	日期	数量/件	单价/元
1月1日	100	20	1月2日	80	40
1月3日	40	25	1月23日	100	60
1月9日	50	30			
1月20日	40	35			

试从税收筹划的角度,对该企业发出存货计价方法作出选择。

根据上述资料,分析如下:

该企业 20×× 年 1 月的销售收入为:

销售收入 = 80 × 40 + 100 × 60 = 9 200(元)

在不同的存货计价方法下,该企业的销售成本会有所差异:

假设在 1 月 2 日售出的 80 件商品全部为期初存货;在 1 月 23 日售出的 100 件商品,有 40 件为 1 月 3 日购入的,有 50 件为 1 月 9 日购入的,有 10 件为 1 月 20 日购入的。那么销售成本计算如下:

(1) 个别计价法:

销售成本 = 80 × 20 + 40 × 25 + 50 × 30 + 10 × 35 = 4 450(元)

(2) 先进先出法:

销售成本 = 80 × 20 + 20 × 20 + 40 × 25 + 40 × 30 = 4 200(元)

(3) 月末一次加权平均法:

加权平均单价 = (100 × 20 + 40 × 25 + 50 × 30 + 40 × 35) ÷
(100 + 40 + 50 + 40) = 25.65(元/件)

销售成本 = (100 + 80) × 25.65 = 4 617(元)

(4) 移动加权平均法:

1 月 2 日加权平均单价 = 20(元/件)

1 月 23 日加权平均单价 = (20 × 20 + 40 × 25 + 50 × 30 + 40 × 35) ÷
(20 + 40 + 50 + 40) = 28.67(元/件)

销售成本 = 80 × 20 + 100 × 28.67 = 4 467(元)

筹划结论:

各种存货计价方法下计算出的销售毛利如表 4-2 所示。

表 4-2 各种存货计价方法下的税负比较 单位:元

存货计价方法	销售收入	销售成本	期末存货	销售毛利	税负比较(等级)
个别计价法	9 200	4 450	1 450	4 750	第 2 等
先进先出法	9 200	4 200	1 700	5 000	第 1 等
月末一次加权平均法	9 200	4 617	1 283	4 583	第 4 等
移动加权平均法	9 200	4 467	1 433	4 733	第 3 等

在以上几种发出存货计价方法中,当物价呈上升趋势时,先进先出法下的税负最重,其次为个别计价法,移动加权平均法第三,月末一次加权平均法下的税负最轻。因此,在本案例中,该企业采用月末一次加权平均法较为合适。因此,企业需要在一个纳税年度开始前准确预测未来一年的物价变动趋势,才可以有效运用这一税收筹划方法。

(二)固定资产折旧的税收筹划

税法和相关会计制度所规定的固定资产折旧计提方法具有选择性,所规定的折旧计提年限有弹性区间,这些都为纳税人提供了筹划空间。

1. 利用固定资产折旧方法进行税收筹划

固定资产的折旧方法一般有直线法、工作量法、双倍余额递减法、年数总和法等。不同的企业根据自身的情况,所选择的折旧方法也会不一样。企业选用不同的固定资产折旧计提方法,会导致计入企业成本费用的折旧数额产生差异,因此,所计提的折旧额的抵税效果也会产生差异。但无论企业采用何种方法,对于某一特定固定资产而言,企业所提取的折旧总额是相同的,所不同的只是企业在固定资产使用年限内每年所抵扣的应纳税所得额。在满足固定资产加速折旧的条件下,企业应当尽量选择固定资产的加速折旧。

【做中学 4-2-2】

某机械制造厂购进一台大型机器设备,原值为 400 000 元,预计净残值率为 3%,经税务机关核定,该设备的折旧年限为 5 年。假设在提取折旧之前,企业每年的税前利润均为 1 077 600 元,适用的企业所得税税率为 25%。请比较各种不同折旧方法下所得税的税负,并提出税收筹划方案。

根据上述资料,分析如下:

(1) 直线法:

年折旧率 = (1 - 3%) ÷ 5 = 19.4%

年折旧额 = 400 000 × 19.4% = 77 600(元)

当年的企业所得税 = (1 077 600 - 77 600) × 25% = 250 000(元)

后 4 年同上。

(2) 双倍余额递减法:

年折旧率 = 2 ÷ 5 × 100% = 40%

双倍余额递减法下每年提取的折旧额和当年的企业所得税如表 4-3 所示。

表 4-3 双倍余额递减法下每年提取的折旧额和当年的企业所得税

年 份	折旧率	年折旧额/元	当年企业所得税/元
1	40%	160 000	229 400
2	40%	96 000	245 400
3	40%	57 600	255 000
4	50%	37 200	260 100
5	50%	37 200	260 100
合 计	—	388 000	1 250 000

(3) 年数总和法:

年数总和法下每年提取的折旧额和当年的企业所得税如表 4-4 所示。

表 4-4　年数总和法下每年提取的折旧额和当年的企业所得税

年　份	折旧率	年折旧额/元	当年企业所得税/元
1	5/15	129 333	237 067
2	4/15	103 467	243 533
3	3/15	77 600	250 000
4	2/15	51 733	256 467
5	1/15	25 867	262 933
合　计	—	388 000	1 250 000

由以上计算结果可以看出，无论采用哪种折旧提取方法，对于某一特定固定资产而言，企业所提取的折旧总额是相同的。在第一年年末，采用直线法、双倍余额递减法、年数总和法应当缴纳的所得税分别为 250 000 元、229 400 元、237 067 元。由此可见，采用双倍余额递减法提取折旧的应纳企业所得税税额最少，所获得的税收利益最大，其次是年数总和法，最后是直线法。所以，在实践中企业应根据实际情况合理选择最有利于企业的折旧方法。

2. 利用固定资产折旧年限进行税收筹划

折旧年限取决于固定资产的使用年限，缩短折旧年限有利于加速成本收回，可以使后期成本费用前移，从而使前期会计利润发生后移。在税率稳定的情况下，缩短折旧年限可以实现所得税的递延纳税。对于折旧年限，税法和会计制度都赋予了较大的弹性空间，如税法只规定了各类固定资产的最低折旧年限，这就为企业通过选择折旧年限，达到最大限度地列支折旧费用，充分发挥折旧的抵税作用提供了可能。企业在税收筹划时，可根据不同的经营情况，选择不同的折旧年限。

盈利企业选择最低的折旧年限，有利于加速固定资产投资的回收，使计入成本的折旧费用前移，应纳税所得额尽可能地后移，相当于取得一笔无息贷款，从而相对降低纳税人的所得税税负。享受所得税税收优惠政策的企业选择较长的折旧年限，有利于企业享受税收优惠政策，把税收优惠政策对折旧费用抵税效应的抵销作用降到最低限度，从而达到降低企业所得税税负的目的。

【做中学 4-2-3】

某外商投资企业有一辆价值为 500 000 元的货车，残值按原价的 4% 估算，估计使用年限为 8 年。该企业按直线法计提折旧，适用的所得税税率 25%，资金成本率为 10%。请对该企业的折旧年限进行税收筹划。

根据上述资料，分析如下：

筹划前：

年折旧额 = 500 000 × (1 - 4%) ÷ 8 = 60 000(元)

筹划分析：

按照《企业所得税法》的规定，飞机、火车、轮船以外的运输工具的最低折旧年限为 4 年。该企业可以将货车的折旧期限缩短为 4 年。

筹划后：

年折旧额 = 500 000 × (1 − 4%) ÷ 4 = 120 000(元)

筹划结论：

利率为 10%，期限为 8 年的年金现值系数为 5.334，按 8 年计算的折旧额可抵税额现值为：

60 000 × 25% × 5.334 = 80 010(元)

利率为 10%，期限为 4 年的年金现值系数为 3.312，按 4 年计算的折旧额可抵税额现值为：

120 000 × 25% × 3.312 = 99 360(元)

综上可知，尽管折旧期限的改变，并未从数字上影响到企业所得税税负的总和，但考虑到资金的时间价值，后者对企业更为有利，可抵税额现值增加了 19 350 元(99 360 − 80 010)。

根据财税〔2014〕75 号、财税〔2015〕106 号文件，对生物药品制造业，专用设备制造业，铁路、船舶、航空航天和其他运输设备制造业，计算机、通信和其他电子设备制造业，仪器仪表制造业，信息传输、软件和信息技术服务业等六个行业的企业在 2014 年 1 月 1 日后新购进的固定资产，可缩短折旧年限或采取加速折旧的方法。对轻工、纺织、机械、汽车等四个领域重点行业的企业在 2015 年 1 月 1 日后新购进的固定资产，可由企业选择缩短折旧年限或采取加速折旧的方法。

对上述十个行业的小型微利企业新购进的研发和生产经营共用的仪器、设备，单位价值不超过 100 万元的，允许一次性计入当期成本费用，在计算应纳税所得额时扣除，不再分年度计算折旧；单位价值超过 100 万元的，可缩短折旧年限或采取加速折旧的方法。

对所有行业企业在 2014 年 1 月 1 日后新购进的专门用于研发的仪器、设备，单位价值不超过 100 万元的，允许一次性计入当期成本费用，在计算应纳税所得额时扣除，不再分年度计算折旧；单位价值超过 100 万元的，可缩短折旧年限或采取加速折旧的方法。

对所有行业企业持有的单位价值不超过 5 000 元的固定资产，允许一次性计入当期成本费用，在计算应纳税所得额时扣除，不再分年度计算折旧。

根据财政部、税务总局公告 2023 年第 37 号《关于设备、器具扣除有关企业所得税政策的公告》，企业在 2024 年 1 月 1 日至 2027 年 12 月 31 日期间新购进的设备、器具，单位价值不超过 500 万元的，允许一次性计入当期成本费用在计算应纳税所得额时扣除，不再分年度计算折旧。

> 【拓展阅读】 固定资产加速折旧政策的出台，目的是鼓励企业加大固定资产投入，扩大生产，增加就业，促进实体经济增长；可以不折不扣地帮助企业享受到实实在在的税收优惠政策。

(三)固定资产大修理的税收筹划

根据税法规定，纳税人的一般性固定资产修理支出可在发生当期直接扣除。但是，符合税法规定条件的固定资产大修理支出，根据《企业所得税法》第十三条和《中华人民共和国企业所得税法实施条例》(以下简称"《企业所得税法实施条例》")第六十九条的规定,已足额提取折旧的固定资产的改建支出和租入固定资产的改建支出,要作为长期待摊费用,按照固定资产尚可使用年限分期摊销。固定资产的大修理支出,是指同时符合下列条件的支出: ❶ 修理支出达到取得固定资产时的计税基础50%以上; ❷ 修理后固定资产的使用年限延长2年以上。可见,固定资产大修理支出和一般修理支出的税务处理是不同的。

合理地安排固定资产的修理活动时应当考虑以下因素:

(1) 支出数额。固定资产的修理支出如果达到固定资产计税基础的50%以上,就不可以当期直接扣除而作为长期待摊费用。例如,固定资产原值400万元,尚可使用年限2年,维修费用210万元,维修后增加使用年限3年,就要作为长期待摊费用按照5年摊销;但是,如果按照资金状况安排3年的维修方案,每年发生维修支出70万元,就可以作为一般性修理支出在发生当期直接扣除。

(2) 企业的盈亏情况。如果企业现在和预期的一段时间内为亏损,企业应考虑将支出资本化,加大资产的账面价值,由于资产按使用年限提取折旧在税前扣除,使税前扣除金额向以后年度递延,也就相当于平衡了企业各年度可扣除的费用。如果企业当前是盈利状况,就应考虑将支出费用化,加大当期的税前扣除项目,提前扣除一些可扣除项目,以达到减少当期所得税的目的。

(3) 生产经营的需要。固定资产修理的支出数额和时间安排必须以生产经营的需要为重,税收筹划的方案应以不影响企业的生产经营为前提。

【做中学 4-2-4】

A企业20×1年12月对一台生产设备进行大修理,当月完工。该设备的原值为600万元,已提足折旧,发生修理费用320万元。修理前该固定资产还可以使用2年,维修后经济使用寿命延长了3年,仍用于原用途。A企业当年实现其他税前会计利润240万元(不包括修理事项),无其他纳税调整事项。A企业有以下两种修理方案可供选择:

方案1:20×1年发生的固定资产修理支出达到固定资产原值50%以上,修理后设备的使用年限延长2年以上,应视为固定资产大修理支出,不可以当期直接扣除,应按照尚可使用年限5年摊销,20×1年应纳税所得额为240万元,20×1年应纳所得税=240×25%=60(万元)。

方案2:如果按照合理的预算规划和进度安排,该设备的修理可以分为两期进行,第一期维修工程在20×1年12月完工,维修费用为240万元,第二期维修工程在20×2年6月完工,维修费用为80万元,其他条件不变。20×1年发生的固定资产修理支出可以当期直接扣除,20×1年应纳税所得额为0,应纳所得税为0。20×1年应纳税所得额减少80万元。

综上所述,A企业20×1年盈利240万元,可考虑选择方案2,将固定资产修理支出合理费用化,加大当期的税前扣除项目,以达到减少当期所得税的目的。

(四) 无形资产摊销中的税收筹划

在无形资产的原始成本既定的情况下,摊销期限越短,每期摊销额越大,费用的抵税作用就越早。税法规定,无形资产按照直线法计算的摊销费用,准予扣除。无形资产的摊销年限不得低于 10 年。作为投资或者受让的无形资产,有关法律规定或者合同约定了使用年限的,可以按照规定或者约定的使用年限分期摊销。

所以,企业通过外购或接受投资取得无形资产时,应尽量将摊销年限缩短,比如可以与对方协商,在合同中注明一个既短于法律有效期限又短于 10 年的使用年限,使无形资产能在最短的年限内摊销完,以尽快发挥摊销费用的减税作用,同时这也适应了技术进步快的现实要求。对于自行开发的无形资产,最有利的选择就是按 10 年作为摊销期。原则上,无形资产的使用年限决定了摊销年限。但因使用年限本身就是一个预计的经验值,且针对无形资产摊销年限,财务制度也只限定了范围,从而使摊销年限包含了许多人为成分,也为税务筹划提供可能。缩短摊销年限利于加速成本收回,可使后期成本费用前移,从而使前期会计利润发生后移,令企业得以递延缴纳所得税。

【做中学 4-2-5】

A 企业购入一项价值为 480 000 元的专利技术,按直线法计提摊销额,该企业适用 25% 的企业所得税税率,该企业的资金成本率为 10%。A 企业有以下两种摊销方案可供选择:

方案 1:如果预计使用年限为 8 年,则每年计提摊销额 = 480 000÷8 = 60 000(元),摊销节约所得税支出折合为现值 = 60 000×25%×(P/A,10%,8) = 80 025(元)。

方案 2:如果 A 企业将摊销期限缩短为 6 年,则每年计提摊销额 = 480 000÷6 = 80 000(元),摊销节约所得税支出折合为现值 = 80 000×25%×(P/A,10%,6) = 87 100(元)。

综上可知,尽管摊销期限的改变,并未从数字上影响到企业所得税税负的总和,但考虑到资金的时间价值,选择方案 2 更为有利。

(五) 资产损失税前扣除的税收筹划

《企业资产损失所得税税前扣除管理办法》规定,企业发生的资产损失,应在按税收规定实际确认或者实际发生的当年申报扣除,不得提前或延后扣除。

因各类原因导致资产损失未能在发生当年准确计算并按期扣除的,经税务机关批准后,可追补确认在损失发生的年度税前扣除,并相应调整该资产损失发生年度的应纳所得税额。调整后计算的多缴税额,应按照有关规定予以退税,或者抵顶企业当期应纳税款。依照此规定,如果纳税人存在财产损失时,应及时进行处置,就可以获得较多的资金时间价值。

【做中学 4-2-6】

某企业于 20×1 年 12 月 4 日发生一起较为严重的事故,价值 18 万元的生产用锅炉发生爆炸,所幸未发生人员伤亡事故。该锅炉已计提折旧 6 万元,即企业实际发生固定资产损失 12 万元。对此财产损失,鉴于多方面的原因,企业当时并未进行处置,直到 20×2 年 2 月初,才对此损失进行鉴定和审核,并报主管税务机关确认和审批。

根据上述资料,分析如下:

本案例中，直到20×2年2月初，纳税人才对此损失进行鉴定和审核，并报主管税务机关确认和审批的处理明显是欠妥的。因为纳税人实际上将该项损失确认为20×2年度的财产损失，因而只能减少20×2年度的应纳税所得额。也就是说，由于处置滞后，纳税人将为之损失相当数额的资金时间价值。

纳税人存在财产损失时，应及时在20×1年进行处置，该财产损失在税收上就可以确认为20×1年度的损失，并在所得税税前进行扣除。使20×1年度的应纳税所得额减少12万元，少缴纳企业所得税3万元（12×25%），为企业赢得了3万元的资金使用的时间价值。

二、限定条件扣除的税收筹划

企业在生产经营过程中发生的各项成本费用，按照会计准则规定可以从相应的收入中扣除，但按照税法的规定，这些成本费用必须符合一定的条件，并在规定的限额以内，才可以在税前扣除，对超出规定限额的部分，不允许在税前扣除。这些限定条件的项目主要有利息费用、业务招待费、广告费、业务宣传费和捐赠支出等。限定条件扣除的税收筹划就是要充分利用税法规定限额，对超出限额部分，要努力通过其他途径以求在税前列支。

（一）利息费用的税收筹划

在企业生产经营过程中，会经常发生向金融机构或其他企业借款的情况。对借款利息支出，税法规定的扣除条件是：非金融机构向金融企业借款的利息支出、金融企业的各项存款利息支出和同业拆借利息支出、企业经批准发行债券的利息支出可据实扣除；非金融企业向非金融企业借款的利息支出，不超过按照金融企业同期同类贷款利率计算的数额的部分可据实扣除，超过部分不允许扣除。这些规定为纳税人进行税收筹划提供了可能性，在进行借款之前，应将借款付出的利息和对企业所得税的影响进行统筹考虑。一般情况下，企业应尽可能向银行等金融企业借款，以保证利息费用在税前列支，向非金融企业借款应尽可能使利息率在规定的浮动幅度范围内。

【做中学4-2-7】

某企业职工人数为300人，人均月工资为4 300元。该企业20××年度向职工集资，人均10 000元，年利率为10%，承诺每年付息一次，5年后归还本金，同期同类银行贷款利率为8%。已知当年企业的税前会计利润为300万元（利息支出已全部扣除），适用的企业所得税税率为25%，且无其他纳税调整事项。请对该项利息费用进行税收筹划。

根据上述资料，分析如下：

由于企业向职工集资的利率10%超过了同期同类银行贷款利率8%，利息中2%的部分不得在税前扣除，因此，需调增税前利润60 000元（300×10 000×2%）。

应纳所得税税额＝(3 000 000＋60 000)×25%＝765 000(万元)

企业职工收到的集资利息还需要按照利息、股息、红利所得由企业代扣代缴个人所得税。

应代扣代缴的个人所得税＝300×10 000×10%×20%＝60 000(元)

筹划分析：

企业可以考虑将集资利率降低至同期同类银行贷款利率，即8%，这样每位职工的利息损失为：10 000×(10%－8%)＝200(元)。企业可以通过提高工资待遇的方式来弥补职工在利息上受到的损失，即将职工的平均工资提高到4 500元。

筹划后：

企业应纳所得税税额＝3 000 000×25%＝750 000(元)

利率调整后使企业所支付的集资利息可在税前全额扣除，节税15 000元(765 000－750 000)。

对于职工来说，原先的一部分利息所得变为工资薪金所得，且未达到5 000元的扣税标准，个人所得税为零。

(二) 业务招待费、广告费和业务宣传费的税收筹划

业务招待费、广告费和业务宣传费是企业在宣传和推销产品过程中所必须发生的费用。由于税法对这些费用的税前扣除限额作了较为严格的规定，使这两项费用成为最容易超支导致纳税调整的项目。按照税法规定，**企业发生的与生产经营活动有关的业务招待费支出，按照发生额的60%扣除，但最高不得超过当年销售(营业)收入的5‰。企业发生的符合条件的广告费和业务宣传费支出，除国务院财政、税务主管部门另有规定外，不超过当年销售(营业)收入15%的部分，准予扣除；超过部分，准予结转以后纳税年度扣除。**

1. 业务招待费的税收筹划

由于税法对业务招待费的税前扣除金额进行严格限定，这就意味着企业只要发生业务招待费支出，就必须对其支出的40%进行纳税调整。因此，对业务招待费的正确核算与控制是企业必不可少的筹划内容。**业务招待费的筹划思路是加强业务招待费的总量控制，将业务招待费和其他费用进行严格区分，能替代、转换的费用尽可能避免计入招待费用，尽量避免或减少纳税调整。**

(1) 最大限度地合理运用扣除比例。

企业要充分遵循业务招待费的扣除限额规定，最大可能地减少纳税调整事项。

> 【拓展阅读】 对业务招待费的严格控制，目的是规范企业各类业务招待行为，保证企业业务招待费的合理使用，切实厉行勤俭节约，禁止铺张浪费，促进廉政建设，实现降本增效。

【做中学 4-2-8】

假设企业20××年的销售(营业)收入为X，20××年的业务招待费为Y，则20××年允许税前扣除的业务招待费＝$MIN(Y×60\%, X×5‰)$，只有在$Y×60\%＝X×5‰$的情况下，即$Y＝X×8.33‰$，业务招待费在销售(营业)收入的8.33‰这个临界点时，

企业才可能充分利用好上述政策。有了这个数据,企业在对业务招待费进行预算时可以先估算当期的销售(营业)收入,然后按 8.33‰ 的比例大致测算出合适的业务招待费预算值。

一般情况下,企业的销售(营业)收入是可以测算的。假定 20×× 年企业的销售(营业)收入 X 为 10 000 万元,则允许税前扣除的业务招待费最高不超过 50 万元($10\,000 \times 5‰$),那么财务预算全年业务招待费 $Y = 50 \div 60\% = 83.3$(万元),其他销售(营业)收入的值可以依次类推。

如果企业实际发生业务招待费 100 万元 > 计划 83.33 万元,即大于销售(营业)收入的 8.33‰,则业务招待费的 60% 为 60 万元,而销售(营业)收入的 5‰ 为 50 万元,按照两方面限制孰低的原则进行税前扣除,因此只能扣除 50 万元的业务招待费,需调整增加应纳税所得额 50 万元(100−50),计算缴纳企业所得税 12.50 万元($50 \times 25\%$)。

如果企业实际发生业务招待费 40 万元 < 计划 83.3 万元,即小于销售(营业)收入的 8.33‰,则业务招待费的 60% 可以全部扣除,纳税调整增加 16 万元(40−24)。同时,销售(营业)收入的 5‰ 为 50 万元,不需要再纳税调整,只需要计算缴纳企业所得税 4 万元($16 \times 25\%$)。

因此,可以得出如下结论:当企业的实际业务招待费大于销售(营业)收入的 8.33‰ 时,超过收入 8.33‰ 的那部分业务招待费需要全部计税处理,超过部分没有按其 25% 的比例抵减企业所得税的效应,即每消费 1 000 元即导致 1 000 元的资金流出;当企业的实际业务招待费小于销售(营业)收入的 8.33‰ 时,60% 的限额可以得到充分利用,只需要就 40% 部分计税处理,即每消费 1 000 元,导致 850 元($1\,000 - 1\,000 \times 60\% \times 25\%$)的资金流出。

(2)综合运用相近的扣除项目余额。

在实际工作中,业务招待费与业务宣传费存在着可以相互替代的项目内容。虽然税法未对业务招待费的范围作更多的解释,但在执行中,税务机关通常将业务招待费的支付范围界定为招待客户的餐饮、住宿费以及香烟、茶叶、礼品、正常的娱乐活动、安排客户旅游等发生的费用支出。当然,上述支出并非一概而论,一般来讲,外购礼品用于赠送的,应作为业务招待费,如果礼品是纳税人自行生产或经过委托加工,对企业的形象、产品有标记及宣传作用的,也可作为业务宣传费。相反,企业因产品交易会、展览会等发生的餐饮、住宿费等也可以列为业务招待费支出。这就为纳税人对业务招待费进行税收筹划提供了"活动"空间。

鉴于上述内容,纳税人可以根据支出项目性质合理运用自己的权利实施税收筹划。如在"管理费用"科目下设置"业务招待费"和"业务宣传费"明细科目,用于核算平时发生的业务招待费和业务宣传费,以防年终申报或在税务机关检查时对近似项目产生不必要的争议。应及时将公司"业务招待费"和"业务宣传费"明细科目核算的费用数额与已实现的销售(营业)收入总额加以比较,发现其中某一项费用"超支"时,及时用两者的"近似"项目加以调整。

【做中学 4-2-9】

某制造公司 20×× 年预计营业收入 1 000 万元,则业务招待费的税前扣除限额是 5 万元,广告费和业务宣传费的税前扣除限额是 150 万元,到 11 月末已发生业务招待费 10 万元(发生额的 60% 为 6 万元),发生业务宣传费 30 万元,业务招待费已经超过扣除限额,业务宣传费则还有较大的限额扣除空间。为了答谢客户,年底公司购买了 2 000 只台灯,单价 280 元,共支出费用 56 万元。为了保证 56 万元的支出可以全部在企业所得税前扣除,该公司决定给所有台灯贴上公司的标记,从而将这 56 万元列入"业务宣传费"科目进行核算。

2. 广告费和业务宣传费的税收筹划

对于广告费和业务宣传费支出,虽然超出标准的部分可以递延到以后纳税年度扣除,而且最终是可以在税前全额扣除的,但是过度的广告费支出,会抵减年度利润,从而加重企业当期税收负担。因此,企业应准确选择广告宣传时机,精简广告费和业务宣传费,使其避免超过限额,因为超过限额的支出需调增应纳税所得额,意味着企业要提前纳税。

【做中学 4-2-10】

甲企业从事电动车生产,为了在某地区打开市场,制定了以下两种宣传方案,年度销售计划为 2 200 万元。

方案 1:通过当地电视台,在每天新闻联播前后播出两次广告,连续播出 360 天,需支付广告费支出 360 万元。

方案 2:通过当地电视台,在每天新闻联播前后播出两次广告,连续播出 300 天,需支付广告费支出 300 万元;通过在当地居民区现场悬挂横幅,需支付宣传费支出 30 万元。将这两种方式相结合,同样能达到方案 1 的效果。

请从节税角度对这两种方案进行比较并作出选择。

根据上述资料,分析如下:

方案 1 中,甲企业广告费超出税法规定的税前扣除标准=2 200×15%=330(万元),当年需要进行纳税调整,调增应纳税所得额=360-330=30(万元),但 30 万元可在以后纳税年度补扣回来。

方案 2 中,广告宣传费支出为 330 万元(300+30),未超出税法规定的扣除限额,因此可在当年全额扣除,无须进行纳税调整。

方案 1 当年多缴纳企业所得税 7.5 万元(30×25%),由此可见方案 2 优于方案 1。

【做中学 4-2-11】

甲企业为新建企业,生产儿童食品,适用的广告费扣除率为 15%,企业所得税税率为25%。甲企业年初推出一种新产品,预计年销售收入为8 000万元(本地销售1 000万元加上南方地区销售7 000万元),需要广告费支出1 500万元。甲企业有以下两种销售方案可供选择:

方案1:产品销售统一在本企业核算,需要在当地电视台、南方地区电视台分别投入广告费500万元、1 000万元。

方案2:鉴于产品主要市场在南方,可在南方设立独立核算的销售公司,销售公司设立以后,与甲企业联合进行广告宣传。成立公司估算需要支付场地、人员工资等相关费用30万元,向当地电视台、南方地区电视台分别支付广告费500万元、1 000万元,其中:南方销售公司销售额为7 000万元,甲企业向南方销售公司的销售按照出厂价6 000万元作价,甲企业的当地销售额为1 000万元。

请从节税角度对两种方案进行比较并作出选择。

根据上述资料,分析如下:

在方案1中,由于广告费超出扣除限额300万元(1 500－8 000×15%),尽管300万元的广告费可以无限期得到扣除,但甲企业需要提前缴纳企业所得税75万元(300×25%)。

在方案2中,若南方销售公司销售收入仍为7 000万元,这样甲企业向南方销售公司移送产品可按照出厂价销售,此产品的出厂价为6 000万元,甲企业准予扣除的广告费限额为1 050万元((1 000＋6 000)×15%),南方销售公司准予扣除的广告费限额为1 050万元(7 000×15%),因此,准予税前扣除的广告费限额为2 100万元,实际支出1 500万元的广告费可由两公司分担,分别在甲企业和南方销售公司的销售限额内列支,且均不需要进行纳税调整。同时,由于销售公司对外销售的价格不变,整体增值额不变,也不会加重总体的增值税负担;对于两公司来说,方案2比方案1当年增加净利润45万元(75－30)。

3. 均衡、合理地分配不同年份间的成本费用

对于成本费用限制税前扣除的项目而言,当实际发生额超过税前列支标准时,不得税前扣除,不利于节税。对于同一个成本费用项目,可能有的年份超出了税前扣除标准,有的年份未达到税前扣除标准。此时,纳税人可通过均衡、合理分配不同年份间的成本费用,得到更多的税前扣除,以减轻企业所得税税负。

【做中学4-2-12】

某公司于20×1年开始正式筹建,预计生产经营的前2年,业务招待费发生额会较大,2年后由于市场稳定和技术成熟等原因,预计业务招待费会逐步减少。20×1年公司的销售收入为1 000万元,实际发生的与生产经营活动有关的业务招待费为10万元。20×2年预计销售收入为1 200万元,预计业务招待费为8万元。请为该公司作出税收筹划方案。

筹划前:

20×1年,税法允许扣除的业务招待费为5万元(1 000×5‰<10×60%),实际发生额为10万元,需纳税调增5万元。

20×2年,税法允许扣除的业务招待费为4.8万元(8×60%<1 200×5‰),实际发生额为8万元,需纳税调增3.2万元。

两年纳税调增合计=5+3.2=8.2万元。

筹划过程:

该公司采用合理的方法,将20×1年的一部分业务招待费(2万元),转移到20×2年,则20×1年实际发生的业务招待费为8万元,20×2年实际发生的业务招待费为10万元。

筹划后:

20×1年,税法允许扣除的业务招待费为4.8万元(8×60%<1 000×5‰),实际发生额为10万元,需纳税调增5.2万元。

20×2年,税法允许扣除的业务招待费为6万元(10×60%<1 200×5‰),实际发生额为8万元,需纳税调增2万元。

两年纳税调增合计=5.2+2=7.2万元。

综上可知,该公司两年的业务招待费总额不变,但因为对业务招待费在不同年份的发生额作出调整,可使企业纳税调增金额减少1万元(8.2-7.2),企业所得税税负减轻0.25万元(1×25%)。

(三) 捐赠支出的税收筹划

为支持公益事业,树立企业良好形象,提高社会知名度,许多企业热衷于对公益事业进行各种形式的捐赠。企业发生的公益性捐赠,在利润总额12%比例范围内的,准予在税前扣除,超过利润12%比例的部分,当年要作纳税调增,增加应纳税所得额,但可向后结转三年,在计算应纳税所得额时扣除。这里的公益性捐赠,必须是通过公益性社会团体或者县级以上人民政府及其部门,用于《中华人民共和国公益事业捐赠法》规定的公益事业的捐赠。12%扣除比例的限制,主要是为了堵塞税收漏洞,防止部分企业利用捐赠扣除达到少缴税的目的,但这也会加重捐赠企业的税收负担。

以上关于捐赠支出税前扣除的规定,存在较大的税收筹划空间。首先,扣除限额的计算基数是企业的利润总额,因而企业可以考虑选择适当的会计处理方法扩大会计利润以提高扣除限额。其次,当捐赠数额较大,预计将大大超过扣除限额时,可以考虑分年度进行捐赠以充分利用各年的扣除限额。最后,企业还可以通过变更捐赠主体来使捐赠额得以在税前全额扣除。

【做中学 4-2-13】

某企业20×1年和20×2年预计会计利润分别为100万元和110万元,企业所得税税率为25%。该企业为树立良好的社会形象,决定向受灾地区捐赠现金20万元。现提出三套方案:

公益性捐赠所得税税前全额扣除的规定

方案1：20×1年年末将现金20万元直接捐给某受灾地区。

方案2：20×1年年末通过省级民政部门将现金20万元捐赠给受灾地区。

方案3：20×1年年末通过省级民政部门捐赠现金10万元，20×2年年初通过省级民政部门捐赠现金10万元。

请从税收筹划角度分析该企业应该选择哪种捐赠方案更有利。

根据上述资料，分析如下：

方案1：该企业20×1年直接向受灾地区捐赠的现金20万元不得在税前扣除，当年应纳企业所得税税额为30万元[(100+20)×25%]。

方案2：该企业20×1年通过省级民政部门向受灾地区捐赠现金20万元，只能在税前扣除12万元(100×12%)，超过12万元的部分当年不得在税前扣除，当年应纳企业所得税税额为27万元[(100+8)×25%]。

方案3：该企业分两年进行捐赠，由于20×1年和20×2年的会计利润分别为100万元和110万元，扣除限额分别为12万元和13.2万元。因此，每年捐赠的现金10万元均未超出扣除限额，均可在税前扣除。20×1年应纳企业所得税税额为25万元(100×25%)。

通过上述比较，该企业采取方案3最优，因为尽管都是对外捐赠20万元，但方案3与方案2相比可以节税2万元，与方案1相比可以节税5万元。

【拓展阅读】 慈善事业不仅需要公民的积极参与，而且需要企业的大力支持，这是企业社会责任和"企业公民"理念的体现。与企业的经济责任、法律责任和道德责任等"分内之事"不同，企业慈善责任是需要靠企业自觉完成的。如果企业的慈善行为能顺应社会公众的感性判断，与其实现心理共鸣，那么将会大幅提升企业形象。企业捐赠付出的是金钱和财物，得到的回报是荣誉、声望等社会价值，从而能够扩大消费者的产品需求，以及获得相关的税收优惠政策。对企业而言，这是一种资本的投资，对企业的长远发展有良好的影响。

【做中学4-2-14】(2022年智能财税国赛题2)

北京雅玛商贸有限责任公司为增值税一般纳税人，2022年为更好回馈社会，体现社会责任，决定进行一项公益性捐赠。捐赠发生前，预估2022年的会计利润和应纳税所得额均为800万元，企业所得税税率为25%。公司税务会计人员设计了以下两种捐赠方案：

方案1：通过市级民政部门向某贫困地区捐赠价值200万元的电器。

方案2：通过市级民政部门向某贫困地区捐赠现金200万元。

要求：

请根据相关资料进行合理筹划，并进行方案选择。

说明：

(1) 本业务仅考虑增值税、城市维护建设税、教育费附加、地方教育附加和企业所得税。

(2) 公司适用的企业所得税税率为25%,城市维护建设税税率为7%;教育费附加征收率为3%,地方教育附加征收率为2%。

(3) 商品价值为不含税价,该批电器购进成本为150万元,可抵扣的增值税进项税额为19.5万元。

根据上述资料,分析如下:

本业务税务优化应该考虑:捐赠企业所得税税前扣除的基本规定;实物捐赠企业所得税和会计核算的差异;公益性捐赠的企业所得税扣除限额;在计算企业所得税应纳税所得额时,是否需要对会计利润进行纳税调整;实物捐赠增值税的处理方法。

方案1:

增值税 = 200×13% − 19.5 = 6.5(万元)

城市维护建设税、教育费附加 = 6.5×12% = 0.78(万元)

营业外支出金额 = 150+200×13% = 176(万元)

利润抵减额 = −(0.78+176) = −176.78(万元)

利润总额 = 800−176.78 = 623.22(万元)

捐赠扣除限额 = 623.22×12% = 74.79(万元),调增:226−74.79 = 151.21(万元)

应纳税所得额 = 623.22+151.21 = 774.43(万元)

企业所得税 = 774.43×25% = 193.61(万元)

净利润 = 623.22−193.61 = 429.61(万元)

方案2:

增值税 = 0(万元)

城市维护建设税、教育费附加 = 0(万元)

营业外支出金额 = 200(万元)

利润抵减额 = −200(万元)

利润总额 = 800−200 = 600(万元)

捐赠扣除限额 = 600×12% = 72(万元),调增:200−72 = 128(万元)

应纳税所得额 = 600+128 = 728(万元)

企业所得税 = 728×25% = 182(万元)

净利润 = 600−182 = 418(万元)

综上可知,通过比较,公司应该选择方案1。

(四) 利用住房公积金制度的筹划

根据《企业所得税法实施条例》的规定,企业依照国务院有关主管部门或者省级人民政府规定的范围和标准为职工缴纳的"五险一金",即基本养老保险费、基本医疗保险费、失业保险费、工伤保险费、生育保险费等基本社会保险费和住房公积金,准予扣除。《财政部 国家税务总局关于基本养老保险费、基本医疗保险费、失业保险费、住房公积金有关个人所得税政策的通知》(财税〔2006〕10号)规定:根据《住房公积金管理条例》《建设部 财

政部 中国人民银行关于住房公积金管理若干具体问题的指导意见》(建金管〔2005〕5号)等规定精神,单位和个人分别在不超过职工本人上一年度月平均工资12%的幅度内,其实际缴存的住房公积金允许在个人应纳税所得额中扣除。因此,企业一方面可以通过为职工缴存住房公积金以增加费用支出总额从而减少企业所得税应纳税所得额,降低企业所得税税额;另一方面可以根据企业的实际情况选择住房公积金缴交金额和比例,以最大限度减少应纳税额。

【做中学 4-2-15】
某私营企业有从业职工30人,实行小企业会计准则,未建立住房公积金制度。20××年企业应纳税所得额为350万元,当年应纳企业所得税税额为87.5万元(350×25%)。假设20××年该企业根据当地上年平均工资标准(假设为5 000元)按政策最低的缴交比例5%为职工缴存住房公积金,则当年企业所得税应纳税所得额可以增加扣除为职工缴存的住房公积金支出9万元(5 000元×5%×30人×12月,人均250元/月),应纳税所得额为341万元(350-9)、应纳企业所得税税额为85.25万元(341×0.25),减少企业所得税2.25万元(87.5-85.25)。

企业通过增加9万元的支出费用为职工建立了住房公积金制度,可以少缴纳企业所得税税额2.25万元,同时平均每位职工每月增加了250元的住房公积金收入。实际上也可以说是企业只花了6.75万元(9-2.25)就可以实现依法保障职工权益的目标,为职工增加住房保障收入。

私营企业可以根据政策规定的最低标准,以较少的支出缴存住房公积金,从而达到少缴企业所得税的目的,同时还可增加职工的住房收入。在企业职工普遍持有企业股份的情况下,企业更可以通过缴存住房公积金,在增加职工收入的同时减少企业所得税支出。

(五)职工工资薪金及"三项经费"的纳税筹划

1. 职工工资薪金的相关规定

根据《企业所得税法实施条例》的规定,企业发生的合理的工资薪金支出,准予扣除。工资薪金,是指企业每一纳税年度支付给在本企业任职或者受雇的员工的所有现金形式或者非现金形式的劳动报酬,包括基本工资、奖金、津贴、补贴、年终加薪、加班工资,以及与员工任职或者受雇有关的其他支出。

根据《国家税务总局关于企业工资薪金及职工福利费扣除问题的通知》(国税函〔2009〕3号)的规定,"合理工资薪金",是指企业按照股东大会、董事会、薪酬委员会或相关管理机构制定的工资薪金制度规定实际发放给员工的工资薪金。税务机关在对工资薪金进行合理性确认时,可遵循以下原则:

(1)企业制定了较为规范的员工工资薪金制度。
(2)企业所制定的工资薪金制度符合行业及地区水平。
(3)企业在一定时期所发放的工资薪金是相对固定的,工资薪金的调整是有序进行的。
(4)企业对实际发放的工资薪金,已依法履行了代扣代缴个人所得税义务。
(5)有关工资薪金的安排,不以减少或逃避税款为目的。

2. 职工福利费扣除的相关规定

《国家税务总局关于企业工资薪金及职工福利费扣除问题的通知》(国税函〔2009〕3号)对《企业所得税法实施条例》第四十条规定的企业职工福利费包含的内容,从三个方面分别作了详细的说明,即《企业所得税法实施条例》第四十条规定的企业职工福利费,包括以下内容: ❶ 尚未实行分离办社会职能的企业,其内设福利部门所发生的设备、设施和人员费用,包括职工食堂、职工浴室、理发室、医务所、托儿所、疗养院等集体福利部门的设备、设施及维修保养费用和福利部门工作人员的工资薪金、社会保险费、住房公积金、劳务费等。❷ 为职工卫生保健、生活、住房、交通等所发放的各项补贴和非货币性福利,包括企业向职工发放的因公外地就医费用、未实行医疗统筹企业职工医疗费用、职工供养直系亲属医疗补贴、供暖费补贴、职工防暑降温费、职工困难补贴、救济费、职工食堂经费补贴、职工交通补贴等。❸ 按照其他规定发生的其他职工福利费,包括丧葬补助费、抚恤费、安家费、探亲假路费等。

但是,《财政部 关于企业加强职工福利费财务管理的通知》(财企〔2009〕242号)规定,企业职工福利费是指企业为职工提供的除职工工资、奖金、津贴、纳入工资总额管理的补贴、职工教育经费、社会保险费和补充养老保险费(年金)、补充医疗保险费及住房公积金以外的福利待遇支出。该文件还详细列举了发放给职工或为职工支付的应该作为职工福利费核算和管理的各项现金补贴和非货币性集体福利。例如,该文件规定:"企业为职工提供的交通、住房、通信待遇,已经实行货币化改革的,按月按标准发放或支付的住房补贴、交通补贴或者车改补贴、通信补贴,应当纳入职工工资总额,不再纳入职工福利费管理;尚未实行货币化改革的,企业发生的相关支出作为职工福利费管理,但根据国家有关企业住房制度改革政策的统一规定,不得再为职工购建住房。企业给职工发放的节日补助、未统一供餐而按月发放的午餐费补贴,应当纳入工资总额管理。"由此可见,税法与会计制度对职工福利费范围的界定存在差异。

今后,企业在进行职工福利费扣除的税务处理时,<u>只要是实际发生的符合国税函〔2009〕3号文件规定范围而且不超过工资、薪金总额14%的职工福利费,最好直接列作职工福利费支出,用足税收优惠政策</u>。

必须指出的是,国税函〔2009〕3号文件第三条对界定的职工福利费的内容究竟是全列举还是非全列举尚未明确。如果是全列举,则该文件没有列举的即使从情理上分析可以作为职工福利费支出的内容,或者按照会计准则或会计制度规定应该作为职工福利费的支出,都不能作为职工福利费在税前扣除(即使企业列支的职工福利费没有超过工资、薪金总额14%的标准),如国税函〔2009〕3号文件没有列举的,许多企业都存在的逢年过节发放给职工的各种货币性福利和非货币性福利,或者平时以各种名目为职工集体提供的衣、食、住、行、玩乐、健康等各方面的福利待遇。如果是非全列举,则没有列举的,其他从情理上分析应该作为职工福利费的支出,如上述逢年过节发放给职工的各种福利和以各种名目为职工提供的各方面待遇等,就可以税前扣除。因此,对于上述扣除范围问题,还有待税务部门进一步明确。在没有明确之前,笔者认为,企业在税务处理时,应按国税函〔2009〕3号文件规定的列支范围和标准列支职工福利费。

此外,需要提醒的是,对于国税函〔2009〕3号文件已经明确属于职工福利费范围的支出,在进行税务处理时,必须列入职工福利费范畴,而不应再按照会计处理方法或以往的习惯方法列入其他范围。如对国税函〔2009〕3号文件已经明确规定的供暖费补贴、职工防暑降温费等,即使企业已经按照会计准则或会计制度的规定直接记入了"生产成本"或"管理费用"等科目,在汇算清缴时,也应该按照税法规定,调整到职工福利费中列支,并不得超过工资、薪金总额14%的标准,如果超过标准,超过部分不得在税前扣除。

【做中学4-2-16】

A公司计划每月向职工发放12万元,现有以下两种方案可供选择:

方案1:12万元全部作为职工的工资发放。

方案2:10万元作为职工工资发放,2万元用于职工福利费支出。

从节税角度考虑,A公司应选择哪种方案?

根据上述资料,分析如下:

因为税法规定,企业发放的职工工资可以100%扣除,而职工福利费支出只能在工资总额的14%以内限额扣除。

在这两种方案下,A公司所得税税前扣除额为:

方案1的税前扣除额=12(万元)

方案2的税前扣除额=10+10×14%=11.4(万元)

甲公司应选择方案1。根据企业福利费总额的实际发生情况,对超出部分进行转化列支,把职工福利费支出部分转化为职工工资,可以减少企业所得税的应纳税额。

3. 职工教育经费扣除的相关规定

《关于企业职工教育经费提取与使用管理的意见》(财建〔2006〕317号)第三条第五款规定,企业职工教育培训经费列支范围包括:上岗和转岗培训;各类岗位适应性培训;岗位培训、职业技术等级培训、高技能人才培训;专业技术人员继续教育;特种作业人员培训;企业组织的职工外送培训的经费支出;职工参加的职业技能鉴定、职业资格认证等经费支出;购置教学设备与设施;职工岗位自学成才奖励费用;职工教育培训管理费用;有关职工教育的其他开支。自2018年1月1日起,企业发生的职工教育经费支出,不超过工资薪金总额8%的部分,准予在计算企业所得税应纳税所得额时扣除;超过部分,准予在以后纳税年度结转扣除。

【做中学4-2-17】

某软件生产企业20××年共实际发生工资薪金支出200万元,职工教育经费21万元(其中职工培训费用2万元能准确划分)。请计算该企业20××年税前准予扣除的职工教育经费(上年职工教育经费无结转扣除额)。

根据上述资料,分析如下:

企业发生职工培训费用2万元,允许全额扣除。

其他职工教育经费支出19万元(21−2),其中不超过工资总额8%的部分即16万元(200×8%),准予在当年度税前扣除。

因此共准予扣除的金额为18万元(16+2),剩余的3万元在以后纳税年度结转扣除。

需要注意的是,如果不能准确划分职工教育经费中的职工培训费用,则培训经费不能全额扣除。

4. 工会经费扣除的相关规定

《关于工会经费企业所得税税前扣除凭据问题的公告》(国税函〔2010〕24号),对工会经费税前扣除凭据的问题作出了具体规定。

(1) 工会经费的扣除原则。

《企业所得税法实施条例》第四十一条规定,企业拨缴的职工工会经费,不超过工资、薪金总额2%的部分,准予扣除。我们知道,《企业所得税法》对工资、薪金支出实行据实扣除制度,同时与《中华人民共和国工会法》(以下简称"《工会法》")的有关规定衔接,企业税前扣除工会经费必须遵循收付实现制原则,即:准予税前扣除的工会经费必须是企业已经实际发生的工会经费,对于账面已经计提但未实际发生的工会经费,不得在纳税年度内税前扣除。同时,工会经费的扣除有限额,企业税前扣除的工会经费必须在工资、薪金总额的2%以内。如果企业工会经费的实际发生数、账面计提数以及扣除限额数三者不一致,应按"就低不就高"的原则确定税前准予扣除的工会经费,账面计提超过扣除限额的部分应调增应纳税所得额。

特别要注意的是,个体工商户拨缴的"三费"也可在标准内据实扣除。《财政部 国家税务总局关于调整个体工商户、个人独资企业和合伙企业个人所得税前扣除标准有关问题的通知》(财税〔2008〕65号)规定,个体工商户、个人独资企业和合伙企业拨缴的工会经费、发生的职工福利费、职工教育经费支出分别在工资薪金总额2%、14%、2.5%的标准内据实扣除。

(2) 工会经费的扣除范围。

《工会法》对工会的职责、设立、组织机构、权利、义务等都作了全面而详细的规定,对工会经费的来源、支出、管理等也作了全面规定。《工会法》第四十三条规定,工会经费主要用于为职工服务和工会活动,其来源包括:工会会员缴纳的会费;建立工会组织的企业、事业单位、机关按每月全部职工工资总额的2%向工会拨缴的经费;工会所属的企业、事业单位上缴的收入;人民政府的补助;其他收入。其中,对于企业、事业单位按每月全部职工工资总额的2%向工会拨缴的经费,在税前列支。

(3) 工会经费的扣除凭据。

《全国总工会 国家税务总局关于进一步加强工会经费税前扣除管理的通知》(总工发〔2005〕9号)规定,凡依法建立工会组织的企业、事业单位以及其他组织,每月按照全部职工工资总额的2%向工会拨缴工会经费,并凭工会组织开具的"工会经费拨缴款专用收据"在税前扣除。凡不能出具"工会经费拨缴款专用收据"的,其提取的职工工会经费不得在企业所得税前扣除。对企业、事业单位以及其他组织没有取得"工会经费拨缴款专用收据"而在税前扣除的,税务部门按照现行税收有关规定在计算企业所得税时予以调整,并按照《税收征管法》的有关规定予以处理。另外,根据《中华全国总工会办公厅关于基层工会组织筹建期间拨缴工会经费(筹备金)事项的通知》(总工办发〔2004〕29号)规定,根据《工会法》第十一条和第四十二条(新《工会法》为第四十三条)的规定,上级工会派员帮助和指导尚未组建工会组织的企业、事业单位、机关和其他组织的职工筹建工会组织,自筹建工作开始的下个月起,由有关单位按每月全部职工工资总额的2%向上级工会全额拨缴工会经费(筹备金)。上级工会收到工会经费(筹备金)后向有关单位开具"工会经费拨缴款专用收据",有关单位凭专用收据在税前列支。

(六) 开办费的税收筹划

开办费是指企业在筹建期间发生的费用,包括筹建期人员工资、办公费、培训费、差旅费、印刷费、注册登记费以及不计入固定资产和无形资产购建成本的汇兑损益和利息支出。

根据税法规定，对于筹建期间的开办费，企业可以在开始经营之日的当年一次性扣除，也可以按照税法有关长期待摊费用的规定处理。但一经选定，不得改变。如果按照长期待摊费用的规定处理，则应当自支出发生月份的次月起，分期摊销，摊销年限不得低于3年。

【做中学4-2-18】

A公司于20××年1月1日开始投资建设一个新能源项目，筹建期预计为6个月，筹建期间将发生工资、办公费、培训费、差旅费、招待费、市场开发费等开办费300万元。未来3年所产生的应纳税所得额分别为120万元、400万元、600万元，企业所得税税率为25%。开办费摊销安排有如下两个方案可供选择：

方案1：一次性扣除。

方案2：按照长期待摊费用，在3年期间摊销。

请从节税角度为A公司选择合适的方案。

根据上述资料，分析如下：

方案1中，一次性扣除的税额计算如表4-4所示。

表4-4 一次性扣除的税额计算 单位：万元

年 份	应纳税所得额	摊销额	应纳税额
1	120	300	0
2	400	0	55[(400−180)×25%]
3	600	0	150(600×25%)
合 计	1 120	300	205

方案2中，分3年摊销的税额计算如表4-5所示。

表4-5 分3年摊销的税额计算 单位：万元

年 份	应纳税所得额	摊销额	应纳税额
1	120	100	5[(120−100)×25%]
2	400	100	75[(400−100)×25%]
3	600	100	125[(600−100)×25%]
合 计	1 120	300	205

综上可知，虽然两种处理对所得税的总额没有影响，只是每年的应交所得税的金额不同。但这其实是一个资金的时间价值问题，尤其是在企业创立初期，资金的使用效率越高越好，税款越晚交越好。税款越晚交，资金的占用价值就越大，也就是说企业在用晚交的税款来筹资。因此，A公司选择方案1更为划算。

> **引例解析**

方案1：由于是直接捐赠，捐赠额600万元在税前不能扣除，则：

应纳企业所得税税额＝(4 000＋600)×25％＝1 150(万元)

方案2：由于是通过国家机关进行的捐赠，在扣除限额12％内的部分可以据实扣除，允许扣除的捐赠额＝4 000×12％＝480(万元)，捐赠的600万元大于按比例计算的480万元的扣除限额，超出限额的120万元不能税前扣除，则：

应纳企业所得税税额＝(4 000＋120)×25％＝1 030(万元)

方案3：由于是通过国家机关进行的捐赠，在扣除限额12％内的部分可以据实扣除，允许扣除的捐赠额＝4 000×12％＝480(万元)，当年捐赠的300万元小于按比例计算的480万元的扣除限额，允许在税前全额扣除，则：

应纳企业所得税税额＝4 000×25％＝1 000(万元)

假设20×2年的情况与20×1年相同，则20×2年捐赠的300万元也可以在税前全额扣除，应纳税额也与20×1年相同。

通过以上三个方案的比较，显然方案3最优，因为这样操作既符合税法规定，使企业纳税最少，又达到了捐赠的目的，提高企业的美誉度和知名度。

任务三 应纳所得税税额的税收筹划

> **引 例**

某交通运输公司的资产总额为500万元，从业人员为50人。20××年12月1日，该公司预计本年度应纳税所得额为310万元，所以该企业不符合小型微利企业的标准，应按25％的税率缴纳企业所得税。已知该公司有大量联运业务。

请问：该公司应如何进行相应的税收筹划？

【知识准备与业务操作】

一、亏损弥补的税收筹划

我国税法规定：企业纳税年度发生的亏损，准予向以后年度结转，用以后年度的所得弥补，但结转年限最长不得超过五年。五年内不论是盈利或亏损，都作为实际弥补期限计算。自2018年1月1日起，当年具备高新技术企业或科技型中小企业资格的企业，其具备资格年度之前5个年度发生的尚未弥补完的亏损，准予结转以后年度弥补，最长结转年限由5年延长至10年。国家的这一政策充分照顾了企业的利益，企业可以通过对本企业投资和收益的控制来充分利用亏损结转的规定，将能够弥补的亏损尽量加以弥补。

【做中学 4-3-1】

甲公司是 20×1 年创立的工业型企业,创办初期投入较大,需要采购较多物资和固定资产,所以亏损较大(亏损 40 万元)。假设甲公司年度应纳税所得额如表 4-5 所示。请从节税角度为甲公司作出筹划。

表 4-5　　　　　　　甲公司年度应纳税所得额　　　　　　单位:万元

20×1 年	20×2 年	20×3 年	20×4 年	20×5 年	20×6 年	20×7 年
-40	-10	-8	-2	10	20	30

根据上述资料,分析如下:

因为甲公司 20×1 年至 20×4 年均发生亏损,所以,这四年甲公司均不必缴纳企业所得税。20×5 年甲公司开始盈利,其 20×5 年至 20×7 年应纳所得税为:

20×5 年应纳税所得额 = 10 - 40 = -30(万元),不纳税。

20×6 年应纳税所得额 = 20 - 30 = -10(万元),不纳税。

20×7 年应纳税所得额 = (30 - 10 - 8 - 2) × 20% = 2(万元)。

由于超过了税法规定的 5 年弥补期限,甲公司尚有 20×1 年的 10 万元亏损无法在税前弥补,也就无法发挥亏损的抵税作用。

筹划思路:

假设甲公司将 20×1 年采购的物资(可在税前全额抵扣)分两批分别在 20×1 年和 20×2 年购进,在总采购额不变的前提下,20×1 年和 20×2 年的亏损额分别为 30 万元和 20 万元。

筹划后:

甲公司的亏损可以全部得到弥补,在 20×7 年前(含 20×7 年)应纳税所得额都为零,不用缴纳任何企业所得税,节税 2 万元。

企业在利用亏损弥补进行筹划时还需注意以下几个问题:

(1) 利用亏损弥补进行筹划,要求纳税人在合理预估未来年度亏损及利润的基础上,熟练进行财务运作,使所有亏损能得以在税前弥补。

(2) 财务运作要注意遵守税法按规定办事,避免被税务机关认定为逃税行为。

(3) 企业必须正确地向税务机关申报亏损。

思考:甲公司能否通过合理方法扩大 20×6 年利润,以便 20×1 年的亏损在 20×6 年(5 年亏损弥补期的最后一年)得到弥补?

二、企业所得税税率的税收筹划

税率筹划实质上就是利用税率的差异进行筹划。我国企业所得税纳税人分为居民企业和非居民企业两种。居民企业适用 25% 的基本税率,非居民企业分别适用 25% 和 10% 的税率。另外,对符合条件的小型微利企业和国家重点扶持的高新技术企业,分别实行 20% 和 15% 的优惠税率。显然,税率的适用与企业性质、行业、规模等密切相关。因此,企业在设立时就应该考虑选择合适的企业性质、投资行业和规模等问题,为充分享受税收优惠政策做好长期筹划。

(一) 利用纳税人的不同身份进行税收筹划

《企业所得税法》规范了居民企业和非居民企业的概念,居民企业承担全面纳税义务,就其境内外全部所得缴纳企业所得税;非居民企业承担有限纳税义务,一般只就其来源于我国境内的所得缴纳企业所得税。居民企业与非居民企业的税收待遇如表 4-6 所示。

表 4-6　　　　　　　居民企业与非居民企业的税收待遇

纳税人身份	境内所得（有联系）	境内所得（无联系）	境外所得（有联系）	境外所得（无联系）
居民企业	25%			
非居民企业（设机构场所）	25%	10%	25%	不缴税
非居民企业（未设机构场所）	10%		不缴税	

由于10%的低税率主要是针对非居民企业,因此,在纳税人身份的选择上应遵循以下思路:在居民企业与非居民企业之间应尽量选做非居民企业;非居民企业应尽量不在中国境内设立机构、场所;如果非居民企业需要设立机构、场所,应尽可能保证取得的所得与其所设机构、场所没有实际联系。

【做中学 4-3-2】

某外国企业拟到中国开展劳务服务,预计每年可获得1 000万元人民币的收入(这里暂不考虑相关的成本、费用支出)。该企业面临以下三种选择:

第一,在中国境内设立实际管理机构。

第二,在中国境内不设立实际管理机构,但设立营业机构,营业机构适用25%的所得税税率。劳务收入通过该营业机构取得。

第三,在中国境内既不设立实际管理机构,也不设立营业机构。

在上述三种不同选择中,该外国企业的收入面临着不同的税率和纳税状况,具体分析如下:

(1) 如果该外国企业选择在中国境内设立实际管理机构,则一般被认定为居民企业,这种情况下适用的企业所得税税率为25%,则:

企业应纳所得税税额 = 1 000 × 25% = 250(万元)

(2) 如果该外国企业选择在中国境内不设立实际管理机构,而设立营业机构并以此获取收入,则获取的所得适用的所得税税率为25%,则:

企业应纳所得税税额 = 1 000 × 25% = 250(万元)

(3) 如果该外国企业在中国境内不设立任何机构,则其来源于中国境内的所得适用10%的税率,则:

企业应纳所得税税额 = 1 000 × 10% = 100(万元)

【拓展阅读】 2020年,在世界经济因疫情冲击陷入衰退时,无论是国际贸易还是跨国投资活动,都称得上"举步维艰"。在这样的大背景下,中国却交出了一份令世界瞩目的亮眼"成绩单"。联合国发布的报告显示,2020年,中国凭借着1 630亿美元(约合人民币1.05万亿元)的外来直接投资(Foreign Direct Investment,FDI)金额,超越美国(1 340亿美元),成为了全球获得最多外来直接投资的国家。

(二)利用纳税人的不同规模进行税收筹划

根据我国现行的企业所得税政策,符合条件的小型微利企业,减按20%的税率征收企业所得税。由于小型微利企业没有终身制,是否享受小型微利企业的税收优惠政策,要根据企业当年的实际情况而定。根据相关政策法律规定,小型微利企业是指从事国家非限制和禁止行业,且同时符合年度应纳税所得额不超过300万元、从业人数不超过300人、资产总额不超过5 000万元等三个条件的企业。

至2027年12月31日,对小型微利企业减按25%计算应纳税所得额,按20%的税率缴纳企业所得税。

例如,某公司符合小型微利企业的认定条件,年应纳税所得额为250万元,则其应纳税额=250×25%×20%=12.5(万元)。

需要注意的是,从业人数,包括与企业建立劳动关系的职工人数和企业接受的劳务派遣用工人数。所称从业人数和资产总额指标,应按企业全年的季度平均值确定。年度中间开业或者终止经营活动的,以其实际经营期作为一个纳税年度确定上述相关指标。

如果一个企业大大超过小型微利企业的标准,完全可以把该企业进行分立,组成几个小型微利企业,每个小型微利企业经营某一方面的专业业务,就可以减轻企业所得税的纳税负担。但是,公司也应权衡分立所花费的各种成本,如注册费、各种管理费用,将其与节税效益及公司未来的业务发展规划战略相比较,慎重决策。

【做中学 4-3-3】
某建筑安装公司主要经营工程承包建筑、安装和各种建筑装饰劳务,20××年度共实现应纳税所得额2 000万元,其中,建筑、安装和装饰劳务的年度应纳税所得额分别为1 450万元、300万元、250万元。企业有职工人数1 000人,资产总额为12 000万元,则20××年度,该建筑安装公司的应纳企业所得税税额为多少?应如何进行税收筹划?

根据上述资料,分析如下:

筹划前:

根据案例中的情况,该建筑安装公司2022年度的企业所得税=2 000×25%=500(万元)。

筹划思路:

把建筑安装公司进行分立,设立甲、乙和丙三个独立的公司,其中甲对乙和丙实行100%控股,三者分别经营建筑、安装和装饰业务。其中,甲、乙和丙三个公司的年职工人数分别为500人、300人、200人。资产总额均为4 000万元。

筹划后：

根据筹划方案，乙和丙符合小型微利企业的认定标准，可以享受20%的企业所得税税率优惠。基于此，甲、乙和丙20××年度的企业所得税分别为：1 450×25% = 362.5(万元)，300×25%×20%=15(万元)，250×25%×20%=12.5(万元)，总税负为：362.5+15+12.5=390(万元)，比筹划前节省了：500－390=110(万元)。

（三）利用纳税人的经营方向进行税收筹划

由于国家重点扶持的高新技术企业、技术先进型企业可以享受15%的税率优惠，因此，企业应尽量向高新技术企业、技术先进型企业的方向发展，享受税率优惠，降低税负。企业在进行税收筹划时就要结合自身条件对这些规定加以充分利用。在企业设立之初就要优先考虑是否有涉足高新技术产业、技术先进型企业的可能；在进行投资决策时，创业投资企业也要优先考虑有投资价值的未上市的中小高新技术企业和技术先进型企业。这不仅有利于减少企业的税收负担，而且有利于我国科技水平和科技创新发展能力的提高。对于不满足认定条件的企业应当通过改善客观环境并创造条件，使之可以满足国家重点扶持高新技术企业、技术先进型企业的认定要求，从而享受高新技术企业的税收优惠。<u>如果企业难以将自身改造成高新技术企业，则可以考虑重新设立一个属于高新技术企业、技术先进型企业的子公司，或者将某一分支机构改造成高新技术企业或技术先进型企业。</u>

【做中学4-3-4】

A企业于20×1年年初成立，是一家生产半导体的制造型企业，于20×4年准备申请成为高新技术企业，但是A企业发现它只具备高新技术企业认定条件中的7个，还有1个条件未能达到。具体是：企业具有大专以上学历的科技人员400人，其中从事科研的科技人员为90人。A企业当年全体职工人数为1 000人，科研人员占当年全体职工总数为9%，与10%的认定标准相差一个百分点。A企业预计20×4年的应纳税所得额为6 000万元。请为A企业作出税收筹划方案。

根据上述资料，分析如下：

筹划前：

A企业因不能满足全部条件，不能申请成为高新技术企业，从而不能享受高新技术企业的企业所得税税收优惠政策。

20×4年企业应纳所得税税额=6 000×25%=1 500(万元)

筹划思路：

为了满足高新技术企业的认定标准，A企业可以考虑增加科研投入，新招聘技术人员从事科研活动，使企业从事科研的技术人员达到占企业当年全体职工总数10%的认定标准。

筹划后：

A企业成功申请成为高新技术企业后，可以享受高新技术企业的企业所得税税收优惠政策。则：

20×4年企业应纳所得税税额=6 000×15%=900(万元)

高新技术企业要求的研究开发费用总额占同期销售收入总额的比例

> **引例解析**
>
> 如果该公司不采取任何措施,则应纳企业所得税为:310×25%＝77.5(万元),税后利润为:310－77.5＝232.5(万元)。
>
> 如果该公司和其联运公司协商,通过合理安排相互之间的业务往来以增加对其联运公司的支付额,或提前在20××年多采购10万元的企业日常经营用品作为费用类项目在税前扣除,使得应纳税所得额减少到300万元,则该公司符合小型微利企业的标准,公司应纳企业所得税为:300×25%×20%＝15(万元),税后利润为:300－15＝285(万元)。
>
> 该公司通过筹划可以使得应纳的企业所得税减少62.5万元(77.5－15),公司的税后利润增加52.5万元(285－232.5)。

综上可知,如果A企业不能被认定为高新技术企业,则20×4年须缴纳企业所得税1500万元;如果A企业被认定为高新技术企业,则20×4年只需缴纳企业所得税900万元。因此,成为高新技术企业可以为A企业节省企业所得税600万元。

任务四 利用税收优惠政策的税收筹划

> **引 例**
>
> A公司计划对现有设备进行更新换代,有以下两种方案可供选择:一是购买一套普通设备,价款为2100万元;二是购买一种节能设备,价款为2400万元,并和普通设备相比每年可节省20万元,该项设备的预计使用年限为10年。(暂不考虑货币的时间价值,该企业适用的企业所得税税率为25%)
>
> 请问:A公司应购买哪种设备好?

【知识准备与业务操作】

一、投资国家重点扶持项目的税收筹划

国家对企业投资于公共基础设施项目、环境保护和节能节水项目给予税收优惠。《企业所得税法》所称的"国家重点扶持的公共基础设施项目",是指《公共基础设施项目企业所得税优惠目录》规定的港口码头、机场、铁路、公路、电力、水利等项目。企业从事国家重点扶持的公共基础设施项目的投资经营所得,自项目取得第一笔生产经营收入所属纳税年度起,第1年至第3年免征企业所得税,第4年至第6年减半征收企业所得税。环境保护、节能节水项目的所得,自项目取得第一笔生产经营收入所属纳税年度起,第1年至第3年免征企业所得税,第4年至第6年减半征收企业所得税。符合条件的环境保护、节能节水项目,包括公共污水处理、公共垃圾处理、沼气综合开发利用、节能减排技术改造、海水淡化等。

企业对上述税收优惠进行筹划时,应注意以下几个问题:

(一) 选择好第一笔生产经营收入的时间

新办企业减免税优惠的几个要素中,减免税期限是政策法规事先加以规定的,基本没有筹划余地;减征比例或完全免税也是政策法规事先加以规定的,视企业达到相关条件的程度而定,有筹划空间,而享受优惠的起止时间则大可筹划。因为一旦优惠期限开始,不管企业盈亏,优惠固定期限都得连续计算,不得更改。通常而言,企业在初创阶段,投入较大,亏损多盈利少,几乎没有应税所得,如果急忙享受优惠政策,恐怕就白享优惠之名而无优惠之实。因此,何时取得第一笔收入,是企业应当认真思考的问题。

【做中学 4-4-1】

江苏省南京市吉祥有限公司(以下简称"吉祥公司")是一家 20×1 年新办的从事节能节水项目的公司。20×1 年 12 月开业并取得第一笔生产经营权,20×1 年应纳税所得额为 −500 万元。20×2 年到 20×7 年弥补亏损前的应纳税所得额分别为 −100 万元、600 万元、2 000 万元、3 000 万元、4 000 万元、5 000 万元。假设吉祥公司 20×2 年提供申报资料,于 20×3 年获得有关部门的资格确认。请为吉祥公司作出税收筹划方案。

根据上述资料,分析如下:

筹划前:

20×1 年到 20×2 年吉祥公司的应纳税额为 0 元,20×3 年的应纳税所得额为 0 元 [(−500)+(−100)+600]。

20×4 年到 20×7 年各年的应纳税额分别为:

20×4 年应纳税额 = 2 000 × 25% × 50% = 250(万元)
20×5 年应纳税额 = 3 000 × 25% × 50% = 375(万元)
20×6 年应纳税额 = 4 000 × 25% × 50% = 500(万元)
20×7 年应纳税额 = 5 000 × 25% = 1 250(万元)

应纳税额总额 = 250 + 375 + 500 + 1 250 = 2 375(万元)。

筹划思路:

吉祥公司 20×2 年开始营业并产生第一笔生产经营收入,假设 20×1 年的亏损金额转移到 20×2 年后,在其他条件不变的情况下,20×2 年到 20×7 年弥补亏损前的应纳税所得额分别为 −600 万元、600 万元、2 000 万元、3 000 万元、4 000 万元、5 000 万元。

筹划后:

吉祥公司 20×2 年至 20×4 年免税,20×5 年至 20×7 年的应纳税额分别为:

20×5 年应纳税额 = 3 000 × 25% × 50% = 375(万元)
20×6 年应纳税额 = 4 000 × 25% × 50% = 500(万元)
20×7 年应纳税额 = 5 000 × 25% × 50% = 625(万元)

应纳税额总额 = 375 + 500 + 625 = 1 500(万元)。

税收筹划方案节税总额 = 2 375 − 1 500 = 875(万元)。

(二) 尽快取得有关资格证明或证书

企业的实际享受税收优惠期限是否就是法定的优惠期限,取决于企业能否尽快取得相应资格。也就是说,取得资格要在享受优惠开始之前,如果优惠期限开始了,而相应的资格证书还没拿到,那么企业只能在剩余期限享受优惠。而不同的资格证书由不同的管理部门审批授予,有关部门要对企业的情况一一审查核实,而且在认定过程中需要互相监督制约,防止舞弊,不是短时间内就能完成的。从企业提出申请,到最后取得证书,需要一定的时间。因此,企业必须未雨绸缪,算好时间提前申请。

【做中学 4-4-2】

某公司是一家 20×1 年新办的从事环境保护项目的公司。20×1 年 1 月开业,20×1 年到 20×6 年弥补亏损前的应纳税所得额分别为 −600 万元、600 万元、2 000 万元、3 000 万元、4 000 万元、5 000 万元。假设该公司 20×1 年提供申报资料,于 20×4 年获得有关部门的资格确认。

根据上述资料,分析如下:

该公司 20×2 年弥补 20×1 年的亏损,不纳税。20×3 年应纳税金额为 500 万元 (2 000×25%)。

20×4 年到 20×6 年的应纳税额分别为:

20×4 年应纳税额 = 3 000×25%×50% = 375(万元)

20×5 年应纳税额 = 4 000×25%×50% = 500(万元)

20×6 年应纳税额 = 5 000×25%×50% = 625(万元)

应纳税额总额 = 375+500+625 = 1 500(万元)。

该公司在 20×3 年应纳税金额为 500 万元(2 000×25%)。20×1 年至 20×3 年为"三免期",20×4 年到 20×6 年为半征期。企业实际上少享受税收优惠 3 年。只不过 20×1 年和 20×2 年因无应纳税所得额,企业享受税收优惠与否没有太大的关系,但企业 20×3 年不能享受税收优惠,失去了 500 万元企业所得税的免征机会。

综上可知,企业可根据新办企业税收优惠的开始时间不同,选择不同的税收筹划方法,在减轻自身税负的同时又能达到提高经济效益的目的。

二、设备购置抵免的税收筹划

根据《企业所得税法》的规定,企业购置并实际使用《环境保护专用设备企业所得税优惠目录》《节能节水专用设备企业所得税优惠目录》和《安全生产专用设备企业所得税优惠目录》规定的环境保护、节能节水、安全生产等专用设备的,该专用设备的投资额的 10% 可以从企业当年的应纳税额中抵免;当年不足抵免的,可以在以后 5 个纳税年度内结转抵免。

【做中学 4-4-3】

某企业集团于 20×1 年 8 月成立的一家全资子公司,为保障生产安全,准备于 20×1 年 12 月购置一大型安全生产专用设备,设备价款为 300 万元。企业按规定可于 20×1 年至

20×6 年五年期限内抵免所得税＝300×10％＝30（万元）。因该企业生产的产品为新型产品，预计未来 3 年将面临亏损，第四年起，企业将逐渐盈利，20×1 年至 20×7 年预计利润额（假设无任何纳税调整事项）如表 4-7 所示。该企业应如何进行税收筹划才能最大限度地节税？

表 4-9　　　　企业 20×1 年至 20×7 年预计利润额　　　　单位：万元

年　份	利润额	年　份	利润额
20×1 年	－200	20×5 年	130
20×2 年	－120	20×6 年	250
20×3 年	－50	20×7 年	400
20×4 年	80		

根据上述资料，分析如下：

如果企业于 20×1 年 12 月购置该安全生产设备，则企业未来各年应缴纳的企业所得税如下：

20×1 年至 20×3 年为亏损年度，不需要缴纳企业所得税。

20×4 年至 20×5 年弥补前三年的亏损后仍未有盈利，也不需要缴纳企业所得税。

20×6 年弥补以前年度亏损后的利润额为 90 万元，应缴纳企业所得税＝90×25％＝22.5（万元），扣除购置安全生产专用设备抵免额 30 万元后，不需缴纳企业所得税。

因超过 5 年抵免期，剩余的 7.5 万元不得再在 20×7 年抵免。

20×7 年应缴纳企业所得税＝400×25％＝100（万元）

如果企业经过筹划，将该安全生产设备的购置时间推迟一个月，即在 20×2 年 1 月份购买，则企业 20×1 年至 20×6 年应缴纳的企业所得税不发生变化；企业 20×7 年应缴纳的企业所得税还可以扣减安全生产设备的剩余抵免额 7.5 万元，应缴纳的企业所得税减少为 92.5 万元，企业由此获得 7.5 万元的节税收益。

需要注意的是，企业若想充分享受税收抵免的权利，就要正确选择设备的购置时间。一般而言，在企业亏损时期，同时预计企业未来 5 年内无法弥补亏损，或弥补亏损后应缴纳的企业所得税少于设备购置抵免额的，则应在企业需要的限度内尽量推迟设备的购置时间。对可以享受设备购置抵免优惠的企业，必须实际购置并自身实际投入使用前款规定的专用设备。

【拓展阅读】　企业在考虑自身税收影响外，更应该承担社会责任。企业购置环保设备、节能节水专用设备和安全设备等资产并投入使用，一方面，可以减少环境污染，创造良好的社会环境，保证职工的劳动安全；另一方面，也可以为企业减少损失提供保障，因为如果企业没有这些设备，将会受到相关部门的行政处罚（罚款、停业整顿、关闭），安全的设备可以让职工安心工作并提高劳动积极性，同时避免工伤等开支。

三、加计扣除的税收筹划

(一) 研究开发费

研究开发费,是指企业为开发新技术、新产品、新工艺发生的研究开发费用,若未形成无形资产计入当期损益的,在按照规定据实扣除的基础上,按照研究开发费用的100%加计扣除;若形成无形资产的,按照无形资产成本的200%摊销。在正确掌握《企业所得税法》关于"三新"研究开发费用税前加计扣除的具体操作办法以外,还可以利用研究活动与开发活动的模糊性,恰当掌握形成无形资产即资本化的资金额度,通过提前进行加计扣除处理,获取资金的时间价值。

【做中学 4-4-4】

甲企业当期发生"三新"研发支出 3 000 万元,其中,研究阶段的支出为 600 万元,开发阶段满足资本化条件前发生的支出为 600 万元,符合资本化条件后至达到预计用途前发生的支出为 1 800 万元。假定开发形成的无形资产在当期期末已经达到预定用途(尚未开始摊销),摊销期为 10 年。

要求:

(1) 根据税收优惠政策,计算甲企业当年可以少缴纳的税款。

(2) 如果利用研究费用与开发费用的交叉情况,有意识地将一部分(或全部)开发费用计入研究费用,其结果又会如何?

根据上述资料,分析如下:

(1) 在甲企业当期发生的研发支出中,按照会计规定应当费用化的金额为 1 200 万元,形成无形资产的成本为 1 800 万元,即期末形成无形资产的账面价值为 1 800 万元。

甲企业当期发生的 3 000 万元研发支出,按照税法规定,可以在税前扣除的金额为 2 400 万元(1 200×100%+1 200),当年可以减少所得税 300 万元(1 200×25%)。

形成无形资产的账面价值为 1 800 万元,按会计制度规定,每年可摊销 180 万元,按税法规定,全部摊销金额为 3 600 万元(1 800×200%),每年可摊销 360 万元。从而在 10 年摊销期内,每年在其他条件不变的情况下,甲企业可以少缴纳企业所得税 45 万元(180×25%)。

甲企业合计当年可以少缴纳企业所得税 345 万元。

(2) 假设在形成无形资产的 1 800 万元中有 600 万元可计入研究费用。这样,按照税法规定,可以在税前扣除的金额为 3 600 万元(1 800×100%+1 800),甲企业可以少缴纳当年的所得税 450 万元(1 800×25%)。

形成无形资产的账面价值为 1 200 万元,按会计制度规定,每年可摊销 120 万元;按税法规定,全部摊销金额为 2 400 万元(1 200×200%),每年可摊销 240 万元。从而在 10 年摊销期内,每年在其他条件不变的情况下,甲企业可以少缴纳企业所得税 30 万元(120×25%)。合计甲企业当年可以少缴纳企业所得税 480 万元。

需要注意的是,在可能的情况下,纳税人在进行内部研究开发时,应该尽可能地将资本化的部分转化为研究费用,最大限度地发挥其节税效应。但是,由此带来的不利影响是,无形资产的计税基础金额小,对将来的处置效益会产生负面影响。

(二) 企业安置残疾人员所支付的工资

企业安置残疾人员的,<u>在按照支付给残疾职工工资据实扣除的基础上,按照支付给残疾职工工资的100%加计扣除</u>。残疾人员的范围适用《中华人民共和国残疾人保障法》的有关规定。企业安置国家鼓励安置的其他就业人员所支付的工资的加计扣除办法,由国务院另行规定。企业只要录用残疾人士就可享受加计扣除的税收优惠政策。因此企业可以结合自身的经营特点,分析哪些岗位适合安置国家鼓励就业的人员,比较录用上述人员与录用一般人员在工薪成本、培训成本、劳动生产率等方面的差异,<u>在不影响企业总体效益的前提下尽可能录用可以享受优惠政策的残疾人员</u>。

【做中学 4-4-5】

文泰眼镜制造有限责任公司(以下简称"文泰公司")属于劳动密集型企业,现有员工100人,20××年预计实现应纳税所得额100万元。为了解决所在社区残疾人的工作,文泰公司拟招收5名聋哑人员,在车间做眼镜配件装搭工作,预计支付每人每年工资4万元,并依法与安置的每位残疾人签订3年的劳动合同。除此之外,不考虑其他纳税调整因素,不存在以前年度弥补亏损问题,那么文泰公司安置5名残疾人员是否对自己有利呢?

根据上述资料,分析如下:

(1) 如果不安排残疾人就业,则应交企业所得税税额=100×25%=25(万元)。

(2) 如果安排5名残疾人就业,则应交企业所得税税额=(100-20)×25%=20(万元)。

文泰公司节约企业所得税税额=25-20=5(万元)

综上可知,公司安置残疾人就业不但能为社会做贡献,积善行德,而且自身能够享受税收优惠,可谓经济效益与社会责任兼顾。

引例解析

购买普通设备:

支出2 100万元,折旧抵税=2 100×25%=525(万元),购买普通设备净支出=2 100-525=1 575(万元)。

购买节能设备:

支出2 400万元,折旧抵税=2 400×25%=600(万元),投资额抵税=2 400×10%=240(万元),每年节能20万元,10年共计节能200万元,节能净收益=200×(1-25%)=150(万元),购买节能设备的净支出=2 400-600-240-150=1 410(万元),购买节能设备比购买普通设备节约支出=1 575-1 410=165(万元)。

故应该选择购买节能设备,因为依据《企业所得税法》第三十四条和相关文件的规定,企业购置用于环境保护、节能节水、安全生产等专用设备的投资额的10%可以从企业当年的应纳税额中抵免。

【任务设计——进行企业所得税税收筹划】

神州实业有限责任公司(以下简称"神州公司")20××年会计利润为500万元,其他相关事项如下:

(1) 实现销售收入5 700万元,其中包括技术转让所得700万元,纳税申报时已扣除500万元的免税所得。

(2) 当年发生技术改造支出500万元,并形成一项专利权,按5年摊销,本年只按会计准则规定实际摊销了80万元,并在税前扣除。

(3) 公司经审核可以在税前列支工资1 000万元,实际列支1 100万元。已知神州公司没有建立对职工住房等方面的有关补助制度,而当地规定应该按工资的10%提缴住房公积金。

(4) "销售费用"中列支广告费700万元、业务宣传费300万元。

(5) "营业外支出"中列支对某农村小学教学楼项目的直接捐赠100万元。

根据以上资料,对神州公司20××年度应交企业所得税提出合理的筹划建议。

【操作步骤】

第一步:明确我国企业所得税的相关税收规定,寻找筹划空间。

(1) 根据《企业所得税法》和相关税收规定,在一个纳税年度内,居民企业转让技术所有权所得不超过500万元的部分,免征企业所得税;超过500万元的部分,减半征收企业所得税。企业只扣除了500万元的免税所得,如果还有200万元减半征收企业所得税,那么意味着有100万元未享受到税收优惠。

(2) 企业为开发新技术、新产品、新工艺发生的研究开发费用,未形成无形资产计入当期损益的,在按照规定据实扣除的基础上,按照研究开发费用的100%加计扣除;形成无形资产的,按照无形资产成本的200%摊销。只要符合税法规定的"三新"开发支出,就可以得到加计扣除的好处。

(3) 企业依照国务院有关主管部门或者省级人民政府规定的范围和标准为职工缴纳的"五险一金",即基本养老保险费、基本医疗保险费、失业保险费、工伤保险费、生育保险费等基本社会保险费和住房公积金,准予扣除。

(4) 企业发生的符合条件的广告费和业务宣传费支出,除国务院财政、税务主管部门另有规定外,不超过当年销售(营业)收入15%的部分,准予扣除;超过部分,准予结转以后纳税年度扣除。

(5) 企业通过公益性社会团体、公益性群众团体或者县级(含县级)以上人民政府及其部门,用于《中华人民共和国公益事业捐赠法》规定的公益事业的捐赠,其支出不超过年度利润总额12%的部分,准予扣除。

第二步:设计筹划方案。

(1) 可以考虑通过后续服务的方式,将此项所得分两次确认,将其中200万元的所得在次年入账,这样全部700万元所得都可以得到免除。

(2) 应该考虑使技术改造支出符合"三新"开发支出税收优惠的条件,这样形成的无形资产,就可以按其入账价值的200%进行税前摊销,即神舟公司可以税前扣除80万元,从而少计应纳税所得额80万元。

(3) 神舟公司的工资支出有 100 万元(1 100 - 1 000)不能在税前列支,如果神舟公司建立职工住房公积金制度,可以增加对职工个人住房公积金开支 100 万元(1 000 × 10%),则可以少计应纳税所得额 100 万元。

(4) 按税法规定的扣除比例,神舟公司广告费与业务宣传费的超支额为 145 万元(1 000 - 5 700 × 15%),可以考虑将神舟公司的销售部门单独成立一个全资的负责销售的子公司,公司将货物以 4 000 万元的价格卖给子公司,子公司再以 5 000 万元的价格售出。这样,按照两家公司的销售收入来按比例计算列支限额,则这两项费用都在规定的比例之内。这样本年可以少计应纳税所得额 145 万元。

(5) 直接捐赠 100 万元不准在税前列支,神舟公司可以考虑通过非营利性质的机构将此金额捐赠给该小学,这样可以少计应纳税所得额 100 万元。

第三步:计算筹划后应纳所得税税额。

综上可知,通过税收筹划神舟公司在当年可以少计应纳税所得额 525 万元(100 + 80 + 100 + 145 + 100),当年应纳税所得额可由 1 000 万元降低到 475 万元(1 000 - 525),可以少缴企业所得税 131.25 万元(525 × 25%)。

项目内容结构

企业所得税的税收筹划内容结构如图 4-1 所示。

图 4-1 企业所得税的税收筹划内容结构图

知识、技能巩固题

一、单项选择题

1. 根据《企业所得税法》的规定,下列各项中,属于企业所得税纳税人的是(　　)。

A. 一人有限责任公司   B. 个体工商户
C. 合伙企业   D. 个人独资企业

2. 根据《企业所得税法》及其实施条例的规定,下列收入总额中属于征税收入的是(　　)。

A. 财政拨款
B. 依法收取并纳入财政管理的行政事业性收费
C. 国务院规定的不征税收入
D. 利息收入

3. 下列各项中不计入当年的应纳税所得额征收企业所得税的是(　　)。

A. 生产经营收入   B. 接受捐赠的实物资产
C. 按规定缴纳的流转税   D. 将本企业产品分配给股东

4. 企业通过社会非营利组织或政府民政部门进行的公益性、救济性捐赠支出按照(　　)扣除。

A. 全部收入的3%   B. 年度利润总额的3%
C. 全部收入的12%   D. 年度利润总额的12%

5. 企业发生的与生产经营业务直接相关的业务招待费可以(　　)。

A. 按实际发生的50%扣除,但不能超过当年营业收入的5‰
B. 按实际发生的50%扣除,但不能超过当年营业收入的10‰
C. 按实际发生的60%扣除,但不能超过当年营业收入的5‰
D. 按实际发生的60%扣除,但不能超过当年营业收入的10‰

6. 《企业所得税法》规定不得从收入中扣除的项目是(　　)。

A. 职工福利费   B. 广告宣传费
C. 公益性捐赠   D. 赞助费支出

7. 税法规定的高新技术企业适用的所得税税率是(　　)。

A. 25%   B. 20%   C. 15%   D. 10%

8. A企业某年度的会计资料显示,支出工资总额为400万元,其中安置残疾人员所支付的工资为200万元,企业共支付职工福利费70万元。企业会计利润总额为180万元,假定企业无其他纳税调整事项,则A企业该年的应纳税所得额为(　　)万元。

A. -220   B. -20   C. -6   D. -206

9. 从事粮食、蔬菜、肉类、水果等农产品的生产和服务的企业(　　)。

A. 免缴企业所得税   B. 企业所得税"三免三减半"
C. 减半缴纳企业所得税   D. 不享受企业所得税优惠

10. 企业20×1年年末购入设备一台,其原值为50万元,预计残值为10%,折旧年限为5年,企业采取双倍余额递减法计提固定资产折旧,税法规定采取直线法计提固定资产折旧。则20×3年度该项业务的所得税纳税调整额为(　　)万元。

A. 5   B. 4   C. 3   D. 2

二、多项选择题

1. 某企业以房地产对外投资,在计算企业所得税应纳税所得额时,准予扣除的税金包括(　　)。

A. 城镇土地使用税 B. 城市维护建设税
C. 增值税 D. 印花税

2. 企业所得税的纳税义务人包括( )。
A. 国有企业 B. 个人独资企业
C. 股份制企业 D. 合伙企业

3. 下列允许在企业所得税应纳税所得额中据实扣除的有( )。
A. 企业的财产保险费 B. 向金融机构的借款利息支出
C. 转让固定资产的费用 D. 企业的赞助支出

4. 下列各项中,应计入企业所得税应纳税所得额计征的收入有( )。
A. 国家债券利息收入 B. 固定资产租赁收入
C. 企业收到的财政性补贴 D. 出口退回的消费税

5. 下列各项中,在计算企业所得税时准予按比例扣除的项目有( )。
A. 企业的职工福利费用 B. 向金融机构的借款利息支出
C. 企业的业务招待费 D. 企业的广告费

6. 从事( )项目的投资经营所得,从项目取得第1笔生产经营收入所属年度起"三免三减半"。
A. 国家重点扶持公共基础设施 B. 环保
C. 节能 D. 节水

三、判断题

1. 合伙制企业不缴纳企业所得税。 ( )
2. 年应纳税所得额不超过300万元,符合条件的小型微利企业适用20%的企业所得税税率。 ( )
3. 居民企业负担全面纳税义务。 ( )
4. 在物价持续上涨时,企业应选择先进先出法进行企业所得税筹划。 ( )
5. 充分列支工资薪金支出,是企业有效降低税收负担的重要途径。 ( )
6. 企业应纳税所得额的计算应遵循权责发生制原则。 ( )
7. 符合规定的业务招待费可以按照发生额的60%在计算应纳税所得额时扣除,但最高不得超过当年销售收入的5‰。 ( )
8. 已足额提取折旧但仍在使用的固定资产应继续计算折旧并从应纳税所得额中扣除。 ( )
9. 向投资者支付的股息不得在计算应纳税所得额时扣除。 ( )
10. 企业所得税的基本税率是25%。 ( )

四、典型案例分析

1. 甲公司20××年度准备向职工集资5 000万元,该公司共有职工5 000人,人均月工资为2 000元,集资年利率预计为9%,同期同类银行贷款利率为年利率6%。如果甲公司预计20××年度税前会计利润为1 000万元(利息支出全部扣除),请为甲公司作出税收筹划方案。

2. 某企业从事汽车维修和零部件销售,20××年的应纳税所得额为500万元。该企业员工为400人,资产总额为6 000万元,适用25%的企业所得税税率,如果该企业在20××年年初就预测到这个结果,试帮助该企业从税率角度进行筹划以降低企业所得税税负。

3. 某企业集团于20×1年8月成立一家全资子公司,为保障生产安全,准备于20×1年12月购置一大型安全生产专用设备,该设备价款为300万元。企业按规定可于20×1年至20×6年五年期限内抵免所得税30万元(300×10%)。因该企业生产的产品为新型产品,预计企业未来三年将面临亏损,至第四年起将逐渐盈利,企业20×1年至20×7年的预计利润额(假设无任何纳税调整事项)如表4-10所示。请问该企业应如何进行筹划才能最大程度地节税?

表4-10　　　　企业20×1年至20×7年的预计利润额　　　　单位:万元

年　份	金　额	年　份	金　额
20×1年	-200	20×5年	130
20×2年	-120	20×6年	250
20×3年	-50	20×7年	400
20×4年	80		

4. 某商业企业20××年12月份甲商品的收入和发出情况如下:
(1) 12月1日,月初结存1 000件,单价400元/件。
(2) 12月5日,购入2 000件,单价400元/件。
(3) 12月10日,销售2 000件。
(4) 12月15日,购入4 000件,单价500元/件。
(5) 12月20日,销售3 000件。
(6) 12月25日,购入1 000件,单价600元/件。

假定该企业销售甲商品的收入为500万元,涉及的税金及附加为50万元,不考虑其他成本和费用,没有其他调整项目,应纳税所得额等于利润总额,企业所得税税率为25%。请通过计算说明该企业采用先进先出法、加权平均法和移动加权平均法中的哪一种方法更有利于节税。

5. 某企业集团决定通过本县民政部门向受灾地区捐款200万元人民币。该集团下属企业中,只有两家公司具备捐赠该项赈灾款项的经济实力。甲、乙两公司预计20××年分别实现税前会计利润1 000万元和800万元,要如何进行捐赠,既能够实现捐赠200万元的目标,又能够把集团费用降到最低,集团决策者现有如下三个方案。请为该企业集团作出方案决策。

方案1:由甲公司单独捐赠。
方案2:由乙公司单独捐赠。
方案3:由甲、乙公司共同捐赠。

项目五　个人所得税的税收筹划

◇ **职业能力目标**
1. 能对综合所得进行正确的税收筹划。
2. 能对资本投资利得进行正确的税收筹划。
3. 能对财产处置所得进行正确的税收筹划。
4. 能对经营所得进行正确的税收筹划。

◇ **思政素养目标**
1. 遵守个人所得税法律法规,增强守法意识和责任意识。
2. 体会尊老爱幼的传统美德,感受税收的民生情怀。
3. 传承工匠精神,增强个人所得税税收筹划意识。

◇ **典型任务**
1. 把握综合所得政策要点,合理筹划个人综合所得涉税事项。
2. 明确资本投资利得的相关规定,合理筹划个人资本投资利得涉税事项。
3. 利用财产处置所得的政策规定,合理安排个人财产处置所得涉税事项。
4. 解读经营所得的相关规定,合理筹划经营所得涉税事项。

任务一　综合所得的税收筹划

引　例

李某和江某为 A 企业的员工,20××年李某的年终奖为 144 000 元,江某的年终奖为 144 001 元,假定这两个人当月的工资都超过免征额。经计算李某年终奖应纳个人所得税为 14 190 元,税后净收入为 129 810 元(144 000－14 190)。江某年终奖应纳个人所得税为 27 390.2 元,税后净收入为 116 610.8 元(144 001－27 390.2)。

江某与李某年终奖净额差为－13 199.2 元(116 610.8－129 810)。江某比李某的年终奖多 1 元,但最后得到的税后净收入却少了 13 199.2 元。这是为什么?

【知识准备与业务操作】

居民个人取得工资、薪金,劳务报酬,稿酬,特许权使用费等四项所得,统称为"综合所得"。综合所得以每一纳税年度的收入额减除费用 6 万元以及专项扣除、专项附加扣除和依法确定的其他扣除后的余额,为应纳税所得额。

综合所得适用七级超额累进税率,税率为 3%～45%,综合所得适用税率表如表 5-1 所示。

表 5-1　　　　　　　　　　综合所得适用税率表

级　数	全年应纳税所得额	税率	速算扣除数
1	不超过 36 000 元的部分	3%	0
2	超过 36 000 元至 144 000 元的部分	10%	2 520
3	超过 144 000 元至 300 000 元的部分	20%	16 920
4	超过 300 000 元至 420 000 元的部分	25%	31 920
5	超过 420 000 元至 660 000 元的部分	30%	52 920
6	超过 660 000 元至 960 000 元的部分	35%	85 920
7	超过 960 000 元的部分	45%	181 920

注:① 本表所称全年应纳税所得额是指,居民个人取得综合所得以每一纳税年度收入额减除费用 6 万元以及专项扣除、专项附加扣除和依法确定的其他扣除后的余额。② 非居民个人取得工资、薪金所得,劳务报酬所得,稿酬所得和特许权使用费所得,依照本表按月换算后计算应纳税额。

一、工资薪金所得的税收筹划

(一)工资薪金所得税收筹划的基本思路

工资、薪金所得,是指个人因任职或者受雇而取得的工资、薪金、奖金、年终加薪、劳动分红、津贴、补贴以及与任职或者受雇有关的其他所得。

在合法、合规的前提下,个人工资薪金所得的税收筹划应坚持"应扣不漏、应免不扣""综合考虑、免税效应"的基本思路。具体来说,应从以下几个方面着手:

(1) 充分考虑影响应纳税额的因素。影响工资薪金所得的应纳税额的因素有两个,即应纳税所得额和税率。因此,要降低税负,无非是运用合理又合法的方法减少应纳税所得额,或者通过周密的设计和安排,使应纳税所得额适用较低的税率。应纳税所得额是取得的收入减除免征额、专项扣除、专项附加扣除等后的余额,在实行超额累进税率的条件下,减除越多,所适用的税率越低。

(2) 充分利用工资薪金所得的税收优惠政策。税收优惠是税收制度的基本要素之一,是国家为了实现税收调节功能,在税种设计时有意而为的,纳税人充分利用这些条款,可以减轻税负。

(3) 充分进行事前筹划。税收筹划应坚持事前筹划,要有超前性和目的性,必须在工资薪金发放之前进行筹划,系统地对各项人工成本的支付行为作出事先安排,以达到减少个人所得税的目的。

(二) 工资薪金所得税收筹划的具体方法

1. 通过福利手段减少名义工资

我国工资、薪金适用的是七级超额累进税率,因而工资数额的提高,也意味着上缴税款的比重增加。怎样使职工的实际工资水平保持不变,同时又使所承担的税收款项最小化,是纳税人所共同关心的。一般可行的做法是由企业提供一些必要的福利,从而相应地减少职工的税前工资,使税后实际收入水平和调整前保持一致。具体的调整方法如下:

（1）企业提供免费膳食或者由企业直接支付搭伙管理费。企业提供的膳食餐饮必须具有不可变现性,即不可转让,不能兑换现金。

（2）使用企业提供的家具及住宅设备。企业向职工提供住宅或由企业支付租金时,由企业统一配备家具及住宅设备,然后收取低租金。

（3）企业提供办公用品和设施。某些职业的工作需要专用设备,如广告设计人员需要高档计算机。如果由职工自己购买,则职工会提出加薪的要求,而加薪就要上税。此时由企业购买后配给职工使用,可避免纳税。

（4）企业提供车辆供职工使用,该车辆不可以再租与他人使用。

（5）使用由企业缔结合约提供给职工的公共设施,如水、电、煤气、电话。

总之,对于缴纳工资、薪金所得税的个人,在前面所述的法律允许的条件下,能福利化的尽量福利化。其节约的主要方法是在保证提高消费水平的前提下,降低所得额,规避高边际税率,达到减轻税负的目的。对于企业,要在遵守税法的前提下,合理地选择职工收入的支付方式,以帮助职工提高生活水平。一味地增加名义货币收入,从税收的角度来看并不是完全可取的。

【做中学 5-1-1】

小李为A公司的员工,年薪为20万元。其中,税法允许税前扣除的专项扣除为4万元,专项附加扣除为3万元。目前,A公司提供的工资外的职工福利较差。请从节税角度为A公司进行工资的筹划。

筹划前:

小李应纳个人所得税＝(200 000－60 000－40 000－30 000)×10%－2 520＝4 480(元)

筹划思路:建议A公司充分利用税法规定的职工福利费、职工教育经费等税前扣除标准,为职工提供上下班交通工具、三顿工作餐、工作手机及相应通信费、工作电脑、职工宿舍、职工培训费、差旅费补贴等福利选项,由每位职工根据自身需求选用。选用公司福利的员工,工资会适当降低,以弥补公司提供上述福利的成本。

筹划后:假设经过选择,小李享受了公司提供的福利1万元,由此,年薪降低1万元。则:

小李应纳个人所得税＝(190 000－60 000－40 000－30 000)×10%－2 520＝3 480(元)

筹划后,小李的节税金额为1 000元(4 480－3 480)。

2. 科研项目费用转化法

科研项目费用转化法适合于科研项目较多的高校和研究院。高校、研究院有许多科研项目,假如科研人员利用自筹经费方式开展课题立项及研究,相应地就可以事先与高校、研究院协议在今后该成果计算发放科研津贴或奖励时,先报销研发过程中发生的审稿、出版、材料等相关科研支出,再按照规定给科研人员发放津贴差额,以降低计税依据。

【做中学 5-1-2】

林老师20××年开始自筹经费研究税收筹划相关课题,共发表论文5篇,期间支付调研费、版面费、资料费等38 000元。20××年年末按照林老师所在学校科研考核和奖励规定,统计其成果,总计应发放科研津贴40 000元。请从节税角度为林老师作出筹划方案。(为计算简便,暂不考虑工资和各类扣除)

根据上述资料,分析如下:

若林老师一次取得40 000元,按规定需纳税1 480元(40 000×10%−2 520),税后收入为38 520元;若将事先支付的38 000元报销后,取得津贴差额2 000元,则应纳税60元(2 000×3%),经筹划可节税1 420元(1 480−1 420)。

3. 将部分工资改为劳务报酬

《中华人民共和国个人所得税法》(以下简称"《个人所得税法》")规定,个人兼职取得的收入应按照劳务报酬所得应税项目缴纳个人所得税;劳务报酬所得、稿酬所得、特许权使用费所得以收入减除百分之二十的费用后的余额为收入额。因此,将部分工资筹划为劳务报酬,有利于帮助纳税人节税。当然,将部分工资改为兼职收入应当具备一定的条件,例如,工资在同一个集团内的不同公司里分别发放,纳税人需有在不同公司任职的相关文件和资料,将在一家公司的工作确定为专职,缴纳社保,将另一家公司的工作确定为兼职,不缴纳社保。

【做中学 5-1-3】

老王是A公司的总经理,月收入为50 000元,A公司在外地设立了一家子公司B公司,老王兼任B公司的董事长。老王每月在外地工作三天,处理相关业务,B公司不给老王支付工资。请从节税角度为老王作出筹划方案。(为计算简便,不考虑社保和专项附加扣除等)

筹划前:

老王全年应纳个人所得税=(50 000×12−60 000)×30%−52 920=109 080(元)

筹划思路:将老王在A公司的职位设为专职,A公司每月支付老王30 000元;将老王在B公司的职位设为兼职,B公司每月支付老王20 000元。筹划后,老王全年应纳个人所得税=[(30 000×12)+(20 000×12×80%)−60 000]×30%−52 920=94 680(元)。

根据《营业税改征增值税试点实施办法》的规定,由于劳务报酬所得不属于单位聘用的员工为本单位提供取得工资的服务,因此需要缴纳增值税和附加税;老王应交增值税和附加税=20 000×12÷(1+3%)×3%×(1+7%+3%)=7 689.32(元)。

筹划后:

老王的节税额=109 080−(94 680+7 689.32)=6 710.68(元)

4. 权衡平时工资与全年一次性奖金的发放

居民个人取得的全年一次性奖金,符合《国家税务总局关于调整个人取得全年一次性奖金等计算征收个人所得税方法问题的通知》(国税发〔2005〕9号)规定的,在2027年12月31

目前,不并入当年综合所得,以全年一次性奖金收入除以 12 个月得到的数额,按照按月换算后的综合所得税率表(简称"月度税率表"),确定适用税率和速算扣除数,单独计算纳税。计算公式如下:

$$应纳税额=全年一次性奖金收入×适用税率-速算扣除数$$

居民个人取得的全年一次性奖金,也可以选择并入当年综合所得计算纳税。

【做中学 5-1-4】

A 公司的财务总监张某 20×1 年度的税前年薪为 100 万元,A 公司与张某在合同中约定,平时发放 50 万元,年末一次性发放 50 万元。请从节税角度为张某作出筹划方案。(不考虑专项扣除、专项附加扣除和其他扣除因素)

筹划前:

张某平时应纳税额 =(50-6)×30%-5.292=7.908(万元)

张某年末应纳税额 =50×30%-0.441=14.559(万元)

应纳税额合计 =7.908+14.559=22.467(万元)

筹划后:

方案一:将张某全年一次性奖金选择并入当年综合所得,则:

全年应纳税额 =(100-6)×35%-8.592=24.308(万元)。

方案二:将张某工资按平时 60 万元,年末 40 万元发放,则:

平时应纳税额 =(60-6)×30%-5.292=10.908(万元)

年末应纳税额 =40×25%-0.266=9.734(万元)

应纳税额合计 =10.908+9.734=20.642(万元)

通过以上不同发放方式的对比可以发现,同样的工资薪金,只是简单地将平时发放与年末一次发放进行调节,找到最优平衡点,就能达到完全不同的节税效果。方案二与筹划前相比节税 1.825 万元(22.467-20.642)。该方法利用了个人所得税超额累进税率的特点,还有全年一次性奖金速算扣除数的特殊规定,只要单位财务和人力资源人员稍加理解就可操作节税,简单易懂。平时工资与年终奖发放的计税方式不同,因此必有一个最佳平衡点,达到总体税负最低。故企业需要提前筹划,并与员工在签订合同时加以说明。

5.掌握好纳税临界点

在对年终奖进行税收筹划时,一方面要注重降低税率,另一方面应避开纳税禁区。

引例解析

李某的年终奖为 144 000 元,按照年终奖个人所得税的计算方式,144 000 除以 12 为 12 000,对应的税率为 10%,对应的速算扣除数为 210;而江某 144 001 元除以 12 约为 12 000.08 元,超过了 12 000 元这个"临界点",其对应的税率一下从 10%"蹦"到了 20%,对应的速算扣除数为 1 410 元。实际上,个人所得税 7 个纳税区间的起点,均为税率变化的"临界点",容易出现年终奖看似增加,但税后的实际收入不升反降的情况。

因此,用人单位在发放年终奖时,也需要合理安排好金额,尽量避开那些"临界点"数额。除了计算员工税前收入外,还要计算税后的收入,防止出现"不升反降"的情况。

6. 充分利用减免税、可扣除等政策

(1) 免税。

下列项目，免征个人所得税：

❶ 独生子女补贴。

❷ 执行公务员工资制度未纳入基本工资总额的补贴、津贴差额和家属成员的副食品补贴。

❸ 托儿补助费。

❹ 差旅费津贴、误餐补助。

❺ 省级人民政府、国务院部委和中国人民解放军军以上单位，以及外国组织、国际组织颁发的科学、教育、技术、文化、卫生、体育、环境保护等方面的奖金。

❻ 按照国家统一规定发给的补贴、津贴。

❼ 福利费、抚恤金、救济金。

❽ 保险赔款。

❾ 军人的转业费、复员费、退役金。

❿ 按照国家统一规定发给干部、职工的安家费、退职费、基本养老金或者退休费、离休费、离休生活补助费。

⓫ 对国有企业职工，因企业被依法宣告破产，从破产企业取得的一次性安置费收入。

⓬ 对工伤职工及其近亲属按照规定取得的工伤保险待遇。

⓭ 个人与用人单位解除劳动关系取得一次性补偿收入（包括用人单位发放的经济补偿金、生活补助费和其他补助费），在当地上年职工平均工资3倍数额以内的部分，免征个人所得税，超过3倍数额的部分，不并入当年综合所得，单独适用综合所得税率表，计算纳税。

(2) 专项扣除。

专项扣除，包括居民个人按照国家规定的范围和标准缴纳的基本养老保险、基本医疗保险、失业保险等社会保险费和住房公积金等。

(3) 专项附加扣除。

专项附加扣除，是指《个人所得税法》规定的子女教育、继续教育、大病医疗、住房贷款利息、住房租金和赡养老人、3岁以下婴幼儿照护等七项专项附加扣除。

❶ 子女教育专项附加扣除。纳税人的子女接受学前教育和全日制学历教育的相关支出，按照每个子女每月2 000元的标准定额扣除。

❷ 继续教育专项附加扣除。纳税人在中国境内接受学历继续教育的支出，在学历教育期间按照每月400元定额扣除。

❸ 大病医疗专项附加扣除。在一个纳税年度内，纳税人发生的与基本医保相关的医药费用支出，扣除医保报销后个人负担（指医保目录范围内的自付部分）累计超过15 000元的部分，纳税人在办理年度汇算清缴时，在80 000元限额内据实扣除。

❹ 住房贷款利息专项附加扣除。纳税人本人或者配偶单独或者共同使用商业银行或者住房公积金个人住房贷款为本人或者其配偶购买中国境内住房，发生的首套住房贷款利息支出，在实际发生贷款利息的年度，按照每月1 000元的标准定额扣除，扣除期限最长不超过240个月。纳税人只能享受一次首套住房贷款的利息扣除。

❺ 住房租金专项附加扣除。纳税人在主要工作城市没有住房而发生的住房租金支出，可以按照以下标准定额扣除：

a. 承租的住房位于直辖市、省会城市、计划单列市以及国务院确定的其他城市,扣除标准为每月 1 500 元。

b. 承租的住房位于其他城市的,市辖区户籍人口超过 100 万的,扣除标准为每月 1 100 元。

c. 承租的住房位于其他城市的,市辖区户籍人口不超过 100 万(含)的,扣除标准为每月 800 元。

❻ 赡养老人专项附加扣除。纳税人赡养一位及以上年满 60 岁的父母,以及子女均已去世的年满 60 岁的祖父母、外祖父母的赡养支出,统一按照以下标准定额扣除:

a. 纳税人为独生子女的,按照每月 3 000 元的标准定额扣除。

b. 纳税人为非独生子女的,由其与兄弟姐妹分摊每月 3 000 元的扣除额度,每人分摊的额度不能超过每月 1 500 元。可以由赡养人均摊或者约定分摊,也可以由被赡养人指定分摊。

❼ 3 岁以下婴幼儿照护专项附加扣除。3 岁以下婴幼儿的监护人,从婴幼儿出生的当月至满 3 周岁的前一个月,按照每孩每月 2 000 元的标准定额进行扣除。

(4) 其他扣除。其他扣除,包括个人缴付符合国家规定的企业年金、职业年金,个人购买符合国家规定的商业健康保险、税收递延型商业养老保险的支出,以及国务院规定可以扣除的其他项目。

❶ 自 2017 年 7 月 1 日起对个人购买符合规定的商业健康保险产品的支出允许在当年(月)计算应纳税所得额时予以税前扣除,扣除限额为 2 400 元/年,即 200 元/月。

❷ 自 2022 年 1 月 1 日起,对个人养老金实施递延纳税优惠政策。在缴费环节,个人向个人养老金资金账户的缴费,按照 12 000 元/年的限额标准,在综合所得或经营所得中据实扣除;在投资环节,计入个人养老金资金账户的投资收益暂不征收个人所得税;在领取环节,个人领取的个人养老金,不并入综合所得,单独按照 3% 的税率计算缴纳个人所得税,其缴纳的税款计入"工资、薪金所得"项目。

❸ 企业和事业单位为在本单位任职或者受雇的全体职工根据规定标准缴付的企业年金、职业年金,在计入个人账户时,个人暂不缴纳个人所得税。

【拓展阅读】 2019 年实施的个人所得税改革,提高了个人所得税免征额,增加子女教育、大病医疗等专项费用扣除,建立综合与分类相结合的税制模式。这不仅符合民众关切,也成为了政府的务实之举;这不仅是政府的民生情怀,也是不断提升群众的获得感、幸福感、安全感的一项重要内容。

【做中学 5-1-5】

老张和夫人膝下有一儿一女,分别就读小学和初中。20××年度,老张的应纳税所得额为 10 万元(尚未考虑子女教育专项附加扣除),张夫人的应纳税所得额为 3 万元(尚未考虑子女教育附加专项扣除)。现安排了以下三个税收筹划方案可供选择,请为老张和夫人作出方案决策。

方案 1:张夫人申报两个子女的教育专项附加扣除 2.4 万元。

方案 2:老张和夫人各申报一个子女的教育专项附加扣除 1.2 万元。

方案 3:老张申报两个子女的教育专项附加扣除 2.4 万元。

根据上述资料,分析如下:

方案1:老张应纳个人所得税=100 000×10%-2 520=7 480元

张夫人应纳税所得额=30 000-48 000=-18 000元,不用交个人所得税。

应纳个人所得税总额=7 480元

方案2:老张应纳个人所得税=(100 000-24 000)×10%-2 520=5 080元

张夫人应纳个人所得税=(30 000-24 000)×3%=180元

应纳个人所得税总额=5 080+180=5 260元

方案3:老张应纳个人所得税=(100 000-48 000)×10%-2 520=2 680元

张夫人应纳个人所得税=30 000×3%=900元

应纳个人所得税总额=2 680+900=3 580元

通过比较可知,方案3缴纳的个人所得税最少,故老张一家应选择方案3。

二、劳务报酬所得的税收筹划

(一) 劳务报酬所得征税范围

劳务报酬所得,是指个人从事设计、装潢、安装、制图、化验、测试、医疗、法律、会计、咨询、讲学、新闻、广播、翻译、审稿、书画、雕刻、影视、录音、录像、演出、表演、广告、展览、技术服务、介绍服务、经纪服务、代办服务以及其他劳务报酬的所得。

1. 劳务报酬与工资薪金的区别

劳务报酬与工资薪金的区别在于劳务报酬是独立个人从事非雇佣劳动取得的所得,而工资薪金属于非独立个人劳动所得,即在企事业单位中任职、受雇而得到的报酬,存在雇佣与被雇佣关系。

2. 兼职收入的个人所得税处理

个人兼职取得的收入,应按照"劳务报酬所得"税目缴纳个人所得税。

3. 有关证券经纪人、个人保险代理人佣金收入的个人所得税处理

(1) 证券经纪人从证券公司取得的佣金收入,应按照"劳务报酬所得"税目缴纳个人所得税。证券经纪人佣金收入由展业成本和劳务报酬构成,对展业成本部分(目前展业成本的比例暂定为每次收入额的40%)不征收个人所得税。

(2) 个人保险代理人以其取得的佣金、奖励和劳务费等相关收入(不含增值税)减去地方税费附加及展业成本,按照劳务报酬所得规定计算个人所得税。展业成本,为佣金收入减去地方税费附加余额的40%。

(二) 劳务报酬所得税收筹划的具体方法

要想减少劳务报酬所得的应纳税额,可以通过增加费用开支,尽量减少应纳税所得额,或者通过增加收入次数、平摊收入的方法,将每一次的劳务报酬所得安排在较低税率的范围内。具体而言,劳务报酬所得的节税筹划操作实例有以下几种情况:

1. 将部分劳务报酬费用转移

纳税人出外兼职,必然会增加一些日常费用开支,如差旅、住宿餐饮等费用。这些费用,通

常需要由纳税人自己承担,但双方可以经过协商,由兼职企业支付给纳税人这些日常费用,适当降低劳务报酬;这样,虽然纳税人会减少名义收入,但由于减少了计税基础,实际收益会增加。

【做中学 5-1-6】
林教授应邀为外地某企业做内控辅导,双方签订合同规定,该企业一次性支付劳务报酬 30 000 元,其他费用由林教授自行承担。根据行程安排,林教授此行大约需发生日常开支 5 000 元。则:

林教授应纳税额预缴 = 30 000 × (1 − 20%) × 30% − 2 000 = 5 200(元)

林教授此行税后净收益 = 30 000 − 5 200 − 5 000 = 19 800(元)

若双方协商,更改合同中的报酬条款为"企业向林教授支付讲课费 25 000 元,往返交通、食宿费全部由企业负责",则林教授只需就 25 000 元收入纳税,则:

应纳税额预缴 = 25 000 × (1 − 20%) × 20% = 4 000(元)

税后净收益 = 25 000 − 4 000 = 21 000(元)

此次筹划后林教授的节税金额为 1 200 元(21 000 − 19 800)。

2. 将劳务报酬所得筹划为经营所得

对个人从事劳务活动,是按照劳务报酬所得还是经营所得纳税的主要区别是是否取得营业执照。劳务报酬所得的个人所得税税基为收入的 80%(即毛利率高达 80%)。而在个体工商户、合伙企业或个人独资企业下,个人所得税税基是以每一纳税年度的收入总额减除成本、费用以及损失后的余额,为应纳税所得额。一系列扣减下来,最后的应纳税所得额绝对能低于收入的 80%。在劳务报酬缴税方式下,最高适用 45% 的税率,但是如果按照经营所得的累进税率,最高税率也才 35%,对那些收入比较高的个人劳务收入,只需由个人成立一家个体工商户或个人独资企业(合伙企业),就可以将劳务报酬所得转化为经营所得,巧妙地避开高税率。

【做中学 5-1-7】
刘某在业余时间为一家公司提供法律咨询服务,每月获得报酬 50 000 元。为取得这 50 000 元的报酬,刘某每月需要支付往返车费及其他费用合计 30 000 元(暂不考虑其他收入)。请计算刘某全年应缴纳的个人所得税以及分析应如何进行税收筹划。

根据上述资料,分析如下:

刘某年度收入 = 50 000 × 12 = 600 000(元)

年度成本 = 30 000 × 12 = 360 000(元)

(1) 按照劳务报酬所得计算,则:

刘某全年需要缴纳个人所得税税额 = 600 000 × (1 − 20%) × 30% − 52 920 = 91 080(元)

(2) 若刘某成立一家个体工商户,则纳税情况如下:

因为每月金额只有 50 000 元,作为小规模纳税人,达不到增值税的起征点,因此不涉及流转税金及附加。则:

个人所得税年应纳税所得额=600 000-360 000=240 000(元)

应纳税额=240 000×20%-10 500=37 500(元)

综上可知,经过筹划,若刘某成立一家个体工商户,刘某的收入可按经营所得纳税,可少纳税款 53 580 元(91 080-37 500)。

3. 将劳务报酬收入分次、分项

根据税法规定,扣缴义务人向居民个人支付劳务报酬所得时,按次或者按月预扣预缴个人所得税。劳务报酬所得,属于一次性收入的,以取得该项收入为一次;属于同一项目连续性收入的,以一个月内取得的收入为一次。连续性收入集中在某个月份发放,会导致当月税负的增加,分散均衡发放可以减轻税负。双方可以设计合同,将一次性收入均衡分摊,或者将连续性收入尽量平均发放,把每一次的劳务报酬所得安排在较低税率区间内收取,先按较低预扣率预缴税款,达到延期纳税的目的。

【做中学 5-1-8】

20××年,林教授利用业余时间,为某广告公司作创意设计,依业务完成情况,广告公司年初一次性给予林教授 38 000 元。林教授需预缴税额=38 000×(1-20%)×30%-2 000=7 120(元)。

若双方将合同修改为:林教授分 12 个月收取,前 11 个月每月固定收取 3 000 元,最后一个月,根据业务完成情况,进行总额清算。在本例中,还应收取 5 000 元,则需预缴税额=(3 000-800)×20%×11+5 000×(1-20%)×20%=4 840+800=5 640(元)。

此例中,年终,劳务报酬所得需要进行汇算清缴,最终缴纳的税额是相同的,但通过变更合同,可延缓纳税 1 480 元。

三、稿酬所得的税收筹划

(一) 稿酬所得征税范围

稿酬所得是指个人因其作品以图书、报刊等形式出版、发表而取得的所得。

(1) 任职、受雇于报纸、杂志等单位的记者、编辑等专业人员,因在本单位的报纸、杂志上发表作品取得的所得,属于因任职、受雇而取得的所得,应与其当月工资收入合并,按"工资、薪金所得"项目征收个人所得税。

除上述专业人员以外,其他人员在本单位的报纸、杂志上发表作品取得的所得,应按"稿酬所得"项目征收个人所得税。

出版社的专业作者撰写、编写或翻译的作品,由本社以图书形式出版而取得的稿费收入,应按"稿酬所得"项目计算缴纳个人所得税。

(2) 遗作稿酬。作者去世后,财产继承人取得的遗作稿酬,应当征收个人所得税。

(二) 稿酬所得税收筹划的具体方法

1. 费用转移筹划法

根据税法规定,个人取得的稿酬所得以收入额的 56% 作为应纳税所得额。如果能在现有扣除标准下,再多扣除一定的费用,或想办法减少应纳税所得额,就可以相应减少应纳税额。通常情况下,纳税人可以和出版社沟通,由对方提供调研、社会实践等前期的费用。这样,出版社为纳税人支付前期搜集素材费用;纳税人将完工作品的版权卖予出版社,取得稿费和版权收入。

【做中学 5-1-9】

林教授欲创作一本关于民营企业实体经济发展方面的专业书籍,需要到浙江、广东等地区进行实地考察研究,出版社与林教授达成协议,规定稿费总额为 25 万元,预计到浙江、广东的考察费用支出为 8 万元。如果由林教授自己负担费用,则:

应预缴税额 = 25 × 56% × 20% = 2.8(万元)

税后净收益实际收入 = 25 - 2.8 - 8 = 14.2(万元)

如果改由出版社负担 8 万元费用,则:

林教授实际获得稿费为 17 万元,应预缴税额 = 17 × 56% × 20% = 1.904(万元)

税后净收益 = 17 - 1.904 = 15.096(万元),可节税 0.896 万元。

2. 将稿酬所得筹划为经营所得

对于那些经常有稿酬所得的作者,可以考虑成立个人独资企业的工作室,把个人稿酬变成企业对外服务。因为个人独资企业按照经营所得的累进税率缴纳个人所得税,最高税率为 35%;而在稿酬缴税方式下,最高适用 45% 的税率。因此,成立一家个人独资企业,就可以将稿酬所得转化为经营所得,巧妙地避开高税率。

四、特许权使用费所得的税收筹划

(一) 特许权使用费所得征税范围

特许权使用费所得,是指个人提供专利权、商标权、著作权、非专利技术以及其他特许权的使用权取得的所得。

(1) 提供著作权的使用权取得的所得,不包括稿酬的所得。

(2) 对于作者将自己的文字作品手稿原件或复印件公开拍卖(竞价)取得的所得,属于提供著作权的使用所得,故应按"特许权使用费所得"税目征收个人所得税。

(3) 个人取得特许权的经济赔偿收入,应按"特许权使用费所得"税目缴纳个人所得税。

(4) 编剧从电视剧的制作单位取得的剧本使用费,统一按"特许权使用费所得"(而非"稿酬所得")税目征收个人所得税,不论剧本使用方是否为其任职单位。

(二) 特许权使用费所得的税收筹划

个人可以采取将特许权出售、投资入股等方式将特许权提供给企业使用,从而获得收入;通常情况下,提供使用权比转让所有权的应纳税额少。

> **【做中学 5-1-10】**
> 林教授申请了一项专利技术,专利权属个人拥有。对于此项专利技术,现有两个方案供其选择:一是将其转让出售,可获转让收入 100 万元(不含增值税);二是将该专利折合成股份投资,让其拥有相同价款(100 万元)的股权,预计在 10 年内每年可获取股息收入 10 万元。从节税角度考虑,林教授应采取哪种方案比较有利?
>
> 根据上述资料,分析如下:
>
> 方案 1:将专利技术单纯转让。专利技术属于无形资产,若将其转让,需按 6% 缴纳增值税,但根据相关规定,纳税人办理备案手续后,可免征增值税。但林教授需要缴纳个人所得税 = $100 \times (1-20\%) \times 35\% - 8.592 = 19.408$(万元),实际税后所得 = $100 - 19.408 = 80.592$(万元)。
>
> 方案 2:将专利技术折合成股份,拥有股权。按照"营改增"相关规定,此项操作也可免征增值税。根据《个人所得税法》规定,作为股东,获取的股息、红利,应按 20% 的比例税率缴纳个人所得税。当年应纳个人所得税 = $10 \times 20\% = 2$(万元),当年实际税后所得 = $10 - 2 = 8$(万元)。
>
> 综上可知,在方案 2 下,通过特许权投资,当年林教授仅需负担 2 万元的税款。如果每年都可以获取股息收入 10 万元,那么经营 10 年,在不考虑货币时间和风险的情况下,就可以收回全部转让收入,而且还可得到 100 万元的股份。

五、非居民个人综合所得的税收筹划

(一) 非居民个人综合所得应纳税额的计算

非居民个人是指在中国境内无住所,且一个纳税年度内在中国境内居住累计不满 183 天的个人。

1. 应纳税所得额

非居民个人的工资、薪金所得,以每月收入额减除费用 5 000 元后的余额为应纳税所得额;劳务报酬所得、稿酬所得、特许权使用费所得,以每次收入额为应纳税所得额。

非居民个人取得的劳务报酬所得、稿酬所得、特许权使用费所得,属于一次性收入的,以取得该项收入为一次;属于同一项目连续性收入的,以一个月内取得的收入为一次。

2. 应纳税额

工资、薪金所得应纳税额和劳务报酬所得、稿酬所得、特许权使用费所得应纳税额的计算公式如下:

工资、薪金所得应纳税额 = (每月收入额 - 5 000 元) × 税率 - 速算扣除数

劳务报酬所得、稿酬所得、特许权使用费所得应纳税额 = 每次(月)收入额 × 税率 - 速算扣除数

其中,税率表为按月换算后的综合所得税率表。

(二) 非居民个人综合所得筹划

1. 充分利用短期非居民个人的税收优惠

【做中学 5 – 1 – 11】

20×1年,美国公民汤姆与美国A培训机构签订了一份劳务合同,要求他来中国服务6个月,双方约定,在中国工作期间,汤姆每月工资为20 000元。请从节税的角度为汤姆的工资作出筹划。

筹划前:

汤姆就该工资应纳个人所得税=[(20 000-5 000)×20%-1 410]×6=1 590×6=9 540(元)

筹划分析:

根据《个人所得税法实施条例》第五条规定,在中国境内无住所的个人,在一个纳税年度内在中国境内居住累计不超过90天的,其来源于中国境内的所得,由境外雇主支付并且不由该雇主在中国境内的机构、场所负担的部分,免予缴纳个人所得税。

建议汤姆与A培训机构签订分年度的劳务合同,即20×1年在中国工作3个月,20×2年再在中国工作3个月,则汤姆符合"在一个纳税年度内在中国境内居住累计不超过90天的,其来源于中国境内的所得,由境外雇主支付并且不由该雇主在中国境内的机构、场所负担的部分,免予缴纳个人所得税"的规定,可以节税9 540元。

2. 均衡发放工资

根据相关规定,工资、薪金所得,适用3%~45%的七级超额累进税率纳税,因此如果职工的月工资不均衡,每月工资忽高忽低,则其税负会较重,因为工资高的月份可能适用相对较高的税率,而工资低的月份适用的税率也较低,甚至连法定免征额都没有达到,无需纳税。

【做中学 5 – 1 – 12】

某外籍教师,属于中国的非居民个人,因工作需要,20××年需要在中国某高校工作4个月,根据考核预计,4个月的工资分别为3 000元、6 000元、4 000元和20 000元,总额为33 000元。请从节税角度为该外籍教师的工资作出筹划。

筹划前:

该外籍教师20××年度在中国应纳个人所得税=(6 000-5 000)×3%+(20 000-5 000)×20%-1 410=1 620(元)

筹划分析:该外籍教师20××年预计总工资为33 000元,前3个月可以先按平均数8 000元发放,最后一个月发放9 000元(33 000-8 000×3)。

筹划后:

该外籍教师20××年度在中国应纳个人所得税＝(8 000－5 000)×3％×3＋(9 000－5 000)×10％－210＝460(元)

通过筹划,该外籍教师的节税金额为1 160元(1 620－460)。

任务二 资本投资利得的税收筹划

引例

张三、李四两人各投资200万元成立某公司。该公司经过两年的经营,有未分配利润300万元,现该公司需增加注册资本,张三无意投入,欲转让股份,经过评估,张三所持股份市值为350万元,王五也有意出此价购买。

请问:张三何时转让该股份能降低税负?

【知识准备与业务操作】

一、资本投资利得的相关规定

(一) 资本投资利得的征税对象

资本投资利得是指个人拥有债权、股权而取得的利息、股息、红利所得。利息,是指个人拥有债权而取得的利息,包括存款利息、贷款利息和各种债券的利息。按税法规定,个人取得的利息所得,除国债和国家发行的金融债券利息外,应当依法缴纳个人所得税。股息、红利,是指个人拥有股权取得的股息、红利。按照一定的比率对每股发给的息金称为股息;公司、企业应分配的利润按股份分配的称为红利。股息、红利所得,除另有规定外,都应当缴纳个人所得税。

(二) 资本投资利得的应纳税所得额

按照《个人所得税法》的规定,投资者从企业取得的股息、红利所得,应当缴纳个人所得税,以每次分配收入额为应纳税所得额,适用比例税率,税率为20％。如果企业分配股息、红利所得时,不是分配货币性资产,而是分配实物,如企业生产的产品或购买的其他货物、有价证券等,也要根据实物价格或市场价格核定应纳税所得额,据以征税。

《个人所得税法实施条例》第八条规定:个人所得的形式,包括现金、实物和有价证券。所得为实物的,应当按照取得的凭证上所注明的价格计算应纳税所得额;无凭证的实物或者凭证上所注明的价格明显偏低的,由主管税务机关参照当地的市场价格核定应纳税所得额。所得为有价证券的,由主管税务机关根据票面价格和市场价格核定应纳税所得额。如何使个人投资最大限度地留存是个人投资筹划的主要任务,个人进行投资决策时,最重要的因素就是投资的净收益,也就是扣除各项税款和费用的最终收益。

(三) 资本投资利得的具体规定

1. 个人投资者向企业借款长期不归还应征税

《财政部 国家税务总局关于规范个人投资者个人所得税征收管理的通知》(财税〔2003〕

158号)规定,纳税年度内个人投资者从其投资企业(个人独资企业、合伙企业除外)借款,在该纳税年度终了后既不归还,又未用于企业生产经营的,其未归还的借款可视为企业对个人投资者的红利分配,依照"利息、股息、红利所得"项目计征个人所得税。

> **【做中学 5-2-1】**
>
> 王某为某房地产公司的股东之一,自20×1年至今一直和企业之间存在互相借款行为。王某20×2年3月从企业借款290万元,其间又陆续和企业发生互相借款行为,并陆续归还。20×3年王某将290万元归还企业。请问此笔借款是否需要按"股息红利"项目缴纳个人所得税?
>
> 根据上述规定,王某在20×2年3月从企业借款290万元,所借款项未用于生产经营,到20×2年12月31日终了后,王某仍未归还企业。该借款应视为企业对王某的红利分配,应按"利息、股息、红利所得"项目代扣代缴王某的个人所得税58万元(290×20%)。如果王某能提供证据证明所借款项290万元是用于企业生产经营的,不视为企业对王某的红利分配。

2. 关于用所有者权益项目转增资本个人所得税的问题

根据税法规定,股份制企业用资本公积金转增股本不属于股息、红利性质的分配,对个人取得的转增资本数额,不作为个人所得,不征收个人所得税。

"资本公积金"是指股份制企业股票溢价发行收入所形成的资本公积金。而与此不相符合的其他资本公积金分配个人所得的部分,应当依法征收个人所得税。股份制企业用盈余公积金、未分配利润派发红股属于股息、红利性质的分配,对个人取得的红股数额,应作为个人所得征税。

> **【做中学 5-2-2】**
>
> A股份公司由甲、乙、丙三个自然人投资设立,投资比例为5∶3∶2。为了扩大资本总额,A股份公司决定用企业盈余公积金和资本公积金转增资本。账务处理如下:
>
> 借:盈余公积——法定盈余公积　　　　　　　　　　　600 000
> 　　资本公积——资本溢价　　　　　　　　　　　　　300 000
> 　贷:实收资本——甲　　　　　　　　　　　　　　　450 000
> 　　　实收资本——乙　　　　　　　　　　　　　　　270 000
> 　　　实收资本——丙　　　　　　　　　　　　　　　180 000
>
> 请分别计算股东甲、乙、丙应纳个人所得税税额。
>
> 股东甲应纳个人所得税=600 000×50%×20%=60 000(元)
> 股东乙应纳个人所得税=600 000×30%×20%=36 000(元)
> 股东丙应纳个人所得税=600 000×20%×20%=24 000(元)
>
> 上述税款由派发红股的A公司代扣代缴。

> **引例解析**
>
> 方案1：张三直接按350万元将其所拥有的股份转让给王五，那么张三应纳个人所得税：(350－200)×20%＝30(万元)。
>
> 方案2：先让王五对公司进行投资350万元，公司总股本增加到600万元，因为公司原有股本的价值除了原始的投资，还要包含该企业的未分配利润，所以王五的投资中只能有200万元作为股本，占公司股份的33.33%。余款150万元根据财务制度规定记入资本公积，之后再将这150万元的资本公积转增为股本。根据规定，以企业的资本公积转增股本，不缴纳个人所得税。公司股本共为750万元，张三、李四、王五各占250万元，此时，张三拥有该公司股权250万元，未分配利润100万元。如果此时再按350万元的价格转让其股权，那么张三应纳个人所得税：(350－250)×20%＝20(万元)。显然，选用方案2比方案1少缴纳个人所得税10万元。不过，使用该方法进行纳税筹划，设计方案时必须认真仔细，而且操作比较复杂。

3. 关于股东因撤资取得债权收入征税的问题

根据《国家税务总局关于个人股东取得公司债权债务形式的股份分红计征个人所得税问题的批复》(国税函〔2008〕267号)规定，个人取得的股份分红所得包括债权、债务形式的应收账款、应付账款相抵后的所得。个人股东取得公司债权、债务形式的股份分红，应以其债权形式应收账款的账面价值减去债务形式应付账款的账面价值的余额，加上实际分红所得为应纳税所得，按照规定缴纳个人所得税。

> **【做中学5-2-3】**
>
> 长江公司要进行改制，张某作为股东要求撤资，公司按规定分给张某股本500万元和红利200万元，由于公司现金不足，只支付给张某600万元的现金，差额部分用公司的100万元债权分配，用来补偿其分红。
>
> 根据上述资料，张某的应纳税所得额为其取得的股份分红200万元(现金100万元、债权100万元)。长江公司应按照"利息、股息、红利"税目为其代扣代缴个人所得税40万元，(200×20%)。

(四) 资本投资利得税收优惠

1. 投资国债

购买国债是一种值得考虑的投资方向。根据《个人所得税法》第四条规定，个人取得的国债和国家发行的金融债券，其利息所得免税。这里所说的国债利息是指个人持有中华人民共和国财政部发行的债券而取得的利息所得，金融债券是指个人持有经国务院批准发行的金融债券而取得的利息所得。

2. 投资股票

财税〔2015〕101号规定：个人从公开发行和转让市场取得的上市公司股票，持股期限在1个月以内(含1个月)的，其股息红利所得全额计入应纳税所得额；持股期限在1个月以上至1年(含1年)的，暂减按50%计入应纳税所得额；持股期限超过1年的，股息红利所得暂免征收个人所得税。上述所得统一适用20%的税率计征个人所得税。

3. 投资保险

我国相关法律规定,居民在购买保险时可享受以下三大税收优惠:

(1) 三险一金。个人按照国家或地方政府规定的比例提取并缴付的住房公积金、养老保险、医疗保险、失业保险金,不计入个人当期的工资、薪金收入,免缴个人所得税。

(2) 保险赔款。由于保险赔款是赔偿个人遭受意外不幸的损失,不属于个人收入,免缴个人所得税。

(3) 个人税收递延型养老保险。个人税收递延型养老保险,是指个人缴纳的保费在一定金额之内可以在税前工资中扣除,而在将来退休后领取保险金时再缴纳的养老保险。

二、所得再投资筹划

对于个人因持有某公司的股票、债券而取得的股息、红利所得,税法规定予以征收个人所得税。但为了鼓励企业和个人进行投资和再投资,各国都不对企业留存未分配利润征收所得税。如果个人对企业的前景看好,就可以将本该领取的股息、红利所得留在企业,作为对公司的再投资,而企业则可以将这部分所得以股票或债券的形式记在个人名下。这种做法既可以避免缴纳个人所得税,又可以更好地促进企业的发展,使自己的股票价值更加可观。但这种方法要求个人对企业的前景比较乐观,如果个人感觉其他公司的发展前景更为乐观,即使缴纳个人所得税后,再购买该种股票,其总收益也会更大,则另当别论。

【做中学 5-2-4】

李先生是某机械制造公司的股东,预计 20×× 年年底的分红可以获得 50 万元收入。李先生不知道到时获得该项收入投资于何处,涉及哪些税种,便到当地一税务师事务所进行咨询。请从税务师事务所的角度为李先生作出税收筹划。

根据上述资料,分析如下:

本例涉及个人取得收入如何进行投资的问题,这与人们的日常经济生活息息相关。

个人进行投资时,最重要的因素就是投资的净收益,如果一项投资的收益的表面值很高,但要缴纳的税收和规费同样也很高,则净收益不一定能吸引人;相反,虽然某些投资的表面收益率不高,但实际收益效果很好,则这项投资也会吸引众多投资者。

《个人所得税法》第二条规定,个人取得的利息、股息、红利所得应缴纳个人所得税。因而如果李先生领取该笔分红,就要按照 20% 的税率计征个人所得税,实际只会得到 40 万元(50−50×20%)。

如果李先生看好该企业的发展前景,觉得投资于此会产生很大的收益,则可以直接留存企业,不用支取,以免无益地缴纳税款。如果李先生不看好该企业的发展前景,则应支取该笔分红,然后用这笔分红进行其他投资。

三、转换投资所得形式

《财政部 国家税务总局关于规范个人投资者个人所得税征收管理的通知》(财税〔2003〕158号)规定,除个人独资企业、合伙企业以外的其他企业的个人投资者,以企业资金为本人、家庭成员及其相关人员支付与企业生产经营无关的消费性支出及购买汽车、住房等财产性支出,视为企业对个人投资者的红利分配,依照"利息、股息、红利所得"项目计征个人所得税。同时税法对此又作了补充规定,即企业购买车辆并将车辆所有权办到股东个人名下,其实质为企业对股东进行了红利性质的实物分配,应按照"利息、股息、红利所得"项目征收个人所得税。考虑到该股东个人名下的车辆同时也为企业经营使用的实际情况,允许合理减除部分所得;减除的具体数额由主管税务机关根据车辆的实际使用情况合理确定。

> **【做中学 5-2-5】**
> A企业是一个由甲、乙两位股东投资组建成立的有限责任公司,20××年年初公司拟分配税后利润50万元,按照公司章程约定,甲、乙可以分别分得税后红利30万元和20万元。甲、乙从公司和个人需要考虑,决定将分配的红利购置小汽车用于单位和个人使用。如果企业对税后利润进行分配,无论是分配现金还是购置小汽车后分配给股东,都要按照税法规定扣缴甲、乙两人税后红利的20%的个人所得税,合计10万元(50×20%)。但是,如果A企业购买车辆并将车辆所有权办到甲、乙股东个人名下,虽然税法还是认定其实质为企业对股东进行了红利性质的实物分配,应按照"利息、股息、红利所得"项目缴纳个人所得税,但不是就车价的全额缴税,而是允许合理减除部分所得,且减除数额要根据车辆的实际使用情况确定。

四、设置双层公司,利用股息所得免税筹划

根据现行个人所得税政策,个人从投资的公司获得的股息应缴纳20%的个人所得税。

根据现行的企业所得税政策,企业从投资的公司中获得的股息不需要纳税,如果个人投资者从公司取得的股息仍然用于投资,则可以考虑用新成立公司的方式来减轻税收负担。成立新公司以后可将各类股息汇总到该公司,由于此时公司不需要缴纳企业所得税,该公司可将免税所得用于各项投资。

> **【做中学 5-2-6】**
> 刘女士拥有甲公司40%的股份,每年可从该公司获得500万元的股息,根据我国现行个人所得税制度,刘女士每年需缴纳100万元的个人所得税,刘女士拟将所获得的股息全部投资于股票或者直接投资于其他企业,刘女士应如何进行税务筹划?
> 根据上述资料,分析如下:
> 刘女士可以用该股权以及部分现金投资设立一家一人有限责任公司——刘氏投资公司,由刘氏投资公司持股甲公司40%的股权,刘氏投资公司每年从甲公司获得的500万元股息就不需要缴纳企业所得税;刘女士原定的股息投资于股票或者其他企业的投资计划可以由刘氏投资公司来进行,刘氏投资公司投资于其他企业所获的股息同样不需要缴纳企业所得税,这样就免除了刘女士每次获得股息所得所应当承担的个人所得税纳税义务。

任务三 财产处置所得的税收筹划

引 例

王五20×4年1月2日通过受赠方式分别取得A、B两套市价均为100万元的住房。A、B两套住房的原价均为50万元,购房时间均为20×1年1月3日,A套住房是通过其他无偿赠与方式取得的;B套住房是通过继承、遗嘱等一般赠与方式取得的。

请问:如果王五准备在20×5年2月份转让其中的一套住房,他该转让哪套住房呢?

【知识准备与业务操作】

一、财产租赁所得的税收筹划

(一)财产租赁所得的税收规定

财产租赁所得,是指个人出租建筑物、土地使用权、机器设备、车船以及其他财产取得的所得。个人取得的财产转租收入也属于"财产租赁所得"项目的征税范围,由财产转租人缴纳个人所得税。

1.应纳税所得额

财产租赁所得以1个月内取得的收入为一次,实行按次征税。

(1)每次(月)收入≤4 000元:

应纳税所得额=每次(月)收入额—财产租赁过程中缴纳的税费—由纳税人负担的租赁财产实际开支的修缮费用(800元为限)—800元

(2)每次(月)收入>4 000元:

应纳税所得额=[每次(月)收入额—财产租赁过程中缴纳的税费—由纳税人负担的租赁财产实际开支的修缮费用(800元为限)]×(1—20%)

2.应纳税额

$$应纳税额 = 应纳税所得额 \times 20\%(或者10\%)$$

(二)维修费用节税

对出租的房屋进行维修是每个房屋出租者都会遇到的问题,在维修时间上,多数房屋出租者都会选择在需要维修的时候就进行维修。此种维修方式虽说很合乎常理,但却忽略了税收因素。按照税法规定,向承租人收取房屋租金,此种行为应该缴纳个人所得税(其他税种在此忽略不计),假如适当地选择房屋的维修时间,那么出租者将会节约一笔不小的税款。

【做中学5-3-1】

老王将一间店面出租给他人,租期为5个月,在扣除相关费用后老王月应纳税所得额为2 000元。

根据上述资料,分析如下:

假如在出租后的第二个月里,老王打算对屋顶进行防水处理,预计花费3 200元,工期一周。在此种情况下,整个租期内老王应承担的个人所得税为:

(1) 老王在房屋出租后的第一个月内应纳税款：$2\,000\times20\%=400$（元）。

(2) 老王对房屋进行维修后的第二个月至第五个月应纳税款：

其花费的 3 200 元维修费用，依照规定可以按每月 800 元在以后 4 个月内扣除（假设老王已取得了合法有效的房屋维修发票）。

其应纳税额为：$[(2\,000-800)\times20\%]\times4=960$（元）。

在整个租赁期间老王所负担的个人所得税为：$400+960=1\,360$（元）。

而假如老王将对屋顶防水处理的时间选择在租赁结束以后，那么在此种情况下，老王应承担的个人所得税为：$2\,000\times20\%\times5=2\,000$（元）。

老王将修房时间选择在租赁期间与将修房时间选择在租赁结束以后，其税负相差 $2\,000-1\,360=640$（元）。

当然，我们还应考虑房屋安全性问题，不能因片面地追求节省税款，在房屋需要维修时不去维修而等到有人租赁时才对房屋进行维修。

(三) 租金分期节税

相关税收法律规定，当每次（月）收入小于 4 000 元时可定额扣除 800 元作为应纳税所得额，在这种情况下扣除的比例大于 20%。因此，当通过收入分期，可将每次（月）的收入降低到 4 000 元以下时，可节约个人所得税税额。

【做中学 5-3-2】

黄先生在某写字楼拥有两间办公室，20××年 1 月起出租给丙公司办公，租期 1 年，租金 3 万元。黄先生希望丙公司于进驻前一次性付清房租，而该公司则希望能按月支付房租。请从税收筹划的角度为黄先生房租收入的取得方式提出建议。

根据上述资料，分析如下：

方案 1：如果黄先生一次性取得房租，则：

应纳个人所得税税额 $=30\,000\times(1-20\%)\times20\%=4\,800$（元）

方案 2：如果黄先生分月取得房租，则：

每月应纳个人所得税税额 $=(30\,000\div12-800)\times20\%=340$（元）

全年应纳个人所得税税额 $=340\times12=4\,080$（元）

综上可知，分月取得房租相比一次性取得房租，黄先生的税负可以减轻 720 元（4 800－4 080），所以黄先生应采取分月的方式取得房租。

二、财产转让所得的税收筹划

(一) 财产转让所得的税收规定

财产转让所得，是指个人转让有价证券、股权、建筑物、土地使用权、机器设备、车船以及其他财产取得的所得。

1. 应纳税所得额

财产转让所得，按照一次转让财产的收入额减除财产原值和合理费用后的余额，为应纳税所得额。

财产原值,是指:

(1) 有价证券,为买入价以及买入时按照规定缴纳的有关费用。
(2) 不动产,为建造费或者购进价格以及其他有关费用。
(3) 土地使用权,为取得土地使用权所支付的金额、开发土地的费用以及其他有关费用。
(4) 机器设备、车船,包括购进价格、运输费、安装费以及其他有关费用。
(5) 其他财产,参照以上方法确定。

纳税义务人未提供完整、准确的财产原值凭证,不能正确计算财产原值的,由主管税务机关核定其财产原值。

合理费用,是指卖出财产时按照规定支付的有关税费。

2. 应纳税额

应纳税额 = 应纳税所得额 × 20% = (收入总额 − 财产原值 − 合理费用) × 20%

(二) 个人股权转让的税收筹划

根据《国家税务总局关于加强股权转让所得征收个人所得税管理的通知》(国税函〔2009〕285号)文件规定:

(1) 个人股权交易各方在签订股权转让协议并完成股权转让交易以后至企业变更股权登记之前,负有纳税义务或代扣代缴义务的转让方或受让方,应到主管税务机关办理纳税(扣缴)申报,并持税务机关开具的股权转让所得缴纳个人所得税完税凭证或免税、不征税证明,到工商行政管理部门(现为市场监督管理部门)办理股权变更登记手续。

(2) 税务机关应加强对股权转让所得计税依据的评估和审核。对扣缴义务人或纳税人申报的股权转让所得相关资料应认真审核,判断股权转让行为是否符合独立交易原则,是否符合合理性经济行为及实际情况。对申报的计税依据明显偏低(如平价和低价转让等)且无正当理由的,主管税务机关可参照每股净资产或个人股东享有的股权比例所对应的净资产份额核定。

从本质上来说,该文件是加强征管的文件,并不是实质性规定新政策的文件,原个人所得税法已有规定,个人转让股权应按照财产转让所得征收个人所得税,税率为20%。由于当年税收形势紧张,国税总局下发了该文件,重点是规范股权的转让价格,如对申报的计税依据明显偏低(如平价和低价转让等)且无正当理由的,主管税务机关可参照每股净资产或个人股东享有的股权比例所对应的净资产份额来加以核定。这点将对个人转让股权的方式产生影响,如不注意筹划,可能会造成重复纳税,给个人带来不必要的损失。

【做中学 5 - 3 - 3】

张三将100万元投资于A企业,取得A公司100%的股权。两年后,张三将股份转让给关联人李四,转让价格仍为100万元,转让之时,A公司的净资产为150万元,按照国税函〔2009〕285号,对于平价或低价转让且无正当理由的,税务部门可参照投资企业的净资产核定转让价格,即转让价格应不低于转让时A公司的净资产,即转让价格应不低于150万元,则张三应缴纳个人所得税 = (150 − 100) × 20% = 10(万元)。如转让给李四后,A公司分配股利50万元,则李四还需要缴纳红利个人所得税 = 50 × 20% = 10(万元)。以上合计缴纳个人所得税为20万元。

为规避这一政策规定,建议在转让个人股权时,应采取先分配后转让的策略,仍以上例说明:

在张三准备转让 A 公司股权时,可先考虑让 A 公司分配股利 50 万元,张三取得股利应缴纳个人所得税=50×20%=10(万元),分配股利后 A 公司的净资产降至 100 万元,这时候张三再转让股权,则符合国税函〔2009〕285 号的规定,转让价格等于净资产的份额,无须再补缴税款。这时候,本次转让行为加股利分配只需缴纳个人所得税 10 万元,比上例减少 10 万元。

(三) 个人转让住房的税收筹划

在实务中,个人住房转让最常见的形式是买卖,承受方应缴纳的税种及税率如表 5-2 所示;出让方应缴纳的税种及税费如表 5-3 所示。

表 5-2　　　　　　　　　　承受方应缴纳的税种及税率

税　种	计税金额	房　屋　类　型		税　率
契税	成交价格	非住宅		3%
		非普通住宅		3%
		普通住宅	非首次购买	3%
			144 平方米以下(首次购买)	1.5%
			90 平方米及以下(首次购买)	1%
印花税	成交价格	住宅		免征
		非住宅		0.05%

表 5-3　　　　　　　　　　出让方应缴纳的税种及税费

税　种	非　住　房	住　房	
		普通住房	非普通住房
增值税、城市维护建设税、教育费附加	(成交价格-购入原价)×5.5%	不足 2 年的,按 5.5% 征收率全额缴纳增值税、城市维护建设税附加;2 年以上(含 2 年)的,免征增值税	
个人所得税	个人能够提供完整、准确的房屋原值凭证,应纳个人所得税=(转让收入额-住房原值-转让过程中缴纳的税金-合理费用)×20% 个人未能提供完整、准确的房屋原值凭证,按纳税人住房转让收入的 1%—3% 核定其应纳个人所得税税额 转让 5 年唯一生活用房的免征个人所得税		
土地增值税	实行四级超额累进税率计算征收;无法获取相关数据的按转让收入的 0.5% 征收率征收土地增值税	免征	免征
印花税	0.05%	免征	免征

注:将购买 2 年(含 2 年)以上、位于北、上、广、深的非普通住房对外销售按差额征税。

买卖双方需要充分利用税收规定,最大限度地利用税收优惠政策,减少涉税成本。

首先,要严格对照规定正确确认房产原值。个人转让住房,以其转让收入额减除财产原值和合理费用后的余额为应纳税所得额,按照"财产转让所得"项目缴纳个人所得税。而应纳税所得额＝房产转让收入额－房产原值－合理费用。为此,正确确认房产原值对于个人转让住房缴纳个人所得税至关重要。

其次,要尽最大可能地扣除所有合理费用。个人转让住房缴纳个人所得税按"转让收入－房产原值－转让住房过程中缴纳的税金及有关合理费用"的20%征收。在确认转让收入和房屋原值的基础上,进行税收筹划时要注意两方面的问题:一是纳税人在转让住房时实际缴纳的城市维护建设税、教育费附加、土地增值税、印花税等税金可以扣除;二是纳税人按照规定实际支付的住房装修费用、住房贷款利息、手续费、公证费等费用可以扣除。当然,有关合理费用的扣除是有严格限定条件的。

【做中学 5-3-4】

假设王五于20×1年2月以40万元的总价(含购买时所缴税金)在某省会城市购买了一套100平方米的商品房,住房装修费用5万元,支付住房按揭贷款利息2万元(除公证费和有关手续费外),均有相应规范的票据。20×3年1月,他决定将房屋以105万元的总价售出。请计算王五出售房屋应缴纳的相关税费。

根据上述资料,分析如下:

由于王五取得产权证或完税发票的时间不满2年,所需缴纳的税费为:

(1) 增值税＝1 050 000÷(1+5%)×5%＝50 000(元)

城市维护建设税及教育费附加＝50 000×(7%+3%)＝5 000(元)

(2) 免征印花税、土地增值税。根据规定:"对居民个人拥有的普通住宅,在其转让时暂免征收印花税、土地增值税。"

(3) 应纳个人所得税＝个人所得税应纳税所得额×20%＝(转让收入－房屋原值－转让住房过程中缴纳的税金－有关合理费用)×20%,其中,房屋原值为400 000元;转让住房过程中缴纳的税金为5 000元;合理费用＝住房装修费用＋住房按揭贷款利息等费用＝400 000×10%+20 000＝60 000(元)(住房装修费用5万元只能扣除4万元)。则:

个人所得税应纳税所得额＝1 050 000÷(1+5%)－400 000－5 000－60 000＝535 000(元)

应纳个人所得税＝个人所得税应纳税所得额×20%＝535 000×20%＝107 000(元)

再次,要充分用好用足相关税收优惠政策。对个人转让自用5年以上,并且是家庭唯一生活用房取得的所得,免征个人所得税。满足以下情形的房屋产权无偿赠与,对当事双方不征收个人所得税:❶ 房屋产权所有人将房屋产权无偿赠与配偶、父母、子女、祖父母、外祖父母、孙子女、外孙子女、兄弟姐妹;❷ 房屋产权所有人将房屋产权无偿赠与对其承担直接抚养或者赡养义务的抚养人或者赡养人;❸ 房屋产权所有人死亡,依法取得房屋产权的法定继承人、遗嘱继承人或者受遗赠人。

受赠人转让受赠房屋的,以其转让受赠房屋的收入减除原捐赠人取得该房屋的实际购置成本以及赠与和转让过程中受赠人支付的相关税费后的余额,为受赠人的应纳税所得额,依法计征个人所得税。受赠人转让受赠房屋价格明显偏低且无正当理由的,税务机关可以依据该房屋的市场评估价格或其他合理方式确定的价格核定其转让收入。

对照这些政策法规规定,纳税人可对即将自用满 5 年的家庭唯一生活用房,尽量使用 5 年期满后再转让。

最后,要适当选择核定征税的特殊规定。国税发〔2006〕108 号文件规定,纳税人未提供完整、准确的房屋原值凭证,不能正确计算房屋原值和应纳税额的,税务机关可根据《中华人民共和国税收征收管理法》(以下简称"《税收征管法》")第三十五条的规定,对其实行核定征税,即按纳税人住房转让收入的一定比例核定应纳个人所得税额。具体比例由省级税务局或者省级税务局授权的地市级税务局根据纳税人出售住房的所处区域、地理位置、建造时间、房屋类型、住房平均价格水平等因素,在住房转让收入 1%～3% 的幅度内确定。这无疑为人们进行有关税收筹划提供了新空间。

【做中学 5-3-5】

沿用[做中学 5-3-4]的资料,假设王五所在的省份规定普通住房转让的个人所得税征收比例为 2%,如果王五不提供完整、准确的房屋原值凭证,不能正确计算房屋原值和应纳税额,则根据规定,王五应纳个人所得税 = 1 050 000 ÷ (1 + 5%) × 2% = 20 000(元),这样,比筹划前节省 87 000 元(107 000 - 20 000)。

同时,各省对土地增值税的核定征税比例也不一样,如江西省对普通标准住宅的预征率仅暂定为 1%,同时,该省规定,对纳税人因财务制度不健全,主管税务机关难以对其预征税款情况进行项目结算和已完工项目税款进行清算的,主管税务机关有权按照《税收征管法》的有关规定,对其应纳的土地增值税实行核定征收,核定征收的税款不能低于预征率计算出来的税款。为此,即使在征收土地增值税的情况下,纳税人在土地增值税方面也有可能获得收益。所以在某种情况下,人们充分利用好核定征税这一特殊政策规定,无疑可以合理合法地节税。

三、股权激励个人所得税政策

股权激励的方式主要分为三种:股票期权、限制性股票、股票增值权。

(一) 股票期权所得额

(1) 员工行权时,其从企业取得股票的实际购买价(施权价)低于购买日公平市场价(指该股票当日的收盘价)的差额,应按"工资、薪金所得"税目适用的规定计算缴纳个人所得税。

(2) 员工在行权日之前将股票期权转让的,以股票期权的转让净收入,应按"工资、薪金所得"税目适用的规定计算缴纳个人所得税(股票期权转让收入扣除折价购入股票期权时实际支付的价款后的余额)。

需要注意的是:❶ 员工接受实施股票期权计划企业授予的股票期权时,除另有规定外,一般不作为应税所得征税。❷ 员工将行权后的股票再转让时获得的高于购买日公平市场价的差额,是因个人在证券二级市场上转让股票等有价证券而获得的所得,应按照"财产转让所得"税目适用的征免规定计算缴纳个人所得税。(个人将行权后的境内上市公司股票再行转让而取得的所得,暂不征收个人所得税;个人转让境外上市公司的股票而取得的所得,

应按税法的规定计算应纳税所得额和应纳税额,依法缴纳税款)

(二) 限制性股票所得额

上市公司实施限制性股票计划时,应以被激励对象限制性股票在中国证券登记结算公司(境外为证券登记托管机构)进行股票登记日期的股票市价(指当日收盘价)和本批次解禁股票当日市价(指当日收盘价)的平均价格乘以本批次解禁股票份数,减去被激励对象本批次解禁股份数所对应的为获取限制性股票实际支付资金数额,其差额为应纳税所得额。

(三) 股票增值权所得额

股票增值权被授权人获取的收益,是由上市公司根据授权日与行权日股票差价乘以被授权股数,直接向被授权人支付的现金。

居民个人取得股票期权、股票增值权、限制性股票等股权激励,在 2027 年 12 月 31 日前,不并入当年综合所得,全额单独适用综合所得税率表计算纳税。其计算公式如下:

$$应纳税额 = 股权激励收入 \times 适用税率 - 速算扣除数$$

居民个人一个纳税年度内取得两次以上(含两次)股权激励的,应合并计算纳税。

【做中学 5 - 3 - 6】

王某、张某同为 C 公司员工,20×1 年 1 月 C 公司实行股票期权计划,授予王某股票期权 20 000 股,授予价为 5 元/股,并约定自 20×1 年 6 月 1 日起王某可以行权。20×1 年 6 月 10 日王某以授予价购买股票 20 000 股,当天股票收盘价为 10 元/股。20×1 年 1 月 1 日 C 公司经股东大会同意授予公司高管限制性股票,并于当天按每股 10 元的价格授予张某 20 000 股限制性股票,并收到股款 200 000 元,当天股票收盘价为 15 元/股。根据计划规定,自授予日起至 20×1 年 12 月 31 日为禁售期,禁售期后 3 年内分两批解锁,第一批为 20×2 年 6 月 1 日,解锁 40%,第二批为 20×3 年 6 月 1 日,解锁剩余的 60%。20×2 年 6 月 1 日公司股票收盘价为 30 元/股,经考核符合解锁条件,对张某的股票实行解禁。20×3 年 6 月 1 日,经考核不符合解锁条件,根据惩罚性措施,向张某回购该部分股票,并返还购股款 50 000 元。

根据上述资料,分析如下:

(1) 20×1 年 6 月 10 日王某行权时应缴纳个人所得税 = [20 000 × (10 - 5) × 10% - 2 520] = 7 480(元)

(2) 20×2 年 6 月 1 日张某解锁第一批股票时的应纳税所得额 = [(30 + 15) ÷ 2 - 10] × 20 000 × 40% = 100 000(元)

应纳个人所得税 = 100 000 × 10% - 2 520 = 7 480(元)

(3) 20×3 年 6 月 1 日张某经考核不符合解禁条件,股票被公司收回并返还了股款,不需缴纳个人所得税。

四、偶然所得的税收筹划

偶然所得,是指个人得奖、中奖、中彩以及其他偶然性质的所得。得奖是指参加各种有奖竞赛活动,取得名次得到的奖金;中奖、中彩是指参加各种有奖活动,如有奖销售、有奖储蓄,或者购买彩票,经过规定程序,抽中、摇中号码而取得的奖金。偶然所得应缴纳的个人所得税税款,一律由发奖单位或机构代扣代缴。

(一)偶然所得的临界点筹划

偶然所得是个人得奖、中奖、中彩以及其他偶然性质的所得,对偶然所得统一按照20%的比例税率缴纳个人所得税。根据"临界点"税负差异原理,可以对特殊项目的偶然所得进行税收筹划。

> **【做中学5-3-7】**
> 李先生于20××年2月因购买体育彩票而中奖,获得奖金11 000元,应纳个人所得税为2 200元(11 000×20%),实际获得税后收入为8 800元(11 000−2 200)。
> 如果其获得的奖金不是11 000元,而是10 000元,那么李先生就无须纳税,后者比前者反而多收益1 200元。只有当奖金超出1万元并达到一定数额时,获奖者才不会感到"吃亏"。下面通过设立方程式求解均衡点:
> 令奖金为X,则有:$(1-20\%)X \geqslant 10\,000$
> 解之得,$X \geqslant 12\,500$(元),换言之,如果奖金落在区间(10 000,12 500),那么,税后收益反而会低于10 000元。

因此,发行体育彩票和社会福利有奖募捐的单位在设立奖项时,应当考虑税收政策的规定,要么低于10 000元,要么超过12 500元。

(二)偶然所得捐赠的税收筹划

个人将其所得通过中国境内的社会团体、国家机关向教育和其他社会公益事业以及遭受严重自然灾害地区、贫困地区的捐赠,捐赠额未超过纳税人申报的应纳税所得额30%的部分,可以从应纳税所得额中扣除,超过部分不得扣除。而个人通过非营利性的社会团体和国家机关向红十字事业的捐赠,向福利性、非营利性的老年服务机构的捐赠,向农村义务教育的捐赠,对公益性青少年活动场所(其中包括新建)的捐赠,准予在所得额中全额扣除。

个人通过公益性社会组织或者县级以上人民政府及其部门等国家机关,捐赠用于应对新型冠状病毒感染疫情的现金和物品,以及个人直接向承担疫情防治任务的医院捐赠用于应对新型冠状病毒感染疫情的物品,允许在计算应纳税所得额时全额扣除。

> **【做中学5-3-8】**
> 甲参加社会的抽奖,中奖所得共计为100万元,该人如果将其所得90万元通过民政局捐赠给贫困山区,那么其个人所得税应纳税额应该如何计算?
> 根据上述资料,分析如下:
> (1)根据《个人所得税法》的有关规定,甲的捐赠额可以从应纳税所得额中扣除的金额=100×30%=30(万元)
> (2)应纳税所得额=偶然所得−捐赠额可以扣除额=100−30=70(万元)
> (3)应纳税额=应纳税所得额×适用税率=70×20%=14(万元)

其应纳税额 14 万元超过了其实际所得 10 万元。

该人如果将其所得 90 万元捐赠给红十字会,那么其个人所得税应纳税额=(100-90)×20%=2 万元,还实际可得 8 万元。

需要注意的是,纳税人在捐赠之前应多作研究比较,认真做好税收筹划,以避免增加个人负担。

引例解析

如果王五转让 A 住房,根据规定,以其他无偿赠与方式取得的住房,其购房时间确定为发生受赠行为后新的房屋产权证或契税完税证明上注明的时间。王五是通过其他无偿赠与方式取得该住房,并于 20×4 年 1 月 2 日缴纳契税和办妥赠与产权转移登记手续的,其购房时间即为 20×4 年 1 月 2 日。所以王五在 20×5 年 2 月转让 A 套住房,远远没有达到 2 年免征增值税的要求,需要缴纳增值税。

如果王五转让 B 住房,根据规定,其购房时间按发生受赠、继承、离婚财产分割行为前的购房时间确定。王五是通过一般赠与方式取得 B 套住房的,其购房时间被认定为 20×1 年 1 月 3 日,所以在 20×5 年 2 月份转让 B 套住房,符合 2 年免征增值税的要求。所以,本例中王五应该转让 B 套住房。

【任务设计——房产买卖和赠与的筹划】

张 A 欲将一套面积为 120 平方米的住房赠与直接赡养义务人李 B,这也是李 B 的唯一住房,该房产的市场价值为 105 万元,张 A 不能提供取得该房产完整、准确的房屋原值凭证,当地个人所得税核定税率为 1%,假定 1 年后李 B 以 147 万元出售该房产,税务机关确定可以扣除的有关合理费用为 5 万元。本例中,双方应该选择赠与方式还是买卖方式?

【操作步骤】

第一步:明确受赠人取得赠与人无偿赠与的不动产的目的。

如果受赠人取得赠与人无偿赠与的不动产后,准备再次转让该项不动产,则应选择买卖方式。这样不仅可以减轻总体税负,而且可以取得税务机关开具的发票。

第二步:分析张 A 所购房产的不同时间,分别计算各自的应纳税额。

假设一:张 A 的房产购买时间超过 5 年(含 5 年)

方案一,采用赠与方式。

赠与时:张 A 不用缴税。李 B 应纳契税=105÷(1+5%)×3%=3(万元)。

李 B 转让时:不用缴税。

方案二,采用购买方式。

购买时:张 A 不用缴税。李 B 应纳契税=105÷(1+5%)×1.5%=1.5(万元)。

李 B 转让时:不用缴税。

方案二比方案一节税 1.5 万元。

> **假设二**：张 A 所赠房产的购买时间不足 2 年
>
> 方案一，采用赠与方式。
>
> 赠与时：张 A 不用缴税。李 B 应纳契税 = 105 ÷ (1+5%) × 3% = 3(万元)。
>
> 李 B 转让时：李 B 应纳增值税 = 147 ÷ (1+5%) × 5% = 7(万元)，城市维护建设税及教育费附加 = 7 × 10% = 0.7(万元)，应纳个人所得税 = (140 - 3 - 5 - 0.7) × 20% = 26.26(万元)。双方合计应纳税 = 3 + 7.7 + 26.26 = 36.96(万元)。
>
> 方案二，采用购买方式。
>
> 购买时：张 A 应纳增值税 = 105 ÷ (1+5%) × 5% = 5(万元)，城市维护建设税及教育费附加 = 5 × 10% = 0.5(万元)，应纳个人所得税 = 105 ÷ (1+5%) × 1% = 1(万元)；李 B 应纳契税 = 105 ÷ (1+5%) × 1.5% = 1.5(万元)。
>
> 李 B 转让时：李 B 应纳增值税 = 147 ÷ (1+5%) × 5% = 7(万元)，城市维护建设税及教育费附加 = 7 × 10% = 0.7(万元)，应纳个人所得税 = (140 - 105 - 5 - 1.5 - 0.7) × 20% = 5.56(万元)。双方应纳税合计 = 5.5 + 1 + 1.5 + 7.7 + 5.56 = 21.26(万元)。方案二比方案一节税 15.7 万元(36.96 - 21.26)。
>
> 第三步：得出结论。
>
> 如果赠与的房产购置时间在 2 年以内，选择赠与方式可以节税；如果赠与的房产购置时间超过 5 年，则选用买卖方式可以节税。
>
> 思考：假设张 A 所赠房产的购买时间已满 2 年，不足 5 年，上述结论是否正确？

任务四　经营所得的税收筹划

引　例

某个体户 A 和个体户 B 是亲兄弟，分别经营着五金店和杂货店。预计今年 A 经营的五金店效益较好，年应纳税所得额为 100 000 元，而预计 B 经营的杂货店效益很差，年应纳税所得额为 5 000 元。

请问：应采用何种方法可以降低 A 和 B 的税负？

【知识准备与业务操作】

一、经营所得的相关规定

(一) 经营所得征税范围

1. 经营所得的基本范围

经营所得，是指：❶ 个体工商户从事生产、经营活动取得的所得，个人独资企业投资人、合伙企业的个人合伙人来源于境内注册的个人独资企业、合伙企业生产、经营的所得；❷ 个人依法从事办学、医疗、咨询以及其他有偿服务活动取得的所得；❸ 个人对企业、事业单位承包经营、承租经营以及转包、转租取得的所得；❹ 个人从事其他生产、经营活动取得的所得。

2.其他

(1)从事个体出租车运营的出租车驾驶员取得的收入,也按"经营所得"税目缴纳个人所得税。

出租车属于个人所有,但挂靠在出租汽车经营单位或企事业单位,驾驶员向挂靠单位缴纳管理费的,或出租汽车经营单位将出租车所有权转移给驾驶员的,出租车驾驶员从事客货运营取得的收入,比照"经营所得"税目计征个人所得税。

(2)个体工商户、个人独资企业、合伙企业取得与生产、经营活动无关的其他各项应税所得,应分别按照其他应税项目的有关规定,计算征收个人所得税。如对外投资取得的股息所得,应按"股息、利息、红利"税目的规定单独计征个人所得税。

(3)个人独资企业、合伙企业的个人投资者以企业资金为本人、家庭成员及其相关人员支付与企业生产经营无关的消费性支出及购买汽车、住房等财产性支出,视为企业对个人投资者的利润分配,并入投资者个人的生产经营所得,依照"经营所得"税目计征个人所得税。

(4)个人对企事业单位承包、承租经营后,工商登记改变为个体工商户的,按"经营所得"税目征收个人所得税,不再征收企业所得税。

(5)个人对企事业单位承包、承租经营后,工商登记仍为企业的,不论其分配方式如何,均应先依法缴纳企业所得税,然后根据不同情况依法缴纳个人所得税:

❶ 承包、承租人对企业经营成果不拥有所有权,仅按合同(协议)规定取得一定所得的,应按"工资、薪金所得"税目征收个人所得税;

❷ 承包、承租人按合同(协议)规定只向发包方、出租方缴纳一定的费用,缴纳承包、承租费用后的企业的经营成果归承包、承租人所有的,其取得的所得,按"经营所得"税目征收个人所得税。

(二)经营所得适用税率

个体工商户、个人独资企业和合伙企业经营所得适用5%~35%的五级超额累进税率,经营所得适用税率表如表5-4所示。

表5-4　　　　　　　　经营所得适用税率表

级　数	全年应纳税所得额	税率	速算扣除数
1	不超过30 000元的部分	5%	0
2	超过30 000元至90 000元的部分	10%	1 500
3	超过90 000元至300 000元的部分	20%	10 500
4	超过300 000元至500 000元的部分	30%	40 500
5	超过500 000元的部分	35%	65 500

注:本表所称全年应纳税所得额是指以每一纳税年度的收入总额减除成本、费用以及损失后的余额。

(三)经营所得应纳税额的计算

经营所得,以每一纳税年度的收入总额减除成本、费用以及损失后的余额,为应纳税所得额。

这里所称的成本、费用,是指个体工商户、个人独资企业、合伙企业以及个人从事其他生产、经营活动发生的各项直接支出和分配计入成本的间接费用以及销售费用、管理费用、财务费用;这里所称的损失,是指个体工商户、个人独资企业、合伙企业以及个人从事其他生产经营活动发生的固定资产和存货的盘亏、毁损、报废损失、转让财产损失、坏账损失、自然灾害等不可抗力因素造成的损失以及其他损失。

取得经营所得的个人,没有综合所得的,计算其每一纳税年度的应纳税所得额时,应当减除费用6万元、专项扣除、专项附加扣除以及依法确定的其他扣除。专项附加扣除在办理汇算清缴时减除。经营所得的应纳税额的计算公式如下:

经营所得的应纳税额 =(全年收入总额 — 成本、费用及损失)× 适用税率 — 速算扣除数

《个体工商户个人所得税计税办法》规定,个体工商户,包括个人独资企业、合伙企业投资者、取得其他经营所得的个人。个体工商户应纳税所得额的计算,以权责发生制为原则,属于当期的收入和费用,不论款项是否收付,均作为当期的收入和费用;不属于当期的收入和费用,即使款项已经在当期收付,均不作为当期收入和费用。

二、个体工商户生产经营所得的税收筹划

(一)个体工商户生产经营所得税收筹划的基本思路

根据个体工商户的会计核算健全程度的不同,个体工商户应纳税额的征收方式有核定征收与查账征收两种。实行何种征收方式必须根据不同个体工商户的利润情况而定。如果个体工商户每年的利润较高且稳定,采用核定征收方式较好;若利润不稳定,则采用查账征收方式较好。另外,纳税人实行核定征收方式的,不得享受个人所得税的各项税收优惠,同时投资者个人也无法享受个人所得税的优惠政策。所以,个体工商户在考虑享受某项企业所得税的优惠政策时,便不宜采取核定征收方式。

应注意的是,从事生产、经营活动,未提供完整、准确的纳税资料,不能正确计算应纳税所得额的,由主管税务机关核定其应纳税所得额。但对年收入超过国务院税务主管部门规定数额的个体工商户、个人独资企业、合伙企业,税务机关不得采取定期定额、事先核定应税所得率等方式征收个人所得税。

个体工商户采用查账征收方式下,应纳税额的多少,直接受收入、成本费用、税率等方面的影响。因此,个体工商户的税收筹划主要表现在收入、成本费用、税率这三个环节,即在保证税收筹划行为合法的前提下,如何使应税收入最小化,如何使与取得收入有关的成本费用最大化,如何使自己的应纳税所得额适用低档次的税率。

(二)个体工商户生产经营所得的税收筹划的基本方法

个体工商户的经营者是生产经营的实体,其纳税与企业的生产经营活动密不可分。因此,个体工商户的生产经营所得不同于工资薪金、劳务报酬、稿酬等其他所得,其税收筹划方法与企业所得税的税收筹划方法类似,但也有自己的特点。以下就个体工商户的收入、成本费用、筹资三个环节介绍其税收筹划方法。

1. 收入环节

(1)递延收入实现的时间。个体工商户缴纳个人所得税,采取的是每月预缴、年终汇算清缴的管理模式。如果个体工商户某一纳税年度的应纳税所得额过高,就要按较高的税率纳税,此时,个体工商户可以通过采取递延收入的方式来起到延期纳税的作用或使纳税人当期适用较低的税率的作用。一般递延收入的方式有以下两种:一是让客户暂缓支付货款和劳务费用;二是改一次性收款销售为分期收款销售。

（2）分散收入。个体工商户通过分散收入，可以使其适用较低的税率，从而达到节税的目的。常用的方法有：❶ 区分收入的性质，不同性质的收入分别适用不同的税目。❷ 借助与分支机构和关联机构的交易将收入分散。❸ 由于我国个人所得税实行的是"先分后税"的原则，将一人投资变更为多人投资，便可以将全年实现的应纳税所得额分散到多个投资人的名下。❹ 借助信托公司，将集中的收入分散到信托公司的名下。

【做中学 5-4-1】
陈某开了一家小饭馆，由于经营不善，只得缩小经营规模，空出一间房准备另行出租。现有以下两种出租方案可供选择：

方案1：以小饭馆为出租人。

方案2：将空房产权归到陈某名下，以陈某为出租人。

假设陈某的饭馆年经营净收益（已扣除业主工资）为80 000元，房屋出租取得一次性净收益30 000元。请从节税角度为陈某作出方案选择。

根据上述资料，分析如下：

方案1：应纳个人所得税税额＝(80 000＋30 000)×20％－10 500＝11 500(元)

方案2：饭馆经营应纳个人所得税税额＝80 000×10％－1 500＝6 500(元)

出租房屋应纳个人所得税税额＝30 000×(1－20％)×20％＝4 800(元)

应纳个人所得税税额合计＝6 500＋4 800＝11 300(元)

综上可知，方案2比方案1节税200元(11 500－11 300)，本例中就是通过出租的方式分散了收入，达到了节税的目的。

2. 成本费用环节

合理扩大成本费用的列支范围，是个体工商户减少应纳税所得额，进而实现节税目的的有效手段。需要注意的是，在税务机关的纳税检查过程中，很多纳税人申报的成本费用被剔除，不允许在税前扣除，究其原因，是因为纳税人不能提供合法的凭证，所以纳税人平时应注意保管好原始凭证，发生的损失必须报告备案。成本费用环节的税收筹划方法如下：

（1）尽量把一些收入转换成费用开支。因为个人收入主要用于家庭的日常开支，而家庭的很多日常开支事实上很难与其经营支出区分开。由于公私不分会使个体工商户的实际支出超过规定的扣除标准，所以，电话费、水电费、交通费等支出也应计入个体工商户的经营成本中。这样，个体工商户就可以把本来应由其收入支付的家庭开支转换成经营开支，从而既能满足家庭开支的正常需要，又能减少应纳税所得额。

（2）尽可能地将资本性支出合法地转化为收益性支出。对于符合税法规定的收益性支出，可以将其作为一次性的成本费用在税前扣除。

需要注意的是，个体工商户可以以零星采购的方式购进生产经营所需的物品，将一次性购买改为零星购买等。

（3）如果使用自己的房产进行经营，则可以采用收取租金的方法扩大经营支出范围。

虽然收取租金会增加个人的应纳税所得额，但租金作为一项经营费用可以冲减个人的应纳税所得额,从而减少个人经营所得的纳税额。同时自己的房产维修费用也可列入经营支出,这样既扩大了经营支出范围,又实现了对自身房产的保值甚至增值。

(4) 使用家庭成员或雇用临时工,扩大工资等费用支出范围。这些人员的开支具有较大的灵活性,既能增加个人家庭收入,又能扩大一些与之相关的人员的费用支出范围,增加了税前列支费用,从而降低了应纳税所得额。按税法规定,个体工商户工作人员的工资及规定的津贴可以计入成本费用,这样就达到了"个人有所得,商户少缴税"的目的。

【做中学 5-4-2】

个体工商户小王拥有一家饭店,每月销售额为 10 万元,按税法规定,允许扣除的各项费用为 2 万元。牛哥的妻子也在饭店帮忙,但考虑是一家人,就没有给妻子发工资。根据当前情况,请从节税角度为小王一家作出筹划方案。

筹划前:

小王经营所得应纳税所得额 = (10-2)×12 = 96(万元)

应纳个人所得税 = 96×35% - 6.55 = 27.05(万元)

筹划分析:

建议饭店每月为小王妻子发放工资 5 000 元。则小王妻子的工资收入没有超过免征额 5 000 元,不用纳税,小王经营所得应纳税所得额 = (10-2-0.5)×12 = 90(万元),应缴纳个人所得税 = 90×35% - 6.55 = 24.95(万元)。

通过筹划,小王饭店的节税金额为 2.1 万元(27.05-24.95)。

3. 筹资环节

个体工商户由于自身资金的限制,往往需要通过筹措资金来开发新项目、购买新设备。个体工商户筹集资金的方法主要有金融机构贷款、自我积累、相互拆借和融资租赁四种方式。一般来说,从税收筹划的角度来讲,相互拆借的减税效果最好,金融机构贷款次之,融资租赁第三,自我积累效果最差。

(1) 相互拆借。个体工商户与其他经济组织之间的资金拆借可以为税收筹划提供极其便利的条件,他们之间可以通过互相借款来解决资金问题。与向金融机构贷款不同的是,相互拆借的利率不是固定的,可以由双方协定后自由调节。而且,相互拆借的利息在归还时间和归还方式上还有很大的弹性。高利率不仅给贷款人带来高收益,也给借款人带来更多的可抵税费用。当然,关于利息的支付标准国家有一定的规定,应控制在国家规定的范围之内,否则,超过规定标准部分的利息将不予扣除。

(2) 融资租赁。融资租赁也称为金融租赁或购买性租赁。租赁公司根据个体工商户的请求及提供的规格,与第三方(供货商)订立一项供货合同,根据此合同,租赁公司取得生产设备。并且,租赁公司与个体工商户订立一项租赁合同,以个体工商户支付租金为条件授予其使用生产设备的权利。融资租赁把"融资"与"融物"很好地结合起来。对于个体工商户来说,融资租赁可获得双重好处:一是可以避免因自购设备而占用资金并承担风险;二是可以在经营活动中以支付租金的方式冲减个体工商户的利润,减少个人所得税税基,从而减少个人所得税税额。

【做中学 5-4-3】

个体工商户王某准备购买一台生产用的固定资产来拓宽其业务范围。据调查,此固定资产的售价为 200 000 元,另需支付手续费 2 000 元,预计使用 10 年,无残值,采用直线法计提折旧。王某现面临两种选择,即直接购入该设备和融资租赁设备。租赁合同规定:设备价款为 300 000 元;租赁费按年支付,租赁期为 10 年;市场利率为 5%;未确认融资费用,采用直线法分摊。请从节税角度为王某作出选择。

根据上述资料,分析如下:

若直接购买设备,则购买时固定资产入账价值=200 000+2 000=202 000(元);每年折旧=202 000÷10=20 200(元)。假设当年生产的产品全部销售,则每年可抵税的费用为 20 200 元。

若采用融资租赁设备,则手续费 2 000 元直接计入当期损益,固定资产入账价值为 200 000 元。每年偿还额=300 000÷10=30 000(元);最低租赁付款额现值=30 000×(P/A,5%,10)=30 000×7.721 7=231 651(元);未确认融资费用=231 651-200 000=31 651(元)。假设当年生产的产品全部销售,除每年可抵税的折旧费用 20 000 元(200 000÷10)外,每年还有 3 165.1 元(31 651÷10)可供抵税。

即:第一年共计可用来抵税的费用=2 000+20 000+3 165.1=25 165.1(元),比直接购入多了 4 965.1 元(25 165.1-20 200)的可抵扣费用。以后 9 年每年可抵税的费用=20 000+3 165.1=23 165.1(元),比直接购入多了 2 965.1 元(23 165.1-20 200)的可抵扣费用。

综上可知,采用融资租赁固定资产,不但在短期内缓解了个体工商户流动资金的压力,而且从长远来看,比直接购入设备多支付的金额也可以为其带来节税的好处。

(3) 金融机构贷款。个体工商户向银行或其他金融机构贷款,不仅可以在较短的时间内完成资金的筹措,而且归还的利息部分可以用作抵税,因此实际税负也减轻了。所以,个体工商户利用金融机构贷款从事生产经营活动是减轻税负、合理避税的一个很好的方法。

(4) 自我积累。从税负和经营的效益关系看,如果个体工商户采用自我积累的筹资方法,则需要很长时间才能完成资金的筹措,容易错过最佳的投资时机,不利于其自身的发展。另外,个体工商户采用自我积累的筹资方法,其资金的所有者和使用者是一致的,无法带来抵税的好处,投入生产经营活动之后,产生的全部税负需由个体工商户自己承担。

引例解析

如果 A 和 B 不进行税收筹划,则:
A 应纳税额=100 000×20%-10 500=9 500(元)
B 应纳税额=5 000×5%=250(元)
A、B 应纳税额合计=9 500+250=9 750(元)

> 如果 A 和 B 签订一个租赁合同,B 将多余的店面租给 A,年租金共计 4 万元,则:
> A 应纳税额 = 60 000 × 10% − 1 500 = 4 500(元)
> B 应纳税额 = 45 000 × 10% − 1 500 = 3 000(元)
> A、B 应纳税额合计 = 4 500 + 3 000 = 7 500(元)
> 在此种方法下,可使 A 和 B 共少缴税款 2 250 元(9 750 − 7 500)。

【任务设计——个人转换为个体工商户】

浙江的王先生在美国留学多年,在纳米材料领域取得了不俗成绩,也积累了相关的人脉关系。现王先生受国内某高科技公司委托,为该公司引进美国的纳米材料技术,双方约定,如果王先生搭线成功,将获得该公司给予的 103 万元感谢费,但该公司要求王先生必须开具发票才能支付此费用。

请问:就这笔劳务收入,王先生应如何进行具体筹划,才能降低税负?

【操作步骤】

第一步:明确个人和个体工商户要缴纳的税种。

王先生取得的这笔收入是中介费,属于劳务费,需按劳务费缴纳个人所得税或增值税。个人的中介费、居间费所得按税法规定要按"劳务报酬所得"税目缴纳个人所得税。但如果变更为个体工商户,个体工商户的经营收入则没有加成征收的规定。故王先生可以考虑采用变更纳税主体的方法进行税收筹划。(暂不考虑综合所得中的各类扣除)

第二步:设计筹划方案。

筹划前(原方案):

应交增值税 = 103 ÷ (1 + 3%) × 3% = 3(万元)

应交个人所得税 = 100 × (1 − 20%) × 35% − 8.592 = 19.408(万元)

筹划后:

由王先生用其个人身份办理一家咨询服务部之类的个体工商户,同时向当地税务局申请按销售收入带征个人所得税(假设浙江的带征率为 1.5%)即可,此带征率各地有不同的规定。则:

应交个人所得税 = 100 × 1.5% = 1.5(万元)

第三步:节税效果。

19.408 − 1.5 = 17.908(万元)。

筹划后王先生可节税 17.908 万元。

项目内容结构

个人所得税的税收筹划内容结构如图 5−1 所示。

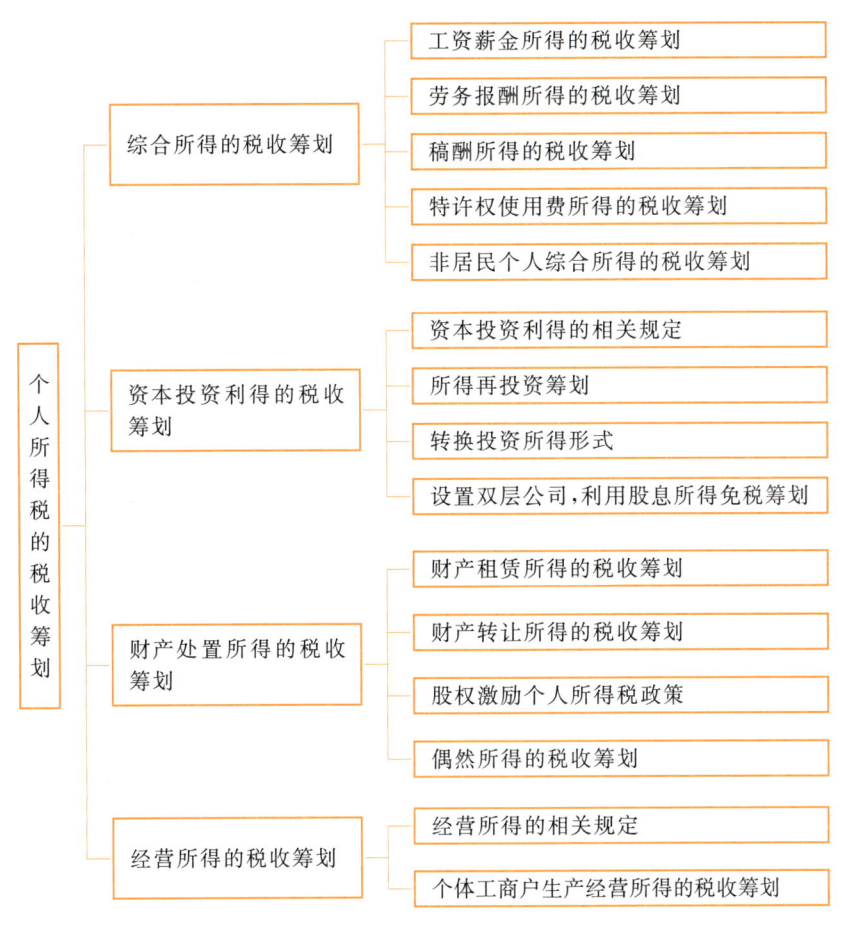

图 5-1 个人所得税的税收筹划内容结构图

个人所得税的税收筹划
- 综合所得的税收筹划
  - 工资薪金所得的税收筹划
  - 劳务报酬所得的税收筹划
  - 稿酬所得的税收筹划
  - 特许权使用费所得的税收筹划
  - 非居民个人综合所得的税收筹划
- 资本投资利得的税收筹划
  - 资本投资利得的相关规定
  - 所得再投资筹划
  - 转换投资所得形式
  - 设置双层公司，利用股息所得免税筹划
- 财产处置所得的税收筹划
  - 财产租赁所得的税收筹划
  - 财产转让所得的税收筹划
  - 股权激励个人所得税政策
  - 偶然所得的税收筹划
- 经营所得的税收筹划
  - 经营所得的相关规定
  - 个体工商户生产经营所得的税收筹划

知识、技能巩固题

一、单项选择题

1. 根据个人所得税法律制度的规定，居民个人的下列各项所得中，按次计征个人所得税的是（　　）。
   A. 特许权使用费所得　　　　B. 财产租赁所得
   C. 稿酬所得　　　　　　　　D. 劳务报酬所得

2. 目前应征个人所得税的项目是（　　）。
   A. 国债利息　　B. 股票红利　　C. 储蓄利息　　D. 保险赔款

3. 根据个人所得税法律制度的规定，在中国境内有住所，或者无住所而一个纳税年度内在中国境内居住累计满（　　）天的个人，为居民个人。
   A. 90　　　　　B. 183　　　　　C. 210　　　　　D. 365

4. 20××年10月，中国公民王某将持有的限售股全部转让，取得收入50万元，该限售股的原值为30万元，转让过程中发生的合理税费为1万元。根据个人所得税法律制度的规定，王某应缴纳个人所得税为（　　）万元。

A. 5   B. 4   C. 3.8   D. 2.8

5. 下列适用个人所得税5%至35%的五级超额累进税率的是(　　)。
   A. 劳务报酬　　　　　　　　B. 工资薪金
   C. 稿酬所得　　　　　　　　D. 个体工商户所得

6. 以下不属于工资、薪金所得项目的是(　　)。
   A. 津贴　　　　　　　　　　B. 补贴
   C. 差旅费津贴、误餐补助　　D. 年终加薪

7. 王经理本月发生的下列收入中,只按总收入20%的比例税率计算缴纳个人所得税项目的是(　　)。
   A. 本月工资收入1.5万元　　B. 体育彩票中奖收入5万元
   C. 承包商场经营收入30万元　D. 兼职工资和奖金收入2万元

8. 根据税法规定,个人转让自用达(　　)年以上,并且是家庭唯一居住用房所取得的所得,暂免征收个人所得税。
   A. 1   B. 3   C. 5   D. 10

9. 个体工商户进行公益救济性捐赠时,捐赠额不得超过其应纳税所得额的(　　)。
   A. 3%　　　B. 10%　　　C. 15%　　　D. 30%

10. 按规定,在计算应纳个人所得税时允许在税前扣除一部分费用的是(　　)。
    A. 股息所得　　B. 财产租赁所得　　C. 彩票中奖所得　　D. 红利所得

二、多项选择题

1. 根据个人所得税法律制度的规定,下列各项中,属于我国居民个人的有(　　)。
   A. 在中国境内有住所的个人
   B. 在中国境内无住所且不在我国境内居住的个人
   C. 在中国境内无住所而一个纳税年度内在中国境内居住累计满183天的个人
   D. 在中国境内无住所而一个纳税年度内在中国境内居住累计不满183天的个人

2. 下列各项中,可以免征个人所得税的有(　　)。
   A. 购物抽奖　　　　　　　　B. 领取住房公积金
   C. 省级见义勇为奖金　　　　D. 教育储蓄利息

3. 根据个人所得税法律制度的规定,下列选项中,应按照"劳务报酬所得"项目预缴个人所得税的有(　　)。
   A. 审稿收入　　　　　　　　B. 出版书画作品收入
   C. 技术服务收入　　　　　　D. 设计服务收入

4. 下列个人所得采取超额累进税率形式的有(　　)。
   A. 利息所得　　　　　　　　B. 个体工商户的生产、经营所得
   C. 工资薪金所得　　　　　　D. 个人承包、承租所得

5. 对个人按市场价格出租居民住房取得的所得,以下说法成立的是(　　)。
   A. 对于该租金收入按1.5%计算缴纳增值税
   B. 对于该租金收入按4%计算缴纳房产税
   C. 对于该租金收入按10%计算缴纳个人所得税
   D. 该租金收入属于服务业中的租赁项目应按5%计算缴纳增值税

三、判断题

1. 个人所得税的居民纳税人承担有限纳税义务。（   ）
2. 个人所得税的非居民纳税人承担无限纳税义务。（   ）
3. 每月均衡发工资可以最大限度地降低个人所得税负担。（   ）
4. 现行个人所得税法对年终奖计征时先除以12再确定适用税率,然后扣除12个月的速算扣除数。（   ）
5. 工资薪金所得适用5%至45%的九级超额累进税率。（   ）
6. 当个人所得税应纳税所得额较低时,工资薪金所得适用税率低于劳务所得适用税率。（   ）
7. 将所得向允许一定费用扣除的税目转换,会增加税收负担。（   ）
8. 在任何情况下,设立公司都是高收入者进行税收筹划的最佳选择。（   ）
9. 计算财产租赁所得的个人所得税应纳税额时,每次可扣除800元的修缮费。（   ）
10. 个人将其应纳税所得额全部用于公益救济性捐赠的,将不承担缴纳个人所得税义务。（   ）

四、典型案例分析

1. 王A系自由职业者,现在长期为甲、乙两公司工作,每月可以从甲公司获得收入12 000元,从乙公司获得收入4 000元,他该怎样进行筹划才能使税负最轻?
2. 某设计院工程师陈明利用业余时间为某工程(其他单位委托)作设计,花费了10个月的时间,获得了劳务报酬35 000元。对于这笔劳务报酬,应一次取得还是分次取得更划算?
3. 王某开设了一个经营水暖器材的企业,由其妻子负责经营管理。王某同时也承接一些安装维修工程,预计其每年销售水暖器材的应纳税所得额为4万元,承接安装维修工程的应纳税所得额为2万元。他们该如何进行税收筹划?
4. 某知名作家打算写作一部反映改革开放的长篇小说,需要到沿海和内地进行考察,因为这位作家社会知名度高,估计小说出版后销量会很好,出版社和作家签订出版协议,支付稿酬20万元,预计赴各地的考察费用为6万元,他应该怎样筹划才会使税负最小?

项目六　其他税种的税收筹划

◇ **职业能力目标**
1. 能对关税进行正确的税收筹划。
2. 能对印花税进行正确的税收筹划。
3. 能对资源税进行正确的税收筹划。
4. 能对环境保护税进行正确的税收筹划。
5. 能对土地增值税进行正确的税收筹划。
6. 能对房产税进行正确的税收筹划。
7. 能对契税进行正确的税收筹划。
8. 能对城镇土地使用税进行正确的税收筹划。
9. 能对车船税进行正确的税收筹划。
10. 能对车辆购置税进行正确的税收筹划。

◇ **思政素养目标**
1. 遵守其他税种法律法规，增强守法意识和责任意识。
2. 传承拼搏精神和团队精神，增强创新创业意识。
3. 领会"两山"理论，增强生态、环保意识。
4. 传承工匠精神，增强其他税种税收筹划意识。

◇ **典型任务**
1. 充分利用关税税收规定，合理筹划关税涉税事项。
2. 充分利用印花税税收规定，合理筹划印花税涉税事项。
3. 充分利用资源税税收规定，合理筹划资源税涉税事项。
4. 充分利用环境保护税税收规定，合理筹划环境保护税涉税事项。
5. 充分利用土地增值税税收规定，合理筹划土地增值税涉税事项。
6. 充分利用房产税税收规定，合理筹划房产税涉税事项。
7. 充分利用契税税收规定，合理筹划契税涉税事项。
8. 充分利用城镇土地使用税税收规定，合理筹划城镇土地使用税涉税事项。
9. 充分利用车船税税收规定，合理筹划车船税涉税事项。
10. 充分利用车辆购置税税收规定，合理筹划车辆购置税涉税事项。

任务一　关税的税收筹划

> **引例**
>
> 　　我国的一家钢铁公司,急需进口一批优质铁矿石,共计50万吨。其可供选择的进货渠道有两个:一个是澳大利亚,另一个是加拿大。若从澳大利亚进口铁矿石,其价格为每吨100美元,运费及杂项费用总额为30万美元;若从加拿大进口同等品质的铁矿石,其价格为每吨101美元,运费及杂项费用总额为40万美元,同时卖方还给予我方总额为70万美元的回扣,其他费用二者相同。
> 　　请问:该公司到底应该选择在哪一个国家进口铁矿石呢?

【知识准备与业务操作】

关税是对进出我国国境或关境的货物和物品征收的一种税,属于流转税。关税的征收对象是进出国境或关境的货物和物品,它是对外贸易过程中的一个重要税种,对一国的国际贸易有直接影响。随着经济全球化的发展,国际贸易关系不仅反映世界各国之间的经济关系,而且反映各国之间的政治关系,从而使关税具有很强的涉外性。

从税收筹划的角度来看,关税作为一个世界性的税种,税负弹性较小,在税目、税基、税率以及减免税优惠等方面的规定相当详细、具体,不像所得税应纳税所得额的确定那样有那么大的伸缩余地。因此,关税的税收筹划主要应注意以下几点:

第一,合理控制完税价格,科学选择货物运输方式。在税率确定的情况下,完税价格的高低就决定了关税的轻重,而完税价格的确定的弹性较大,所以关税筹划的一个切入点就是合理控制完税价格。一般情况下,利用对完税价格的控制进行税收筹划就是要选择同类产品中成交价格较低的,运输、杂项费用相对小的货物进口或出口。

第二,充分利用原产地标准。我国进口税则设有最惠国税率、协定税率、特惠税率、普通税率共四档税率,同一种进口货物的原产国不同,适用的税率也有很大的区别。

第三,利用税收优惠政策进行筹划,如保税制度。各个国家会在境内设立保税区,保税区是在海关监控管理下进行存放和加工保税货物的特定区域,保税区内复运出口的进口货物通常免征进口关税和进口环节税。

一、利用完税价格的税收筹划

关税以应税货物的流向为标准,一般可以分为进口关税、出口关税和过境关税,我国的关税分为进口关税和出口关税两类。

(一)进口货物完税价格的筹划

进口货物以海关审定的正常成交价格为基础的到岸价格作为完税价格。到岸价格包括货价以及货物运抵中华人民共和国关境内输入地点起卸前的包装费、运费、保险费和其他劳务费等。

引例解析

根据关税完税价格公式，计算如下：

澳大利亚铁矿石完税价格＝100×50＋30＝5 030（万美元）

加拿大铁矿石完税价格＝101×50＋40＝5 090（万美元）

因为澳大利亚和加拿大同为WTO成员国，进口铁矿石适用的税率相同，从澳大利亚进口铁矿石的完税价格较低，进而所需缴纳的关税也较少，所以，公司决定从澳大利亚进口铁矿石。

但在实际操作中，进口商向海关申报进口货物价格，如经海关审定为符合"成交价格"的要求和有关规定，就可以作为完税价格的依据。成交价格实际上是指进口货物的买方为购买该项货物而向卖方实际支付的或应当支付的价格，该成交价格的核心内容是货物本身的价格（即不包括运保费、杂费的货物价格）。该价格除包括货物的生产、销售等成本费用外，还包括买方在成交价格之外另行向卖方支付的佣金。

因此，公司选择从完税价格较低的澳大利亚进口铁矿石是可行的，但是，需要特别注意的是，我国税法还规定，对于卖方给我方的正常回扣应从完税价格中扣除。本例中，公司如果从加拿大进口铁矿石，所获得的70万美元的回扣应从完税价格中扣除。则从加拿大进口铁矿石的实际完税价格应为5 020万美元（101×50＋40－70），该完税价格低于从澳大利亚进口铁矿石的完税价格。从节税角度考虑，公司应从加拿大而不是澳大利亚进口铁矿石。由于不了解"佣金可以扣除"这条规定，该公司做出了错误决策，导致多缴了关税。

对于无法按审定成交价格法确定其成交价格的货物，海关主要按以下方法依次估定完税价格：相同货物成交价格法、类似货物成交价格法、国际市场价格法、国内市场价格倒扣法、其他合理方法。

例如，进口刚生产出的高科技产品，预计该产品进口到中国国内市场的价格将达到200万美元，而类似产品的价格为120万美元，那么该公司向海关申报进口时，可以以100万美元的价格申报。若海关认为合理，即可放行；若认为不合理，就会对该产品的完税价格进行评估，因为市场上还没有这种产品，就会按类似货物成交价格法进行评估。这样，这种产品的完税价格至多被评估为120万美元，剩下的80万美元便是税收筹划的空间。

（二）出口货物完税价格的筹划

出口货物关税的完税价格是以成交价（通常为FOB价格）为基础的完税价格，不含出口关税和支付给境外的佣金，并应包含货物运至我国境内输出地点装卸前的运输费、保险费等相关费用，其计算公式如下：

出口货物关税的完税价格＝离岸价格÷（1＋出口关税税率）－
单独列明的支付给境外的佣金

需要注意的是，出口货物的离岸价格，应以该项货物运离国境前的最后一个口岸的离岸价格为实际离岸价格。如果该项货物从内地起运，则从内地口岸至国境口岸所支付的国内段运输费用应计入离岸价格中。另外，出口货物的成交价格如为货价加运费价格，或为国外口岸的到岸价格时，则应先扣除运费并再扣除保险费后，再按规定公式计算完税价格。当运费成本在价格中所占比重较大时,这一点就显得更为重要。另外,如果在成交价格外,还支付了国外与此项业务有关的佣金,则应该在纳税申报表上单独列明。这样,该项佣金就可予以扣除;但如未单独列明,则不予扣除。

二、利用关税税收优惠政策的税收筹划

我国关税条例规定,进口税率分为普通税率和优惠税率两种。对于原产地是与中华人民共和国未订有关税互惠协议的国家或地区的进口货物,按普通税率征税;对于原产地是与中华人民共和国订有关税互惠协议的国家或地区的进口货物,按优惠税率征税。

关于原产地的确认,海关总署在《中华人民共和国关于进口货物原产地的暂行规定》中设定了两种标准:一是全部产地标准,即对于完全在一个国家内生产或制造的进口货物,其生产或制造国就是该货物的原产地国;二是实质性加工标准,即指经过几个国家加工、制造的进口货物,以最后一个对货物进行经济上可以视为实质性加工的国家作为有关货物原产地国。这里所说的实质性加工是指产品经过加工后,在《中华人民共和国海关进出口税则》中已不按原有的税目税率征税,而应归入另外的税目征税,或者其加工增值部分所占新产品总值的比例已经超过30%以上的。两个条件具备一项,即可视为实质性加工。

此外需指明的是,对机器、仪器或车辆所用零件、部件、配件、备件以及工具,如与主件同时进口而且数量合理,其原产地按全件的原产地予以确定;如果分别进口的,应按其各自的原产地确定。石油产品以购自国为原产地国。

【做中学6-1-1】
某汽车公司是一家从事跨国经营的汽车生产厂商,其所用的零配件由多个设在不同国家和地区的子公司提供,在韩国、新加坡、马来西亚、菲律宾或越南设有零部件供应企业。如果韩国的子公司生产汽车仪表,新加坡的子公司生产汽车轴承和发动机,马来西亚的子公司生产阀门,菲律宾的子公司生产轮胎,越南的子公司供应玻璃。最近,该公司发现中国具有巨大的汽车市场,该公司的董事会决定将自己的产品打进中国市场。据了解,小汽车的关税税率为15%。请问该公司应该如何筹划才能够将关税降到最低水平?

根据上述资料,分析如下:

在本例中,汽车公司的选择将成为税收筹划的重点。根据关税有关规定,应首先了解一下这些国家和地区是否与中国签有关税互惠协议;接着仔细比较一下,在那些与中国签订关税互惠协定的国家和地区中,哪一个更优惠,哪一个在经济成本上更为有利可图,从而作出选择。这其中还要考虑到该国家或地区是否施行外汇管制和出口配额控制、政治经济形势是否稳定以及其他一些影响因素。同时,要使总厂的加工增值部分在技术和价值含量上达到30%的标准,可以通过转让定价的方法,降低其他地区的零部件生产价格,从而加大总厂增值部分占全部新产品的比重,达到或超过30%,成为实质性加工。这样产品仍可享受到税率的优惠。

因此,实质性加工标准给了税收筹划的可能。只要正确合理地运用了原产地标准,选择了合适的地点,就能达到税收筹划的效果。但是,当普通税率和优惠税率的区别不再存在时,选择产品的"实质性加工"地点,关税的因素就不再存在。那时,只有两个因素可供考虑:一是成本,二是风险。

三、利用保税制度的税收筹划

保税制度是对保税货物加以监管的一种制度,是关税制度的重要组成部分。保税制度可以简化手续,便利通关,有利于促进对外加工、装配贸易等外向型经济的发展。保税货物是指经过海关批准,未办理纳税手续,在境内储存、加工、装配后复运出境的货物。保税货物属于海关监管货物,未经海关许可并补缴税款,不能擅自出售;未经海关许可,也不能擅自开拆、提取、支付、发运、改装、转让或者变更标记。目前,我国的保税制度包括保税仓库、保税工厂和保税区等制度。

【做中学 6-1-2】

某生产出口产品的家具生产公司从加拿大进口一批木材,并向当地海关申请保税,该公司报关表上填写的单耗计量单位为 250 块/套,即做成一套家具需耗用 250 块木材。在加工过程中,该公司引进先进设备,做成一套家具只需耗用 200 块木材。家具生产出来以后,公司将成品复运出口。假设公司进口木材 10 万块,每块价格为 100 元,海关关税税率为 10%,则其节税成果为:

(100 000 − 100 000 ÷ 250 × 200) × 100 × 10% = 200 000(元)

保税制度的运行是一个包含众多环节的过程。如果进口货物最终将复运出境,那么基本环节就是进口和出口。在这两个环节中,公司都必须向海关报关,在该公司填写的报关表中有"单耗计量单位"一栏,所谓单耗计量单位,即生产一个单位成品耗费几个单位原料。当企业将进口原料货物在境内储存、加工、装配后,最终复运出口,就完成了一个保税过程。

【拓展阅读】 2019 年 5 月 9 日,美国政府宣布,自 2019 年 5 月 10 日起,对从中国进口的 2 000 亿美元清单商品加征的关税税率由 10% 提高到 25%。为捍卫多边贸易体制,捍卫自身合法权益,中方不得不对原产于美国的部分进口商品调整加征关税措施。经党中央、国务院批准,国务院关税税则委员会决定,自 2019 年 6 月 1 日 0 时起,对已实施加征关税的 600 亿美元清单美国商品中的部分,提高加征关税税率,分别实施 25%、20% 或 10% 加征关税。对之前加征 5% 关税的税目商品,仍继续加征 5% 关税。

任务二 印花税的税收筹划

引 例

A 公司和 B 公司签订一份租赁合同,合同中写明 A 公司出租一套设备给 B 公司生产甲产品,期限为 10 年,合同规定设备租金为 120 万元,每年年底支付年租金。如果以这种形式签订合同,双方需各自缴纳印花税 0.12 万元(120 × 1‰)。

请问:A、B 公司应如何进行税收筹划,才能达到节税效果?

【知识准备与业务操作】

印花税是对在中华人民共和国境内书立应税凭证、进行证券交易的单位和个人征收的一种税。由于印花税属于一种行为课税,相对于企业所要缴纳的各类流转税、所得税来说,其计算方法简便,税款支出金额不大,所以一直以来并未受到企业的足够重视。但是,随着企业交易活动的频繁、交易规模的扩大以及对合同重视程度的加强,企业印花税的支出也必然随之增加,在这种条件下,从节省税收成本的角度出发,企业也应加强对印花税税收筹划的研究与思考,以减轻自身的税收负担。

一、减少合同主体的税收筹划

根据我国印花税相关法规,对于应税凭证,凡是由两方或两方以上当事人共同书立的,其当事人各方都是印花税的纳税人。如果几方当事人在书立合同时,能够不在合同上出现的当事人不以当事人身份出现在合同上,则税收筹划的效果就达到了。例如,甲、乙、丙、丁四人签订一份合同,乙、丙、丁三人基本利益一致,就可以任意选派一名代表,让其和甲签订合同,则合同的印花税纳税人便只有甲和代表人。

这种筹划策略也可以应用到书立产权转移书据的立据人。一般来说,产权转移书据的纳税人只有立据人,不包括持据人,持据人只有在立据人未贴或少贴印花税票时,才负责补贴印花税票。但是如果立据人和持据人双方当事人以合同形式签订产权转移书据,双方都应缴纳印花税。因而此时采取适当的方式,使尽量少的当事人成为纳税人,税款自然就会减少。这种筹划策略思路比较清楚,且操作简便,成本很低,具有很好的操作空间。

二、运用模糊金额的税收筹划

有些合同在签订时无法确定计税金额,如财产租赁合同只是规定了月(天)租金标准而无期限。对于这类合同,可在签订时先按定额5元贴花,以后结算时再以实际金额计税,补贴印花。

模糊金额筹划法,具体来说是指经济当事人在签订数额较大的合同时,有意使合同上所载金额,在能够明确的条件下,不最终确定,以达到少缴印花税税款目的的一种行为。

当然,这笔钱在以后还是需要上缴的,但在上缴之前便获得了货币的时间价值,对企业来说有利无弊,而且筹划极其简单。

引例解析

如果在签订合同时改为"A公司出租一套设备给B公司生产甲产品,合同规定设备租金为每月1万元,每年年底支付本年租金,同时双方决定是否继续本合同"。则具体计算如下:每年应纳印花税税额 $= 1 \times 12 \times 1‰ = 0.012$(万元);10年应纳印花税税额 $= 0.012 \times 10 = 0.12$(万元)。这两个方案虽然在总额支出上一致,但支付时间一个是现在,一个是平均到10年,比较现值的话,第二个方案可达到递延缴纳印花税的目的。

三、选择低税率的税收筹划

依据《中华人民共和国印花税法》的规定：各类经济合同订立后，不论合同是否履行，都应按合同上所记载的金额、收入或费用为计税依据，依照不同项目的适用税率，计算缴纳印花税。同一应税凭证载有两个以上税目事项并分别列明金额的，按照各自适用的税目税率分别计算应纳税额；未分别列明金额的，从高适用税率。

在印花税的14个税目中，各类合同以及具有合同性质的凭证（含以电子形式签订的各类应税凭证）、产权转移书据、营业账簿适用比例税率。印花税的比例税率分为5个档次，分别是0.05‰、0.25‰、0.3‰、0.5‰、1‰。

(1) 适用0.05‰税率：借款合同、融资租赁合同。
(2) 适用0.25‰税率：营业账簿。
(3) 适用0.3‰税率：买卖合同、承揽合同、建设工程合同、运输合同、技术合同。
(4) 适用0.5‰税率：产权转移书据。
(5) 适用1‰税率：租赁合同、保管合同、仓储合同、财产保险合同、证券交易。

对订立合同税收筹划的重点之一就是选择低税率的项目。

【做中学 6-2-1】

20××年10月，A家电公司与B运输公司签订运输合同，合同所载运输费及保管费共计2 000万元。

请问：双方应如何签订合同才能节税？

根据上述资料，分析如下：

(1) 未分开签订合同，其应缴纳印花税为：

$$应纳税额 = 2\,000 \times 1‰ = 20\,000(元)$$

(2) 若运输合同分别列明运输费1 800万元、仓储保管费200万元，则其应缴纳印花税为：

$$应纳税额 = 1\,800 \times 0.3‰ + 200 \times 1‰ = 7\,400(元)$$

综上可知，公司通过简单的合同分列，使得订立合同的双方均节省12 600元（20 000－7 400）税款。

四、最少转包次数的税收筹划

建设工程承包合同是印花税的一种应税凭证，这种合同的计税依据为合同上记载的承包金额，其适用税率为0.03%。根据印花税相关法规的规定，施工单位将自己承包的建设项目分包或者转包给其他施工单位所签订的分包合同或者转包合同，应按照新的分包合同或者转包合同上所记载的金额再次计算应纳税额。同时，印花税属于行为税类，只要有应税行为发生，就应按税法规定纳税。尽管总承包合同已依法计税贴花，但新的分包或转包合同是一种新的应税凭证，又发生了新的纳税义务，因此企业应尽量减少签订合同的环节，书立尽可能少的应税凭证，以节约印花税。

【做中学 6-2-2】

A 建筑公司与甲商城签订一份装修工程合同,金额总计为 6 000 万元。A 建筑公司因工程需要分别与 B 建筑公司和 C 建筑公司签订分包合同,其合同记载金额均为 2 000 万元。

请问:甲商城应如何降低印花税税负?

根据上述资料,分析如下:

此例中,各个纳税主体应纳税额的计算如下所示:

(1) A 建筑公司与甲商城签订合同时,双方各应缴纳印花税为:

$$6\,000 \times 0.03\% = 1.8(万元)$$

(2) A 建筑公司与 B、C 建筑公司签订合同时,双方各应缴纳印花税为:

$$A\,建筑公司应纳税 = (2\,000 + 2\,000) \times 0.03\% = 1.2(万元)$$

$$B、C\,建筑公司各应纳税 = 2\,000 \times 0.03\% = 0.6(万元)$$

(3) 这三家建筑公司共应缴纳印花税为:

$$1.8 + 1.2 + 0.6 \times 2 = 4.2(万元)$$

如果这几方进行合理筹划,甲商城分别与上述 A、B、C 三家建筑公司签订 2 000 万元的承包合同,则这五家公司共应缴纳印花税为:

$$2\,000 \times 0.03\% \times 3 = 1.8(万元)$$

该方案与原方案相比,可以节省 2.4 万元(4.2-1.8)的税款。

从以上案例可以看出,最少转包次数税收筹划方法的核心就是尽量减少签订承包合同的环节和书立应税凭证的次数,以达到节约部分应缴税款的目的。

五、利用印花税税收优惠政策的税收筹划

根据规定,下列凭证免征印花税:

(1) 应税凭证的副本或者抄本。

(2) 依照法律规定应当予以免税的外国驻华使馆、领事馆和国际组织驻华代表机构为获得馆舍书立的应税凭证。

(3) 中国人民解放军、中国人民武装警察部队书立的应税凭证。

(4) 农民、家庭农场、农民专业合作社、农村集体经济组织、村民委员会购买农业生产资料或者销售农产品书立的买卖合同和农业保险合同。

(5) 无息或者贴息借款合同、国际金融组织向中国提供优惠贷款书立的借款合同。

(6) 财产所有权人将财产赠与政府、学校、社会福利机构、慈善组织书立的产权转移书据。

(7) 非营利性医疗卫生机构采购药品或者卫生材料书立的买卖合同。

(8) 个人与电子商务经营者订立的电子订单。

任务三　资源税的税收筹划

【引例】

某黏土矿开采公司1月份销售黏土矿1 000吨,移送入选精矿200吨,选矿比为20%,该矿山黏土矿属于五等,按规定适用1.5元/吨的单位税额,假定该矿山的实际选矿比为20%,税务机关确定的选矿比为25%。该矿山应纳税额计算如下:

(1) 按实际选矿比计算:

应纳资源税 = 1 000 × 1.5 + 200 ÷ 20% × 1.5 = 16 500(元)

(2) 按税务机关确定的选矿比计算:

应纳资源税 = 1 000 × 1.5 + 200 ÷ 25% × 1.5 = 16 200(元)

由此可见,两种方法应纳税额相差:16 500 - 16 200 = 300(元),这是为什么?

【知识准备与业务操作】

资源税是对在中华人民共和国领域及管辖海域开采或生产应税产品的单位和个人课征的一种税。资源税的纳税义务人是指在中华人民共和国领域及管辖海域开采或生产应税产品的单位和个人。资源税采取从价定率或者从量定额的办法计征,分别以应税产品的销售额乘以纳税人具体适用的比例税率或者以应税产品的销售数量乘以纳税人具体适用的定额税率计算。资源税的税收筹划主要是围绕应纳税额计算的特殊规定和税收优惠进行。

一、利用资源税计税依据的税收筹划

资源税的计税依据为应税产品的销售额或销售量,各税目的征税对象包括原矿、精矿(或原矿加工品)、金锭、氯化钠初级产品,具体按照《资源税税目税率幅度表》的相关规定执行。

(一) 从价定率征收的计税依据

从价定率征收的以销售额作为计税依据。销售额是指为纳税人销售应税产品向购买方收取的全部价款和价外费用,但不包括收取的增值税销项税额和运杂费用。

价外费用,包括价外向购买方收取的手续费、补贴、基金、集资费、返还利润、奖励费、违约金、滞纳金、延期付款利息、赔偿金、代收款项、代垫款项、包装费、包装物租金、储备费、优质费以及其他各种性质的价外收费。

【做中学6-3-1】

甲煤炭开采企业20××年11月销售以自采未税原煤加工的洗煤10万吨,每吨不含增值税单价为1 000元,另取得从洗煤厂到码头的不含增值税运费收入20万元。已知折算率为80%,资源税税率为10%。

根据上述资料，分析如下：

甲企业取得的从洗煤厂到码头的不含增值税运费收入20万元不缴纳资源税，销售上述洗煤应缴纳的资源税＝1 000×10×80％×10％＝800（万元）。

（二）从量定额征收的计税依据

实行从量定额征收的以销售数量为计税依据。销售数量的具体规定为：

（1）销售数量，包括纳税人开采或者生产应税产品的实际销售数量和视同销售的自用数量。

（2）纳税人不能准确提供应税产品销售数量的，以应税产品的产量或者主管税务机关确定的折算比换算成的数量为计征资源税的销售数量。

【做中学 6-3-2】

某黏土矿企业1月份对外销售黏土原矿200万吨，使用本矿生产加工的精矿40万吨，已知该矿加工产品的综合回收率为80％，税务机关确定的同行业综合回收率为60％，原矿适用单位税额为每吨2元。

根据上述资料，分析如下：

（1）按实际综合回收率计算：

应纳资源税＝200×2＋40÷80％×2＝500（万元）

（2）按税务机关确定的综合回收率计算：

应纳资源税＝200×2＋40÷60％×2＝533（万元）

比较上述计算结果可以发现，按实际综合回收率计算可节省税款33万元。因此，当企业实际综合回收率高于税务机关确定的综合回收率时，应当加强财务核算，准确提供应税产品销售数量或移送数量，方可免除不必要的税收负担。

（三）视同销售

（1）纳税人开采或者生产应税产品，自用于连续生产应税产品的，不缴纳资源税。

（2）纳税人开采或者生产应税产品，自用于连续生产应税产品以外的其他方面的，视同销售，缴纳资源税。

【做中学 6-3-3】

某煤矿20××年11月开采原煤100万吨，当月对外销售90万吨；为职工宿舍供暖，使用本月开采的原煤2万吨；向洗煤车间移送本月开采的原煤5万吨用于加工洗煤，尚未对外销售；其余3万吨原煤待售。已知该煤矿每吨原煤不含增值税售价为500元（不含从坑口到车站、码头等的运输费用），适用的资源税税率为5％。

根据上述资料,分析如下:

(1) 为职工宿舍供暖使用的 2 万吨原煤,视同销售,应缴纳资源税。

(2) 移送继续加工洗煤的原煤,在移送环节不缴纳资源税。因此,该煤矿 20×× 年 11 月就上述业务应缴纳的资源税 = (90+2)×500×5% = 2 300(万元)。

二、利用资源税税收优惠政策的税收筹划

(1) 纳税人开采或者生产应税产品过程中,因意外事故或者自然灾害等原因遭受重大损失的,由省、自治区、直辖市人民政府酌情决定减税或者免税。

(2) 油气田相关优惠包括以下几项:

❶ 我国油气田稠油、高凝油和高含硫天然气资源税减征 40%;

❷ 3 次采油资源税减征 30%;

❸ 低丰度油气田资源税暂减征 20%;

❹ 深水油气田减征 30%;

❺ 油田范围内运输稠油过程中用于加热的原油、天然气免征资源税。

(3) 对依法在建筑物下、铁路下、水体下通过充填开采方式采出的矿产资源,资源税减征 50%。

(4) 对实际开采年限在 15 年以上的衰竭期矿山开采的矿产资源,资源税减征 30%。

(5) 纳税人的减税、免税项目,应当单独核算销售额和销售数量;未单独核算或者不能准确提供销售额和销售数量的,不予减税或者免税。

【做中学 6-3-4】

某油田本月共向外销售稠油 4 000 吨,价格为 5 000 元/吨,税率为 5%,则该油田本月应纳税额为:

应纳税额 = 4 000×5 000×5% = 1 000 000(元)

减征 40% 后实际应纳税额为:

实际应纳税额 = 1 000 000×(1−40%) = 600 000(元)

由此可见,利用税收优惠政策,该油田的实际应纳税额减少了 40%,大大节约了成本。

引例解析

税务机关一般是按照同行业的平均水平确定折算比的,而各个企业的实际综合回收率或选矿比总是围绕这个平均折算比上下波动。这种情况给纳税人进行税收筹划提供了空间,即纳税人可预先测算自己企业的综合回收率或选矿比,如果相对于同行业折算比较低,就无须准确核算提供应税产品的销售数量或移送使用数量,这样,税务机关在根据同行业企业的平均综合回收率或选矿比折算应税产品数量时,就会少算课税数量,从而节省税款。

任务四　环境保护税的税收筹划

一、环境保护税的相关规定

(一) 环境保护税纳税人

在中华人民共和国领域和中华人民共和国管辖的其他海域,直接向环境排放应税污染物的企业事业单位和其他生产经营者为环境保护税的纳税人。

所称应税污染物,是指《环境保护税税目税额表》《应税污染物和当量值表》规定的大气污染物、水污染物、固体废物和噪声。

(二) 环境保护税税率

环境保护税的税目、税额,依照《环境保护税税目税额表》执行,如表6-1所示。

表6-1　　　　　　　　　环境保护税税目税额表

税　目		计税单位	税　额	备　注
大气污染物		每污染当量	1.2元至12元	
水污染物		每污染当量	1.4元至14元	
固体废物	煤矸石	每吨	5元	
	尾矿	每吨	15元	
	危险废物	每吨	1 000元	
	冶炼渣、粉煤灰、炉渣、其他固体废物(含半固态、液态废物)	每吨	25元	
噪声	工业噪声	超标1~3分贝	每月350元	1. 一个单位边界上有多处噪声超标,根据最高一处超标声级计算应纳税额;当沿边界长度超过100米有两处以上噪声超标,按照两个单位计算应纳税额 2. 一个单位有不同地点作业场所的,应当分别计算应纳税额,合并计征 3. 昼、夜均超标的环境噪声,昼、夜分别计算应纳税额,累计计征 4. 声源一个月内超标不足15天的,减半计算应纳税额 5. 夜间频繁突发和夜间偶然突发厂界超标噪声,按等效声级和峰值噪声两种指标中超标分贝值高的一项计算应纳税额
		超标4~6分贝	每月700元	
		超标7~9分贝	每月1 400元	
		超标10~12分贝	每月2 800元	
		超标13~15分贝	每月5 600元	
		超标16分贝以上	每月11 200元	

(三) 环境保护税应纳税额的计算

(1) 应税大气污染物的应纳税额为污染当量数乘以具体适用税额。
(2) 应税水污染物的应纳税额为污染当量数乘以具体适用税额。
(3) 应税固体废物的应纳税额为固体废物排放量乘以具体适用税额。

(4) 应税噪声的应纳税额为超过国家规定标准的分贝数对应的具体适用税额。

【做中学 6-4-1】

某企业 8 月向大气直接排放二氧化硫、氟化物各 10 千克,一氧化碳、氯化氢各 100 千克,假设大气污染物每污染当量税额按《环境保护税税目税额表》最低标准 1.2 元计算,这家企业只有一个排放口,请计算该企业 8 月大气污染物应缴纳的环境保护税。

[注:相应污染物的污染当量值分别为 0.95、0.87、16.7、10.75(单位:千克)]

根据上述资料,分析如下:

第一步,计算各污染物的污染当量数:

二氧化硫:$10 \div 0.95 = 10.53$

氟化物:$10 \div 0.87 = 11.49$

一氧化碳:$100 \div 16.7 = 5.99$

氯化氢:$100 \div 10.75 = 9.3$

第二步,按污染物的污染当量数排序(每一排放口或者没有排放口的应税大气污染物,对前三项污染物征收环境保护税):

氟化物(11.49) > 二氧化硫(10.53) > 氯化氢(9.3) > 一氧化碳(5.99),选取前三项污染物。

第三步,计算应纳税额:

氟化物 $= 11.49 \times 1.2 = 13.79$(元)
二氧化硫 $= 10.53 \times 1.2 = 12.63$(元)
氯化氢 $= 9.3 \times 1.2 = 11.16$(元)

综上可知,总计需要缴纳环境保护税 $= 13.79 + 12.63 + 11.16 = 37.58$(元)。

(四)环境保护税税收优惠

1. 不需缴纳环境保护税的纳税人

向依法设立的污水集中处理、生活垃圾集中处理场所排放应税污染物的,在符合国家和地方环境保护标准的设施、场所贮存或者处置固体废物的,不属于直接向环境排放污染物,不用缴纳环境保护税。

2. 可免征环境保护税的纳税人

《中华人民共和国环境保护税法》第十二条下列情形,暂予免征环境保护税:

(1) 农业生产(不包括规模化养殖)排放应税污染物的。

(2) 机动车、铁路机车、非道路移动机械、船舶和航空器等流动污染源排放应税污染物的。

(3) 依法设立的城乡污水集中处理、生活垃圾集中处理场所排放相应应税污染物,不超过国家和地方规定的排放标准的。

(4) 纳税人综合利用的固体废物,符合国家和地方环境保护标准的。

(5) 国务院批准免税的其他情形。

二、环境保护税的税收筹划

【做中学 6-4-2】

四川省某企业主要从事鞋模加工,经检测该企业废水排放口中重金属总镍浓度含量为 2.32 mg/L,总铬浓度含量为 3.25 mg/L,总铅浓度含量为 3.15 mg/L,总汞浓度含量为 1.11 mg/L,该企业年度总排放废水 100 000 L。经计算得出:该企业应纳环境保护税税额为 145 614 元。即若企业不进行税收筹划,则该企业当年应交环境保护税 145 614 元。而通过以下方法可使该企业在不违背国家法律法规及税收政策的前提下,降低企业税负。

1. 计税依据的筹划

方案 1:该企业在排废口加增一道重金属回收利用环节,使企业排放的污染物浓度值小于等于国家和地方规定标准的 30%,其污染物总镍浓度含量为 0.7 mg/L,总铬浓度含量为 1.05 mg/L,总铅浓度含量为 0.7 mg/L,总汞浓度含量为 0.035 mg/L。经计算得出:应纳环境保护税税额为 31 972.5 元。

方案 2:该企业引进先进技术使企业排放的污染物浓度值低于国家和地方规定标准的 50%,总镍浓度含量为 0.5 mg/L,总铬浓度含量为 0.75 mg/L,总铅浓度含量为 0.5 mg/L,总汞浓度含量为 0.025 mg/L。经计算得出:应纳环境保护税税额为 15 220 元。

综上,从企业通过排放污染物浓度降低企业税负方面来看,方案 2 中企业废水污染物浓度比方案 1 低 20%,且国家政策明确指出,污染物浓度值越低,缴税越少。所以企业引进先进技术应交的环境保护税比企业采用在排废口加增一道重金属回收利用环节少缴纳环境保护税 16 752.50 元(31 972.5 − 15 220)。

因此,企业在实行环境保护税筹划时,应根据实际情况合理选择税收筹划方式。

2. 专用设备的来源选择

方案 1:该企业为了响应国家环境保护政策,减少企业的税收负担,可外购环保专用设备一台,价格 200 万元,经计算得出:可少缴纳企业所得税 20 万元,少缴纳环境保护税 5 万元。

方案 2:该企业经过调查、研究,为了长远利益发展,在国家企业所得税优惠政策内,决定投入 200 万元作为研发费用,自主研发一台环境保护专用设备并申请专利权。研发费用可以加计扣除 100%,少缴企业所得税 = 200 × 100% × 25% = 50(万元),少缴环境保护税 5 万元。

综上,企业自主研发比外购环保专用设备享受的节税额更大,因企业研发过程除了可以加计扣除 100% 的成本费外(企业自主研发环境保护专用设备符合国家税收法规可以按研发成本的 100% 加计扣除),还可以享受"三免三减半"的税收优惠。

因此,从企业少缴税款的角度来看,在环保专用设备来源选择中,企业自主研发优于企业外购环保专用设备。

通过不同的税收筹划方式合理利用环境保护政策,在排污环节稍作改变,在某些程度上就可以降低企业的税收。一方面是从环境保护税法中合理运用税收减免政策来改变企业环境保护税的计税依据,以达到降低企业税负的目的;另一方面利用税后抵免的税收优惠措施,可以让企业在运营战略层面通过选择不同先进技术的环保专用设备,合理运用企业所得税中的减免政策,使企业在降低应纳税额的同时实现企业利益的最大化。

任务五　土地增值税的税收筹划

引 例

甲房地产开发公司同时开发A、B两幢商业用房，且处于同一片土地上，销售A房产共取得收入3 000万元，允许扣除的项目金额为2 000万元；销售B房产共取得收入4 000万元，允许扣除的项目金额为1 000万元。

请问：对这两处房产，公司是分开核算好？还是合并核算好？

【知识准备与业务操作】

土地增值税是就转让房产或土地所取得的增值额征收的一种税。土地增值税实行超率累进税率，增值多的多征，增值少的少征，无增值的不征，最低税率为30%，最高税率为60%。如何谋取最轻税负，始终是企业不断追求的目标。

在房产或土地转让中，增值额小，计税额就小，适用的税率也低，土地增值税税负就轻。因此，土地增值税筹划的基本思路是根据土地增值税的税率特点及有关优惠政策，控制增值额，从而适用低税率或享受免税待遇。

一、利用土地增值税税收优惠政策的税收筹划

（一）土地增值税的税收优惠政策

土地增值税是指对转让国有土地使用权、地上建筑物及其附着物并取得收入的单位和个人，就其转让房地产所取得的增值额征收的税款。

税法规定，纳税人建造普通标准住宅出售，增值额未超过扣除项目金额20%的，免征土地增值税。

普通标准住宅是指按所在地一般民用住宅标准建造的居住用住宅。高级公寓、别墅、度假村等不属于普通标准住宅。

增值额超过扣除项目金额20%的，应就其全部增值额按规定计税。

对于纳税人既建普通标准住宅又进行其他房地产开发的，应分别核算增值额。不分别核算增值额或者不能准确核算增值额的，其建造的普通标准住宅不能适用这一免税规定。

（二）根据土地增值税优惠政策进行税收筹划的具体方法

【做中学6-5-1】

宏达房地产开发企业20××年商品房销售收入为15 000万元，其中普通住宅的销售额为10 000万元，豪华住宅的销售额为5 000万元。税法规定的可扣除项目金额为12 000万元，其中普通住宅的可扣除项目金额为9 000万元，豪华住宅的可扣除项目金额为3 000万元。

请问：该企业应如何筹划才可节税？

根据上述资料，分析如下：

方案1,普通住宅和豪华住宅不分开核算:

增值率=(15 000-12 000)÷12 000×100%=25%

应纳税额=(15 000-12 000)×30%=900(万元)

方案2,普通住宅和豪华住宅分开核算:

普通住宅:

增值率=(10 000-9 000)÷9 000×100%=11%(因为增值率小于20%,所以免税)

应纳税额=0

豪华住宅:

增值率=(5 000-3 000)÷3 000×100%=67%

应纳税额=(5 000-3 000)×40%-3 000×5%=650(万元)

综上可知,通过筹划,分开核算比合并核算节省税金250万元(900-650)。

利用这种筹划方法需要注意的问题是由于两类房地产增值税税率的不同,有时不分开核算比分开核算有利。核算关键在于能否通过适当减少销售收入或增加可扣除项目金额使普通住宅的增值率控制在20%以内。如果没有控制好普通住宅的增值率,就会出现多缴税的情况。

【做中学6-5-2】

假定[做中学6-5-1]中的销售额不变,但税法规定的可扣除项目金额为11 000万元,其中普通住宅的可扣除项目金额为8 000万元,豪华住宅的可扣除项目金额为3 000万元。

请问:该企业应如何筹划才可节税?

根据上述资料,分析如下:

方案1,普通住宅和豪华住宅不分开核算:

增值率=(15 000-11 000)÷11 000×100%=36%

应纳税额=(15 000-11 000)×30%=1 200(万元)

方案2,普通住宅和豪华住宅分开核算:

虽然普通住宅和豪华住宅分开核算,但没有控制好增值率,使其超过了20%。

普通住宅:

增值率=(10 000-8 000)÷8 000×100%=25%

应纳税额=(10 000-8 000)×30%=600(万元)

豪华住宅:

增值率=(5 000-3 000)÷3 000×100%=67%

应纳税额=(5 000-3 000)×40%-3 000×5%=650(万元)

筹划结果:

两者合计为1 250万元,此时分开核算比不分开核算多支出税金50万元。这是因为普通住宅的增值率为25%,超过了20%,还得缴纳土地增值税。

如果能使普通住宅的增值率控制在20%以内,则分开核算可以大大减轻税负。控制普通住宅增值率的方法是降低房屋销售价格或者增加可扣除项目金额。销售收入减少,而可扣除项目金额不变,增值率自然会降低。但这会带来另一种后果,即导致销售收入减少,此时是否可取,就得比较减少的销售收入和控制增值率减少的税金支出的大小,从而作出选择。增加可扣除项目金额的途径很多,但是在增加房地产开发费用时,应注意税法规定的比例限制。税法对房地产开发费用的规定如下:

1. 能分摊且能证明

(1) 财务费用中的利息支出,凡能够按转让房地产项目计算分摊并提供金融机构证明的,允许据实扣除,但最高不能超过按商业银行同类同期贷款利率计算的金额。

(2) 其他房地产开发费用,按取得土地使用权所支付的金额和房地产开发成本的金额之和的5%以内计算扣除。允许扣除的房地产开发费用的计算公式如下:

$$允许扣除的房地产开发费用 = 允许扣除的利息 + (取得土地使用权所支付的金额 + 房地产开发成本) \times 规定比率(5\%以内)$$

2. 不能分摊或不能证明

财务费用中的利息支出,凡不能按转让房地产项目计算分摊或不能提供金融机构证明的,房地产开发费用(不区分利息费用和其他费用)按规定计算的金额之和的10%以内计算扣除。允许扣除的房地产开发费用的计算公式如下:

$$允许扣除的房地产开发费用 = (取得土地使用权所支付的金额 + 房地产开发成本) \times 规定比率(10\%以内)$$

二、合理控制土地增值税税率的税收筹划

(一) 土地增值税税率

土地增值税实行四级超率累进税率,以转让房地产的增值额与扣除项目金额的比率的大小,分档定率,超率累进。最低税率为30%,最高税率为60%。土地增值税各级税率如表6-2所示。

表6-2　　　　　　　土地增值税四级超率累进税率表

级　数	增值额与扣除项目金额的比率	税率/%	速算扣除系数/%
1	不超过50%的部分	30	0
2	超过50%~100%的部分	40	5
3	超过100%~200%的部分	50	15
4	超过200%的部分	60	35

扣除项目金额是指纳税人取得转让的房地产发生的成本、费用和转让房地产有关的税金及其他扣除项目等。

(二) 控制土地增值税税率的筹划方法

把握好增值率的节点,降低增值额,达到节约税金的目的,可以通过以下几个方面来进行筹划。

1. 增加扣除项目金额

税法准予纳税人从转让收入额中减除的扣除项目包括五个部分：取得土地使用权所支付的金额；房地产开发成本；房地产开发费用；与转让房地产有关的税金；财政部规定的其他扣除项目，主要是指从事房地产开发的纳税人允许扣除取得土地使用权所支付的金额和开发成本之和的20%。

2. 合理定价

【做中学6-5-3】

宏达房地产企业现有10 000平方米同档次的普通住宅商品房要出售，销售部门初定以下两个销售方案：

方案1：售价为11 000元/平方米，税法准予扣除的项目金额是8 700万元。

方案2：售价为10 000元/平方米，税法准予扣除项目金额是8 400万元。

请问：两种方案下应缴纳的土地增值税税额是多少？该房地产公司应该选择哪个方案？

根据上述资料，分析如下：

如果企业选择方案1，按规定计算如下：

增值额＝11 000－8 700＝2 300（万元）

增值率＝2 300÷8 700×100%＝26.44%

应缴纳土地增值税＝(11 000－8 700)×30%＝690（万元）

企业税前利润＝11 000－8 700－690＝1 610（万元）

如果企业选择方案2，按规定计算如下：

增值额＝10 000－8 400＝1 600（万元）

增值率＝1 600÷8 400×100%＝19.05%

应缴纳土地增值税＝0（万元）

企业税前利润＝10 000－8 400－0＝1 600（万元）

评析：

根据上述情况分析，虽然方案1的售价高，但是两个方案的可获利润相差无几，如果考虑到市场竞争力，宁可少获10万元利润，也要选择方案2，因为方案2可以保证资金及时回笼，降低市场风险。所以，应合理定价，把握好增值率的节点，降低增值额，达到节约税金的目的。

【做中学6-5-4】

20××年6月，宏达房地产企业出售商品房取得不含增值税销售收入5 000万元，其中：普通标准住宅销售额为3 000万元，豪华住宅销售额为2 000万元。扣除项目金额为3 450万元，其中：普通标准住宅的扣除项目金额为2 350万元，豪华住宅的扣除项目金额为1 100万元。（增值税选择简易计税）

根据上述资料，分析如下：

筹划前：

普通住宅：

城市维护建设税 $=3\,000\times5\%\times(7\%+3\%)=15$（万元）

合计扣除项目金额 $=2\,350+15=2\,365$（万元）

增值额 $=3\,000-2\,365=635$（万元）

增值率 $=635\div2\,365\times100\%=27\%$

应缴纳土地增值税 $=635\times30\%=190.5$（万元）

豪华住宅：

城市维护建设税 $=2\,000\times5\%\times(7\%+3\%)=10$（万元）

合计扣除项目金额 $=1\,100+10=1\,110$（万元）

增值额 $=2\,000-1\,110=890$（万元）

增值率 $=890\div1\,110\times100\%=80\%$

应缴纳土地增值税 $=890\times40\%-1\,110\times5\%=300.5$（万元）

该房地产企业共缴纳土地增值税491万元（190.5+300.5）。

筹划后：

方案1：销售收入不变，扣除项目金额增加为2 485万元。

普通住宅：

城市维护建设税和教育费附加 $=3\,000\times5\%\times(7\%+3\%)=15$（万元）

合计扣除项目金额 $=2\,485+15=2\,500$（万元）

增值额 $=3\,000-2\,500=500$（万元）

增值率 $=500\div2\,500\times100\%=20\%$

应缴纳土地增值税 $=0$（万元）

在此方案下，普通标准住宅达到增值额未超过20%的临界点，可以免税，企业缴纳的土地增值税总额仅为销售豪华住宅应纳税额，即300.5万元。

方案2：扣除项目金额不变，销售收入降低为2 815万元。

普通住宅：

城市维护建设税和教育费附加 $=2\,815\times5\%\times(7\%+3\%)=14.08$（万元）

合计扣除项目金额 $=2\,350+14.08=2\,364.08$（万元）

增值额 $=2\,815-2\,364.08=450.92$（万元）

增值率 $=450.92\div2\,364.08=19.07\%$

应缴纳土地增值税 $=0$（万元）

在此方案下，普通标准住宅可以免税，企业缴纳的总的土地增值税仍为销售豪华住宅应纳税额，即300.5万元。此时，销售收入减少了185万元（3 000-2 815），少纳税190.5万元，企业仍获益5.5万元（190.5-185）。

在此例中，无论是增加扣除项目金额，还是减少销售收入，必须是真实的，数据要能被税务机关认可。

房地产企业如果既建造普通标准住宅，又进行其他房地产开发，在分开核算的情况下，筹划的关键就是将普通标准住宅的增值率控制在20%以内，以获得免税待遇。降低增值率的关键是降低增值额。

【做中学6-5-5】(2022年智能财税国赛题1)

北京城建房地产开发公司主营房地产开发销售业务。2022年公司销售自行开发的某商品住宅项目，该项目总建筑面积为8 000平方米，按照会计准则和企业所得税法规定核算的成本费用支出均为8 000万元，计算土地增值税的扣除项目金额合计7 800万元。上述成本费用支出及土地增值税扣除项目均未包括转让房地产有关的税金。

由于当前房地产市场不景气，公司计划将项目精装修后上市销售，装修费约合3 000元/平方米，总装修费为2 400万元。其销售方案有以下三种可供选择。

方案1：房地产公司按原销售方案，直接以1.6万元/平方米的不含税价格销售毛坯房。

方案2：由房地产公司直接装修后，公司以1.9万元/平方米的不含税价格对外销售。

方案3：由房地产公司直接装修后，向客户赠送装修服务，不再单独收费（房屋与装修费开具在同一张发票上），公司仍然以1.6万元/平方米的不含税价格对外销售。

要求：

假设该项目全部售出，根据相关资料进行合理筹划，并进行选择。

说明：

（1）该房地产项目《建筑工程许可证》上注明的开工日期在营改增之前，属于房地产老项目，采用增值税简易计税方法。

（2）该房地产项目的容积率和单套建筑面积均符合当地普通标准住宅的条件，该地政府规定的普通住宅标准为价格不超过1.6万元/平方米。

（3）只考虑增值税、城市维护建设税、教育费附加、地方教育附加、土地增值税和企业所得税。

（4）公司适用的企业所得税税率25%，城市维护建设税税率为7%；教育费附加征收率为3%，地方教育附加征收率为2%，土地增值税税率如表6-3所示。

表6-3　　　　　　　　土地增值税税率表

级　数	增值税与扣除项目金额的比率	税　率	速算扣除率
1	不超过50%的部分	30%	0
2	超过50%～100%的部分	40%	5%
3	超过100%～200%的部分	50%	15%
4	超过200%的部分	60%	35%

（5）假设房地产开发费用按取得土地使用权所支付的金额和房地产开发成本之和的10%计算。

根据上述资料,分析如下:

方案1:

(1) 营业收入=8 000×1.6=12 800(万元)

(2) 营业成本=8 000(万元)

(3) 应纳增值税税额=12 800×5%=640(万元)

(4) 城市维护建设税及教育费附加=640×12%=76.8(万元)

(5) 土地增值税:

增值额=12 800-(7 800+76.8)=12 800-7 876.8=4 923.2(万元)

增值率=4 923.2÷7 876.8=62.50%

应交土地增值税=4 923.2×40%-7 876.8×5%=1 575.44(万元)

(6) 利润总额=12 800-8 000-76.8-1 575.44=3 141.76(万元)

(7) 应纳企业所得税税额=3 141.76×25%=786.94(万元)

(8) 税后利润=3 141.76-786.94=2 360.82(万元)

方案2:

(1) 营业收入=8 000×1.9=15 200(万元)

(2) 营业成本=8 000+2 400=10 400(万元)

(3) 应纳增值税税额=15 200×5%=760(万元)

(4) 城市维护建设税及教育费附加=760×12%=91.2(万元)

(5) 土地增值税:

增值额=15 200-(7 800+91.2+2 400+2 400×30%)=15 200-11 011.2=4 188.8(万元)

需要注意的是:此题中,原来扣除项目金额为7 800万元,装修费用2 400万元计入开发成本,按条例规定,可以加计扣除,再依据说明(5),房地产开发费用按取得土地使用权所支付的金额和房地产开发成本之和的10%计算。故此再扣除10%,共计扣除30%。

增值率=4 188.8÷11 011.2=38.04%

应交土地增值税=4 188.8×30%=1 256.64(万元)

(6) 利润总额=15 200-10 400-91.2-1 256.64=3 452.16(万元)

(7) 应纳企业所得税税额=3 452.16×25%=863.04(万元)

(8) 税后利润=3 452.16-863.04=2 589.12(万元)

方案3:

(1) 营业收入=8 000×1.6=12 800(万元)

(2) 营业成本=8 000+2 400=10 400(万元)

(3) 应纳增值税税额=12 800×5%=640(万元)

(4) 城市维护建设税及教育费附加=640×12%=76.8(万元)

(5) 土地增值税：

增值额＝15 200－(7 800＋76.8＋2 400＋2 400×30%)＝12 800－10 996.8＝1 803.20(万元)

增值率＝1 803.2÷10 996.8＝16.40%，小于20%。免交土地增值税。

应交土地增值税＝0(万元)

(6) 利润总额＝12 800－10 400－76.8＝2 323.20(万元)
(7) 应纳企业所得税税额＝2 323.20×25%＝580.80(万元)
(8) 税后利润＝2 323.20－580.80＝1 742.40(万元)

综上可知，从税后利润的角度出发，公司应选择方案2。

引例解析

如果甲公司将两幢商业用房合并一起核算，则两幢房产的收入总额＝3 000＋4 000＝7 000(万元)；允许扣除的金额＝2 000＋1 000＝3 000(万元)；增值率＝(7 000－3 000)÷3 000×100%＝133.3%，适用税率为50%。所以：甲公司应纳的土地增值税税额为：

$$(7\ 000－3\ 000)×50\%－3\ 000×15\%＝1\ 550(万元)$$

如果甲公司将两幢商业用房分开核算，则A房产的增值率为＝(3 000－2 000)÷2 000×100%＝50%，适用税率为30%，应纳的土地增值税税额为：

$$(3\ 000－2\ 000)×30\%＝300(万元)$$

B房产的增值率为＝(4 000－1 000)÷1 000×100%＝300%，适用税税额率60%，应纳的土地增值税税额为：

$$(4\ 000－1\ 000)×60\%－1\ 000×35\%＝1\ 450(万元)$$

所以，甲公司共缴纳土地增值税1 750万元(300＋1 450)。

同样的销售收入，合并核算比分开核算能节税200万元(1 750－1 450)。这主要是由于土地增值税实行的是从30%到60%的四级超率累进税率，一旦超过增值率的临界点，土地增值税的税率就会迅速增加10%。所以，对于同时进行几处房地产开发业务的企业而言，不同地区的开发成本受各种因素的影响也有所不同，这就导致各类房地产的增值额和增值率有所差别。如果对不同增值率的房地产合并核算，就有可能降低高增值率房产的适用税率，使税负下降。

需要注意的是，并不是所有的合并核算都可以节税。只有当两类房产增值率相差很大时，房地产开发公司将两处房产安排在一起开发、出售，并将两类房产的收入和扣除项目放在一起核算，一起申报纳税，才可以达到少缴税的目的。所以，为了在法律允许的范围内尽量少缴税，纳税人需要具体测算分开核算与合并核算的相应税额，以选择低税负的核算方法。

任务六　房产税的税收筹划

> **引　例**
>
> 为了尽可能多地储存商品，A公司曾经建有多座库房。但随着企业逐步向"零库存模式"发展，一座原值为1 500万元的库房被闲置，只好用于出租，租金为每年不含增值税300万元。按照当地政府规定，按原值一次性扣除20%后的余值缴纳房产税，税率为1.2%。则A公司每年应缴纳的税金为应纳增值税（假定按简易计税）为15万元（300×5%）；应纳房产税为36万元（300×12%）；应纳城市维护建设税和教育费附加为1.5万元[15×（3%＋7%）]；合计租金收入应纳税额为52.5万元（15＋36＋1.5）。可以看出，A公司承担的租赁税负过重，高达17.5%（52.5÷300）。那么，A公司应如何进行税收筹划，以降低高额的房产税？

【知识准备与业务操作】

房产税是以城镇中的房产为课税对象。从规模上看，房产税始终是一个小税种，但是随着房地产市场的不断发展，国家对房产税的征管和稽查力度的加大，房产税已成为企业税种的一项重要支出。因此，如何通过科学的税收筹划降低企业和个人的税负就显得尤为重要。

一、利用房产税计税依据的税收筹划

房产税是以房屋为征税对象，按照房屋的计税价值或租金收入，向产权所有人征收的一种财产税。

房产税的计税依据是房产的计税价值或房产的租金。房产税的计税方式有两种，从价计征和从租计征。从价计征的房产税，是以房产余值为计税依据；从租计征的房产税，是以房屋出租取得的租金收入为计税依据。

（一）降低房产原值的税收筹划

独立于房屋之外的建筑物，如酒窖、菜窖、室外游泳池、玻璃暖房、各种油气罐等不属于房产。如果将除厂房、办公用房以外的建筑物建成露天的，并且把这些独立建筑物的造价同厂房、办公用房的造价分开，在会计账簿中单独核算，则这部分建筑物的造价可以不计入房产原值，不缴纳房产税。

> **【做中学6-6-1】**
>
> 红星公司位于某市市区，企业除厂房、办公用房外，还包括厂区围墙、烟囱、水塔、变电塔、游泳池、停车场等建筑物，总计工程造价10亿元，除厂房、办公用房外的建筑设施工程造价为2亿元。假设当地政府规定的扣除比例为30%。请对红星公司应缴纳的房产税进行筹划。

根据上述资料，分析如下：

筹划前：

将所有建筑物都作为房产计入房产原值。

应纳房产税税额 = 100 000 × (1 - 30%) × 1.2% = 840（万元）

筹划后：

将游泳池、停车场等都建成露天的，在会计账簿中单独核算。

应纳房产税税额 = (100 000 - 20 000) × (1 - 30%) × 1.2% = 672（万元）

筹划结果：

通过改建变成独立核算比合并核算少缴房产税168万元（840-672）。

(二) 降低租金收入的税收筹划

【做中学 6-6-2】

红星公司拥有一写字楼，配套设施齐全，对外出租。全年租金（不含增值税）共为3 000万元，其中含代收的物业管理费300万元，水电费500万元。红星公司与承租方签订租赁合同，租金为3 000万元。请对红星公司应缴纳的房产税进行筹划。

根据上述资料，分析如下：

筹划前：

应纳房产税税额 = 3 000 × 12% = 360（万元）

筹划后：

假如公司分别由各相关方签订合同，如物业管理费由承租方与物业公司签订合同，水电费按照承租人实际耗用的数量和规定的价格标准结算、代收代缴。

应纳房产税税额 = (3 000 - 300 - 500) × 12% = 264（万元）

筹划结果：

筹划后比筹划前少缴房产税96万元（360-264）。

(三) 计征方式选择的税收筹划

因为房产税的从租税率为12%，从价税率为1.2%，为降低适用税率，企业可通过业务流程改造，将从租计征改为从价计征。

【做中学 6-6-3】

20××年，红星公司现有5栋闲置库房，房产原值为2 000万元，企业经研究提出以下两种利用方案：一是将闲置库房出租收取租赁费，年不含增值税租金收入为200万元；二是配备保管人员将库房改为仓库，为客户提供仓储服务，收取仓储费，年不含增值税仓储收入为200万元，但需每年支付给保管人员2万元。当地房产原值的扣除比例为30%。请为红星公司作出方案选择。（假定该公司只取得少量的进项税款，在此忽略不计）

根据上述资料,分析如下:
如果红星公司选择方案1,采用出租方案,则:

应纳房产税 = 200 × 12% = 24(万元)
应纳增值税 = 200 × 9% = 18(万元)
应交城市维护建设税及教育费附加 = 18 × (7% + 3%) = 1.8(万元)

红星公司总共支出43.8万元。
如果红星公司选择方案2,采用仓储方案,则:

应纳房产税 = 2 000 × (1 - 30%) × 1.2% = 16.8(万元)
应纳增值税 = 200 × 6% = 12(万元)
应交城市维护建设税及教育费附加 = 12 × (7% + 3%) = 1.2(万元)

应支付给保管人员2万元,红星公司共支出32万元。
筹划结果:
由此可见,方案2比方案1少支出11.8万元(43.8 - 32)。

企业可以根据实际情况选择计征方式,通过比较两种方式税负的大小,选择税负低的计征方式,以达到节税的目的。

二、厂址选择的税收筹划

房产税的征税范围限于城镇的房屋。对建在城市、县城、建制镇和工矿区的房屋征税,对建在农村的房屋都不征税。所以,在不影响企业生产经营的情况下,可将企业设立在农村,以免缴房产税。

【做中学6-6-4】
甲公司欲投资建厂,房产原值为10 000万元。现有以下两种方案可供选择:
方案1:建在市区,当地政府规定的扣除比例为30%。
方案2:建在农村。假设该厂不论建在哪里都不影响企业生产经营。
请问:两种方案下应缴纳的房产税分别是多少?该企业应选择哪个方案?
根据上述资料,分析如下:
如果企业选择方案1,将厂房建在市区,则按规定应缴纳的房产税如下:

应纳房产税 = 10 000 × (1 - 30%) × 1.2% = 84(万元)

如果企业选择方案2,将厂房建在农村,则按规定应缴纳的房产税如下:

应纳房产税 = 0(万元)

综上可知,该企业应选择方案2。

三、利用房产税税收优惠政策的税收筹划

房产税的税收优惠是根据国家政策需要和纳税人的负担能力制定的。目前,房产税的税收优惠政策主要有:

(1) 国家机关、人民团体、军队自用的房产免征房产税。

但上述免税单位的出租房产以及非自身业务使用的生产、营业用房,不属于免税范围。

这里的"人民团体",是指经国务院授权的政府部门批准设立或登记备案并由国家拨付行政事业费的各种社会团体。

这里的"自用的房产",是指这些单位本身的办公用房和公务用房。

(2) 由国家财政部门拨付事业经费的单位,如学校、医疗卫生单位、托儿所、幼儿园、敬老院、文化、体育、艺术这些实行全额或差额预算管理的事业单位所有的,本身业务范围内使用的房产免征房产税。

为了鼓励事业单位经济自立,由国家财政部门拨付事业经费的单位,其经费来源实行自收自支后,从事业单位实行自收自支的年度起,免征房产税3年。事业单位自用的房产,是指这些单位本身的业务用房。

上述单位所属的附属工厂、商店、招待所等不属于单位公务、业务的用房,应照章纳税。

(3) 宗教寺庙、公园、名胜古迹自用的房产免征房产税。

宗教寺庙自用的房产,是指举行宗教仪式等的房屋和宗教人员使用的生活用房屋。

公园、名胜古迹自用的房产,是指供公共参观游览的房屋及其管理单位的办公用房屋。

宗教寺庙、公园、名胜古迹中附设的营业单位,如影剧院、饮食部、茶社、照相馆等所使用的房产及出租的房产,不属于免税范围,应照章纳税。

(4) 个人所有非营业用的房产免征房产税。

个人所有的非营业用房,主要是指居民住房,不分面积多少,一律免征房产税。对个人拥有的营业用房或者出租的房产,不属于免税房产,应照章纳税。

(5) 对行使国家行政管理职能的中国人民银行总行(含国家外汇管理局)所属分支机构自用的房产,免征房产税。

(6) 经财政部批准免税的其他房产。

这类免税房产,情况特殊,范围较小,是根据实际情况确定的。主要有:

损坏不堪使用的房屋和危险房屋,经有关部门鉴定,在停止使用后,可免征房产税。

纳税人因房屋大修导致连续停用半年以上的,在房屋大修期间免征房产税,免征税额由纳税人在申报缴纳房产税时自行计算扣除,并在申报表附表或备注栏中作相应说明。

纳税人房屋大修停用半年以上需要免征房产税的,应在房屋大修前向主管税务机关报送相关的证明材料,包括大修房屋的名称、坐落地点、产权证编号、房产原值、用途、房屋大修的原因、大修合同及大修的起止时间等信息和资料,以备税务机关查验。具体报送材料由各省、自治区、直辖市和计划单列市地方税务局确定。

在基建工地为基建工地服务的各种工棚、材料棚、休息棚和办公室、食堂、茶炉房、汽车房等临时性房屋,在施工期间,一律免征房产税。但工程结束后,施工企业将这种临时性房屋交还或估价转让给基建单位的,应从基建单位接收的次月起,照章纳税。

为鼓励利用地下人防设施,暂不征收房产税。

对非营利性医疗机构、疾病控制机构和妇幼保健机构等卫生机构自用的房产,免征房产税。

老年服务机构自用的房产。老年服务机构是指专门为老年人提供生活照料、文化、护理、健身等多方面服务的福利性、非营利性的机构,主要包括:老年社会福利院、敬老院(养老院)、老年服务中心、老年公寓(含老年护理院、康复中心、托老所)等。

从2001年1月1日起,对按政府规定价格出租的公有住房和廉租住房,包括企业和自收自支事业单位向职工出租的单位自有住房,房管部门向居民出租的公有住房,落实私房政策中带户发还产权并以政府规定租金标准向居民出租的私有住房等,暂免征收房产税。

对邮政部门坐落在城市、县城、建制镇、工矿区范围内的房产,应当依法征收房产税;对坐落在城市、县城、建制镇、工矿区范围以外的尚在县邮政局内核算的房产,在单位财务账中划分清楚的,从2001年1月1日起不再征收房产税。

除上面提到的可以免纳房产税的情况以外,如纳税人确有困难的,可由省、自治区、直辖市人民政府确定,定期减征或者免征房产税。

向居民供热并向居民收取采暖费的供热企业暂免征收房产税。"供热企业"包括专业供热企业、兼营供热企业、单位自供热及为小区居民供热的物业公司等,不包括从事热力生产但不直接向居民供热的企业。

对于免征房产税的"生产用房",是指上述企业为居民供热所使用的厂房。对既向居民供热,又向非居民供热的企业,可按向居民供热收取的收入占其总供热收入的比例划分征免税界限;对于兼营供热的企业,可按向居民供热收取的收入占其生产经营总收入的比例划分征免税界限。

对在一个纳税年度内月平均实际安置残疾人就业人数占单位在职职工总数的比例高于25%(含25%)且实际安置残疾人人数高于10人(含10人)的单位,可减征免征该年度城镇土地使用税。具体减免税比例及管理办法由省、自治区、直辖市财税主管部门确定。

自2019年1月1日至2027年12月31日,对专门经营农产品的农产品批发市场、农贸市场使用的房产,暂免征收房产税。对同时经营其他产品的农产品批发市场和农贸市场使用的房产,按其他产品与农产品交易场地面积的比例确定征免房产税。

【做中学 6-6-5】

20××年年初,东方公司将自己拥有的原值为150万元的厂房与南方公司投资联营,双方在合同中明确规定投资者每月可取得收入3万元。

根据上述资料,分析如下:

如果东方公司将厂房用于投资联营,但实行非承担风险的合作,即收取固定收入,不参与投资利润分红、共担风险的,以固定收入按租金计征房产税,应纳房产税=3×12%×12=4.32(万元)。

如果东方公司将厂房用于投资联营,但实行承担风险的合作,即参与投资利润分红、共担风险,应按厂房的余值从价计征,应纳房产税=300×(1-30%)×1.2%=2.52(万元)。

由此可以看出,东方公司若采取承担风险方式与他人合作,就可以每年少缴纳房产税2.28万元(4.8-2.52),当然这种情况会增加不少风险。

根据规定,纳税人将房产投资他人或与他人联营,如果投资者承担风险,并分回利润,则实行从价计征房产税;纳税人将房屋租给他人,如果是采用融资租赁方式,则按从价计征法计税。

根据规定,纳税人将房产投资他人或与他人联营,如果投资者不承担风险,只收取固定租金,则实行从租计征房产税;纳税人将房屋租给他人,如果是采用经营性租赁方式,则按从租计征法计税。

引例解析

由于房产税有两种计税方法——按房产余值或租金收入计算,不同方法计算的结果必然有差异,也必然会导致应纳税额的不同,这就有了税收筹划的空间。

如果A公司派代表与客户进行友好协商,继续利用库房为客户存放商品,但将租赁合同改为仓储保管合同,增加服务内容,配备保管人员,为客户提供24小时服务。假设仓储保管服务的收入不变,仍为300万元。则可以采用从价计税,那么,A公司每年应缴纳的税金为:应纳增值税=300×6%=18(万元);应纳房产税=1 500×(1-20%)×1.2%=14.4(万元);应纳城市维护建设税和教育费附加=18×(3%+7%)=1.8(万元);合计应纳税额=18+14.4+1.8=34.2(万元)。每年A公司可以少纳税18.3万元。

对于拥有房产的企业来说,不管是按房产出租收入的12%征收,还是按房产余值的1.2%征收,房产税都不是个小数。但从以上例子的计算结果可以看出,同是1 500万元的房产,按不同的基数、按照不同的计税方法计算税金,企业缴纳的房产税税金就不同,相差50%甚至更多。这其中就有税收筹划的空间。

任务七 契税的税收筹划

引 例

李某有一套自有房屋,现欲将该住宅以500万元的价格出售给王某,然后欲从丁某处购入另一套房子,协议价为520万元。买卖双方签订房屋销售与购买合同,该地区规定契税的适用税率为5%。

则李某出售住房时,王某应缴纳契税=500×5%=25(万元);李某购入丁某的住宅,李某应缴纳契税=520×5%=26(万元);买卖三方共缴纳契税51万元(25+26)。

请问:对于李某、王某和丁某三人而言,应如何进行契税的税收筹划以达到节税的目的?

【知识准备与业务操作】

契税是以境内转移土地、房屋权属的行为为征税对象,依据土地使用权、房屋的价格,向承受的单位和个人征收的一种税。在目前的经济生活中,涉及转移土地、房屋权属的契税缴纳行为较多,如何根据契税缴纳的税收政策进行税收筹划,尽量降低契税支出,日益为各方面纳税人所重视。

一、利用契税计税依据的税收筹划

契税是在因房屋买卖、典当、赠与或交换而转移土地、房屋权属时，依据当事人双方订立的契约，由承受的单位和个人缴纳的财产税。契税的计税依据是土地、房屋价格。

土地使用权、房屋的出售以成交价格为计税依据。如果改变交易方式为交换，契税的计税依据为所交换的土地使用权、房屋的价格差额，由多交付货币、实物、无形资产或其他经济利益的一方缴纳税款；交换价格相等的土地使用权、房屋交换，不缴纳房产税。当双方当事人进行等价交换时，任何一方都不用缴纳契税，纳税人可以借此政策进行税收筹划。

【做中学6-7-1】

南方公司有一块价值为3 000万元的土地拟出售给北方公司，然后从北方公司购买其另外一块价值3 000万元的土地。双方签订土地销售与购买合同，该地区规定契税的适用税率为4%。请为南方公司应缴纳的契税作出筹划。

根据上述资料，分析如下：

筹划前：

南方公司应缴纳契税＝3 000×4%＝120(万元)

北方公司应缴纳契税＝3 000×4%＝120(万元)

筹划后：

假如南方公司与北方公司改变合同订立方式，签订土地使用权交换合同，约定以3 000万元的价格等价交换双方土地。

南方公司应缴纳契税＝0(万元)

北方公司应缴纳契税＝0(万元)

筹划结果：

通过改变交易方式，可以少缴纳契税240万元。

对于免征契税的规定，在支付独立于房屋之外的建筑物、构筑物以及地面附着物价款时不征收契税。

对于承受与房屋相关的附属设施(包括停车位、汽车库、自行车库、顶层阁楼以及储藏室，下同)所有权或土地使用权的行为，按照契税法律、法规的规定征收契税；对于不涉及土地使用权和房屋所有权转移变动的，不征收契税。因此，通过分立合同，对于独立于房屋之外的建筑物、构筑物以及地面附着物支付价款时不征收契税，以达到节税的目的。

【做中学6-7-2】

南方公司有一化肥生产车间拟出售给北方公司，该化肥生产车间有一幢生产厂房及其他生产厂房附属物，附属物主要为围墙、烟囱、水塔、变电塔、油池油柜、若干油气罐、挡土墙、蓄水池等，化肥生产车间总占地面积为3 000平方米，整体评估价为600万元(其中生产厂房评估价为160万元，3 000平方米土地评估价为240万元，其他生产厂房附属物评估价为200万元)，该地区规定契税的适用税率为4%。

根据上述资料,分析如下:

筹划前:

北方公司应纳契税=600×4%=24(万元)

筹划后:

假如南方公司与北方公司分开签订两份销售合同,第一份合同为销售生产厂房及占地3 000平方米土地使用权的合同,销售合同价款为400万元;第二份合同为销售独立于房屋之外的建筑物、构筑物以及地面附着物,销售合同价款为200万元。

北方公司应纳契税=400×4%=16(万元)

筹划结果:

通过分立合同可以节约契税支出8万元。

二、利用契税税收优惠政策的税收筹划

(一) 契税优惠的一般规定

(1) 国家机关、事业单位、社会团体、军事单位承受土地、房屋用于办公、教学、医疗、科研和军事设施的,免征契税。

(2) 城镇职工按规定第一次购买公有住房,免征契税。

此外,财政部、国家税务总局规定:自2000年11月29日起,对各类公有制单位为解决职工住房而采取集资建房方式建成的普通住房,或由单位购买的普通商品住房,经当地县以上人民政府房改部门批准,按照国家房改政策出售给本单位职工的,如属职工首次购买住房,均可免征契税。

对个人购买普通住房,且该住房属于家庭(成员范围包括购房人、配偶以及未成年子女,下同)唯一住房的,减半征收契税。对个人购买90平方米以下普通住房,且该住房属于家庭唯一住房的,减按1%税率征收契税。

(3) 因不可抗力灭失住房而重新购买住房的,酌情减免。不可抗力是指自然灾害、战争等不能预见、不可避免,并且不能克服的客观情况。

(4) 土地、房屋被县级以上人民政府征用、占用后,重新承受土地、房屋权属的,由省级人民政府确定是否减免。

(5) 承受荒山、荒沟、荒丘、荒滩土地使用权,并用于农、林、牧、渔业生产的,免征契税。

(6) 经外交部确认,依照我国有关法律规定以及我国缔结或参加的双边和多边条约或协定,应当予以免税的外国驻华使馆、领事馆、联合国驻华机构及其外交代表、领事官员和其他外交人员承受土地、房屋权属。

(二) 契税优惠的特殊规定

1. 企业公司制改造

非公司制企业,按照《中华人民共和国公司法》的规定,整体改建为有限责任公司(含国有独资公司)或股份有限公司,或者有限责任公司整体改建为股份有限公司的,对改建后的公司承受原企业土地、房屋权属,免征契税。

非公司制国有独资企业或国有独资有限责任公司,以其部分资产与他人组建新公司,且该国有独资企业(公司)在新设公司中所占股份超过50%的,对新设公司承受该国有独资企业(公司)的土地、房屋权属,免征契税。

2. 企业股权重组

在股权转让中,单位、个人承受企业股权,企业土地、房屋权属不发生转移的,不征收契税。

国有、集体企业实施"企业股份合作制改造",由职工买断企业产权,或向其职工转让部分产权,或者通过其职工投资增资扩股,将原企业改造为股份合作制企业的,对改造后的股份合作制企业承受原企业的土地、房屋权属,免征契税。

为进一步支持国有企业改制重组,国有控股公司投资组建新公司有关契税政策规定如下:

(1) 对国有控股公司以部分资产投资组建新公司,且该国有控股公司占新公司股份85%以上的,对新公司承受该国有控股公司土地、房屋权属免征契税。上述所称国有控股公司,是指国家出资额占有限责任公司资本总额以上,或国有股份占股份有限公司股本总额50%以上,或国有控股占股份有限公司股本总额50%以上的国有控股公司。

(2) 以出让方式承受原国有控股公司土地使用权的,不属于本规定的范围。

3. 企业合并

两个或两个以上的企业,依据法律规定、合同约定,合并改建为一个企业,对其合并后的企业承受原合并各方的土地、房屋权属,免征契税。

4. 企业分立

企业依照法律规定、合同约定分设为两个或两个以上投资主体相同的企业,对派生方、新设方承受原企业土地、房屋权属,不征收契税。

5. 企业出售

国有、集体企业出售,被出售企业法人予以注销,并且买受人按照《中华人民共和国劳动法》(以下简称"《劳动法》")等国家有关法律法规政策妥善安置原企业全部职工,其中与原企业30%以上职工签订服务年限不少于三年的劳动用工合同的,对其承受所购企业的土地、房屋权属,减半征收契税;与原企业全部职工签订服务年限不少于三年的劳动用工合同的,免征契税。

6. 企业注销、破产

企业依照有关法律、法规的规定实施注销、破产后,债权人(包括注销、破产企业职工)承受注销、破产企业土地、房屋权属以抵偿债务的,免征契税;对非债权人承受注销、破产企业土地、房屋权属,凡按照《劳动法》等国家有关法律法规政策妥善安置原企业全部职工,其中与原企业30%以上职工签订服务年限不少于3年的劳动用工合同的,对其承受所购企业的土地、房屋权属,减半征收契税;与原企业全部职工签订服务年限不少于3年的劳动用工合同的,免征契税。

7. 房屋的附属设施

对于承受与房屋相关的附属设施(包括停车位、汽车库、自行车库、顶层阁楼以及储藏室,下同)所有权或土地使用权的行为,按照契税法律、法规的规定征收契税;对于不涉及土地使用权和房屋所有权转移变动的,不征收契税。

8. 继承土地、房屋权属

对于《中华人民共和国继承法》规定的法定继承人(包括配偶、子女、父母、兄弟姐妹、祖父母、外祖父母)继承土地、房屋权属,不征契税。

按照《中华人民共和国继承法》规定,非法定继承人根据遗嘱承受死者生前的土地、房屋权属,属于赠与行为,应征收契税。

9. 事业单位改制

事业单位按国家有关规定改制为企业的过程中,投资主体没有发生变化的,对改制后的企业承受原事业单位土地、房屋权属,免征契税。投资主体发生变化的,改制后的企业按照《劳动法》等有关法律法规妥善安置原事业单位全部职工,其中与原事业单位全部职工签订服务年限不少于3年劳动用工合同的,对其承受原事业单位的土地、房屋权属,免征契税;与原事业单位30%以上职工签订服务年限不少于3年劳动用工合同的,对其承受原事业单位的土地、房屋权属,减半征收契税。

10. 事业单位改制过程中,改制后的企业以出让或国家作价出资(入股)方式取得原国有划拨土地使用权的,不属于本通知规定的契税减免税范围,应按规定缴纳契税

11. 婚姻关系存续期间,房屋、土地权属原归夫妻一方所有,变更为夫妻双方共有的,免征契税。

12. 其他

(1) 经国务院批准实施债权转股权的企业,对债权转股权后新设立的公司承受原企业的土地、房屋权属,免征契税。

(2) 政府主管部门对国有资产进行行政性调整和划转过程中发生的土地、房屋权属转移,不征收契税。

(3) 企业改制重组过程中,同一投资主体内部所属企业之间土地、房屋权属的无偿划转,包括母公司与其全资子公司之间,同一公司所属全资子公司之间,同一自然人与其设立的个人独资企业、一人有限公司之间土地、房屋权属的无偿划转,不征收契税。

(4) 对拆迁居民因拆迁重新购置住房的,对购房成交价格中相当于拆迁补偿款的部分免征契税,成交价格超过拆迁补偿款的,对超过部分征收契税。

(5) 公司制企业在重组过程中,以名下土地、房屋权属对其全资子公司进行增资,属同一投资主体内部资产划转,对全资子公司承受母公司土地、房屋权属的行为,不征收契税。

(三) 利用契税减免优惠政策的具体实例

1. 企业破产可以享受的契税减免优惠政策

【做中学 6-7-3】

南方公司因严重亏损准备关闭,尚欠主要债权人北方公司5 000万元,准备以公司一块价值为5 000万元的土地来偿还所欠债务,北方公司表示同意接受南方公司的提议,该地区规定契税的适用税率为4%。北方公司应如何进行税收筹划?

根据上述资料,分析如下:

筹划前:

北方公司应纳契税 = 5 000 × 4% = 200(万元)

筹划后:

假如北方公司改变接受南方公司以土地抵债的时间,先以主要债权人身份到法院申请南方公司破产,待南方公司破产清算后再以主要债权人身份接受南方公司以价值5 000万元的土地抵偿债务,可享受免征契税,节约契税支出200万元。

【做中学 6-7-4】

南方公司欠北方公司货款 2 000 万元,准备以公司原价值为 2 000 万元的商品房偿还所欠债务。北方公司表示同意接受南方公司的商品房抵债方案,并准备以 2 000 万元的价格转售给东方公司以偿还所欠债务。该地区规定契税的适用税率为 4%。北方公司应如何进行税收筹划?

根据上述资料,分析如下:

筹划前:

北方公司应纳契税 = 2 000 × 4% = 80(万元)

筹划后:

假如北方公司与南方公司、东方公司签订债务偿还协议,由南方公司将抵债商品房直接销售给东方公司,东方公司将房款汇给南方公司,南方公司收东方公司房款后再汇给北方公司偿还债务,北方公司收南方公司欠款后再汇给东方公司偿还债务。经上述筹划后,三方欠款清欠完毕,且北方公司可享受免征契税,节约契税支出 80 万元。

按规定,企业按照有关法律、法规的规定实施关闭、破产后,债权人(包括关闭、破产企业职工)承受关闭、破产企业土地、房屋权属以抵偿债务的,免征契税。债权人可以借此政策进行筹划。

2. 公司制改造中可以享受的契税减免优惠政策

【做中学 6-7-5】

王明有一幢商品房价值为 500 万元,李立有货币资金 300 万元,两人共同投资开办了新华有限责任公司,新华公司注册资本为 800 万元。该地区规定契税的适用税率为 4%。

根据上述资料,分析如下:

筹划前:

新华公司接受房产投资后应缴纳契税 = 500 × 4% = 20(万元)

筹划后:

为了节税,王明和李立可以改变注册方式。

首先,王明到工商局注册登记成立个人独资公司,将自有房产投入王明个人独资公司,由于房屋产权所有人和使用人未发生变化,故无须办理房产变更手续,不需缴纳契税。

接着,王明对其个人独资公司进行公司制改造,改制为有限责任公司;吸收李立投资,改建为新华有限责任公司。改建后的新华有限责任公司承受王明个人独资公司的房屋,免征契税,新华公司减少契税支出 20 万元。

评价:

显然,将新成立的公司进行公司制改造,可以免缴契税。因此,对于个人以不动产作为投资成立公司时,可以考虑改变注册方式,先成立个人独资公司,再改制为有限责任公司,从而达到少缴契税的目的。

引例解析

如果李某、王某、丁某三方经协商,改变合同订立方式,签订房屋所有权交换合同,结果就完全不同了。为了缩小价差来实现节税的目的,在房屋交换前,李某可以先按照王某的意思对房屋进行装修,增加房屋的市场价值,最好达到李某和丁某的协商价(520万元),这样可以免去契税。首先,先由李某和丁某交换房屋,约定以520万元的价格等价交换双方房屋;再由丁某将房屋以520万元出售给王某。在这种情况下,李某和丁某交换房屋所有权为等价交换,没有价格差额,不用缴纳契税;只有王某在购买房屋时应缴纳契税金额为26万元(520×5%);三方总共缴纳契税26万元,节税25万元。这样就达到上述买卖的同样结果,但应纳税款就不同了。

因此,在购买房屋时,将房屋买卖转变成房屋交换,可以省下不少税款。此外,如果交换双方的房屋价差较大,可以通过装修、装潢等方法尽量缩小价差或者将价差减为零,达到等价交换。在房屋购买过程中,如果能够巧妙运用这些小技巧,可以减免不少税款。

任务八 城镇土地使用税的税收筹划

引 例

浙江东方公司与兴隆公司签订的土地使用权转让协议约定,从兴隆公司取得一块面积为5 000平方米的土地。合同签订时间是20××年3月20日,但合同里未约定交付土地使用权时间。兴隆公司最终于20××年8月25日搬迁后将土地交付给东方公司使用,当地规定的土地使用税为每平方米10元。

按照此合同规定,东方公司需要自20××年4月份开始履行城镇土地使用税纳税义务,足足比实际接手土地的时间早了4个月,即东方公司提前承担纳税义务,多缴了城镇土地使用税。那么,东方公司应如何进行税收筹划?

【知识准备与业务操作】

城镇土地使用税对于经营者来说,虽然不与经营收入的增减变化相挂钩,但作为一种费用必然是经营纯收益的一个减项。随着中国经济的发展,城镇土地不断地被开发,导致土地使用成本大幅上涨。因此,在不违法的前提下,如何尽可能地减轻税负,合理节约地使用土地,提高土地利用效益,就显得尤为重要。

一、城镇土地使用税征收范围的税收筹划

城镇土地使用税是以城镇土地为征税对象,对拥有土地使用权的单位和个人征收的税款。

城镇土地使用税的征收范围包括在城市、县城、建制镇和工矿区内的国家所有和集体所有的土地。城镇土地使用税以纳税人实际占用的土地面积为计税依据。

(一) 利用土地级别的不同进行税收筹划

按照规定，城镇土地使用税采用定额税率形式，根据征税范围的不同地区，规定不同的有幅度的差别税额。纳税人在投资建厂时可以利用不同等级土地的接壤处进行税收筹划，在不影响经营的情况下选择低税率地区，以达到节约城镇土地使用税的目的。

【做中学 6-8-1】

王某、李某两个人拟投资设立一家新企业，现在有三个地址可供选择：其一是设立在 A 地，其适用的土地使用税税率为每平方米 10 元；其二是设立在 B 地，其适用的土地使用税税率为每平方米 7 元；其三是设立在 C 地，其适用的土地使用税税率为每平方米 4 元。企业需要占地 10 000 平方米。不考虑其他因素，那么企业应当选择在何地设立？

根据上述资料，分析如下：

如果企业选在 A 地设立：应纳城镇土地使用税 = 10 000 × 10 = 100 000(元)。

如果企业选在 B 地设立：应纳城镇土地使用税 = 10 000 × 7 = 70 000(元)。

如果企业选在 C 地设立：应纳城镇土地使用税 = 10 000 × 4 = 40 000(元)。

显然，选择 C 地最合算。

评价：

在不影响经营的情况下，企业在经营用地的所属区域上考虑节税：包括在征税区与非征税区之间选择；在经济发达与经济欠发达的省份之间作出选择；在同一省份内的大中小城市以及县城和工矿区之间作出选择；在同一城市、县城和工矿区之内的不同等级的土地之间作出选择。

(二) 根据城镇土地使用税计税依据的税收筹划

按照法律规定，城镇土地使用税的计税依据是纳税人实际占用的土地面积。如果出现纳税人尚未核发土地使用证书的情况，纳税人可以根据自己申报的土地面积缴纳城镇土地使用税。虽然土地使用证书核发以后还要作调整，但是利用时间差获取纳税的时间价值，对企业也是有利无弊的。

【做中学 6-8-2】

20×1 年 8 月 25 日，万科公司与宏达公司签订土地使用权转让协议约定，取得一块面积为 20 000 平方米土地。合同约定宏达公司交付土地的时间为 20×1 年 12 月 10 日，即等原土地上的搬迁企业搬迁后交付；但实际交付的时间为 20×2 年 8 月份。当地确定的城镇土地使用税单位税额为每平方米 15 元。如果按照上述的合同约定房地产开发企业应当自 20×2 年 1 月份开始计算缴纳城镇土地使用税。

根据上述资料，分析如下：

筹划前：

如果按照合同约定，万科公司应当从 20×2 年 1 月份起开始计算缴纳城镇土地使用税。

筹划后：

如果在合同中没有确定具体交付时间,而只规定了一个概括的交付时间,万科公司应缴纳的城镇土地使用税就完全不同了。按照规定,在此情况下,万科公司于20×2年9月份发生城镇土地使用税纳税义务。

如此,万科公司可以少缴纳城镇土地使用税＝20 000×15×8÷12＝200 000(元)。

评价:

由于交付土地的时间与原企业的搬迁直接相关,因此,如果出现实际交付时间晚于合同约定时间时,应在合同中不确定具体时间而规定一个概括交付时间,搬迁企业拆迁完毕后交付。如此,可以推迟企业城镇土地使用税纳税义务的发生时间。

二、利用城镇土地使用税税收优惠政策的税收筹划

(一) 法定免缴城镇土地使用税的优惠

(1) 国家机关、人民团体、军队自用的土地。

这部分土地是指这些单位本身的办公用地和公务用地。如国家机关、人民团体的办公楼用地,军队的训练场用地等。

(2) 由国家财政部门拨付事业经费的单位自用的土地。

这部分土地是指这些单位本身的业务用地。如学校的教学楼、操场、食堂等占用的土地。

(3) 宗教寺庙、公园、名胜古迹自用的土地。

宗教寺庙自用的土地,是指举行宗教仪式等的用地和寺庙内的宗教人员生活用地。

公园、名胜古迹自用的土地,是指供公共参观游览的用地及其管理单位的办公用地。

以上单位的生产、经营用地和其他用地,不属于免税范围,应按规定缴纳城镇土地使用税,如公园、名胜古迹中附设的营业单位如影剧院、饮食部、茶社、照相馆等使用的土地。

(4) 市政街道、广场、绿化地带等公共用地。

(5) 直接用于农、林、牧、渔业的生产用地。

这部分土地是指直接从事于种植养殖、饲养的专业用地,不包括农副产品加工场地和生活办公用地。

(6) 经批准开山填海整治的土地和改造的废弃土地,从使用的月份起免缴城镇土地使用税5年至10年。

具体免税期限由各省、自治区、直辖市地方税务局在《中华人民共和国城镇土地使用税暂行条例》(以下简称"《城镇土地使用税暂行条例》")规定的期限内自行确定。

(7) 对非营利性医疗机构、疾病控制机构和妇幼保健机构等卫生机构自用的土地,免征城镇土地使用税。

(8) 企业办的学校、医院、托儿所、幼儿园,其用地能与企业其他用地明确区分的,免征城镇土地使用税。

(9) 免税单位无偿使用纳税单位的土地(如公安、海关等单位使用铁路、民航等单位的土地),免征城镇土地使用税。纳税单位无偿使用免税单位的土地,纳税单位应照章缴纳城镇土地使用税。纳税单位与免税单位共同使用、共有使用权土地上的多层建筑,对纳税单位可按其占用的建筑面积占建筑总面积的比例计征城镇土地使用税。

(10) 对行使国家行政管理职能的中国人民银行总行(含国家外汇管理局)所属分支机

构自用的土地,免征城镇土地使用税。

(11) 为了体现国家的产业政策,支持重点产业的发展,对石油、电力、煤炭等资源用地,民用港口、铁路等交通用地和水利设施用地,三线调整企业、盐业、采石场、邮电等一些特殊用地划分了征免税界限和给予政策性减免税照顾。具体规定如下:

对企业的铁路专用线、公路等用地,在厂区以外、与社会公用地段未加隔离的,暂免征收城镇土地使用税。

对企业厂区以外的公共绿化用地和向社会开放的公园用地,暂免征收城镇土地使用税。

对火电厂厂区围墙外的灰场、输灰管、输油(气)管道、铁路专用线用地、水源用地以及热电厂供热管道用地免征城镇土地使用税;厂区围墙外的其他用地,应照章征税。电力项目建设期间纳税有困难的,由省、自治区、直辖市税务局审核后,报国家税务总局批准减免。对供电部门的输电线路用地、变电站用地,免征城镇土地使用税。

对水利设施及其管护用地(如水库库区、大坝、堤防、灌渠、泵站等用),免征土地使用税;其他用地,如生产、办公、生活用地,应照章征收城镇土地使用税。对兼有发电的水利设施用地免征城镇土地使用税问题,比照电力行业免征城镇土地使用税的有关规定办理。

对机场飞行区(包括跑道、滑行道、停机坪、安全带、夜航灯光区)用场内外通信导航设施用地和飞行区四周排水防洪设施用地,免征城镇土地使用税。机场道路,区分为场内道路和场外道路,场内道路用地免征城镇土地使用税。

中国石油天然气总公司所属单位下列油气生产建设用地,暂免征收城镇土地使用税:石油地质勘探、钻井、井下作业、油田地面工程等施工临时用地;各种采油(气)井、注水(气)井、水源井用地;油田内办公、生活区以外的公路铁路专用线及输油(气、水)管道用地;石油长输管线用地;通信、输变电线的用地;在城市、县城、建制镇以外工矿区内的下列油气生产、生活用地,也暂免征收城镇土地使用税。具体包括:与各种采油(气)井相配套的地面设施用地,包括油气采集、计量、接转、储运、装卸、综合处理等各种场所的用地;与注水(气)井相配套的地面设施用地,包括配水、取水、转水以及供气、配气、压气、气举等各种场所用地;供(配)电、供排水、消防、防洪排涝、防风、防沙等运施用地;职工和家属居住的简易房屋、活动板房、野营房、帐篷等用地。

对煤炭企业的矸石山、排土场用地,防排水沟用地,矿区办公、生活区以外的公路、铁路专用线及轻便道和输变电线路用地,炸药库库房外安全区用地,向社会开放的公园及公共绿化带用地,暂免征收城镇土地使用税。对煤炭企业的货陷地、荒山,在利用之前,暂缓征收城镇土地使用税。对煤炭企业的报废矿井古地,经煤炭企业申请,当地税务机关审核,可以暂免征收城镇土地使用税。

对矿山的采矿场、排土场、尾矿库、炸药库的安全区、采区运矿及运输公路、尾矿输送管道及回水系统用地,免征城镇土地使用税。对矿山企业采掘地下矿造成的塌陷地以及荒山占地,在利用之前,暂免征收城镇土地使用税。

港口的码头(即泊位,包括岸边码头、伸入水中的浮码头、堤岸、堤坝栈桥等)用地,免征城镇土地使用税。对港口的露天堆货场用地,原则上应征收城镇土地使用税,企业纳税确有困难的,可由省、自治区、直辖市地方税务局根据其实际情况给予定期减征或免征城镇土地使用税的照顾。

对盐场的盐滩、盐矿的矿井用地,暂免征收城镇土地使用税。

中国海洋石油总公司及其所属公司下列用地,暂免征收城镇土地使用税:导管架、平台组块等海上结构物建造用地;码头用地;输油气管线用地;通信天线用地;办公、生活区以外的公路、铁路专用线、机场用地。

建材行业的石灰厂、水泥厂、大理石厂、砂石厂等企业的采石场、排土场地,炸药库的安全区用地以及采区运岩公路用地暂免征收城镇土地使用税。

在城镇土地使用税征收范围内,利用林场土地兴建度假村等休闲娱乐场所占其经营、办公和生活用地,应按规定征收城镇土地使用税。

对林业系统所属林区的育林地、运材道、防火道、防火设施用地,免征城镇土地使用税。林业系统的森林公园、自然保护区,可以比照公园免征城镇土地使用税。

自2007年1月1日起,在城镇土地使用税征收范围内经营采摘、观光农业的单位和个人,其直接用于采摘、观光的种植、养殖、饲养的土地,根据《城镇土地使用税暂行条例》第六条中"直接用于农、林、牧、渔业的生产用地"的规定,免征城镇土地使用税。

从2007年9月10日起,对核电站的核岛、常规岛、辅助厂房和通信设施用地(不包括地下线路用地),生活、办公用地按规定征收城镇土地使用税,其他用地免征城镇土地使用税。对核电站应税土地,在基建期内减半征收城镇土地使用税。

(二) 省、自治区、直辖市税务局确定减免城镇土地使用税的优惠

(1) 个人所有的居住房屋及院落用地。
(2) 房产管理部门在房租调整改革前经租的居民住房用地。
(3) 免税单位职工家属的宿舍用地。
(4) 民政部门举办的安置残疾人占一定比例的福利工厂用地。
(5) 集体和个人办的各类学校、医院、托儿所、幼儿园用地。
(6) 对基建项目在建期间使用的土地,原则上应照章征收城镇土地使用税。但对有些基建项目,特别是国家产业政策扶持发展的大型基建项目,其占地面积大,实施周期长,在建期间又没有经营收入,为照顾其实际情况,对纳税人纳税确有困难的,可由各省、自治区、直辖市地方税务局根据具体情况予以免征或减征城镇土地使用税。
(7) 城镇内的集贸市场(农贸市场)用地,按规定应征收城镇土地使用税。为促进集贸市场的发展及照顾各地的不同情况,各省、自治区、直辖市地方税务局可根据具体情况自行确定对集贸市场用地征收或者免征城镇土地使用税。
(8) 房地产开发公司建造商品房的用地,原则上应按规定计征城镇土地使用税。但在商品房出售之前纳税确有困难的,其用地是否给予缓征或减征、免征照顾,可由各省、自治区、直辖市地方税务局根据从严的原则结合具体情况确定。
(9) 原房管部门代管的私房,落实政策后,有些私房产权已归还给房主,但由于各种原因,房屋仍由原住户居住,并且住户仍是按照房管部门在房租调整改革之前确定的租金标准向房主缴纳租金。对这类房屋用地,房主缴纳土地使用税确有困难的,可由各省、自治区、直辖市地方税务局根据实际情况,给予定期减征或免征城镇土地使用税的照顾。
(10) 对于各类危险品仓库、厂房所需的防火、防爆、防毒等安全防范用地,可由各省、自治区、直辖市地方税务局确定,暂免征收城镇土地使用税。
(11) 企业搬迁后原场地不使用的、企业范围内荒山等尚未利用的土地,免征城镇土地使用税。免征税额由企业在申报缴纳城镇土地使用税时自行计算扣除,并在申报表附表或备注栏中作相应说明。

对搬迁后原场地不使用的和企业范围内荒山等尚未利用的土地,凡企业申报暂免征收

城镇土地使用税的,应事先向土地所在地的主管税务机关报送有关部门的批准文件或认定书等相关证明材料,以备税务机关查验。具体报送材料由各省、自治区、直辖市和计划单列市地方税务局确定。

企业按上述规定暂免征收城镇土地使用税的土地开始使用时,应从使用的次月起计算和申报缴纳城镇土地使用税。

(12) 经贸仓库、冷库均属于征税范围,因此不宜一律免征城镇土地使用税。对纳税确有困难的企业,可根据《城镇土地使用税暂行条例》第七条的规定,向企业所在地的地方税务机关提出减免税申请,由省、自治区、直辖市地方税务局审核后,报国家税务总局批准,享受减免城镇土地使用税的照顾。

(13) 对房产管理部门在房租调整改革前经租的居民住房用地,规定由各省、自治区、直辖市税务局确定免征土地使用税。这是考虑到在房租调整改革前,房产管理部门经租居民住房收取的租金标准一般较低,许多地方纳税确有困难的实际情况而确定的一项临时性照顾措施。房租调整改革后,房产管理部门经租的居民住房用地(不论是何时经租的),都应缴纳城镇土地使用税。至于房租调整改革后,有的房产管理部门按规定缴纳城镇土地使用税确有实际困难的,可按税收管理体制的规定,报经批准后再给予适当的减征或免征城镇土地使用税的照顾。

(14) 考虑到中国物资储运总公司所属物资储运企业的经营状况,对中国物资储运总公司所属的物资储运企业的露天货场、库区道路、铁路专用线等非建筑用地免征城镇土地使用税问题,可由省、自治区、直辖市地方税务局按照下述原则处理:对经营情况好、有赋税能力的企业,应恢复征收城镇土地使用税;对经营情况差、纳税确有困难的企业,可在授权范围内给予适当减免城镇土地使用税的照顾。

(15) 向居民供热并向居民收取采暖费的供热企业暂免征收城镇土地使用税。"供热企业"包括专业供热企业、兼营供热企业、单位自供热及为小区居民供热的物业公司等,不包括从事热力生产但不直接向居民供热的企业。

免征城镇土地使用税的"生产占地",是指上述企业为居民供热所使用的土地。对既向居民供热,又向非居民供热的企业,可按向居民供热收取的收入占其总供热收入的比例划分征免税界限;对于兼营供热的企业,可按向居民供热收取的收入占其生产经营总收入的比例划分征免税界限。

【做中学 6-8-3】

万科公司厂区外有一块 30 000 平方米的空地没有利用,由于该地在厂区后面远离街道、位置不好,目前的商业开发价值不大,所以一直闲置,现在主要是职工及家属以及周边的居民将其作为休闲娱乐之用。该地区的年城镇土地使用税为 5 元/平方米,请问该企业应缴纳的城镇土地使用税是多少?有没有办法减免该部分城镇土地使用税?

筹划前:

应纳城镇土地使用税 = 30 000 × 5 = 150 000(元)

筹划后:

如果企业把这块空地改造成公共绿化用地,植些绿树、栽些花草,可达到节税的目的。

据初步预算,假设改造成绿化用地需投资 80 000 元,且该企业预计三年后开发该地块,则三年间万科公司可节省城镇土地使用税 150 000×3－80 000＝370 000(元)。

评价：

将企业厂区内的绿化用地改造成厂区以外的公共绿化用地和向社会开放的公园用地,不仅可以美化环境,造福社会,而且可以给企业带来少缴城镇土地使用税的好处。

根据城镇土地使用税优惠政策,市政街道、广场、绿化地带等公共用地免征城镇土地使用税。因此,纳税人可以准确核算用地面积,将享受优惠政策的土地与其他土地区别开来,从而享受免税条款带来的税收优惠。按照城镇土地使用税优惠政策,通过把原绿化地只对内专用改成对外公用,可享受免税的照顾。

引例解析

城镇土地使用税的计税依据是纳税人实际占用的土地面积。

由于交付土地的时间与原企业的搬迁直接相关,因此,东方公司可以要求在合同中约定兴隆公司于 20××年 8 月搬迁后向东方公司交付土地,则东方公司自 20××年 9 月份产生城镇土地使用税纳税义务。这样,东方公司可以少缴纳城镇土地使用税 20 833.33 元(5 000×10×5÷12)。

任务九 车船税的税收筹划

引例

浙江韵达有限公司计划购置新的载货汽车,根据企业资金的状况,要求购买的载货汽车的总整备质量控制在 50 吨以内。市场上有这样几种载货汽车,4.5 整备质量吨的载货汽车、5.5 整备质量吨的载货汽车和 8 整备质量吨的载货汽车,单位税额均为 60 元/整备质量吨。为了尽可能减少车船税的缴纳,纳税人可以有以下两种购车的组合：

组合一：购买 5 辆 5.5 整备质量吨的载货汽车和 5 辆 4.5 整备质量吨的载货汽车。

组合二,购买 4 辆 8 整备质量吨的载货汽车和 4 辆 4.5 整备质量吨的载货汽车。

请问：从节税的角度考虑,浙江韵达有限公司应选择哪个组合？

【知识准备与业务操作】

随着我国经济的快速发展和人均收入的不断提高,越来越多的企业和个人开始购置车船,社会拥有车船的数量急剧增加。开征车船税后,购置、使用车船越多,应缴纳的车船税越多,能促使纳税人加强对自己拥有的车船管理和核算,改善资源配置,提高车船的使用效率。此外,通过车船税税收开辟财源、集中财力、缓解发展交通运输事业资金短缺的矛盾有着重要的意义。

一、利用车船税计税依据的税收筹划

所谓车船税,是指在中华人民共和国境内的车辆、船舶的所有人或者管理人按照《中华人民共和国车船税法》应缴纳的一种税。

车船税采用定额税率,即对征税的车船规定单位固定税额。车船税确定税额总的原则是:非机动车船的税负轻于机动车船;人力车的税负轻于畜力车;小吨位船舶的税负轻于大船舶。由于车辆与船舶的行使情况不同,车船税的税额也有所不同,如表6-4所示。

表6-4 车船税税目税额表

税 目		计税单位	每年税额	备 注
一、乘用车	1.0升(含,发动机汽缸排气量,下同)以下	每辆	60元至360元	核定载客人数9人(含)以下
	1.0升以上至1.6升(含)的	每辆	300元至540元	
	1.6升以上至2.0升(含)的	每辆	360元至660元	
	2.0升以上至2.5升(含)的	每辆	660元至1 200元	
	2.5升以上至3.0升(含)的	每辆	1 200元至2 400元	
	3.0升以上至4.0升(含)的	每辆	2 400元至3 600元	
	4.0升以上的	每辆	3 600元至5 400元	
二、商用车	客车	每辆	480元至1 440元	核定载客人数9人以上,包括电车
	货车	整备质量每吨	16元至120元	包括半挂牵引车、三轮汽车和低速载货汽车等
三、挂车		整备质量每吨	按照货车税额的50%计算	
四、其他车辆	专用作业车	整备质量每吨	16元至120元	不包括拖拉机
	轮式专用机械车	整备质量每吨	16元至120元	不包括拖拉机
五、摩托车		每辆	36元至180元	
六、船舶	机动船舶	净吨位每吨	3元至6元	拖船和非机动驳船分别按机动船舶税额的50%计算
	游艇	艇身长度每米	600元至2 000元	

注:① 车辆具体适用税额。由省、自治区、直辖市人民政府在规定的税额幅度内,按照以下原则,确定具体的适用税额,并报国务院备案:a. 乘用车依排气量从小到大递增税额;b. 客车按照核定载客人数20人以下和20人(含)以上两档划分,递增税额。

② 机动船舶具体适用税额。a. 净吨位不超过200吨的,每吨3元;b. 净吨位超过200吨但不超过2 000吨的,每吨4元;c. 净吨位超过2 000吨但不超过10 000吨的,每吨5元;d. 净吨位超过10 000吨的,每吨6元。

③ 游艇具体适用税额。a. 艇身长度不超过10米的,每米600元;b. 艇身长度超过10米但不超过18米的,每米900元;c. 艇身长度超过18米但不超过30米的,每米1 300元;d. 艇身长度超过30米的,每米2 000元;辅助动力帆艇,每米600元。

游艇艇身长度是指游艇的总长。

车辆整备质量尾数不超过 0.5 吨的,按照 0.5 吨计算;超过 0.5 吨的,按照 1 吨计算;整备质量不超过 1 吨的车辆,按照 1 吨计算。

船舶净吨位尾数不超过 0.5 吨的不予计算;超过 0.5 吨的,按照 1 吨计算;净吨位不超过 1 吨的船舶,按照 1 吨计算。

车船税法和实施条例所涉及的排气量、整备质量、核定载客人数、净吨位、马力、艇身长度,以车船管理部门核发的车船登记证书或者行驶证上所载数据为准。

依法不需要办理登记、依法应当登记而未办理登记或者不能提供车船登记证书、行驶证的,以车船出厂合格证明或者进口凭证相应项目标注的技术参数、所载数据为准;不能提供车船出厂合格证明或者进口凭证的,由主管税务机关参照国家相关标准核定,没有国家相关标准的参照同类车船核定。

【做中学 6-9-1】

中国远洋运输公司欲添置一艘机动船,有两种机动船可供选择:一种净吨位数 2 000 吨,适用单位税额为 4 元/吨;另一种净吨位数 2 010 吨,适用单位税额为 5 元/吨,请计算该公司为了购置一艘机动船,每年应缴纳的车船税。

如果公司购买的是第一种船,则每年应纳的车船税为:2 000×4=8 000(元)。

如果公司购买的是第二种船,则每年应纳的车船税为:2 010×5=10 050(元)。

由此可见,公司应选择购买净吨位数为 2 000 吨的船。

评价:

虽然第一种船的净吨位数仅比第二种船少 10 吨,但由于其税额的全额累进功能,致使其每年应纳的车船税的税额有急剧的变化,购买第一种船每年能使公司节省车船税 2 050 元。

由于对载货企业、三轮汽车、低速汽车、专项作业车和轮式专用机械车以整备质量吨为单位,对船舶以净吨位为单位分级规定税率,从而就产生了应纳车船税税额相对吨位数变化的临界点,在临界点上下,吨位数虽然相差仅 1 吨,但临界点两侧的税额却有很大变化,这种情况下进行税收筹划十分必要。

二、利用车船税税收优惠政策的税收筹划

(一) 法定减免

(1) 捕捞、养殖渔船。这是指在渔业船舶管理部门登记为捕捞船或者养殖船的渔业船舶。

(2) 军队、武警专用的车船。军队、武警专用的车船是指按照规定在军队、武警车船管理部门登记,并领取军用牌照、武警牌照的车船。

(3) 警用车船。警用车船是指公安机关、国家安全机关、监狱、劳动教养管理机关和人民法院、人民检察院领取警用牌照的车辆和执行警务的专用船舶。

(4) 依照法律规定应当予以免税的外国驻华使馆、国际组织驻华机构及其有关人员的车船。

(5) 对节约能源、使用新能源的车船可以减征或者免征车船税;对受严重自然灾害影

响,纳税困难以及有其他特殊原因确需减税、免税的,可以减征或者免征车船税。

节约能源、使用新能源的车辆包括纯电动汽车、燃料电池汽车和混合动力汽车。纯电动汽车、燃料电池汽车和插电式混合动力汽车免征车船税,其他混合动力汽车按照同类车辆适用税额减半征税。

(6) 省、自治区、直辖市人民政府根据当地实际情况,可以对公共交通车船,农村居民拥有并主要在农村地区使用的摩托车、三轮汽车和低速载货汽车定期减征或者免征车船税。

(二) 特定减免

(1) 经批准临时入境的外国车船和香港特别行政区、澳门特别行政区、台湾地区的车船,不征收车船税。

(2) 按照规定缴纳船舶吨税的机动船舶,自车船税法实施之日起5年内免征车船税。

(3) 机场、港口内部行驶或作业的车船,自车船税法实施之日起5年内免征车船税。

【做中学 6-9-2】

万科公司准备自己创办一所学校,企业(包括学校)共有8辆各3吨额载货汽车(适用税率为每年60元/吨),5辆乘人汽车,每车可载25人(适用税率为每年500元/辆),其中有2辆载货汽车经常在学校里使用,2辆载货汽车不领取行驶执照,仅用于内部行驶,3辆乘人汽车也基本用于学校师生组织活动,据此,企业应如何计算每年应纳的车船税?

筹划前:

如果万科公司没有准确将企业与学校所用车辆划分清楚,未分别核算,则每年应纳的车船税税额 $=8\times3\times60+5\times500=3940$(元)。

筹划后:

如果万科公司能准确划分核算,则每年应纳的车船税税额 $=4\times3\times60+2\times500=1720$(元)。

评价:

显然,万科公司应该将不领取执照仅供内部使用的汽车,以及将自己创办的学校自用的汽车与其他的汽车分开核算,每年可以节省税款2220元。

企业内部行驶的车辆,不领取行驶执照,也不上公路行驶的,可免征车船税。所以,按照税收优惠政策,对于能享受免征或减征车船税的车船,一定要注明用途,并与其他用途的车船分开,避免多交车船税。此外,对于能享受免征或减征车船税的免税单位,如与纳税单位合并办公,所用车辆能划分者,应分别免征车船税;不能划分者,应一律照章征收车船税。

此外,按照车船税优惠政策规定,对节约能源、使用新能源的车船免征或者减征车船税,对高能耗、高污染的车船可以加收车船税,因此,可尽量多选用高节能的车船,从而达到少缴税的目的。

引例解析

根据车船税税额表,属于机动车类别的载货汽车,按整备质量每吨16元至120元征税。所以:

组合一:

总整备质量=5.5×5+4.5×5=50(吨)

应纳车船税=5.5×60×5+4.5×60×5=1 650+1 350=3 000(元)

组合二:

总整备质量=8×4+4.5×4=50(吨)

应纳车船税=8×60×4+4.5×60×4=1 920+1 080=3 000(元)

上述两种情况中,虽然实际整备质量相同,都是50吨,而且,缴纳的税款也一样,选择哪个组合取决于企业的情况。如果企业业务量大,需要运输货物的数量多,则可以选择组合一;但是如果企业业务量不大,则选择组合一需要的司机比组合二多2名,会加大企业的成本支出,从而对企业的整体经济效益也会产生影响。

因此,在考虑税收筹划的同时,也要从企业实际情况出发,考虑成本效益等其他问题。

任务十 车辆购置税的税收筹划

引 例

浙江省温州市甲某从认定为增值税一般纳税人的汽车经销商处购进一部北京现代BH车,发票开具金额为105 000元。乙某从小规模纳税人的某汽车经销商处购买同类型的车,价格同样为105 000元。

请问:两者缴纳的车辆购置税相同吗?为什么?

【知识准备与业务操作】

随着社会经济发展和人民生活水平的提高,我国城乡居民拥有机动车的数量正逐年提高,小汽车也进入寻常百姓家,企、事业单位的公务用车数量更是不断增长。如何降低车辆购置税,正为购车人士所关注。

一、利用车辆购置税计税依据的税收筹划

车辆购置税以应税车辆为课税对象,实行从价定率、价外征收的方法计算应纳税额,应税车辆的价格即计税价格就成为车辆购置税的计税依据。但是,由于应税车辆购置的来源不同,应税行为的发生不同,计税价格的组成也就不一样。纳税人购买自用的应税车辆的计税依据为纳税人购买应税车辆而支付给销售方的全部价款和价外费用(不含增值税)。纳税人进口自用的应税车辆以组成计税价格为计税依据,组成计税价格的计算公式为:组成计税价格=关税完税价格+关税+消费税。纳税人自产、受赠、获奖和以其他方式取得并自用的应税车辆的计税依据,凡不能或不能准确提供车辆价格的,由主管税务机关依国家税务总

局核定的、相应类型的应税车辆的最低计税价格确定。

(一) 选择卖家

由于目前汽车的经销方式灵活多样,对于购车一族,汽车经销商一般采用两种经销方式:一是经销商自己从厂家或上级经销商购进再卖给消费者,以自己名义开具机动车销售发票,并按规定纳税;二是以收取手续费的形式代理卖车,即由上级经销商直接开具机动车发票给消费者,本级经销商以收取代理费形式从事中介服务。由于车辆购置税以机动车发票上注明的金额为计税依据,因此,两种不同购进方式对消费者缴纳车辆购置税的影响较大,采用支付手续费方式进行购车,将支付给本级经销商的报酬从车辆购置税计税价格中剥离,从而消费者可少缴车辆购置税,因此,购车一族应把握购进方式利润平衡点,多选择支付手续费方式购车,同时避免在车辆流通环节购车,所以消费者要尽量向上级经销商或生产厂家购车,以获得价格优惠的同时少缴车辆购置税。

【做中学 6-10-1】

甲某从浙江省温州市某汽车经销商处购买一辆轿车,该级经销商开给甲某机动车发票上注明的价格为 180 341 元(不含税),乙某也从同一经销商处购入同型号车,不过乙某以支付手续费 10 000 元的方式由经销商到浙江杭州经销商处购车,乙某另外支付购车款 170 341 元(不含税)给杭州经销商,由杭州经销商向乙某开具机动车发票,则甲某应缴车辆购置税 = 180 341 × 10% = 18 034.1(元),乙某应缴车辆购置税 = 170 341 × 10% = 17 034.1(元),两者相差 1 000 元。

(二) 正确区分代收款项与价外费用

《中华人民共和国车辆购置税法》(以下简称"《车辆购置税法》")所说的全部价格包括价外费用。价外费用是指销售方价外向购买方收取的基金、集资费、返还利润、补贴、违约金(延期付款利息)和手续费、包装费、储存费、优质费、运输装卸费、保管费、代收款项、代垫款项以及其他各种性质的价外收费,但购车一族应对现行税收政策理解透彻,按现行税收政策规定,对代收款项与价外费用应区别征税。凡使用代收单位的票据收取的款项,应视为代收单位的价外费用,并入计税价格计算征收车辆购置税;凡使用委托方的票据收取,受托方只履行代收义务或收取手续费的款项,代收款项不并入价外费用计征车辆购置税。另外,《财政部 国家税务总局关于增值税若干政策的通知》(财税〔2005〕165 号)明确了代办保险费、车辆购置税、牌照费的征税问题:纳税人销售货物的同时代办保险而向购买方收取的保险费,以及从事汽车销售的纳税人向购买方收取的代购买方缴纳的车辆购置税、牌照费,不作为价外费用征收增值税,由于使用委托方票据,当然也就不征收车辆购置税了。

【做中学 6-10-2】

甲某于 20×× 年 4 月 23 日从杭州市某汽车销售公司购买一辆轿车供自己使用,支付车款 150 000 元(不含税),另外支付的各项费用有:临时牌照费用 200 元,代收保险金350元,车辆购置税15 000元。上述费用合计165 550元,上述款项全部由汽车销售公司开具机动车发票,则应纳车辆购置税税额=165 550×10%=16 555(元)。若汽车销售公司采取支付车款150 000元开具机动车发票,收取的代办临时牌照费、代收保险金、车辆购置税分别开具交通部门、保险机构及税务机关的税票给甲某,则甲某应纳车辆购置税税额=150 000×10%=15 000(元),两者相差1 555元。

在实务中,税务部门对每一辆车都核定了最低计税价,在汽车销售价格高于最低计税价时,按销售价格完税;在销售价格低于最低计税价时,按最低计税价完税;如果销售价格高于最低计税价,购车人可以选择车价和价外费用分开支付的方式,以节约车辆购置税。

(三) 延后部分商品购进时间或选择别家购进

对购买者随车购买的工具件或零件款、支付的车辆美容费用等应于缴纳车购税后再购进,或选择别家经销商处进行购买,因为按现行税法规定,对消费者随车购买的工具件、零件、车辆装饰费等,若付车款时同时付款且开具在机动车发票中,应作为购车款的一部分作为价外费用并入计税价格征收车辆购置税,但若不同时间或销售方不同,则不并入计征车辆购置税。因此,建议购车一族对车辆维修工具及汽车美容等可采取日后再配或到另外经销商处购买,以少缴车辆购置税。

【做中学6-10-3】

甲某在一家汽车经销商(增值税一般纳税人)处购买了一辆本田轿车,车辆价格为232 000元,他还购买了工具用具,价格为6 000元,汽车美容费用为25 000元,三项价款均由汽车销售商开具了机动车销售统一发票,发票合计金额为263 000元,则其应缴纳的车辆购置税=(232 000+6 000+25 000)÷(1+13%)×10%=23 274.34(元),若甲某在购车过程中,除了购车款,没有支付其他任何费用,而是在缴纳车辆购置税后再购买工具用具6 000元、对汽车进行美容25 000元。则其应缴纳的车辆购置税=232 000÷(1+13%)×10%=20 530.97(元),两者相差2 743.37元。

(四) 车辆销售商身份的选择

车辆购置税由购买者缴纳,对于消费者而言,在购买机动车时要从经销商入手进行相关税收筹划。

《增值税暂行条例》及实施细则规定:纳税人销售或者进口货物、提供加工、修理修配劳务,除出口零税率及部分货物国家规定9%税率外,其余税率为13%;小规模纳税人销售货物或应税劳务的征收率为3%。

同时,国家税务总局关于确定车辆购置税计税依据的通知明确:根据《增值税暂行条例》及其实施细则的有关规定,纳税人销售货物不含增值税的销售额的计算公式如下:

销售额=含税销售额÷(1+增值税税率或征收率)

主管税务机关在计征车辆购置税确定计税依据时,计算车辆不含增值税价格的计算方法与增值税相同,即:

不含税价=(全部价款+价外费用)÷(1+增值税税率或征收率)。

从《增值税暂行条例》及总局文件可知,上述所指的增值税税率是指增值税一般纳税人13%的税率,征收率是指增值税小规模纳税人3%的征收率。对由摩托车、农用运输车经销商及汽车经销商为消费者开具的机动车销售统一发票,凡该类经销商不能提供增值税一般纳税人证明的,对车辆购置税纳税人一律按3%的征收率换算车辆购置税计税依据,对该类经销商能提供增值税一般纳税人证明的,对车购税纳税人按13%的增值税税率换算车辆购置税计税依据。

所以,对于纳税人从增值税一般纳税人及从小规模纳税人手中购买机动车计算缴纳的车辆购置税是不同的。

从增值税一般纳税人手中购买机动车,其应纳车辆购置税计算公式如下:

$$应纳车辆购置税 = (全部价款 + 价外费用) \div (1 + 13\%) \times 10\%。$$

从小规模纳税人商业企业中购买机动车,其应纳车辆购置税计算公式如下:

$$应纳车辆购置税 = (全部价款 + 价外费用) \div (1 + 3\%) \times 10\%。$$

因此,消费者购买同类型机动车,付同样的购车款,从具有一般纳税人资格经销商手中购买比从小规模纳税人经销商处购买可少缴车辆购置税。

引例解析

根据规定,甲某能提供该经销商增值税一般纳税人证明,则在向税务机关申报缴纳车辆购置税的金额为:$105\,000 \div (1 + 13\%) \times 10\% = 9\,292.04(元)$。

乙某应申报缴纳车辆购置税为:$105\,000 \div (1 + 3\%) \times 10\% = 10\,194.17(元)$。

乙某比甲某多缴车辆购置税 902.13 元。

二、利用车辆购置税税收优惠政策的税收筹划

在缴纳车辆购置税时,还需注意对特定群体及单位缴纳车辆购置税可享受免税、减税资格。现行《车辆购置税法》规定:

(一) 车辆购置税的减免税

我国车辆购置税实行法定减免,减免税范围的具体规定是:

(1) 依照法律规定应当予以免税的外国驻华使馆、领事馆和国际组织驻华机构及其有关人员自用的车辆。

(2) 中国人民解放军和中国人民武装警察部队列入装备订货计划的车辆。

(3) 悬挂应急救援专用号牌的国家综合性消防救援车辆。

(4) 设有固定装置的非运输专用作业车辆。

(5) 城市公交企业购置的公共汽电车辆。

根据国民经济和社会发展的需要,国务院可以规定减征或者其他免征车辆购置税的情形,报全国人民代表大会常务委员会备案。

(二) 车辆购置税的退税

纳税人已经缴纳车辆购置税但在办理车辆登记手续前,因下列原因需要办理退还车辆购置税的,由纳税人申请,征收机构审查后办理退还车辆购置税手续。

(1) 公安机关车辆管理机构不予办理车辆登记注册手续的,凭公安机关车辆管理机构

出具的证明办理退税手续。

（2）因质量等原因发生退回所购车辆的，凭经销商的退货证明办理退税手续。

项目内容结构

其他税种的税收筹划内容结构如图6-1所示。

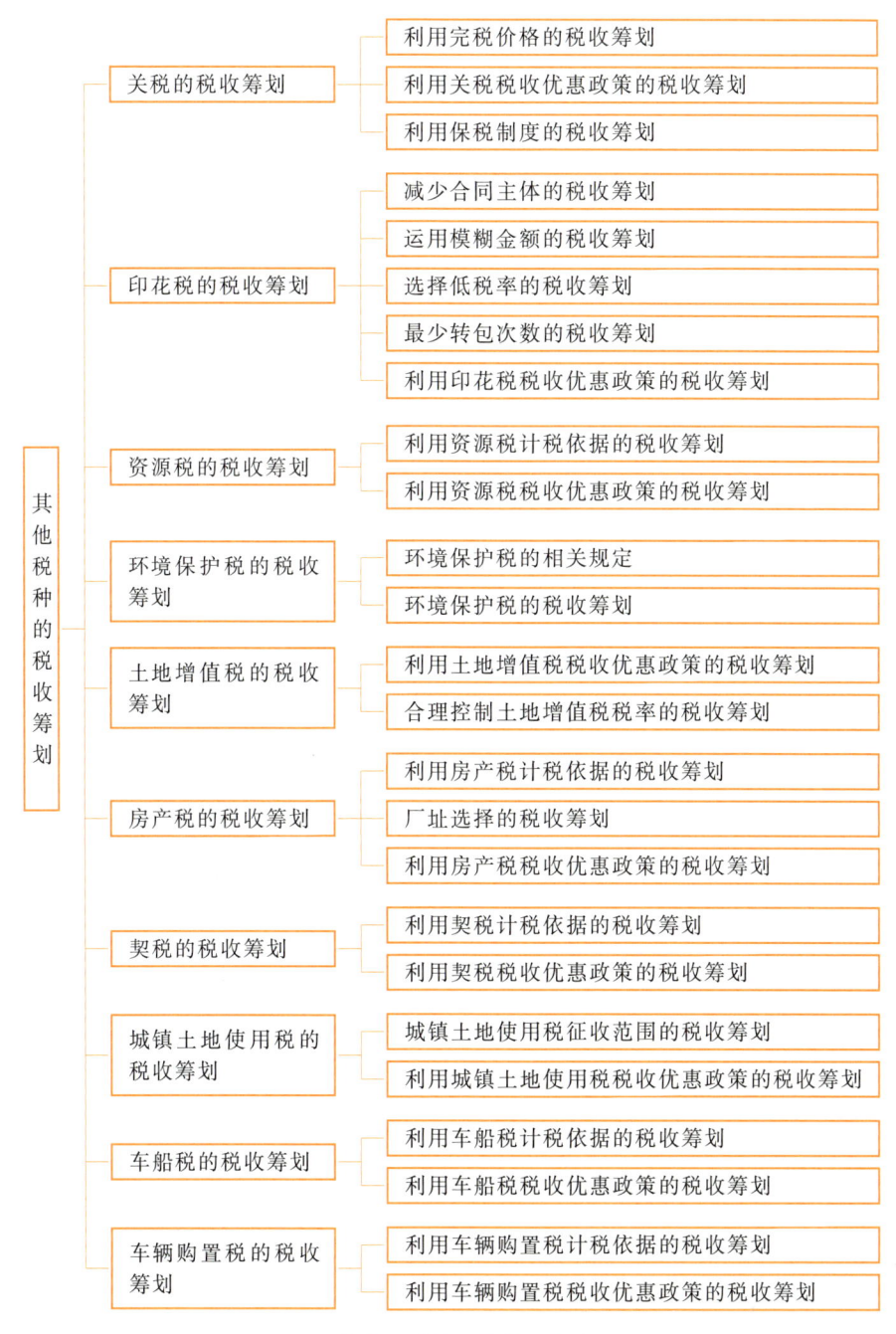

```
其他税种的税收筹划
├── 关税的税收筹划
│   ├── 利用完税价格的税收筹划
│   ├── 利用关税税收优惠政策的税收筹划
│   └── 利用保税制度的税收筹划
├── 印花税的税收筹划
│   ├── 减少合同主体的税收筹划
│   ├── 运用模糊金额的税收筹划
│   ├── 选择低税率的税收筹划
│   ├── 最少转包次数的税收筹划
│   └── 利用印花税税收优惠政策的税收筹划
├── 资源税的税收筹划
│   ├── 利用资源税计税依据的税收筹划
│   └── 利用资源税税收优惠政策的税收筹划
├── 环境保护税的税收筹划
│   ├── 环境保护税的相关规定
│   └── 环境保护税的税收筹划
├── 土地增值税的税收筹划
│   ├── 利用土地增值税税收优惠政策的税收筹划
│   └── 合理控制土地增值税税率的税收筹划
├── 房产税的税收筹划
│   ├── 利用房产税计税依据的税收筹划
│   ├── 厂址选择的税收筹划
│   └── 利用房产税税收优惠政策的税收筹划
├── 契税的税收筹划
│   ├── 利用契税计税依据的税收筹划
│   └── 利用契税税收优惠政策的税收筹划
├── 城镇土地使用税的税收筹划
│   ├── 城镇土地使用税征收范围的税收筹划
│   └── 利用城镇土地使用税税收优惠政策的税收筹划
├── 车船税的税收筹划
│   ├── 利用车船税计税依据的税收筹划
│   └── 利用车船税税收优惠政策的税收筹划
└── 车辆购置税的税收筹划
    ├── 利用车辆购置税计税依据的税收筹划
    └── 利用车辆购置税税收优惠政策的税收筹划
```

图6-1 其他税种的税收筹划内容结构图

知识、技能巩固题

一、单项选择题

1. 纳税人建造普通标准住宅出售，增值额超过扣除项目金额 20% 的，应就其（　　）按规定计算缴纳土地增值税。
   A. 超过部分金额　　B. 扣除项目金额　　C. 取得收入全额　　D. 全部增值额

2. 应纳印花税的凭证应于（　　）时贴花。
   A. 每月初 5 日内　　　　　　　　B. 每年度结束 45 日内
   C. 书立或领受时　　　　　　　　D. 开始履行时

3. 下列项目中属于房产税征税对象的是（　　）。
   A. 室外游泳池　　B. 菜窖　　C. 室内游泳池　　D. 玻璃暖房

4. 周先生将自有的一套单元房按市场价格对外出租，每月租金 2 000 元，其本年应纳房产税是（　　）元。
   A. 288　　B. 960　　C. 1 920　　D. 2 880

5. 房产税条例规定：依照房产租金收入计算缴纳房产税的，税率为（　　）。
   A. 1.2%　　B. 10%　　C. 17%　　D. 12%

6. 当甲乙双方交换房屋的价格相等时，契税应由（　　）。
   A. 甲方缴纳　　　　　　　　B. 乙方缴纳
   C. 甲乙双方各缴纳一半　　　D. 甲乙双方均不缴纳

7. 下列按种类而不是按吨位缴纳车船税的是（　　）。
   A. 载客汽车　　B. 载货汽车　　C. 三轮车　　D. 船舶

8. 设在某县城的工矿企业本月缴纳增值税 30 万元，则应缴纳的城市维护建设税是（　　）元。
   A. 3 000　　B. 9 000　　C. 15 000　　D. 21 000

9. 以下煤炭类产品应缴纳资源税的是（　　）。
   A. 洗煤　　B. 选煤　　C. 原煤　　D. 蜂窝煤

10. 下列各项中，属于《城镇土地使用税暂行条例》直接规定的免税项目的是（　　）。
    A. 个人办的托儿所、幼儿园
    B. 个人所有的居住房
    C. 民政部门安置残疾人所举办的福利工厂用地
    D. 直接用于农、林、牧、渔业的生产用地

二、多项选择题

1. 下列属于土地增值税征税范围的行为有（　　）。
   A. 某单位有偿转让国有土地使用权　　B. 某单位有偿转让一栋办公楼
   C. 某企业建造公寓并出售　　　　　　D. 某人继承单元房一套

2. 下列适用印花税 0.3‰ 比例税率的项目为（　　）。
   A. 借款合同　　　　　　　　B. 购销合同
   C. 技术合同　　　　　　　　D. 建筑安装工程承包合同

3. 包括税收优惠政策在内的房产税税率包括(　　　)。
   A. 1.2%　　　　B. 4%　　　　C. 7%　　　　D. 12%
4. 契税的征税范围具体包括(　　　)。
   A. 房屋交换　　　　　　　　B. 房屋赠与
   C. 房屋买卖　　　　　　　　D. 国有土地使用权出让
5. 下列符合城市维护建设税政策的有(　　　)。
   A. 设在农村的企业不用缴纳城市维护建设税
   B. 进口货物代征增值税和消费税,但不代征城市维护建设税
   C. 出口企业退增值税和消费税,但不退城市维护建设税
   D. 个人取得营业收入不用缴纳城市维护建设税

三、判断题

1. 普通标准住宅纳税人的增值额超过扣除项目金额20%的应全额纳税。 (　)
2. 玻璃暖棚、菜窖、酒窖等建筑物均应缴纳房产税。 (　)
3. 房产税有从价计征和从租计征两种方式。 (　)
4. 不办理产权转移手续的房产赠与不用缴纳契税。 (　)
5. 城市维护建设税的税率分别为7%、5%和1%。 (　)
6. 资源税以纳税人的销售数量或使用数量为计税依据。 (　)
7. 车辆购置税的税率为10%。 (　)
8. 土地使用权交换,其计税依据为成交价格。 (　)
9. 纳税单位无租使用免税单位的房产免纳房产税。 (　)
10. 非机动驳船按船舶税额的50%计算车船税。 (　)

四、典型案例分析

1. 某房地产公司从事普通标准住宅开发,20×6年11月15日,该公司出售一栋20×1年开工建设的普通住宅楼,总面积为12 000平方米,单位平均不含税售价为2 000元/平方米,销售收入总额为2 400万元,该楼支付土地出让金424万元,房屋开发成本为1 100万元,利息支出为100万元,但不能提供金融机构借款费用证明。城市维护建设税税率为7%,教育费附加征收率为3%,当地政府规定的房地产开发费用允许扣除比例为10%。
   假设其他资料不变,该房地产公司把每平方米售价调低到1 975元,总售价为2 370万元。
   要求:计算两种方案下该公司应缴纳的土地增值税税额和获利金额并对其进行分析。(增值税选择简易计税)

2. 某公司拥有一幢库房,原值为1 000万元。如何运用这幢房产进行经营,有以下两种选择:一是将其出租,每年可获得租金收入120万元;二是为客户提供仓储保管服务,每年收取服务费120万元。从流转税和房产税筹划看,哪个方案对企业更为有利(房产税计税扣除率30%,城市维护建设税税率7%,教育附加费率3%)?(假定该公司只取得少量的进项税额,在此忽略不计)

3. 甲房地产公司将一笔价款3 000万元的工程承包给A房地产公司,A公司又将其中1 000万元的工程分包给乙公司,800万元的工程分包给丙公司,则四个公司应纳印花税税

额分别为：

  甲公司应纳印花税＝3 000×0.03％＝0.9(万元)
  A 公司应纳印花税＝3 000×0.03％＋1 000×0.03％＋800×0.03％＝1.44(万元)
  乙公司应纳印花税＝1 000×0.03％＝0.3(万元)
  丙公司应纳印花税＝800×0.03％＝0.24(万元)

  请问：应如何签订合同才能节税？

  4.甲房地产公司新建一栋商品楼，现已建成并完成竣工验收。该商品楼一层是商务用房，账面价值为1 000万元。甲房地产公司有以下三个经营方案可供选择：一是对外出租，年租金120万元；二是本公司开办商场；三是以商务用房对外投资。(增值税按简易计税)

  请问：哪种方案对甲房地产公司比较有利？

  5.某外贸进出口企业主要从事进出口某国际知名品牌洗衣机的销售，年销售量为10 000台，每台国内的销售价格为5 000元，进口完税价格为3 000元，假定使用进口环节的关税税率为20％，增值税税率为13％。该企业管理层提出议案：在取得该品牌洗衣机厂商的同意和技术协作的情况下，进口该品牌洗衣机的电路板和发动机，进口完税价格为整机价格的60％，假定使用进口环节的关税税率为15％。其他配件委托国内技术先进的企业加工，并完成整机组装，所发生的成本费用为进口完税价格的50％，购进配件及劳务的增值税税率为13％。

  要求：计算购进整机和购机配件进行组装两种情况下的税负，并分析该管理层建议(购进电路板和发动机并组装)的经济可行性。

项目七　企业运行过程中的税收筹划

◇ **职业能力目标**
1. 能合理规划企业设立、投资时的税收问题。
2. 能运用税收筹划的理念,合理筹措企业资金。
3. 能正确进行企业采购、销售、内部核算的税收筹划。
4. 能运用税收筹划的理念,对企业的分立、合并、清算等进行运作。

◇ **思政素养目标**
1. 辩证思维,树立正确的大局观。
2. 德法兼修,树立正确的职业观。
3. 使命担当,树立正确的人生观。

◇ **典型任务**
1. 通过企业组织形式、投资方向、投资地点、投资方式等的选择,对企业投资过程中的涉税事项进行合理筹划。
2. 通过负债资金筹资和权益资金筹资政策的解读,对企业筹资过程中的涉税事项进行合理筹划。
3. 通过采购、生产、销售、股利分配的合理安排,对企业经营过程中的涉税事项进行合理筹划。
4. 通过企业合并、分立、清算的政策解读,对企业产权重组过程中的涉税事项进行合理筹划。

任务一　企业投资活动中的税收筹划

引例

茶山实业股份有限公司有一笔资金可用于投资 A、B、C 三个项目,假设这三个项目的企业所得税税率没有差别。且预计 A、B 两个项目投产以后,年含税销售收入均为

500万元，外购各种材料含税支出为300万元，A项目产品征收13%的增值税，B项目可按简易计税办法依5%征收增值税；C项目含税销售收入为500万元，外购各种材料含税支出为250万元，增值税税率为13%，消费税税率为10%。

请问：如果三个项目的寿命相同，选择哪一项目的收益更大呢？

【知识准备与业务操作】

一、选择组织形式的税收筹划

企业在投资时，应考虑企业的组织形式。因为企业的组织形式不同，税收待遇就有差别。现代企业的组织形式有公司企业、合伙企业、独资企业。公司企业是一种重要形式，又分为有限责任公司和股份有限公司。公司制和非公司制承担的税负是有所区别的。大多数企业都是以公司制的组织形式进行经营，目的是更广泛地筹集资本，分散经营风险，承担有限的债务责任。但是，从纳税的角度来说，特别是对小型企业来说，这并非是最好的选择。因为公司的个人股东从公司得到的税后分红也要纳税，这就是典型的"重复纳税"问题。

根据《中华人民共和国企业所得税法》第一条的规定，在中华人民共和国境内，企业和其他取得收入的组织（以下统称"企业"）为企业所得税的纳税人，依照本法的规定缴纳企业所得税。个人独资企业、合伙企业不适用本法。

根据《中华人民共和国合伙企业法》第六条的规定，合伙企业的生产经营所得和其他所得，按照国家有关税收规定，由合伙人分别缴纳所得税。

在涉及不同的组织形式时，所享受的优惠政策往往是不一致的。公司制企业的投资者，在税收缴纳环节，不只是缴纳企业所得税。当税后利润采用分红形式再分配时，投资者还应缴纳个人所得税。而投资合伙制企业则不缴纳企业所得税，而只是在分红分得利润收益后，缴纳个人所得税。从节税角度看，后一组织形式更为有利。

税法的规定很明确：独资企业或合伙企业不缴纳企业所得税，只按个人的实际收入缴纳个人所得税；或者说，独资企业及合伙企业不存在"重复纳税"问题。

【做中学7-1-1】

有3个人共同以等额出资，拟组建一企业，预计年应税所得额为400 000元。

请问：采用何种组织形式，能有效减轻税收负担？

根据上述资料，分析如下：

如果采用公司制形式：在企业所得税税率为25%的条件下，应交所得税为100 000元，税后利润为300 000元，公司按税后利润的10%提取公积金30 000元，税后利润尚余270 000元。3人平均分配，每人可分得90 000元。按照税法规定，3名出资人要按20%的税率缴纳个人所得税，共计54 000元，因此企业所得税与个人所得税合计缴纳154 000元。

如果采用合伙制企业形式：预计年所得额为400 000元，提取私营企业发展基金130 000元，尚余270 000元，3人平均分配，每人分得90 000元。按照税法规定，3名出资人的个人所得适用10%的税率，每人纳税7 500元（90 000×10%－1 500），3人合计纳税22 500元，这就比公司制企业少纳税131 500元（154 000－22 500），税负降低85.39%。

综上可知，建议那些规模不大、经营风险小的企业，以及特别要求承担无限责任的企业(如会计师事务所和律师事务所)，应该选择独资或合伙的企业组织形式来从事经营活动。等这些企业做大做强，再转变企业组织形式(公司制)也不迟。

二、设立分支机构的税收筹划

企业在发展到一定规模后需要设立分支机构，分支机构是否具有法人资格决定了企业所得税的缴纳方式。如果具有法人资格，则独立申报企业所得税；如果不具有法人资格，则需由总机构汇总计算并缴纳企业所得税。根据企业分支机构可能存在的盈亏不均、税率差别等因素来决定分支机构的设立形式，将会合理、合法地降低税收成本。

【做中学 7-1-2】

茶山实业股份有限公司为扩大产品销售，谋求市场竞争优势，打算在 A 地和 B 地设销售代表处。根据企业财务预测：20××年 A 地代表处将盈利 100 万元，而 B 地代表处由于竞争对手众多，20××年将暂时亏损 50 万元，同年总部将盈利 150 万元。假设不考虑应纳税所得额的调整因素，企业所得税税率为 25%。

请问：从税收的角度考虑，设立分公司形式还是子公司形式对企业发展更有利？

根据上述资料，分析如下：

(1) 假设两个分支机构都采取设立分公司形式设立销售代表处，则均不具备独立纳税人条件，年企业所得额需要汇总到企业总部集中纳税。

则，20××年公司总部应交所得税 = (100 - 50 + 150) × 25% = 50(万元)。

(2) 假设 A 分支机构采取设立分公司形式，B 分支机构采取设立子公司形式。

则，企业总部应交所得税 = (100 + 150) × 25% = 62.5(万元)。

B 分支机构当年亏损所以不需要缴纳所得税，其亏损额需留至下一年度税前弥补。

(3) 假设 A 分支机构采取设立子公司形式，B 分支机构采取设立分公司形式。

则，企业总部应交所得税 = (-50 + 150) × 25% = 25(万元)。

A 分支机构当年应交所得税 = 100 × 25% = 25(万元)。

(4) 假设两个分支机构都采取子公司形式设立销售代表处，则均为独立法人，具备独立纳税条件从而实行单独纳税。

则，企业总部应交所得税 = 150 × 25% = 37.5(万元)。

A 分支机构当年应交所得税 = 100 × 25% = 25(万元)。

B 分支机构当年亏损所以不需要缴纳所得税，其亏损额需留至下一年度税前弥补。

通过上述分析比较，B 分支机构设立为分公司形式对企业更有利。

三、选择投资方向的税收筹划

税收作为重要的经济杠杆，体现着国家的经济政策和税收政策。为了优化产业结构，国家往往通过税收政策影响企业投资方向的选择。

《企业所得税法》第二十七条规定，从事农、林、牧、渔业项目的所得；从事国家重点扶持的公共基础设施项目投资经营的所得;从事符合条件的环境保护、节能节水项目的所得,可以免征、减征企业所得税。

《企业所得税法》第二十八条规定,国家需要重点扶持的高新技术企业,减按15%的税率征收企业所得税。

根据财税〔2018〕44号文件,自2018年1月1日起,对经认定的技术先进型服务企业(服务贸易类),减按15%的税率征收企业所得税。

《企业所得税法》第三十一条规定,创业投资企业从事国家需要重点扶持和鼓励的创业投资,可以按投资额的一定比例抵扣应纳税所得额。同时,根据2007年《财政部 国家税务总局关于促进创业投资企业发展有关税收政策的通知》的规定,创业投资企业采取股权投资方式投资于未上市中小高新技术企业2年以上(含2年),凡符合下列条件的,可按其对中小高新技术企业投资额的70%抵扣该创业投资企业的应纳税所得额。

国家为了优化产业结构,制定了各种行业性税收优惠政策,上述几项行业优惠政策就是《企业所得税法》所着重明确的,纳税人在开立公司时应充分了解掌握国家关于投资方面的税收政策,认真进行税收筹划,合理减轻企业的税负。

【做中学7-1-3】

茶山实业股份有限公司正面临着生产设备落后、产品技术含量低、市场销路打不开的困境,已累计亏损3 000万元。为扭亏为盈,打开销售市场,企业决定自筹资金2 000万元对产业进行转型升级。现有以下两个方案可供选择:

方案1:用于购买《环境保护专用设备企业所得税优惠目录》中的环保设备进行企业内部技术改造。

方案2:对外投资新办国家重点扶持的高新技术企业。

无论是采用方案1还是方案2,预计投产后,前三年能新增利润3 000万元,第四年新增利润500万元,第五年新增利润700万元。

请问:从税收角度考虑,茶山实业股份有限公司应选择方案1,还是方案2?

根据上述资料,分析如下:

方案1:

(1)前三年:投产后企业前三年新增利润3 000万元,全部用于弥补以前年度亏损。

(2)第四年:第四年新增利润500万元,企业购置环保设备投资额的10%可以从企业当年的应纳税额中抵免;当年不足抵免的,可以在以后5个纳税年度结转抵免。可抵免企业所得税=2 000×10%=200(万元)。因此,第四年抵免应交所得税=500×25%=125(万元),企业实际净利润为500万元。

(3)第五年:第五年新增利润700万元,抵免应交所得税=200-125=75(万元),企业实际净利润=700-700×25%+75=600(万元)。

在这五年中实现新增利润4 200万元,除3 000万元用于弥补亏损外,实际缴纳所得税只有100万元(700×25%-75),留给企业净利润为1 100万元(4 200-3 000-100)。

方案2:

(1)前三年:项目前三年所获的利润3 000万元分回后可全部用于弥补亏损。

(2) 第四年：第四年实现税前利润500万元，按规定缴纳75万元(500×15%)所得税后，留给企业净利润425万元。

(3) 第五年：第五年实现税前利润700万元，按规定缴纳105万元(700×15%)所得税后，留给企业净利润595万元。

在这五年中累计实现税前利润4 200万元，除3 000万元用于弥补亏损外，还应缴纳企业所得税180万元(105+75)。

两方案比较：两个方案均享受不同的所得税优惠政策，但是在企业亏损3 000万元的前提下，方案1可享受所得税抵免设备投资款200万元，五年内累计缴纳所得税只有100万元；方案2累计缴纳所得税180万元，应交所得税相差80万元。因此，茶山实业股份有限公司应选择方案1。

四、选择投资地点的税收筹划

企业进行投资决策时，需要对投资地点的税收待遇进行考虑，充分利用优惠政策。国家为了支持某些地区的发展，在一定时期内实行税收政策倾斜。如税法规定，对在西部地区新办交通、电力、水利、邮政、广播电视企业，上述项目业务收入占企业总收入70%以上的，可以享受企业所得税如下优惠政策：内资企业自开始生产经营之日起，第1年至第2年免征企业所得税，第3年至第5年减半征收企业所得税。

企业在准备投资时，应充分利用不同地区间的税制差别或区域性税收倾斜政策，对整体税负相对较低的地点进行投资，以获取最大的税收利益。

【做中学7-1-4】

茶山实业股份有限公司拟在外地建立一家生产兼销售的子公司B。经调查得知，C地享有税收优惠政策，即减按15%的税率征收企业所得税。在C地生产每吨产品的成本为800元；在D地生产每吨产品的成本为750元，但D地没有税收优惠，其适用的企业所得税税率为20%。如果以税前利润衡量，选择D地方案优于C地，若以税后利润衡量，C地条件显然优于D地。经比较，甲公司应选择在C地设立子公司。

五、选择投资方式的税收筹划

企业投资按投资对象的不同和投资者对被投资者的生产经营是否实际参与控制和管理的不同，可以分为直接投资和间接投资。

(一) 直接投资的税收筹划

直接投资可以分为对内直接投资和对外直接投资。对内直接投资是企业将资金投向生产经营性资产以期获得收益的行为，如投资固定资产、垫付营运资金等。对外直接投资如企业间的合作、联营等。

企业进行直接投资时，可以用货币方式投资，也可以用厂房建筑物、机器设备等固定资产以及土地使用权、工业产权等无形资产进行投资。企业以固定资产投资和无形资产投资，在资产使用期内可以作为税前扣除项目,缩小所得税税基;无形资产摊销费也可以作为管理费用税前扣除,减小所得税税基。

> **【做中学 7-1-5】**
> 甲公司急需一项生产技术,其自身不具备相应的研发力量,现了解到某高校正准备进行相关的技术开发。现有以下两种方案可供甲公司进行选择:方案一是待该技术研发成功后以 200 万元购入;方案二是和高校合作,委托其开发技术,双方签订委托开发合同,在技术开发成功后支付开发费 200 万元给该高校,甲公司即如约获得该技术所有权。
> 请问:从税收角度考虑,这两种方案孰优孰劣呢?
> 根据上述资料,分析如下:
> 如果采用方案一,按我国税法规定,甲公司购买其他单位或个人的技术必须作为无形资产入账,在该法律保护期限或合同约定使用期限内平均分期扣除。如果甲公司将购入技术分 10 年扣除,则每年税前扣除金额为 20 万元。
> 如果采用方案二,甲公司则可将其支付的 200 万元作为技术开发费。形成无形资产后,按照该无形资产成本的 200% 在税前摊销,则每年税前扣除金额为 40 万元。

(二) 间接投资的税收筹划

间接投资又称证券投资,是企业用资金购买股票、债券等金融资产而不直接参与其他企业生产经营管理的一种投资活动。与直接投资相比,间接投资考虑的税收因素较少,但也有税收筹划的空间。如企业所得税法规定,国债利息收益免交企业所得税,而购买企业债券取得的收益需要缴纳企业所得税,连续持有居民企业公开发行并上市流通的股票不足 12 个月取得的投资收益也应缴纳企业所得税。

对投资者从证券投资基金分配中取得的收入,暂不征收企业所得税。因此,企业在证券基金现金分红中获得的收益是免税的。但应注意的是,有些证券投资基金会采用拆分基金份额的方式向投资者"分红"。在这种"分红"方式中,投资者获得了更多基金份额,降低了单位基金成本,待赎回时获得的价差收益是需要缴纳企业所得税的。显然,证券投资基金采用不同的分红方式,投资者的税后利益是不同的。当然,采用何种方式分红是由基金公司决定的,投资企业并没有决策权,但企业却可以选择有较大税收分红利益的基金进行投资。

> **【做中学 7-1-6】**
> 20×1 年 1 月,A 企业以 500 万元投资购买单位净值为 1 元的证券投资基金份额 500 万份。20×1 年末,基金净值升为 1.6 元。基金公司决定将升值部分全部向投资者分配。A 企业在 20×2 年 5 月基金净值又升为 1.3 元时将基金赎回。
> 如果基金公司采用现金分红,则 A 企业全部税后收益为:$(1.6-1) \times 500 + (1.3-1) \times 500 \times (1-25\%) = 412.5 (万元)$。
> 如果基金公司采用拆分方式,则原来的 500 万份拆分后变为 800 万份,单位净值将为 0.625 元。赎回时,价差收益应缴纳所得税 $= (1.3 - 0.625) \times 800 \times 25\% = 135 (万元)$,A 企业的税收净收益 $= [(1.3 - 0.625) \times 800] - 135 = 405 (万元)$。

可以看出，现金分红方式为 A 企业节税 7.5 万元，增加了基金投资的收益。企业在进行基金投资决策时，当预计分红水平相等时，应更倾向于选择采用现金分红方式的基金进行投资。另外，由于现金分红与基金赎回收益在税收待遇上的差异，投资企业在确定基金赎回时间时，也应将税收因素考虑进来。

六、选择投资时间结构的税收筹划

在企业投资时间结构中，应尽可能延长投资期限，选择分期投资方式，未到位的资金通过向银行或其他机构贷款解决。企业在生产、经营期间，向金融机构借款的利息支出，根据税法规定，负债的利息费用作为期间费用，可以在税前扣除，这样，负债利息就有抵税的作用，同时可以减少投资风险，享受财务杠杆利益；向金融机构借款的利息支出不高于按照金融机构同类贷款利率计算的数额内的部分，准予扣除。例如，企业在初创时期，由于风险大，且本身处于免税或减税期，可以加大股权融资比例；而在优惠期满时，可调整资本结构，加大负债融资比例，以减少税收负担。

应注意的是，企业在投资过程中也应当考虑投资项目的回收期问题，如果企业投资的项目回收期太长且回报率不高，其结果可能不仅不能给企业带来所要求的必要回报，反而还会因为回收期过长给企业造成过高的机会成本损失。

【做中学 7-1-7】

茶山实业股份有限公司准备投资一项目，现有以下两个方案可供选择：

方案 1：投资 300 万元，投资期限为两年，每年投资 150 万元，预计使用年限为 10 年，残值率为 10%，投产后每年收入 800 万元，成本费用（包括折旧）总额 400 万元，所得税税率为 15%。

方案 2：投资 400 万元，投资期限为三年，第一年投资 200 万元，第二年投资 100 万元，第三年投资 100 万元，预计使用年限为 15 年，残值率为 8%，投产后每年收入 1 000 万元，成本费用（包括折旧）为 700 万元，所得税税率为 25%。

该公司设备采用直线法计提折旧，资金成本为 10%。由于公司资金有限，只能从中选择一个项目，请为公司作出方案决策。

根据上述资料，分析如下：

方案 1：

年折旧额 = (300 − 30) ÷ 10 = 27（万元）

投产后，每年的净利润 = (800 − 400) × (1 − 15%) = 340（万元）

投资额现值 = 150 × [(P/A,10%,2 − 1) + 1] = 150 × 1.909 1 = 286.365（万元）

投资净现值 = (340 + 27) × (P/A,10%,10) × (P/F,10%,2) +
　　　　　　 30 × (P/F,10%,12) − 286.365
　　　　　 = 367 × 6.144 6 × 0.826 4 + 30 × 0.318 6 − 286.365
　　　　　 = 1 863.59 + 9.558 − 286.365 = 1 586.783（万元）

投资净回报率 = 1 586.783 ÷ 286.365 = 554.11%

年投资回报率 = 1 586.783 ÷ (P/A,10%,12) ÷ 286.365 = 81.32%

方案 2：

年折旧额 = 400 × (1 - 8%) ÷ 15 = 24.5(万元)

投产后，每年的净利润 = (1 000 - 700) × (1 - 25%) = 225(万元)

投资额现值 = 200 + 100 × (P/A,10%,1) + 100 × (P/F,10%,2)
　　　　　 = 200 + 100 × 0.909 1 + 100 × 0.820 4
　　　　　 = 372.95(万元)

投资净现值 = (225 + 24.5) × (P/A,10%,15) × (P/F,10%,3) +
　　　　　　32 × (P/F,10%,18) - 372.95
　　　　　 = 249.5 × 7.606 1 × 0.751 3 + 32 × 0.179 9 - 372.95
　　　　　 = 1 425.76 + 5.76 - 372.95 = 1 058.57(万元)

投资净回报率 = 1 058.57 ÷ 372.95 = 283.84%

年投资回报率 = 1 058.57 ÷ (P/A,10%,18) ÷ 372.95 = 34.61%

综上可知，方案 1 比方案 2 投资回收快，回报率高，所以应选方案 1。

引例解析

A、B、C 三个项目考虑税收时的销售收入净值如下：

A 项目年应纳增值税 = (500 - 300) ÷ (1 + 13%) × 13% = 23.01(万元)

A 项目增值税税后销售净收入 = (500 - 300) ÷ (1 + 13%) = 176.99(万元)

B 项目年应纳增值税 = 500 ÷ (1 + 5%) × 5% = 23.81(万元)

B 项目增值税税后销售净收入 = 500 - 300 - 23.81 = 176.19(万元)

C 项目应纳增值税 = (500 - 250) ÷ (1 + 13%) × 13% = 28.76(万元)

C 项目应纳消费税 = 500 × 10% ÷ (1 + 13%) = 44.25(万元)

C 项目应纳增值税、消费税税后销售净收入 = (500 - 250) ÷ (1 + 13%) - 44.25
　　　　　　　　　　　　　　　　　　　　= 176.99(万元)

综上可知，由于三个项目的应税税种和税率存在差异，在其他条件一致的情况下，A、C 项目能为投资者带来更多的盈利。

【任务设计——母公司拟将厂房给子公司，是无偿划拨呢？还是投资呢？】

A 公司是一家民营企业，主要经营范围是仓储、贸易、酒店等，B 公司是 A 公司下属的非全资控股子公司，主要从事物流业务。A、B 两公司自成立以来一直处于盈利状态。为了使 B 公司不断发展壮大，A 公司计划将其所有厂房（账面价值 420 万元，重置价值 500 万元，假设不含增值税，适用简易计税）划拨给 B 公司，并由 B 公司承受权属。根据税法规定,房产的划拨会导致大额的纳税支出,那么,A公司采取何种资产划拨方式可以节约双方的税收成本呢?

【操作步骤】

第一步:明确母公司将不动产转让给子公司会涉及的税种。

无偿划拨、投资入股情形下,双方都会涉及增值税及附加税、印花税、土地增值税、企业所得税、契税。

第二步:分别计算无偿划拨和投资入股的纳税总额。

方案1:无偿划拨。

1. A公司(母公司)纳税分析

(1) 增值税及附加税。A公司将其厂房无偿划拨给B公司,应按视同销售缴纳5%的增值税,并按照规定比例缴纳城市维护建设税和教育费附加。应缴纳增值税及附加税为:$500 \times 5\% \times (1 + 7\% + 3\%) = 27.5$(万元)。

(2) 印花税。按"产权转移书据按所载金额万分之五贴花",应缴纳印花税为:$500 \times 0.5‰ = 0.25$(万元)。

(3) 土地增值税。假设该厂房的成新度为80%,则计算土地增值税的增值额为:$500 - 500 \times 80\% - 2.5 - 0.25 = 97.25$(万元),增值率为:$97.25 \div 402.75 = 24.15\%$,应缴纳土地增值税为:$97.25 \times 30\% = 29.175$(万元)。

(4) 企业所得税。按照《企业所得税法》的相关规定,A公司无偿捐赠固定资产要分解为按公允价值视同对外销售和捐赠两项业务进行所得税处理,即一方面母公司要确认不动产的转让收益缴纳企业所得税;另一方面母公司对子公司无偿划拨行为在税法上视同直接捐赠,而且由于捐赠行为所发生的支出不属于公益性的捐赠,所以不能在企业所得税税前扣除。

因此,应缴纳企业所得税为:$(500 - 2.5 - 0.25 - 29.175) \times 25\% = 117.0188$(万元)。

2. B公司(子公司)纳税分析

(1) 契税。假定契税税率为3%,应缴纳契税为:

$500 \times 3\% = 15$(万元)

(2) 印花税。应缴纳印花税为:

$500 \times 0.5‰ = 0.25$(万元)

(3) 企业所得税。要按照取得的捐赠收入缴纳企业所得税。应缴纳企业所得税为:

$(500 - 15 - 0.25) \times 25\% = 121.1875$(万元)

可见,方案1中母子公司合计应缴纳税(费)为:

$27.5 + 0.25 + 29.175 + 117.0188 + 15 + 0.25 + 121.1875 = 310.3813$(万元)

方案2:投资入股。

1. A公司(母公司)纳税分析

(1) 增值税、城市维护建设税和教育费附加的计算同方案1。

(2) 印花税。应缴纳印花税为：

500 × 0.5‰ = 0.25(万元)

(3) 土地增值税。根据规定，"对于以房地产进行投资、联营的，投资、联营的一方以土地(房地产)作价入股进行投资或作为联营条件，将房地产转让到所投资、联营的企业中时，暂免征收土地增值税。"因此，该项投资免征土地增值税。

(4) 企业所得税。根据规定，"企业以经营活动的部分非货币性资产对外投资，应在投资交易发生时，将其分解为按公允价值销售有关非货币性资产和投资两项业务进行所得税处理，并按规定确认资产的转让所得或损失。"因此，应缴纳企业所得税为：

(500 − 420 − 0.25) × 25% = 19.937 5(万元)

2. B 公司(子公司)纳税分析

(1) 契税。应缴纳契税为：

500 × 3% = 15(万元)

(2) 印花税，应缴纳印花税为：

500 × 0.5‰ = 0.25(万元)

(3) 企业所得税。对子公司而言，由于未发生收益，不需要缴纳企业所得税。由上可知，方案 2 中母子公司合计应缴纳税(费)为：

27.5 + 0.25 + 19.937 5 + 15 + 0.25 = 62.937 5(万元)

第三步：比较两种方案。

从双方的纳税情况来看，显然方案 2 可以节约税收成本，可少缴税(费)为：

310.381 3 − 62.937 5 = 247.443 8(万元)

综上可知，母子公司之间转移不动产，不宜采用无偿划拨的方式，以投资的方式处理较好。

任务二　企业筹资活动中的税收筹划

【引　例】

某企业计划投资建设一条生产流水线，预计需要 300 万元。现有以下两种筹资方式可供选择：一是用留存收益投资；二是向银行借款，借款期为 1 年，银行贷款年利率为 8%。

请问：该企业选用哪种筹资方式可以节税？

【知识准备与业务操作】

企业筹集所需资金可以采用多种筹集方式，如利润留存、向金融机构借款、向非金融机构或企业借款、发行股票和债券、租赁。在进行筹资决策时,企业必须计算资金成本。税收是影响企业资金成本的重要因素,因此,有必要对筹资过程中涉及的税收问题进行研究,以便使筹资决策更加科学合理。

一、负债资金筹资的税收筹划

目前,我国企业负债资金筹资方式多种多样,从单一的向银行贷款逐渐发展到向其他企业借款、发行债券、租赁等多种形式。

(一) 银行借款的税收筹划

银行借款的资金成本主要是利息,利息可以税前扣除,所以具有抵税作用。企业可以通过选择不同的还本付息方式来减轻税负,以不同还本付息方式下的净利润为主要选择标准,净利润最大的优先考虑,同时将不同还本付息方式下现金流出的时间和数额作为辅助判断标准。

【做中学 7-2-1】

茶山实业股份有限公司现有一项目需投资 1 000 万元,项目寿命期为 5 年,预期每年可获得息税前利润 300 万元,适用的企业所得税税率为 25%。项目所需资金通过银行取得,借款年利率为 10%。银行提供了以下四种还款方式。

请问:站在税务的角度考虑,哪种方式更适合?

方案 1:复利计息,到期一次还本付息。

方案 2:复利年金法,每年等额偿还本金和利息 263.8 万元。

方案 3:每年等额还本 200 万元,并且每年支付剩余借款的利息。

方案 4:每年付息,到期还本。

根据上述资料,分析如下:

方案 1:复利计息,到期一次还本付息。具体情况如表 7-1 所示。

表 7-1　　复利计息,到期一次还本付息的计算过程　　单位:万元

① 年数	② 年初所欠金额	③ 当年所利息=②×10%	④ 当年所还金额	⑤ 当年所欠金额=②+③-④	⑥ 当年投资收益	⑦ 当年税前利润=⑥-③	⑧ 当年应交所得税=⑦×25%
1	1 000	100	0	1 100	300	200	50
2	1 100	110	0	1 210	300	190	47.50
3	1 210	121	0	1 331	300	179	44.75
4	1 331	133.10	0	1 464.10	300	166.90	41.73
5	1 464.10	146.41	1 610.51	0	300	153.59	38.40
合计		610.51				889.49	222.38

方案2：复利年金法,具体情况如表7-2所示。

表7-2　　　　　　　　　复利年金法的计算过程　　　　　　　　单位：万元

① 年数	② 年初所欠金额	③ 当年利息=②×10%	④ 当年所还金额	⑤ 当年所欠金额=②+③-④	⑥ 当年投资收益	⑦ 当年税前利润=⑥-③	⑧ 当年应交所得税=⑦×25%
1	1 000	100	263.80	836.20	300	200	50
2	836.20	83.62	263.80	656.02	300	216.38	54.01
3	656.02	65.60	263.80	457.82	300	234.40	58.60
4	457.82	45.78	263.80	239.80	300	254.22	63.56
5	239.80	23.98	263.78	0	300	276.02	69.01
合计		318.98				1 181.02	295.18

方案3：每年等额还本200万元,并且每年支付剩余借款的利息。具体情况如表7-3所示。

表7-3　　　　　　　　　相关计算过程　　　　　　　　单位：万元

① 年数	② 年初所欠金额	③ 当年利息=②×10%	④ 当年所还金额	⑤ 当年所欠金额=②+③-④	⑥ 当年投资收益	⑦ 当年税前利润=⑥-③	⑧ 当年应交所得税=⑦×25%
1	1 000	100	300	800	300	200	50
2	800	80	280	600	300	220	55
3	600	60	260	400	300	240	60
4	400	40	240	200	300	260	65
5	200	20	220	0	300	280	70
合计		300				1 200	300

方案4：每年付息到期还本。具体情况如表7-4所示。

表7-4　　　　　　　　　具体计算过程　　　　　　　　单位：万元

① 年数	② 年初所欠金额	③ 当年利息=②×10%	④ 当年所还金额	⑤ 当年所欠金额=②+③-④	⑥ 当年投资收益	⑦ 当年税前利润=⑥-③	⑧ 当年应交所得税=⑦×25%
1	1 000	100	100	1 000	300	200	50
2	1 000	100	100	1 000	300	200	50
3	1 000	100	100	1 000	300	200	50
4	1 000	100	100	1 000	300	200	50
5	1 000	100	1 100	0	300	200	50
合计		500				1 000	250

由以上计算可知,单从节税角度看,方案1税负最轻,其次是方案4,然后是方案2、方案3。但从净利润角度看,各方案优劣依次是方案3、方案2、方案4、方案1。

(二) 发行债券的税收筹划

根据税法规定,债券利息可以在税前列支。企业债券的付息方式有一次还本付息和分期付息两种方式。当企业选择一次还本付息时,在债券有效期内享受债券利息税前扣除收益,同时不需要实际付息,因此,企业可以优先考虑选择该方式。因此,在还本付息的方式上,企业可以考虑选择定期付息。至于债券发行的折溢价的摊销方法,目前会计准则规定一律采取实际利率法,因此税收筹划的空间不大。

企业债券平价发行时不同付息方式的会计处理

【做中学 7-2-2】

茶山实业股份有限公司发行了总面额为400万元的5年期债券,票面利率为11%,发行费用率为5%。相比较自有资金筹资方式而言,则该企业可节税60万元[(400×5×11%+400×5%)×25%]。

(三) 企业间资金转移的税收筹划

企业间资金借用一般应通过合法的金融机构进行,在利息计算及资金回收等方面与银行贷款相比有较大弹性和回旋余地,这种方式对于设有财务公司或财务中心(结算中心)的集团企业来说,税收利益尤为明显。因为企业集团财务公司或财务中心(结算中心)能起到"内部"银行的作用,利用集团资源和信誉优势实现整体对外筹资,再利用集团内各企业在税种、税率及优惠政策等方面的差异,调节集团资金结构和债务比例,既能解决资金难题,又能实现集团整体税收利益。如果有条件,应尽量将财务中心设在税收协定网络发达的地区,这样可享受借贷款免征或少征预提税和增值税的好处。

【做中学 7-2-3】

某高新技术企业A公司(适用的企业所得税税率为15%)于20×1年在杭州市设立一子公司B(适用的企业所得税税率为25%),注册资本为500万元(其中250万元由A公司投入)。20×2年7月,B公司由于扩展经营业务的需要,拟向A公司借入1 000万元。请从节税角度来设计该笔借款的流程。

根据上述资料,分析如下:

方案1:A公司直接将资金贷给B公司使用,利率为按金融机构同类同期贷款利率8%计算。

A公司获得利息收入=1 000×8%=80(万元)

应纳企业所得税=80×15%=12(万元)

B公司支付利息=1 000×8%=80(万元)

所得税前能扣除额=250×2×8%=40(万元)

少纳企业所得税=40×25%=10(万元)

集团公司在资金流动过程中共缴纳企业所得税2万元。

方案2：A公司先将资金1000万元存入中介银行，利率为7%，中介银行再将等额资金贷于B公司，利率为8%。

A公司获得利息收入＝1000×7%＝70(万元)

应纳企业所得税＝70×15%＝10.5(万元)

B公司支付利息＝1000×8%＝80(万元)

B公司支付的利息可以全额在所得税前扣除，从而少纳企业所得税20万元(80×25%)；集团公司在资金流动过程可节约纳税9.5万元。

值得注意的是，纳税人向关联方借入的资金，使得其接受该关联方的债权比例超过权益比例的2倍的，超过部分的利息支出不得在所得税前扣除，所以方案1中B公司所支付的利息80万元不得全额在所得税前扣除，只能扣除40万元，其余部分在所得税后列支，增加了企业的税负。因此方案2更优。

根据《企业所得税法》第四十六条的规定，企业从其关联方接受的债权性投资与权益性投资的比例超过规定标准而发生的利息支出，不得在计算应纳税所得额时扣除。

同时，根据2008年《财政部 国家税务总局关于企业关联方利息支出税前扣除标准有关税收政策问题的通知》的规定，在计算应纳税所得额时，企业实际支付给关联方的利息支出，不超过以下规定比例和税法及其实施条例有关规定计算的部分，准予扣除，超过的部分不得在发生当期和以后年度扣除。企业实际支付给关联方的利息支出，除符合本通知第二条规定外，其接受关联方债权性投资与其权益性投资比例为：金融企业为5∶1；其他企业为2∶1。

(四) 借款费用的税收筹划

企业发生的借款费用多数可以直接税前扣除，但有些借款费用则需要计入资产成本，分期扣除。如企业为购置、建造固定资产、无形资产和经过12个月以上的建造才能达到预定可销售状态的存货发生借款的，在有关资产购置、建造期间发生的合理的借款费用，应当作为资本性支出计入资产成本。计入固定资产成本的借款费用，须通过计提折旧的方式分期冲减以后各期应税收益，而费用化的借款费用应一次性抵减当期应税收益，从财务管理的角度看，由此可以获得资金的时间价值。因此，企业应在借款费用一定的情况下，尽可能加大计入费用化的份额，获得相对的节税收益，即企业应尽可能缩短固定资产的购建期间。

(五) 租赁的税收筹划

租赁可以分为两类：融资租赁和经营租赁，它也是企业减轻税负的重要方法。对承租人来说，经营租赁的租金可以在税前扣除，从而减少应纳税额。融资租赁资产可以计提折旧计入成本费用，降低税负。

【做中学7-2-4】

茶山实业股份有限公司有A、B两个子公司，A公司被认定为高新技术企业，所得税税率为15%，B公司所得税税率为25%。A公司拟处置一台年可获税前利润100万元(折旧已扣)的闲置设备给 B。现有以下两个方案可供选择,方案 1 是出售设备,获 400 万元净收入;方案 2 是以年租金 40 万元租赁。

请问:从税收角度考虑,茶山实业股份有限公司应选择哪个方案?

根据上述资料,分析如下:

不考虑增值税,则方案 1 增加集团所得税:

$(400 \times 15\%) + (100 \times 25\%) = 85(万元)$

方案 2 增加集团所得税:

$(40 \times 15\%) + [(100 - 40) \times 25\%] = 21(万元)$

可见,A 公司获得的税收利益:一是避免缴纳资产转让所得税 60 万元($400 \times 15\%$);二是因税率差别税前多扣租金成本的抵税收益 4 万元$[40 \times (25\% - 15\%)]$;集团公司合计获得税收利益 64 万元(即方案 1 和方案 2 的差额)。

企业因生产经营需要增加设备等固定资产,而现有资金又不足时,还可举债购买取得资产。举债购买取得的资产,其使用可为企业带来额外的收益,同时举债购买固定资产支付的利息可在所得税前列支,从而减少应纳税所得额。

应注意的是,虽然融资租赁的避税效果更好,但是至于具体的租赁方式是采用融资租赁、经营租赁还是举债购买,企业还是要根据投资期限、利率水平等因素再结合税收利益及自身特点,从货币时间价值、资金成本、税后现金流出量、税收利益、风险价值等方面着手,进行定性、定量的分析,做出最有利于企业的选择。

二、权益资金筹资的税收筹划

(一)发行股票的税收筹划

当企业决定采用发行股票筹集资金时,需要考虑发行股票的资金成本。发行股票所支付的股息不能直接在税前扣除,只能从企业税后利润中支付,同时还需要考虑股票发行过程中存在的评估费、发行费、审计费、公证费等中介费用的税务问题。

【做中学 7-2-5】

某公司发行新股票,发行金额为 10 000 万元,筹资费用率为股票市价的 10%。企业发行股票筹集资金,发行费用可以在企业所得税前扣除,但资金占用费即普通股股利必须在所得税后分配。该企业发行股票产生的筹资费,可以抵税,金额为:

$10\,000 \times 10\% \times 25\% = 250(万元)$

(二)留存收益筹资的税收筹划

企业通过留存收益筹资可以避免收益向外分配时存在的双重纳税问题。因此,在特定税收条件下它是减少投资者税负的一种手段。

(三)吸收直接投资的税收筹划

企业通过吸收直接投资筹集到的资金构成企业的权益资金,其支付的红利不能在税前扣除,因而不能获得税收收益。企业吸收直接投资时应考虑自身的资本结构,衡量权益融资和债务融资的资金成本,实现合理降低税负的目的。

三、不同筹资方案的税负比较

如果仅就税收负担而言,并不考虑企业最优资本结构问题,负债筹资比权益筹资的效果要好。这是因为负债筹资所支付的借款利息等可以在所得税前作为一项财务费用加以扣除,具有一定的抵税作用,能够降低企业的资金成本。而权益筹资所支付的股息等则不能在所得税前扣除,因而所得税税负会相对重一些。

【做中学 7-2-6】

茶山实业股份有限公司计划筹措 1000 万元资金用于某高科技产品生产线的建设,并制定了 A、B、C 三种筹资方案。假设该公司的资本结构(负债筹资与权益筹资的比例)如下,三种方案的借款年利率都为 8%,适用的企业所得税税率为 25%,三种方案的息税前利润都为 100 万元。

A 方案:全部 1000 万元资金都采用权益筹资方式,即向社会公开发行股票,每股计划发行价格为 2 元,共计 500 万股。

B 方案:采用负债筹资与权益筹资相结合的方式,向银行借款融资 200 万元,向社会公开发行股票 400 万股,每股计划发行价格为 2 元。

C 方案:采用负债筹资与权益筹资相结合的方式,但二者适当调整,向银行借款 600 万元,向社会公开发行股票 200 万股,每股计划发行价格为 2 元。

相关计算结果如表 7-5 所示。

表 7-5　　　　　　　　相关计算结果

项　　目	A 方案	B 方案	C 方案
负债资本额/万元	0	200	600
权益资本额/万元	1 000	800	400
负债比例(负债资本/总资本)/%	0	20	60
息税前利润/万元	100	100	100
利息/万元	0	16	48
税前利润/万元	100	84	52
所得税税额(25%)/万元	25	21	13
税后利润/万元	75	63	39
税前投资收益率(税前利润/权益资本)/%	10	10.5	13
税后投资收益率(税后利润/权益资本)/%	7.5	7.875	9.75

从表 7-5 可以看出,随着负债筹资比例的提高(从 0 到 20% 到 60%),企业应纳所得税税额呈递减趋势(从 25 万元减为 21 万元,再减至 13 万元),税后投资收益率则呈

递增趋势(从7.5%上升为7.875%,再上升为9.75%),从而显示了负债筹资的节税效应。

在上述三种方案中,方案C无疑是最佳的税收筹划方案。但是,是否在任何情况下,采用负债筹资方案都是有利的呢?在此根据企业资本结构决策中的理财方法,利用每股利润无差别点,给出分析企业筹资税收筹划最佳方案的一般方法。

所谓每股利润无差别点,是指在两种筹资方式下,使每股净利润相等时的息税前利润点。它所要解决的问题是,息税前利润是多少时,采用哪种筹资方式更有利?

其具体计算公式如下(不考虑优先股):

[(每股利润无差别点－A方案下的年利息)×(1－税率)]÷A方案下普通股股份数＝[(每股利润无差别点－B方案下的年利息)×(1－税率)]÷B方案下普通股股份数。

将表7-5中的有关数据代入公式,负债筹资与权益筹资的无差别点为:

[(每股利润无差别点－0)×(1－25%)]÷500＝[(每股利润无差别点－16)×(1－25%)]÷400

通过计算求得每股利润无差别点为80万元,即当息税前利润为80万元时,负债筹资与权益筹资的每股利润相等;当息税前利润大于80万元时,负债筹资优于权益筹资;当息税前利润小于80万元时,权益筹资优于负债筹资。

然而,负债利息必须固定支付的特点又导致了债务筹资可能产生的负效应。因此,也不是负债越多越好,随着负债比例的提高,企业的财务风险也就随之增大了。

引例解析

留存收益作为税后收益,没有抵税作用,用留存收益投资,不能减少应纳所得税税额。而从银行借款,可以节税＝300×8%×25%＝6(万元)。

对该企业来说,采用银行借款,除了享有税收上的好处外,还可以提前进行其投资活动。

【任务设计——资金筹集的税收筹划】

某股份制公司共有普通股400万股,每股为10元,没有负债。由于产品市场行情看好,准备扩大经营规模,假设公司下一年度的息税前利润为1 400万元,企业所得税税率为25%。该公司董事会经过研究,商定了以下三个筹资方案。

方案1:发行股票600万股(每股10元),共6 000万元。

方案2:发行股票300万股(每股10元),发行债券3 000万元(债券利率为8%)。

方案3:发行债券6 000万元。

请从中选择一个最优方案。

【操作步骤】

第一步:明确三种筹资方案优劣的标准。

针对此任务,需要分别计算三种筹资方案中的税后利润及每股净利,每股净利的最优值。

第二步:分别计算三种筹资方案的纳税情况、税后净利、每股净利。

方案1:发行股票600万股。

应纳企业所得税 = 1 400 × 25% = 350(万元)

税后利润 = 1 400 − 350 = 1 050(万元)

每股净利 = 1 050 ÷ 1 000 = 1.05(元/股)

方案2:发行股票300万股,发行债券3 000万元。

利息支出 = 3 000 × 8% = 240(万元)

应纳企业所得税 = (1 400 − 240) × 25% = 290(万元)

税后利润 = 1 400 − 240 − 290 = 870(万元)

每股净利 = 870 ÷ 700 = 1.24(元/股)

方案3:发行债券6 000万元。

利息支出 = 6 000 × 8% = 480(万元)。

应纳企业所得税 = (1 400 − 480) × 25% = 230(万元)

税后利润 = 1 400 − 480 − 230 = 690(万元)

每股净利 = 690 ÷ 400 = 1.73(元/股)

第三步:比较三种方案。

不同资本结构下,公司的每股净利不同,通过负债融资可以增加公司的每股净利,因此,方案3较为理想。

任务三 企业经营活动中的税收筹划

引 例

A化妆品生产企业当月对外销售了3批同型号的高档化妆品,单价80元的销售量为1 000盒,单价85元的销售量为800盒,单价90元的销售量为200盒。当月拟以500盒同型号高档化妆品与B企业换取生产用的原料。

请问:这种交换合适吗?

【知识准备与业务操作】

企业经营活动的不同阶段,会涉及不同的税种,也会导致企业在税收待遇和税收负担上存在差异。所以,为了降低税收负担、实现企业价值最大化目标,企业在经营活动过程中,要充分考虑税收因素。

一、采购的税收筹划

采购是企业日常经营中供、产、销的"供应"部分。采购主要影响流转税中的增值税进项税额,企业采购过程中需要注意以下税收问题:

(一) 购货对象的选择

按照会计核算和经营规模不同,增值税纳税人分为一般纳税人和小规模纳税人两类,分别采取不同的增值税计税方法。企业从不同类型的纳税人处采购货物,所承担的税收负担也不一样。我们需要考虑产品的价格、质量、付款时间和方式,还要从进项税额能否抵扣等方面进行综合考虑税收。

(二) 购货运费的处理

按照我国增值税管理规定,购进免税产品的运费不能抵扣增值税税额,而购进原材料的运费则可以抵扣。企业采购时应注意区分免税产品和应税产品。

(三) 代购方式的选择

企业在生产经营中需要大量购进各种原、辅材料,由于购销渠道限制,常常需要委托企业代购各种材料。委托代购业务可分为受托方只收取手续费和受托方按正常购销价格结算两种形式。虽然两种代购形式都不影响企业的生产经营,但财务核算和税收管理却不相同。

(四) 结算方式的选择

结算方式有赊购、现金、预付等方式。当赊购与现金或预付采购没有价格差异时,则对企业税负不产生影响。当赊购价格高于现金采购价格时,在获得延迟付款好处的同时,也会导致税负增加,此时企业需要进行税收筹划以权衡利弊。

(五) 采购时间的把握

由于增值税采用购进扣税法,因此,当预计销项税额大于进项税额时,适当提前购货可以推迟纳税。所以,应综合权衡由于推迟纳税所获得的时间价值与提前购货付款所失去的时间价值。

(六) 增值税专用发票的管理

在采购商品、接受服务以及从事其他经营活动支付款项时,应当向销售方索取符合规定的增值税专用发票,不符合规定的发票,不得作为抵扣凭证。

二、生产的税收筹划

企业生产过程实际上是各种原材料、人工工资和相关费用转移到产品的全过程。生产过程中企业需要注意以下税收问题:

(一) 存货发出计价的税收筹划

我国企业会计准则规定,存货计价可以采用先进先出法、加权平均法、个别计价法等计价方法。不同的计价方法为税收筹划提供了可操作空间。如果企业处在所得税的免税期,可以选择先进先出法,以减少当期材料成本,扩大当期利润。如果企业盈利能力很强,为减轻税负可以采用加大产品中材料费用的存货计价方法以减少当期利润,推迟纳税。

【做中学 7-3-1】

茶山实业股份有限公司20×1年先后进货两批,两批货物数量相同,进价分别为400万元和600万元。20×2年和20×3年各出售一半货物,售价均为1 000万元。已知企业所得税税率为25%,假设不存在纳税调整事项。试比较采用加权平均法和先进先出法两种不同计价方法对企业所得税和净利润的影响。

根据上述资料,分析如下:

在加权平均法和先进先出法下,营业成本、企业所得税和净利润的计算如表7-6所示。

表7-6　　　　　　　　　　　相关计算结果　　　　　　　　　　　单位:万元

项　目	加权平均法		先进先出法	
	20×2年	20×3年	20×2年	20×3年
销售收入	1 000	1 000	1 000	1 000
销售成本	500	500	400	600
税前利润(应纳税所得额)	500	500	600	400
所得税费用	125	125	150	100
净利润	375	375	450	300

从表7-6可知,虽然各项数据的两年合计数相等,但不同的计价方法对当年企业所得税和净利润的影响不同。显然,在经济处于通货紧缩的时期,采用先进先出法比较合适;而在经济比较稳定的时期,采用加权平均法比较合适。

(二)固定资产折旧计提的税收筹划

《企业所得税法》明确规定:企业的固定资产由于技术进步等原因,确需加速折旧的,可以缩短折旧年限或者采取加速折旧的方法。可采用以上折旧方法的固定资产是指:

(1) 由于技术进步,产品更新换代较快的固定资产。

(2) 常年处于强震动、高腐蚀状态的固定资产。

采取缩短折旧年限方法的,最低折旧年限不得低于规定折旧年限的60%;采取加速折旧方法的,可以采取双倍余额递减法或者年数总和法。

不同的折旧方法影响当期费用和产品成本。如果采用直线折旧法,企业各期税负均衡;如果采用加速折旧法,企业生产前期利润较少,从而纳税较少,生产后期利润较多,从而纳税较多,加速折旧法起到了延期纳税的作用。

【做中学 7-3-2】

茶山实业股份有限公司购进一台机器,价格为200 000元,预计使用5年,残值率为5%,假设每年年末未扣除折旧的税前利润为200万元,不考虑其他因素,企业所得税税率为25%。根据上述条件,分别采用直线法、双倍余额递减法、年数总和法和缩短折旧年限法计算各年的折旧及其缴纳所得税的情况。

根据上述资料,分析如下:

方案1:采取直线法计提折旧,如表7-7所示。

表7-7　　　　　　　　　　直线法计提折旧　　　　　　　　　　单位:元

① 年数	② 每年折旧额	③ 应纳税所得额 =2 000 000－②	④ 应纳所得税 =③×25%
1	38 000	1 962 000	490 500
2	38 000	1 962 000	490 500
3	38 000	1 962 000	490 500
4	38 000	1 962 000	490 500
5	38 000	1 962 000	490 500
合计	190 000	9 810 000	2 452 500

方案2:采取双倍余额递减法计提折旧,如表7-8所示。

表7-8　　　　　　　　　双倍余额递减法计提折旧　　　　　　　　单位:元

① 年数	② 每年折旧额	③ 应纳税所得额 =2 000 000－②	④ 应纳所得税 =③×25%
1	80 000	1 920 000	480 000
2	48 000	1 952 000	488 000
3	28 800	1 971 200	492 800
4	16 600	1 983 400	495 850
5	16 600	1 983 400	495 850
合计	190 000	9 810 000	2 452 500

方案3:采取年数总和法计提折旧,如表7-9所示。

表7-9　　　　　　　　　　年数总和法计提折旧　　　　　　　　　单位:元

① 年数	② 每年折旧额	③ 应纳税所得额 =2 000 000－②	④ 应纳所得税 =③×25%
1	63 333.33	1 936 666.67	484 166.67
2	50 666.67	1 949 333.33	487 333.33
3	38 000	1 962 000	490 500
4	25 333.33	1 974 666.67	493 666.67
5	12 666.67	1 987 333.33	496 833.33
合计	190 000	9 810 000	2 452 500

方案4:采取缩短折旧年限法计提折旧。

根据固定资产采取缩短折旧年限方法的,最低折旧年限不得低于税法规定折旧年限60%的规定,采取最低折旧年限为3年,残值率仍为5%,如表7-10所示。

表 7-10　　　　　　　　缩短折旧年限法计提折旧　　　　　　　　单位：元

① 年数	② 每年折旧额	③ 应纳税所得额 =2 000 000-②	④ 应纳所得税 =③×25%
1	63 333.33	1 936 666.67	484 166.67
2	63 333.33	1 936 666.67	484 166.67
3	63 333.34	1 936 666.66	484 166.66
4	0	2 000 000	500 000
5	0	2 000 000	500 000
合计	190 000	9 810 000	2 452 500

根据上面计算可以看出，尽管在设备整个使用期间的企业所得税应纳税额是相同的，但不同的折旧方法在每一年度缴纳的企业所得税税额不同。需要注意的是，无论采用哪种方法，企业都必须取得税务机关的批准，不能擅自改变折旧方法。

（三）人工工资支出的税收筹划

《企业所得税法》规定，企业实际发生的合理工资、薪金支出，在企业所得税税前可以全额据实扣除。因此，企业在安排工资、薪金支出的同时，应当充分考虑工资、薪金支出对企业所得税和个人所得税的影响。

（四）费用分摊的税收筹划

不同的费用分摊方法会扩大或缩小产品成本，从而影响企业利润水平和税收，企业可以通过选择有利的分摊方法来进行税收筹划。

【做中学 7-3-3】(2021 年智能财税国赛题)

2020 年国华电器股份有限公司拟筹建一个子公司专门从事网络销售，筹建开办费为 2 000 万元（年初一次投入），假设自开始经营年度起，五年内每年税前会计利润均为 800 万元。假设折现率为 6%，该公司以下现有两种方案进行开办费的摊销。复利现值系数表（部分）和年金现值系数表（部分）分别如表 7-11 和表 7-12 所示。

方案 1：前三年每年摊销 600 万元，第四、第五年每年摊销 100 万元。

方案 2：采用平均摊销法，每年摊销 400 万元。

说明：

(1) 假设公司不存在筹建期。

(2) 假设除开办费分摊方式不同之外，不考虑其他因素。

(3) 假定方案 1 后两年摊销额折现时仅使用复利现值系数，不同时使用两表数据。

(4) 现金流入现值不考虑该业务的节税流入。

表7-11　　　　　　　　复利现值系数表(部分)

期数	1%	2%	3%	4%	5%	6%
1	0.990 1	0.980 4	0.970 9	0.961 5	0.952 4	0.943 4
2	0.980 3	0.961 2	0.942 6	0.924 6	0.907 0	0.890 0
3	0.970 6	0.942 3	0.915 1	0.889 0	0.863 8	0.839 6
4	0.961 0	0.923 8	0.888 5	0.854 8	0.822 7	0.792 1
5	0.951 5	0.905 7	0.862 6	0.821 9	0.783 5	0.747 3
6	0.942 0	0.888 0	0.837 5	0.790 3	0.746 2	0.705 0

表7-12　　　　　　　　年金现值系数表(部分)

期数	1%	2%	3%	4%	5%	6%
1	0.990 1	0.980 4	0.970 9	0.961 5	0.952 4	0.943 4
2	1.970 4	1.941 6	1.913 5	1.886 1	1.859 4	1.833 4
3	2.941 0	2.883 9	2.828 6	2.775 1	2.723 2	2.673 0
4	3.902 0	3.807 7	3.717 1	3.629 9	3.546 0	3.465 1
5	4.853 4	4.713 5	4.579 7	4.451 8	4.329 0	4.212 4
6	5.795 5	5.601 4	5.417 2	5.242 1	5.075 7	4.917 3

请依据业务对应的纳税优化方案要求,测算该公司纳税优化方案的纳税金额、净利润或现金流量净流出的现值,根据计算结果,选择最优的方案。

根据上述资料,分析如下:

方案1:

(1) 现金流入现值 $= 800 \times (1 - 25\%) \times (P/A, 6\%, 5) = 600 \times 4.212\ 4 = 2\ 527.44$(万元)

(2) 现金流出的现值(开办费) $= 2\ 000$(万元)

(3) 节约税款的现值 $= 600 \times 25\% \times (P/A, 6\%, 3) + 100 \times 25\% \times (P/F, 6\%, 4) + 100 \times 25\% \times (P/F, 6\%, 5) = 150 \times 2.673\ 0 + 25 \times 0.792\ 1 + 25 \times 0.747\ 3 = 400.95 + 19.80 + 18.68 = 439.43$(万元)

(4) 现金净流入的现值 $= [(800 - 600) \times 75\% + 600] \times (P/A, 6\%, 3) + [(800 - 100) \times 75\% + 100] \times (P/F, 6\%, 4) + [(800 - 100) \times 75\% + 100] \times (P/F, 6\%, 5) = 750 \times 2.673\ 0 + 625 \times 0.792\ 1 + 625 \times 0.747\ 3 = 966.87$(万元)

方案2:

(1) 现金流入现值 $= 800 \times (1 - 25\%) \times (P/A, 6\%, 5) = 600 \times 4.212\ 4 = 2\ 527.44$(万元)

(2) 现金流出的现值(开办费) $= 2\ 000$(万元)

(3) 节约税款的现值 $= 400 \times 25\% \times (P/A, 6\%, 5) = 100 \times 4.212\ 4 = 421.24$(万元)

(4) 现金净流入的现值：

现金净流量=(800-400)×75%+400=700(万元)

现金净流入的现值=700×(P/A,6%,5)-2 000=948.68(万元)

综上可知，按照现金净流入最大的原则，公司应选择最优的方案是方案1。

三、销售的税收筹划

销售在企业经营管理中占有非常重要的地位，销售收入额不仅关系到当期流转税额，也关系到企业所得税税额，是影响企业税收负担的主要因素。企业在销售过程中需要注意以下税收问题：

(一) 销售实现方式的税收筹划

销售方式多种多样，总体上主要有两种类型：现销方式和赊销方式。不同销售结算方式纳税义务的发生时间是不同的，这就为企业进行税收筹划提供了可能。企业在不能及时收到货款的情况下，可以采用委托代销、分期收款等销售方式，等收到货款时再开具发票、承担纳税义务，从而起到延缓纳税的作用。

(二) 促销方式的税收筹划

让利促销是商业企业在零售环节常用的销售策略。常见的让利方式包括打折销售、购买商品赠送实物、购买商品赠送现金等。对于消费者而言，购买100元商品享受八折优惠与购买100元商品送20元实物或送20元现金的感觉差别不大，但对企业来讲，三种不同促销方式的税收负担却不相同。

(三) 特殊销售行为的税收筹划

企业多元化经营必然造成企业的兼营和混合销售，税法对兼营与混合销售、视同销售等经营行为作了比较明确的规定，企业如果能在经营决策前作出合理筹划，则可以减少税收支出。

【做中学7-3-4】(2021年智能财税国赛题1)

2020年，国华电器股份有限公司在销售空调的同时，负责空调的安装，随着安装业务量的增加，公司考虑是否需要单独成立安装公司，有以下两种方案可供选择：

方案1：成立一家独立的公司承接空调的安装业务，以包含安装费用的销售价格对外销售产品，但销售产品和安装业务分别核算。

方案2：不设立独立的安装公司，继续按照包含安装费用的销售价格对外销售产品。

假设公司产品的毛利率为20%，安装一个挂机空调的成本为150元，安装一个2P柜机空调的成本为240元，安装一个3P柜机空调的成本为360元，安装一个10P柜机空调的成本为800元，不考虑其他费用(假设忽略成立公司的开办费用等)。

说明：本业务只考虑增值税销项税额、税金及附加、企业所得税。具体销售数据如表7-13所示。

试从净利润的角度，为公司选择一个最优方案。

表7-13　　　国华电器股份有限公司 2020 年销售情况表　　　单位：元

产　品	销售数量	销售单价（含税）	销售金额（含税）	含安装费单价（含税）	含安装费销售金额（含税）
挂机空调 QC174	1 600	3 616	5 785 600	3 816	6 105 600
挂机空调 MC135D	3 200	3 280	10 496 000	3 480	11 136 000
2P 柜机空调	2 400	3 680	8 832 000	3 980	9 552 000
3P 柜机空调	1 500	6 380	9 570 000	6 780	10 170 000
10P 柜机空调	200	22 600	4 520 000	23 600	4 720 000
合　计	8 900		39 203 600		41 683 600

根据上述资料，分析如下：

方案 1：

(1) 营业收入：

销售空调收入 = 39 203 600÷(1+13%) = 34 693 451.33(元)

安装业务收入 = (41 683 600 - 39 203 600)÷(1+9%) = 2 275 229.36(元)

营业收入 = 销售空调收入 + 安装业务收入 = 34 693 451.33 + 2 275 229.36 = 36 968 680.69(元)

(2) 营业成本：

空调成本 = 39 203 600÷(1+13%)×80% = 27 754 761.06(元)

安装业务成本 = (1 600 + 3 200)×150 + 2 400×240 + 1 500×360 + 200×800 = 1 996 000(元)

营业成本 = 27 754 761.06 + 1 996 000 = 29 750 761.06(元)

(3) 应纳增值税税额：

销售空调应纳增值税税额 = 34 693 451.33×13% = 4 510 148.67(元)

安装业务收入应纳增值税税额 = 2 275 229.36×9% = 204 770.64(元)

增值税税额合计 = 4 510 148.67 + 204 770.64 = 4 714 919.31(元)

(4) 税金及附加 = 4 714 919.31×12% = 565 790.32(元)

(5) 毛利润 = 营业收入 - 营业成本 = 36 968 680.69 - 29 750 761.06 = 7 217 919.63(元)

(6) 利润总额 = 毛利润 - 税金及附加 = 7 217 919.63 - 565 790.32 = 6 652 129.31(元)

(7) 应纳企业所得税税额 = 6 652 129.31×25% = 1 663 032.33(元)

(8) 税后利润 = 利润总额 - 应纳企业所得税 = 6 652 129.31 - 1 663 032.33 = 4 989 096.98(元)

方案2：

(1) 营业收入＝41 683 600÷(1＋13%)＝36 888 141.59(元)

(2) 营业成本：

空调成本＝39 203 600÷(1＋13%)×80%＝27 754 761.06(元)

安装业务成本＝(1 600＋3 200)×150＋2 400×240＋1 500×360＋200×800＝1 996 000(元)

营业成本＝空调成本－安装业务成本＝27 754 761.06＋1 996 000＝29 750 761.06(元)

(3) 应纳增值税税额＝36 888 141.59×13%＝4 795 458.41(元)

(4) 税金及附加＝4 795 458.41×12%＝575 455.01(元)

(5) 毛利润＝营业收入－营业成本＝36 888 141.59－29 750 761.06＝7 137 380.53(元)

(6) 利润总额＝毛利润－税金及附加＝7 137 380.53－575 455.01＝6 561 925.52(元)

(7) 应纳企业所得税税额＝6 561 925.52×25%＝1 640 481.38(元)

(8) 税后利润＝利润总额－应纳企业所得税＝6 561 925.52－1 640 481.38＝4 921 444.14(元)

综上可知，按照税后利润最大化原则，方案1为最优的促销方案。

【做中学7-3-5】(2021年智能财税国赛题2)

为了提高2020年的市场销售份额，提升公司的竞争力，国华电器股份有限公司以热销产品空气炸锅为试点探索新的营销模式。10月份公司决定与万鑫商场展开合作，提升产品零售能力。若销售额大幅提升，后续将加大合作力度，拓展合作产品范围。在洽谈过程中，有以下两个方案可供选择：

方案1：公司与商场签订委托代销合同，代销价格为189元/个，商场可以以249元/个的价格对外零售，公司不单独支付任何费用。

方案2：公司与商场签订租赁合同租赁柜台。公司以249元/个的价格对外零售，每月支付租金42 000元，驻商场营业人员工资为4 200元。

说明：

(1) 根据市场部预测分析，受节日商场促销等节日气氛影响，当月销售该款空气炸锅为3 000个。

(2) 已知该款空气炸锅购进成本为132元/个。

(3) 从公司到万鑫商场的货物运输费用由本公司承担，已知运输费用为1.85元/个。

(4) 以上数据均含税，进项税额只考虑购进空气炸锅、运输费用和支付商场租金(均取得增值税专用发票)。

(5) 本业务只考虑增值税、税金及附加、企业所得税。

试从净利润角度，为公司选择一个最优方案。

根据上述资料，分析如下：

方案1：
(1) 收入 = 3 000×189÷(1+13%) = 501 769.91(元)
(2) 成本及费用：

空气炸锅成本 = 3 000×132÷(1+13%) = 350 442.48(元)
运输费用 = 3 000×1.85÷(1+9%) = 5 091.74(元)
成本及费用合计 = 350 442.48+5 091.74 = 355 534.22(元)

(3) 应纳增值税：

销项税额 = 501 769.91×13% = 65 230.09(元)
进项税额 = 350 442.48×13%+5 091.74×9% = 45 557.52+458.26 = 46 015.78(元)
应纳增值税 = 65 230.09−46 015.78 = 19 214.31(元)

(4) 税金及附加 = 19 214.31×12% = 2 305.72(元)
(5) 应纳税所得额 = (501 769.91−355 534.22−2 305.72) = 143 929.97(元)
(6) 应纳企业所得税 = 143 929.97×25% = 35 982.49(元)
(7) 税后利润 = 143 929.97−35 982.49 = 107 947.48(元)

方案2：
(1) 收入 = 3 000×249÷(1+13%) = 661 061.95(元)
(2) 成本及费用：

空气炸锅成本 = 3 000×132÷(1+13%) = 350 442.48(元)
运输费用 = 3 000×1.85÷(1+9%) = 5 091.74(元)
柜台租金 = 42 000÷(1+9%) = 38 532.11(元)
驻商场营业人员工资 = 4 200(元)
成本及费用合计 = 350 442.48+5 091.74+38 532.11+4 200 = 398 266.33(元)

(3) 应纳增值税：

销项税额 = 661 061.95×13% = 85 938.05(元)
进项税额 = 350 442.48×13%+5 091.74×9%+38 532.11×9% = 45 557.52+458.26+3 467.89 = 49 483.67(元)
应纳增值税 = 85 938.05−49 483.67 = 36 454.38(元)

(4) 税金及附加 = 36 454.38×12% = 4 374.53(元)
(5) 应纳税所得额 = 661 061.95−398 266.33−4 374.53 = 258 421.09(元)
(6) 应纳企业所得税 = 258 421.09×25% = 64 605.27(元)
(7) 税后利润 = 258 421.09−64 605.27 = 193 815.82(元)

综上可知，按照税后利润最大化原则，公司应选择方案2。

四、股利分配的税收筹划

股利分配是公司向股东分派股利，是公司利润分配的一部分。股利分配常见的方式有现金股利和股票股利。

股利分配涉及税收事项主要包括是否分配股利以及采取何种股利支付方式。对于公司来说,它会影响公司的市场形象和未来价值;对于股东来说,获得股利的股东需要缴纳个人所得税。公司在分配股利时,应该注重税收对股东财富的影响,合理选择股利支付方式,增加股东财富。

【做中学 7-3-6】

某公司目前发行在外的普通股为 5 000 万股,每股市价为 15 元。假设现有 7 500 万元的留存收益可供分配,公司拟采用下列方案中的一种:

方案 1:发放现金股利 7 500 万元,每股股利为 1.5 元(7 500/5 000)。

方案 2:发放股票股利,每 10 股发放 1 股,股票面值为 1 元,共 500 万股,除权价约等于每股 13.64 元[15/(1+0.1)]。

请为该公司作出方案决策。

根据上述资料,分析如下:

根据《个人所得税法》及实施条例的规定,利息、股息、红利所得的适用税率为 20%,并由支付所得单位按照规定履行扣缴义务。股利的形式有现金股利和股票股利两种,在计税时有所不同。现金股利按 20% 缴纳个人所得税,股票股利以派发红利的股票票面金额为收入额,按利息、股息、红利项目计征个人所得税。所以各方案应纳个人所得税为:

方案 1 应纳个人所得税 = 7 500 × 20% = 1 500(万元)

方案 2 应纳个人所得税 = 500 × 20% = 100(万元)

显然,对于股东来讲,更希望公司发放股票股利,因为其承担的税负相比发放现金股利的税负轻。当然,股票股利除了能够节税之外,对于派发股利的企业而言,它能够起到保留现金、增加投资机会的作用。

引例解析

A 企业应该采用先销售再购买的方式,这样可以避免按照同类应税消费品的最高销售价格作为计税依据。

(1)若 A 企业用高档化妆品换取 B 企业的原材料,则按最高价 90 元/盒计算应纳税额,则应交消费税 = 90 × 500 × 15% = 6 750(元)。

(2)若采用先销售再购买的方式,将这 500 盒化妆品按照当月的加权平均价销售后,再购买材料,则应交消费税 =(80 × 1 000 + 85 × 800 + 90 × 200)÷(1 000 + 800 + 200)× 500 × 15% = 6 225(元)。

这样,A 企业可减轻税负 525 元(6 750 - 6 225)。

【任务设计——固定资产自购与租赁哪个更划算？】

某设计公司作为固定资产管理的计算机已经老化，严重影响了工作效率。20××年9月，公司决定将全部200台计算机进行更新。更换计算机现有两个方案：一是自购；二是租赁。如果自购，价格为3 000元/台（含税价），收到计算机后款项于1周内一次付清；如果租赁，租金为第一年150元/月，第二年80元/月，第三年30元/月，租金含税，于每年年末付款。公司负责人责成财务部门从税收角度考虑，在自购与租赁中选择较优方案。

【操作步骤】

第一步：明确设计公司增值税税率。

公司取得的设计收入按6%缴纳增值税，取得合规增值税专用发票的增值税可作为进项税额抵扣增值税税额。因此，如果购进计算机取得增值税专用发票，其增值税专用发票上的增值税可抵扣公司取得设计劳务收入的增值税（即销项税额）。

第二步：分别计算分析租赁和购买的纳税总额。

自购取得的增值税专用发票可以抵扣进项，租赁取得的增值税专用发票也可以抵扣进项，到底哪个方案节约的税金更多呢？

(1) 选择自购方式，该公司可节省的税额为：

增值税 = $[(3\,000 \times 200) \div (1 + 13\%)] \times 13\% = 69\,026.55$（元）

城市维护建设税和教育费附加 = 增值税 $\times (7\% + 3\%) = 69\,026.55 \times 10\%$
$= 6\,902.65$（元）

计算机属于电子设备，根据《企业所得税法》第十一条和《企业所得税法实施条例》第五十九条、第六十条的规定，应按直线法并按3年计提固定资产折旧，计提固定资产折旧额作为费用按年可在企业所得税前扣除，即可减少收入，少缴企业所得税。

该批计算机可计提的固定资产年折旧 = $\{[(3\,000 \times 200) \div (1 + 13\%)] \times (1 - 5\%)\} \div 3 = 168\,141.59$ 元（计算机净残值率按5%）

该批计算机计提的折旧可节省企业所得税 = $168\,141.59 \times 3 \times 25\% = 126\,106.19$（元）

自购计算机一共可节税202 035.39元（69 026.55 + 6 902.65 + 126 106.19）。

(2) 选择租赁方式，该公司可节省的税额为：

增值税 = $[(150 + 80 + 30) \times 200 \times 12] \div (1 + 13\%) \times 13\% = 71\,787.61$（元）

城市维护建设税和教育费附加 = 增值税 $\times (7\% + 3\%) = 71\,787.61 \times 10\%$
$= 7\,178.76$（元）

根据《企业所得税法实施条例》第四十七条的规定，租赁费可按照租赁期限均匀扣除。

租赁节省的企业所得税 = $(150 + 80 + 30) \times 200 \times 12 \div (1 + 13\%) \times 25\%$
$= 138\,053.10$（元）

租赁计算机一共能节税 = $71\,787.61 + 7\,178.76 + 138\,053.10 = 217\,019.47$（元）

第三步：比较两种方案。

从以上计算可知，租赁计算机共节税 217 019.47 元，自购计算机共节税 202 035.39 元，所以租赁更划算。

思考：若考虑自购方式中的残值变现收入，结论会怎样？

任务四　企业产权重组中的税收筹划

引　例

温职图书公司主要从事图书的批发与零售业务，适用 9% 的增值税税率，同时兼营古旧图书等免征增值税的产品，公司未对古旧图书经营进行独立核算。该公司共获得不含税销售收入 120 万元，其中古旧图书销售取得收入为 24 万元，进项税额为 10 万元，其中古旧图书分摊到的进项税额为 2 万元。全年应纳增值税为 0.8 万元 (120×9%－10)。

请问：有何方法可降低该公司的税负？

【知识准备与业务操作】

企业产权重组是当前企业改革的重点，也是构建现代企业制度的重要途径。产权重组的方式很多，有合并、兼并、分立、股权重组、清算等形式。国家为适应企业产权重组的需要，推进企业改革，加强对产权重组企业的税收管理，先后出台了相关税收政策，为进行企业产权重组的税收筹划提供了较大的运作空间。

一、企业合并的税收筹划

企业合并是指两个或两个以上的企业依照法定程序变为一个企业的行为。我国《公司法》规定，企业合并可以采取吸收合并和新设合并两种形式。吸收合并是指接纳一个或一个以上的企业加入本企业，加入方解散并取消原法人资格，接纳方存续，也就是所谓企业兼并。新设合并是指企业与一个或一个以上的企业合并成立一个新企业，原合并各方解散，取消原法人资格。由于税收筹划是以纳税人生产经营过程的连续进行为前提的，所以在此只讨论吸收合并的税收筹划。至于新设合并的税收筹划，其原理也基本相同。

（一）企业合并所涉税种

企业进行资产合并重组，往往是经过一段时间的生产和经营以后才进行的，在具体操作过程中，基本上涉及所有形式资产的处理，所以也就涉及各税种的政策处理。

1. 企业所得税

对于企业合并，根据《财政部　国家税务总局关于企业重组业务企业所得税处理若干问题的通知》（财税〔2009〕59 号）的规定，按企业合并满足的条件不同，分别适用一般税务处理和特别税务处理规定，具体如表 7－12 所示。适用特殊性税务处理规定需符合的条件有：

具有合理的商业目的,且不以减少、免除或者推迟缴纳税款为主要目的;股权(资产)收购,收购(受让)企业购买的股权(资产)不低于被收购企业全部股权(资产)的75%,且收购(受让)企业在该股权(资产)收购发生时的股权支付金额不低于其交易支付总额的85%;企业重组后的连续12个月内不改变重组资产原来的实质性经营活动;企业重组中取得股权支付的原主要股东,在重组后连续12个月内,不得转让所取得的股权。

表7-12 满足不同条件的企业合并的税务处理

项 目	一般税务处理	特殊税务处理
合并企业确定接受被合并企业资产、负债的计税基础	公允价值	被合并企业的原有计税基础
被合并企业合并前的所得税处理	按清算进行	由合并企业承继
被合并企业亏损的处理	不得在合并企业结转弥补	在限额内可由合并企业弥补
被合并企业股东取得合并企业股权的计税基础		以其原持有的被合并股权的计税基础确定

2. 增值税

根据《国家税务总局关于纳税人资产重组有关增值税问题的公告》(国家税务总局公告2011年第13号)的规定,纳税人在资产重组过程中,通过合并、分立、出售、置换等方式,将全部或者部分实物资产以及与其相关联的债权、负债和劳动力一并转让给其他单位和个人,不属于增值税的征税范围,其中涉及的货物转让,不征收增值税。否则需要对并购过程中涉及的货物转让缴纳增值税,同时还应缴纳城市维护建设税等附加税费。

3. 契税

根据《财政部 国家税务总局关于企业事业单位改制重组契税政策的通知》(财税〔2012〕4号)的规定,在股权(股份)转让中,单位、个人承受公司股权(股份),公司土地、房屋权属不发生转移,不征收契税。两个或两个以上的公司,依据法律规定、合同约定,合并为一个公司,且原投资主体存续的,对其合并后的公司承受原合并各方的土地、房屋权属,免征契税。

4. 印花税

根据《财政部 国家税务总局关于企业改制过程中有关印花税政策的通知》(财税〔2003〕183号)的规定,以合并方式成立的新企业,其新启用的资金账簿记载的资金原已贴花的部分可不再贴花,未贴花的部分和以后新增加的资金按规定贴花。

(二)并购支付方式的税收筹划

企业并购的主要支付方式包括现金支付、股权置换和承担债务三种方式。支付方式的不同,对企业的纳税影响也不同。

1. 以现金为支付对价

合并企业以支付现金方式取得被合并企业全部或部分股权,被合并企业不需要经过法律清算程序而解散。计税时首先要求对被合并企业计算财产转让所得,缴纳企业所得税,被合并企业股东取得合并收购价款后,再依法计算其股权转让所得或损失。被合并企业以前年度的亏损,不得结转到合并企业弥补。合并企业接受被合并企业的有关资产,计税时可按资产评估确认的价值确定成本,但对于商誉价值,以后不得摊销扣除。

2. 股权置换式收购

股权置换式收购是指企业以股权或股权加现金、资产等非股权资产为支付对价收购被合并企业,股权支付额不低于其交易支付总额的 85%,可申请采用特殊税务处理。这种税务方式对合并企业和被合并企业均有好处,合并企业不确认全部资产的转让所得或损失,不计算缴纳所得税。被合并企业合并以前的全部企业所得税纳税事项由合并企业承担,以前年度的亏损在限额内可按规定在以后年度弥补。如果被合并企业净资产较大,合并企业股东用以支付收购款的股权不足则不具备享受以上政策的条件,可以与被合并企业股东协商,通过在合并前分配以前年度积累的未分配利润,减少净资产额度,以达到适用特殊税务处理的条件。

3. 承担债务式收购

承担债务式收购是指合并企业以承担被合并企业的债务为代价完成合并,由于无须支付非股权支付额,故不需缴纳资产转让所得税。企业在合并时,应尽可能地选择支付的非股权价款不超过支付价款的 15% 或采用承担债务式合并。但这种税收筹划会带来控制权分散、日后多付股利的问题;而承担债务式合并又会带来债务负担和人员安置问题。

【做中学 7-4-1】

B公司是国家大型二级企业。截至 20×4 年年底,财务报表账面资产数总计 5 000 万元,其中固定资产账面净值为 2 000 万元,固定资产评估价值为 2 100 万元;负债合计为 5 200 万元。B公司的资产评估结果如表 7-13 所示。

表 7-13　　　　　B公司的资产评估结果　　　　　单位:万元

资产项目	流动资产	长期投资	在建工程	房屋建筑物	机器设备	土地使用权	其他资产	资产总计
账面价值	1 900	200	500	1 200	800	—	400	5 000
评估价值	2 200	201	408	1 250	850	200	—	5 109

A公司是一家高新技术公司,于 20×1 年 6 月在上海证券交易所上市,注册资本为 10 000 万元。A公司欲并购B公司。现有以下三种并购方案可供A公司选择:

方案 1:A公司以 970 万股和 150 万元现金购买B公司的房屋建筑物和生产设备等资产,B公司宣布破产。并购时A公司的股票市价为 5 元/股,并购后的股票市价为 5.2 元/股,面值为 1 元/股,共有 50 000 万股。

方案 2:A公司以 5 000 万元现金购买B公司的房屋建筑物和生产设备等资产,B公司宣布破产。假设增值后资产的平均折旧年限为 5 年,行业平均利润率为 10%,贴现率为 8%。

方案 3：A 公司以承担全部债务的方式并购 B 公司。（假设不动产、土地使用权转让所涉增值税选择简易计税）

要求：请从税收筹划的角度出发为 A 公司选择一种最优的并购方案。

根据上述资料，分析如下：

方案 1：属于股权置换资产行为。根据税法规定，B 公司需要缴纳以下税费：

(1) 增值税。B 公司在转让房屋建筑物及转让土地使用权时应按销售不动产及转让无形资产缴纳 5% 的增值税；应交增值税 $= \dfrac{(1\,250+200)}{1+5\%} \times 5\% = 69.05$（万元）。B 公司转让机器设备时，机器设备发生了增值，B 公司应就转让固定资产行为缴纳 13% 的增值税；应交增值税 $= 850 \times 13\% = 110.5$（万元）。

(2) 需缴纳城市维护建设税及教育费附加 $=(69.05+110.5) \times (7\%+3\%) = 17.955$（万元）。

(3) 企业所得税。根据规定：合并企业支付给被合并企业的价款中，除合并企业股权以外的现金、有价证券和其他资产（非股权支付额）不高于所支付的股票票面价值（或支付的股本的账面价值）20% 的，被合并企业不确认全部资产的转让所得或损失，不计算缴纳企业所得税。A 公司支付给 B 公司的合并价款中，非股权支付额占股权支付额的比例为 15.46%（150/970），小于 20%，符合税法规定的免税条件，B 公司可以不用缴纳企业所得税。

根据上述分析，B 公司需缴纳的税费合计为 197.505 万元，由于 B 公司负债较重，无力承担并购中发生的税费，这笔费用最终由 A 公司承担。

通过并购，B 公司的股东持有 A 公司的股票，成为 A 公司的股东，A 公司还应考虑到今后几年可能将支付给 B 公司股东的股利。现假设 A 公司的净利润在今后五年按 10% 的速度逐步增长，A 公司近五年的净利润分别为 5 000 万元、5 500 万元、6 050 万元、6 655 万元、7 320.5 万元。假设合并后 A 公司的股利支付率为 40%，且按 25% 的比率提取盈余公积和公益金。则近五年 A 公司每年需支付的股利计算如下：

第一年：$5\,000 \times (1-25\%) \times 40\% \times 970/50\,000 = 29.10$（万元）

第二年：$5\,500 \times (1-25\%) \times 40\% \times 970/50\,000 = 32.01$（万元）

第三年：$6\,050 \times (1-25\%) \times 40\% \times 970/50\,000 = 35.21$（万元）

第四年：$6\,655 \times (1-25\%) \times 40\% \times 970/50\,000 = 38.73$（万元）

第五年：$7\,320.5 \times (1-25\%) \times 40\% \times 970/50\,000 = 42.61$（万元）

将 A 公司未来五年支付给 B 公司股东的股利折算为现值是 139.80 万元。

同时，由于 A 公司的支付方式中非股权支付额小于股权支付额 20%，根据现行税收政策，B 公司以前年度的亏损可以由 A 公司以后年度获得的利润来弥补亏损。B 公司在合并时尚有亏损 150 万元还未弥补，其税前弥补期尚有 4 年。假设 A 公司的税前利润按行业平均利润率 10% 的速度增长，为 6 000 万元，则第一年可抵扣的限额 $= 6\,000 \times 5\,109/10\,000 = 3\,065.4$（万元），所以 A 公司获得的弥亏税收抵免额现值 $= 150 \times 25\% \times (P/S, 8\%, 1) = 34.72$（万元）。

经过上述分析，A公司采用此方案的最终并购成本＝197.505＋139.80－34.72＝302.585万元。

方案2：属于以货币性资产购买非货币性资产的行为。B公司应缴纳增值税、城市维护建设税、教育费附加以及所得税。增值税和城市维护建设税及教育费附加的计算同方案1。B公司应交所得税＝(1 250＋850－1 200－800)×25％＝25(万元)。由于B公司合并后就会解散，实际上这笔222.505万元的税金将由A公司缴纳。

B公司资产评估增值，可以使A公司获得折旧税收挡板的效应。折旧税收抵免额＝[(1 250＋850－1 200－800)/5]×25％×5＝25(万元)，将折旧税收抵免额折算为现值＝[5×(P/A,8％,5)]＝19.96(万元)。

综合上面分析，A公司如果采用方案2的税收成本为202.545万元。

方案3：属于产权交易行为，相关税负如下：

(1) 企业所得税。根据规定，该并购业务，B公司的资产总额为5 000万元，负债总额为5 200万元，负债大于资产，B公司已处于资不抵债的境地。A公司如采取承担B公司全部债务的方式并购B公司，则B公司不用缴纳企业所得税。

(2) 增值税。按照税法的相关规定，企业的产权交易行为不用缴纳增值税。A公司并购B公司如果采用方案3，根据现行的税收政策，该方案的实际税负为零。

从A公司承担的税负角度出发，方案3的税收成本最低，为零；方案2的税负较轻，为202.545万元；税负最重的是方案1，为302.585万元。

但是，企业并购是一项复杂的经济活动，作出并购决策需要综合考虑多方面的因素。虽然方案3的税收成本最低，但是A公司需要承担B公司数额巨大的债务，甚至包括B公司或有负债的风险。不过，由于兼并B公司的行为得到了当地政府的大力支持，对B公司所欠债务给予了"停息挂账，7年还本"的优惠政策，这相当于给A公司提供了一笔无息贷款。所以，A公司最终应采用的是方案3。

【拓展阅读】 在"一带一路"倡议提出以来，尤其2016年后，中国对"一带一路"沿线并购投资逆势增长。2019年该区域并购量已占中国跨境并购总量的56％。有助于推动沿线各国发展战略的对接与耦合，发掘区域内市场的潜力，促进投资和消费，创造需求和就业，增进沿线各国人民的人文交流与文明互鉴，让各国人民相逢相知、互信互敬，共享和谐、安宁、富裕的生活。

二、企业分立的税收筹划

企业分立是指一个企业依照法律规定和合同约定将部分或全部业务分离出来，分化成两个或两个以上新企业的法律行为。企业分立一般分为续存分立和新设分立两种形式。企业只是将其中部分子公司、部门、产品生产线、资产等剥离出去，组成一个或几个新公司，而原企业在法律上仍然存在的称为续存分立；原企业解散，分离出的各方组成两个或两个以上新企业的称为新设分立。

（一）企业分立的原因

企业分立是企业产权重组的一种重要类型。企业分立的原因很多，提高管理效率、提高资源利用效率、突出企业的主营业务以及获取税收方面的利益等都是企业分立的动因。企业的分立，从本质上来讲，企业并没有消失，只是同原企业相比，有了新的变化，也正是由于这种实质上的企业续存或新设，为税收筹划提供了相应的筹划空间。

（二）企业分立的税收筹划

1. 分立企业以减轻增值税税负的税收筹划

我国《增值税暂行条例》中规定增值税的免税项目包括：❶ 农业生产者销售自产的属于税法规定范围的农业产品；❷ 避孕药品和用具；❸ 古旧图书；❹ 直接用于科学研究、科学试验和教学的进口仪器、设备；❺ 外国政府、国际组织无偿援助的进口物资和设备；❻ 对符合国家产业政策要求的国内投资项目，在投资总额内进口自用设备（特殊规定不予免税的少数商品除外）；❼ 个人（不包括个体经营者）销售自己使用过的物品；❽ 由残疾人组织直接进口供残疾人专用的物品。也就是说，增值税纳税人除经营应税产品外，还可能经营作为免税项目的产品。如果企业将这两个项目分立，就可以降低总体税收，否则，免税项目和非免税项目没有分开销售，合起来应按应税项目的税率征税。

【做中学 7-4-2】

茶山药业公司既生产避孕药品和用具，又生产其他需要缴纳增值税的产品。20××年10月，公司避孕药品与用具的销售额为60万元，公司全部产品的销售额为200万元，而当月全部进项税额为13万元（100×13%），其中为生产避孕药品和用具发生的进项税额为2.6万元（20×13%），其他产品进项税额为10.4万元（80×13%）。

请问：茶山药业公司应如何进行税收筹划？

根据上述资料，分析如下：

企业在合并经营时，应纳增值税税额=140×13%−100×(1−60÷200)×13%=9.1（万元）。

企业将避孕药品与用具单独分立出来组建一个企业后，应纳增值税税额=140×13%−(100−20)×13%=7.8（万元）。

综上可知，若企业将避孕药品与用具的经营分立出来，可以节税1.3万元（9.1−7.8）。

一般来说，当免税产品的增值税进项税额占全部产品增值税进项税额的比例小于免税产品销售收入占全部产品销售收入的比例时，分立经营比较有利，而且，免税产品的增值税进项税额占全部产品增值税进项税额的比例越小，分立经营越有利；反之，合并经营比较有利。

2. 分立企业以享受消费税优惠政策的税收筹划

根据《消费税暂行条例》第四条的规定，消费税除金银首饰外一般在生产销售环节征收，在零售环节不再征收。因此，相关企业可以考虑将其中某个部门分立出去，成立一家独立核算的批发企业,然后以较低的价格将应税消费品销售给该批发企业,从而减少应纳税销售额。而独立核算的批发企业,只缴纳增值税,不缴纳消费税。

【做中学 7-4-3】

美又白化妆品有限公司为一家化妆品生产企业(适用 15% 的消费税税率),每年生产高档化妆品 20 万套,每套成本为 360 元,批发价为 420 元,零售价为 500 元。该公司采取直接对外销售的方式,假定其中有一半产品通过批发方式销售,另一半通过零售方式销售。

要求:请根据上述情况,为公司提出税收筹划方案。

根据上述资料,分析如下:

方案 1:美又白化妆品有限公司不进行分立应纳消费税 = (10×420+10×500)×15% = 1 380(万元)。

方案 2:美又白化妆品有限公司将其中一个经营部门分立出去,成立一家专门的批发公司。该公司的化妆品先以较低的批发价 400 元销售给批发公司;再由批发公司销售给消费者,则应纳消费税税额 = (20×400)×15% = 1 200(万元)。

由此可见,通过税收筹划,方案 2 比方案 1 减轻消费税税负 180 万元(1 380 − 1 200)。因此,应当选择方案 2。

3. 分立企业以享受企业所得税优惠政策的税收筹划

《企业所得税法》第二十八条规定,符合条件的小型微利企业,减按 20% 的税率征收企业所得税。符合条件的小型微利企业,是指从事国家非限制和禁止行业,且同时符合年度应纳税所得额不超过 300 万元、从业人数不超过 300 人、资产总额不超过 5 000 万元等三个条件的企业。

自 2022 年起,对小型微利企业年应纳税所得额不超过 100 万元的部分,减按 12.5% 计入应纳税所得额,按 20% 的税率缴纳企业所得税;对年应纳税所得额超过 100 万元但不超过 300 万元的部分,减按 25% 计入应纳税所得额,按 20% 的税率缴纳企业所得税。例如,某公司符合小微企业条件,年应纳税所得额为 250 万元,则其应纳税额 = [100×12.5% + (250−100)×25%]×20% = 10(万元)。如果企业的规模超过了小型微利企业的认定标准,但企业各个机构之间可以相对独立地开展业务,则可以考虑采取分立企业的方式来享受小型微利企业的税收优惠政策,从而减轻企业所得税税收负担。

【做中学 7-4-4】

甲生产企业主营业务只有一种产品,假设该产品的生产过程为:原材料→半成品→产成品。由原材料加工成为半成品和由半成品加工成为成品的过程是两个独立的生产过程,且可以分开核算,两部分业务的利润相当。假设该企业预计 20×× 年企业所得税应纳税所得额为 500 万元。在正常情况下,该企业应缴纳企业所得税为 125 万元(500×25%)。

在本例中，若甲企业将其分立为 A、B 两个企业，A 企业负责将原材料加工成半成品，并将其销售给 B 公司。B 公司负责将半成品加工成产成品销售，则其应纳所得税税额均为 250 万元。假设 A、B 公司满足小型微利企业税收优惠的条件，则两个企业共应缴纳企业所得税＝(100×12.5%＋150×25%)×20%＋(100×12.5%＋150×25%)×20%＝20(万元)。在本例中，企业通过分立成功地享受到了企业所得税关于小型微利企业的税收优惠政策。

三、企业清算的税收筹划

企业清算是指企业宣告终止以后，除因合并与分立事由外，了结终止企业法律关系，消灭其法人资格的法律行为。企业清算中的税收筹划主要包括两方面：一是通过推迟或提前企业清算开始日期，合理调整清算所得和正常经营所得，降低企业整体税收负担；二是将原有减免税到期的企业注销后，重新设立新的企业继续享受有关优惠政策。

清算所得是指纳税人清算时的全部资产可变现价格或交易价格，减除资产的计税基础、清算费用、相关税费，加上债务清偿损益等后的余额。其具体计算公式如下：

纳税人全部清算财产变现损益＝存货变现损益＋非存货变现损益±清算财产损益

纳税人的净资产或剩余财产＝全部资产的可变现价值或交易价格－清算费用－
职工工资、社保、法定补偿金－
清算所得税、以前年度欠税等税款＋税务清偿损益

纳税人的清算所得＝全部资产可变现价格或交易价格－资产的计税基础－
清算费用±债务清偿损益

通过改变企业清算日期，可以减少企业清算期间的应纳税所得额，实现税收筹划的目的。

【做中学 7-4-5】

甲公司董事会于 20××年 8 月 18 日向股东会提交了公司解散申请书，股东会 8 月 20 日通过决议，决定公司于 8 月 31 日宣布解散，并于 9 月 1 日开始正常清算。甲公司在成立清算组前进行的内部清算中发现，20××年 1 至 8 月份公司预计盈利 100 万元(公司适用税率为 25%)。于是在尚未公告和进行税务申报的前提下，股东会再次通过决议将公司解散日期推迟至 9 月 25 日，并于 9 月 26 日开始清算。甲公司在 9 月 1 日至 9 月 25 日共发生费用 160 万元。

按照我国税法规定，企业清算期间应单独作为一个纳税年度，即这 160 万元费用本应属于清算期间费用，但因清算日期的改变，甲公司经营年度由盈利 100 万元变为亏损 60 万元。清算日期变更后，假设该公司清算所得为 90 万元，则其纳税情况如下：

(1) 清算开始日为 9 月 1 日时，20××年 1—8 月应纳所得税税额＝100×25%＝25(万元)，清算所得为亏损 70 万元，不纳税。

(2) 清算开始日为 10 月 1 日时,20××年 1—9 月亏损 60 万元,本期不纳企业所得税。清算所得为 90 万元,应先抵减上期 60 万元亏损后,再纳税。

清算所得税税额 =（90－60）×25％=7.5（万元）

两个方案比较,通过税收筹划,后者减轻税收负担 17.5 万元（25－7.5）。

引例解析

因为古旧图书享受增值税的免税优惠,温职图书公司应将经营古旧图书的部分分立出去,成立全资子公司。分立之后,该子公司就可以享受免征增值税的优惠政策了,则温职公司应纳增值税税额 =（120－24）×9％－（10－2）= 0.64（万元）。

通过税收筹划,比原先减轻增值税税负 0.16 万元（0.8－0.64）。

【任务设计——企业重组企业所得税筹划】

20××年 3 月,上市公司 A 发布重大重组预案公告称,公司将通过定向增发股票,向该公司的实际控制人中国海外控股公司 B（该 B 公司注册地在英属维尔京群岛）发行 36 809 万股 A 股股票,收购 B 持有中国境内的水泥有限公司 C 的 50％的股权。增发价 7.61 元/股。收购完成后,C 公司将成为 A 公司的控股子公司。C 公司成立时的注册资本为 856 839 300 元,其中建工建材总公司 D 公司的出资金额为 214 242 370 元,出资比例为 25％,B 公司的出资金额为 642 596 930 元,出资比例为 75％。根据法律法规,B 公司本次认购的股票自发行结束之日起 36 个月内不上市交易或转让。

【操作步骤】

第一步:明确该股权交易涉及企业所得税时,适用一般性税务处理,还是特殊性税务处理。

此项股权收购完成后,A 公司将达到控制 C 公司的目的,因此符合财税〔2009〕59 号规定中股权收购的定义。尽管符合控股合并的条件,所支付的对价均为上市公司的股权,但由于 A 公司只收购了水泥有限公司 C 的 50％股权,没有达到 75％的要求,因此应当适用一般性税务处理。

(1) 被收购企业的股东:B 公司,应确认股权转让所得。

股权转让所得 = 取得对价的公允价值 － 原计税基础
= 7.61 × 368 090 000 － 856 839 300 × 50％ = 2 372 745 250（元）

由于 B 公司的注册地在英属维尔京群岛,属于非居民企业,因此其股权转让应纳的所得税 = 2 372 745 250 × 10％ = 237 274 525（元）。

(2) 收购方:A 公司取得（对 C 公司）股权的计税基础应以公允价值为基础确定,即 2 801 164 900 元（7.61 × 368 090 000）。

(3) 被收购企业:C 公司的相关所得税事项保持不变。

第二步：进行税收筹划。

如果其他条件不变，B公司将转让的股权份额提高到75%，也就转让其持有的全部C公司的股权，那么由于此项交易同时符合财税〔2009〕59号中规定的五个条件，因此可以选择特殊性税务处理。

第三步：税收筹划后的税负分析。

(1) 被收购企业的股东：B公司，暂不确认股权转让所得。

(2) 收购方：A公司取得(对C公司)股权的计税基础应以被收购股权的原有计税基础确定，即642 629 475元(856 839 300×75%)。

(3) 被收购企业：C公司的相关所得税事项保持不变。

综上可知，通过筹划，可使B公司转让C公司75%的股权，则可以在当期避免2.37亿元的所得税支出。

项目内容结构

企业运行过程中的税收筹划内容结构如图7-1所示。

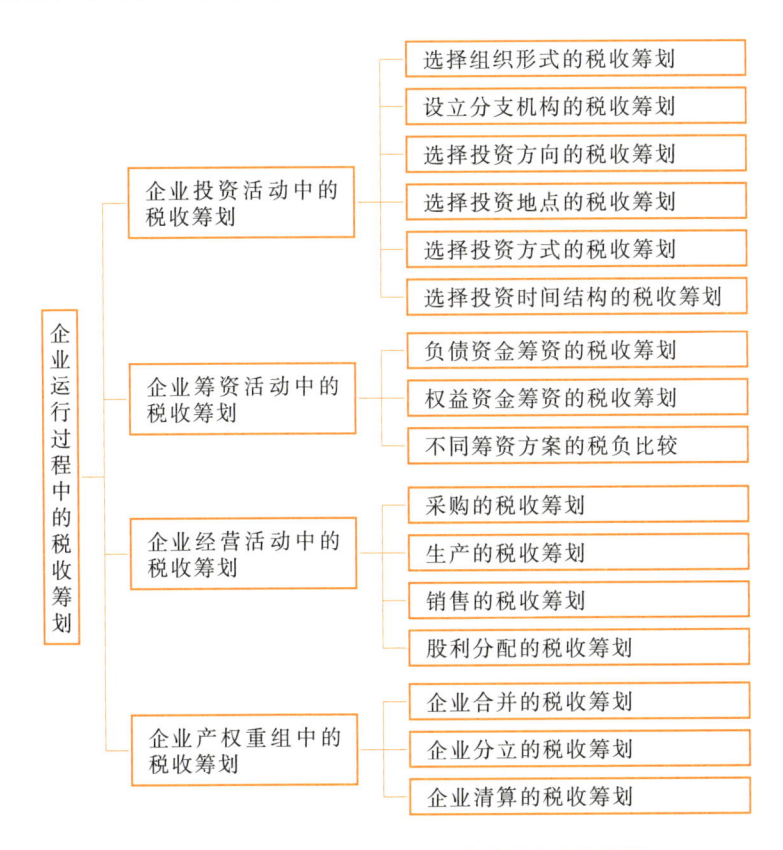

```
企业运行过程中的税收筹划
├── 企业投资活动中的税收筹划
│   ├── 选择组织形式的税收筹划
│   ├── 设立分支机构的税收筹划
│   ├── 选择投资方向的税收筹划
│   ├── 选择投资地点的税收筹划
│   ├── 选择投资方式的税收筹划
│   └── 选择投资时间结构的税收筹划
├── 企业筹资活动中的税收筹划
│   ├── 负债资金筹资的税收筹划
│   ├── 权益资金筹资的税收筹划
│   └── 不同筹资方案的税负比较
├── 企业经营活动中的税收筹划
│   ├── 采购的税收筹划
│   ├── 生产的税收筹划
│   ├── 销售的税收筹划
│   └── 股利分配的税收筹划
└── 企业产权重组中的税收筹划
    ├── 企业合并的税收筹划
    ├── 企业分立的税收筹划
    └── 企业清算的税收筹划
```

图7-1 企业运行过程中的税收筹划内容结构图

知识、技能巩固题

一、单项选择题

1. 子公司与分公司的根本区别在于（　　）。
   A. 子公司具有独立的法人资格　　B. 母子公司有直接的隶属关系
   C. 母子公司存在法律上的独立财产权益　　D. 子公司独立纳税

2. 具有财务杠杆效应的筹资方式是（　　）。
   A. 股票筹资　　B. 吸收直接投资
   C. 留存收益　　D. 债券筹资

3. 下列项目中属于直接投资方式的是（　　）。
   A. 股票投资　　B. 债券投资
   C. 与其他企业合资生产　　D. 基金投资

4. 从事国家重点扶持的公共基础设施项目的经营所得，自项目取得第一笔生产经营收入所属纳税年度起，实行（　　）。
   A. 免税政策　　B. 两免三减半政策
   C. 三免三减半政策　　D. 两年免征政策

5. 从企业采购角度讲，下列（　　）结算方式更有利于采购者节税。
   A. 现金结算　　B. 支票结算
   C. 银行本票结算　　D. 托收承付结算

6. 分立企业支付给被分立企业的非股权支付额不高于支付的股权票面价值（或股本账面价值）的（　　）时，可以不确认分离资产的转让所得，不缴纳资产转让所得税。
   A. 10%　　B. 20%　　C. 30%　　D. 50%

7. 小型微利企业减按（　　）的所得税税率征收企业所得税。
   A. 5%　　B. 10%　　C. 15%　　D. 20%

8. 企业预计原材料价格持续下降时，应当采用的存货计价方法是（　　）。
   A. 先进先出法　　B. 加权平均法
   C. 个别计价法　　D. 都可以

9. 下列行为不用交增值税的是（　　）。
   A. 企业销售不动产　　B. 企业销售货物
   C. 企业转让无形资产　　D. 企业转让产权

10. 纳税人从关联方取得的借款金额超过其注册资本（　　）倍的，超过部分的利息，不得在税前扣除。
    A. 0.5　　B. 1　　C. 2　　D. 3

二、多项选择题

1. 可以发挥抵税效应的筹资方式有（　　）。
   A. 长期借款　　B. 发行债券　　C. 融资租赁　　D. 发行股票

2. 关联企业间的转让定价，有助于实现（　　）税种的税收筹划。
   A. 增值税　　B. 消费税　　C. 关税　　D. 企业所得税

3. 直接投资的税收筹划,需要考虑的税种包括(　　　　)。
   A. 增值税　　　B. 企业所得税　　　C. 印花税　　　D. 财产税
4. 在销售方式的筹划中,以下说法中正确的有(　　　　)。
   A. 未收到货款,不开发票　　　　　B. 尽量采用托收承付结算方式
   C. 尽可能通过非现金结算方式　　　D. 多用折扣销售方式,少用销售折扣方式
5. 根据《企业所得税法》的规定,下列固定资产不得计提折旧的有(　　　　)。
   A. 未投入使用的机器设备　　　　　B. 未投入使用的房屋、建筑物
   C. 以经营租赁方式租入的固定资产　D. 已足额提取折旧,仍继续使用的固定资产

三、判断题

1. 采取缩短折旧年限方法的,最低折旧年限不得低于规定折旧年限的60%。(　)
2. 按照《企业所得税法》的规定,超支的广告费、业务招待费可结转到下年度继续扣除。(　)
3. 由于折旧具有抵税作用,因此,在税法允许的范围内减少折旧年限必然能节税。(　)
4. 对于销售方而言,返还20%的现金比折扣销售20%要节税。(　)
5. 增值税进项税额可以从本期销项税额中抵扣,不足抵扣的部分可结转到下期继续抵扣。(　)

四、典型案例分析

1. 某纳税人甲拟投资经营一家商店,预计年盈利为300 000元。请问:商店在设立时应选择合伙制,还是公司制?
2. 某大型商场为增值税一般纳税人,企业所得税实行查账征收方式,适用税率为25%。假定每销售100元(含税价)的商品其成本为60元(含税价),购进货物有增值税专用发票,该商场为促销拟采用以下三种方案中的一种:
   方案1:商品7折销售(折扣销售,并在同一张发票上分别注明销售部和折扣额)。
   方案2:购物满100元,赠送30元的商品(成本18元,含税价)。
   方案3:对购物满100元的消费者返还30元现金。
   假定商场单笔销售了100元的商品,试计算三种方案下的纳税情况和利润情况(由于城市维护建设税和教育费附加对结果影响较少,因此计算时不予考虑)。

主要参考文献

1. 财政部注册会计师考试委员会办公室.税法[M].北京:经济科学出版社,2022.
2. 盖地.税务筹划[M].8版.北京:首都经济贸易大学出版社,2022.
3. 蔡昌.税收筹划:理论、实务与案例[M].3版.北京:中国人民大学出版社,2020.
4. 翟继光.纳税筹划实战101例[M].北2版.京:电子工业出版社,2022.
5. 任晓辉.税收筹划[M].北京:高等教育出版社,2021.

郑重声明

高等教育出版社依法对本书享有专有出版权。任何未经许可的复制、销售行为均违反《中华人民共和国著作权法》，其行为人将承担相应的民事责任和行政责任；构成犯罪的，将被依法追究刑事责任。为了维护市场秩序，保护读者的合法权益，避免读者误用盗版书造成不良后果，我社将配合行政执法部门和司法机关对违法犯罪的单位和个人进行严厉打击。社会各界人士如发现上述侵权行为，希望及时举报，我社将奖励举报有功人员。

反盗版举报电话　（010）58581999　58582371
反盗版举报邮箱　dd@hep.com.cn
通信地址　北京市西城区德外大街4号　高等教育出版社知识产权与法律事务部
邮政编码　100120

教学资源服务指南

仅限教师索取

感谢您使用本书。为方便教学,我社为教师提供资源下载、样书申请等服务,如贵校已选用本书,您只要关注微信公众号"高职财经教学研究",或加入下列教师交流QQ群即可免费获得相关服务。

"高职财经教学研究"公众号

资源下载：点击"**教学服务**"—"**资源下载**",或直接在浏览器中输入网址（http://101.35.126.6/）,注册登录后可搜索相应的资源并下载。（建议用电脑浏览器操作）

样书申请：点击"**教学服务**"—"**样书申请**",填写相关信息即可申请样书。

样章下载：点击"**教学服务**"—"**教材样章**",即可下载在供教材的前言、目录和样章。

题库申请：点击"**题库申请**",填写相关信息即可申请题库或下载试卷。

师资培训：点击"**师资培训**",获取最新会议信息、直播回放和往期师资培训视频。

联系方式

会计QQ3群：473802328　　会计QQ2群：370279388　　会计QQ1群：554729666

（以上3个会计QQ群,加入任何一个即可获取教学服务,请勿重复加入）

联系电话：（021）56961310　　电子邮箱：3076198581@qq.com

在线试题库及组卷系统

我们研发有十余门课程试题库："基础会计""财务会计""成本计算与管理""财务管理""管理会计""税务会计""税法""税收筹划""审计基础与实务""财务报表分析""EXCEL在财务中的应用""大数据基础与实务""会计信息系统应用""政府会计""内部控制与风险管理"等,平均每个题库近3000题,知识点全覆盖,题型丰富,可自动组卷与批改。如贵校选用了高教社沪版相关课程教材,我们可免费提供给教师每个题库生成的各6套试卷及答案（Word格式难中易三档,索取方式见上述"题库申请"）,教师也可与我们联系咨询更多试题库详情。